REVISTA TRIMESTRAL DE *DIREITO PÚBLICO*

12/1995

MALHEIROS EDITORES

Revista Trimestral de Direito Público

Órgão do

IDEPE
INSTITUTO INTERNACIONAL
DE DIREITO PÚBLICO E EMPRESARIAL

INSTITUTO DE DIREITO ADMINISTRATIVO PAULISTA
IDAP

REVISTA TRIMESTRAL
DE DIREITO PÚBLICO
publicação trimestral de
MALHEIROS EDITORES LTDA.
Rua Paes de Araújo, 29, cj. 171
CEP 04531-940
São Paulo, SP - Brasil - Tel. 822-9205
Fax: 829-2495

Assinaturas e comercialização:
CATAVENTO DISTRIBUIDORA DE
LIVROS S.A.
Rua Conselheiro Ramalho, 928
CEP 01325-000
São Paulo, SP - Brasil - Tel. 289-0811
Fax: 251-3756

Diretor Responsável: Álvaro Malheiros
Diretora: Suzana Fleury Malheiros
Supervisão Gráfica: Vânia Lúcia Amato

Composição: PC Editorial Ltda.
Impressão: Gráfica e Editora FCA
(Fundação de Ciências Aplicadas)

SUMÁRIO

DOUTRINA

A NECESSÁRIA REFORMULAÇÃO DO SISTEMA ELEITORAL BRASILEIRO
— *Fábio Konder Comparato* 5
PLANEJAMENTO, DIREITO TRIBUTÁRIO E SEGURANÇA JURÍDICA
— *Lucia Valle Figueiredo* 11
DESAPROPRIAÇÃO: O ARTIGO 7º DO DECRETO-LEI 3.365/41 E A INVIOLABILIDADE DO DOMICÍLIO
— *Sérgio Monte Alegre* 16
A NULIDADE DA LEI INCONSTITUCIONAL E SEUS EFEITOS — CONSIDERAÇÕES SOBRE A DECISÃO DO STF PROFERIDA NO RE 122 202
— *Gilmar Ferreira Mendes* 19
A TERCEIRIZAÇÃO COMO INSTRUMENTO DE FLEXIBILIZAÇÃO DO MERCADO DE TRABALHO
— *Joselita Cardoso Leão* 28

PARECERES

PARTICIPAÇÃO DA ORDEM DOS ADVOGADOS DO BRASIL EM TODAS AS FASES DO CONCURSO DE ACESSO À MAGISTRATURA
— *Paulo Bonavides* 41
CONSÓRCIO PARA GERAÇÃO DE ENERGIA ELÉTRICA
— *Eros Roberto Grau* 52
LEGITIMIDADE DA REALIZAÇÃO DE CONCESSÃO DE SERVIÇOS PÚBLICOS PRECEDIDA OU NÃO DE OBRAS EM VIRTUDE DE ATO DO GOVERNADOR DO ESTADO
— *Arnoldo Wald* 67
CONTRIBUIÇÕES PARA O PASEP
— *Geraldo Ataliba* 74
ACUMULAÇÃO DE APOSENTADORIA COM VENCIMENTOS
— *Celso Antônio Bandeira de Mello* 86
COMPETÊNCIA PARA A FIXAÇÃO DO VALOR DAS ANUIDADES — PROFISSÕES REGULAMENTADAS
— *Adílson Abreu Dallari* 100
CONCURSO PÚBLICO — COMPETÊNCIA DO MINISTÉRIO PÚBLICO PARA DEFENDER DIREITOS INDIVIDUAIS HOMOGÊNEOS — INCONSTITUCIONALIDADE DE REQUISITOS ESTABELECIDOS PELO EDITAL SEM PREVISÃO LEGAL
— *Valmir Pontes Filho* 110

ESTUDOS E COMENTÁRIOS

CRIAÇÃO DE ESTADOS-MEMBROS NA CONSTITUIÇÃO FEDERAL
— *Régis de Oliveira* 117

A PRIVATIZAÇÃO DAS EMPRESAS ESTATAIS, À LUZ DA CONSTITUIÇÃO
— *Carlos Ayres Britto* 125
A ORDEM ECONÔMICA NA CONSTITUIÇÃO
— *Miguel Reale Júnior e David Teixeira de Azevedo* 134
NOTA BREVE SOBRE O EFEITO VINCULANTE
— *Sérgio Sérvulo da Cunha* 143

CONFERÊNCIAS E DEBATES

CONSTITUCIONALIZAÇÃO SIMBÓLICA E DESCONSTITUCIONALIZAÇÃO FÁTICA: MUDANÇA SIMBÓLICA DA CONSTITUIÇÃO E PERMANÊNCIA DAS ESTRUTURAS REAIS DE PODER
— *Marcelo Neves* 156
ASPECTOS SOBRE USUCAPIÃO NA ILHA DE SANTA CATARINA
— *Ana Cláudia Allet Aguiar* 168

JURISPRUDÊNCIA ANOTADA

NORMAS GERAIS DE LICITAÇÃO — DOAÇÃO E PERMUTA DE BENS DE ESTADOS E DE MUNICÍPIOS — APLICABILIDADE DE DISPOSIÇÕES DA LEI FEDERAL 8.666/93 AOS ENTES FEDERADOS (COMENTÁRIOS A ACÓRDÃO DO STF NA ADInconst 927-3-RS)
— *Floriano Azevedo Marques Neto* 173
ANULAÇÃO DA LICITAÇÃO PELA AUTORIDADE SUPERIOR (COMENTÁRIOS AO ACÓRDÃO 89.10932-4 DO STJ NO RMS 103-0-SC)
— *Benedicto Pereira Porto Neto* 192
NECESSIDADE DE MOTIVAÇÃO DA LIMINAR EM JUÍZO (COMENTÁRIOS SOBRE O ACÓRDÃO DO STJ NO RECURSO ORDINÁRIO 5.318-0-BA
— *A. J. Ferreira Custódio* 197

JURISPRUDÊNCIA 203

DOUTRINA

A NECESSÁRIA REFORMULAÇÃO DO SISTEMA ELEITORAL BRASILEIRO

FÁBIO KONDER COMPARATO
Professor Titular da Faculdade de Direito da USP
— Doutor em Direito da Universidade de Paris

1. Os males do sistema brasileiro de representação política. 2. Etiologia das distorções de nossa representação política. 3. Linhas mestras da proposta de reformulação de nosso sistema eleitoral. 4. Resumo final.

1. *Os males do sistema brasileiro de representação política*

Os vícios do nosso sistema eleitoral são numerosos e bem conhecidos. De todos eles, os mais importantes, pelos nefastos efeitos que provocam em toda a nossa vida política, são o personalismo dos candidatos a postos parlamentares e a super-representação estadual, desvirtuadora do princípio da soberania popular.

O primeiro dos defeitos apontados, largamente analisado e comentado pelos grandes intérpretes de nossa realidade humana, como Gilberto Freyre, Sérgio Buarque de Holanda e Caio Prado Jr., é, na verdade, a expressão de um dos traços marcantes da cultura nacional. Não é difícil discernir duas grandes fases históricas no fenômeno do personalismo eleitoral, fases, essas, aliás, que não se sucedem de forma excludente, mas se interpenetram em larga medida, em razão da coexistência do "Brasil velho" com o "Brasil novo".

Houve, de início, o predomínio avassalador de um tipo de relação clientelística, oriundo do grande domínio rural, em que os eleitores — individualmente ou em grupo — colocavam-se de modo voluntário como dependentes de um patrão político, numa relação bilateral de atendimento de demandas privadas contra oferta de votos. Mais recentemente, o advento da civilização de comunicação de massa engendrou o surgimento de ídolos populares, desprovidos de idéias e experiência política, com os quais a grande massa estabelece uma relação simbólica de culto e consagração pessoal.

Adicionando-se a esse fenômeno de aviltamento da representação política em relações de clientela ou de idolatria telecomunicativa, temos também o fato de que o nosso sistema eleitoral redundou na criação de uma *super-representação* estadual, que acaba por suplantar o princípio da soberania popular, esteio do regime democrático. Com efeito, contamos de há muito, no Congresso Nacional, com uma dupla representação dos Estados. Uma oficial, instituída no Senado, em que todos e cada um deles, apesar das gritantes desigualdades de ordem populacional e econômica, mantêm absoluta paridade representativa. Outra, não oficial, na Câmara dos Deputados, oriunda da influência preponderante dos governadores, através das respectivas bancadas estaduais.

Na estrutura do Poder Legislativo federal temos, portanto, dois órgãos cujas funções se recobrem, ao invés de se completarem. Função precípua da Câmara dos Deputados deveria ser a fixação de diretrizes para as grandes políticas governamentais, segundo as tendências dominantes no eleitorado. Já, a função específica do Senado, como é óbvio, deveria concentrar-se no controle do equilíbrio federativo. Na prática, porém, ambas as Casas atuam, de forma atabalhoada e redundante, tanto na legislação quanto na fiscalização dos atos e das políticas de governo.

A ação combinada desses dois vícios do nosso sistema representativo é a inconsistência partidária e a organização paralela de grupos de interesses apartidários no Congresso — as "bancadas" de ruralistas, empreiteiras, empresas de comunicação, sindicatos de trabalhadores, pastores evangélicos etc. —, muito mais coerentes que os partidos oficiais. Ou seja, os partidos políticos, embora sendo o canal oficial de expressão da representação política, encontram-se em regime de perpétua disfunção parlamentar. Por ocasião das eleições, lançam-se todos à caça dos "puxadores de votos", de modo a atingir um elevado quociente partidário. Não é de espantar que os ídolos populares, uma vez eleitos, considerem-se desvinculados do partido que os procurou tão-só para o desempenho eleitoral, pois em termos formais as obrigações de ambas as partes, nesse "contrato político", foram rigorosamente adimplidas: nenhuma deve mais nada à outra.

2. *Etiologia das distorções de nossa representação política*

Os vícios acima apontados, com as graves conseqüências que provocam, têm origem, sobretudo, no sistema eleitoral em vigor, que permanece substancialmente o mesmo desde o Código de 1932, com a alteração introduzida pela Lei 48, de 4.5.35. Criamos, com efeito, um sistema originalíssimo de representação proporcional com voto uninominal em lista aberta de candidatos.

É preciso entender as razões que levaram à consagração desse sistema, logo após a Revolução de 30. Um dos objetivos desse movimento político consistia em demolir a monocracia dos partidos republicanos em cada Estado da Federação. Para tanto, pareceu indispensável criar um sistema partidário duplamente fraco: pela ampla liberdade de criação de partidos e pela introdução do voto em candidatos individuais, e não no partido.

Ora, o problema político a ser enfrentado, hoje, é exatamente o oposto. Há necessidade de se despersonalizar a disputa eleitoral, de forma a obrigar o eleitor, nos pleitos para a composição dos órgãos parlamentares de representação popular — Câmara dos Deputados, Assembléia Legislativa e Câmara de Vereadores — a escolher entre partidos, e não entre candidatos. Todos sabem, com efeito, que a incoerência personalista entre nós chega a tal extremo, que o pior adversário de um candidato a cargo parlamentar vem a ser o seu companheiro de partido com o mesmo perfil ideológico. O que importa, pois, hoje, antes de mais nada, é construir um mínimo de coerência partidária em torno de opções políticas, sejam elas programáticas ou não, a fim de se evitar essa disfunção permanente das atividades parlamentares.

Na busca de uma diretriz geral para as reformas, convém advertir, preliminarmente, que a questão do valor do sistema eleitoral não pode jamais ser posta em termos absolutos. Não há sistemas idealmente perfeitos, para todos os tempos e todos os países, mas apenas sistemas mais ou menos úteis à consecução das finalidades políticas que se têm em vista, em determinado país e determinado momento histórico.

Ora, efeito normal do sistema eleitoral majoritário é o de engendrar, pela sua própria natureza, o personalismo da representação política e o enfraquecimento conseqüente dos partidos. Não é por outra razão que ele vem sendo introduzido atualmente na Itália, como forma de se quebrar a *partitocrazia*. Nos países que vivem debaixo de outras tradições e costumes políticos — como o Reino Unido e os Estados Unidos — o efeito de enfraquecimento partidário é razoavelmente minimizado pela mais sólida tradição dos (poucos) partidos. No Brasil, porém, a adoção do voto de maioria, sobretudo na modalidade distrital, viria reforçar a nossa tradicional tendência a produzir parlamentares individualistas, que se estabelecem politicamente como meros provedores de soluções a problemas particulares da clientela. Ou seja, o oposto da verdadeira representação republicana e democrática, fundada na soberania popular e na supremacia do bem comum sobre os interesses próprios de indivíduos, grupos ou classes.

Acresce notar que, ao adotarmos, desde a proclamação da República, o regime federativo com governo presidencial, já introduzimos duradouramente, em nosso sistema eleitoral, a votação majoritária. Todos os senadores, bem como os chefes do Executivo, em todas as unidades da Federação, são eleitos pelo sistema majoritário. O nosso regime político já comporta, pois, pela sua própria natureza, um elevado grau de personalismo eleitoral.

É por essas razões que me parece inapropriado reproduzir entre nós, sem maior exame, o sistema alemão de votação proporcional mista. Disse "votação proporcional mista" de caso pensado, pois, ao contrário do que se procura inculcar, a distribuição de cadeiras no *Bundestag* não é dada pelo voto uninominal (o primeiro voto da cédula mista), mas sim pelo voto em listas partidárias estaduais *(Landeslisten)*, cujo somatório obedece a um cálculo proporcional de resultados, segundo o sistema de Niemeyer. É com base nessa distribuição proporcional de votos que se calcula, inicialmente, a repartição da totalidade das cadeiras da Câmara Federal, e não apenas a sua metade, como se imaginaria. Na hipótese de algum partido ter, nos distritos ou círculos eleitorais *(Wahlkreisen)*, um número de candidatos, eleitos majoritariamente, em número superior ao de vagas atribuídas ao mesmo partido pela votação proporcional, criam-se vagas adicionais na composição da Câmara (os chamados *überhangmandate)*.

O sistema alemão, como se percebe, faz largas concessões à representação personalista, a tal ponto que dois abalizados comentadores alemães entendem que ele é não propriamente misto, mas de eleição proporcional pessoal (*persönliche Verhältniswahl)*.[1] Ademais, a lei eleitoral alemã (§ 3) respeita escrupulosamente a divisão federativa do país ao determinar que os distritos ou círculos eleitorais sejam desenhados dentro das fronteiras de cada Estado e que as listas partidárias sejam estaduais. Ou seja, os dois maiores inconvenientes do sistema eleitoral brasileiro atual não seriam minimamente removidos se adotássemos a tão louvada fórmula germânica.

Acresce notar que mais dois outros inconvenientes de monta podem ser apontados para a aplicação do sistema alemão entre nós. De um lado, o possível não-exercício maciço do "segundo voto"— isto é, do voto partidário, que é a chave do sistema de distribuição de postos parlamentares — falsearia todos os resultados.

1. Dr. Enno Boettcher e Reinhard Högner, *Bundeswahlgesetz — Bundeswahlordnung, Handkommentar*, 13ª ed., Jehle-Rehm Verlagsgruppe, 1994, p. 7.

Saliente-se que essa distorção, no Brasil, seria mais do que provável, pois o nosso eleitor certamente seria levado a contentar-se com o voto uninominal, com o qual está desde sempre habituado. Por outro lado, o estabelecimento de circunscrições eleitorais diminutas para o exercício do voto uninominal (o chamado "voto distrital") fortaleceria, sem dúvida, a vinculação permanente dos representantes políticos à defesa de interesses locais, de forma a multiplicar o surgimento de "vereadores federais".

3. Linhas mestras da proposta de reformulação de nosso sistema eleitoral

Para a correção das distorções apontadas, parece-me irrecusável que se deva adotar, na composição dos órgãos legislativos de representação popular — a Câmara de Deputados, as Assembléias Legislativas e as Câmaras de Vereadores —, o sistema de votação proporcional puro, ou seja, fundado no voto em listas partidárias fechadas.

Tal sistema, no entanto, como todos sabem, apresenta dois inconvenientes: a excessiva despersonalização nas relações entre eleitores e eleitos, bem como a possibilidade de caciquismo dentro dos partidos, com os componentes da lista sendo escolhidos por um ou alguns dirigentes partidários, apenas.

Para obviar o primeiro desses defeitos, parece útil estabelecer circunscrições eleitorais não-estaduais, de dimensões equivalentes quanto ao número de eleitores, e que não apresentem as desvantagens das circunscrições estaduais, nem do simples distrito. Atender-se-ia, com isto, ao objetivo de desestadualização das eleições para a Câmara Federal, corrigindo-se uma anomalia que vem desde a nossa primeira Constituição republicana.

No tocante ao segundo grande defeito do sistema proporcional puro — o caciquismo intrapartidário —, um dos remédios possíveis consiste em introduzir a obrigatoriedade de aprovação das listas de candidatos por convenção partidária, fixando-se a ordem de inscrição na lista pela quantidade decrescente de votos recebidos pelos aspirantes a candidato.

Como ensaio de organização prática dessa proposta, poder-se-ia pensar em fixar em 500 o número de componentes da Câmara dos Deputados, repartindo-se o território nacional em 100 circunscrições de tamanho equivalente (admitida a variação máxima de 10% de eleitores alistados, entre uma e outra), de forma que em cada circunscrição seriam eleitos 5 deputados. O número de circunscrições viria estabelecido em lei e a sua fixação territorial competiria ao Tribunal Superior Eleitoral.[2]

A questão da existência de um limite mínimo de votos, em todo o território nacional, para que um partido tenha ingresso na Câmara dos Deputados precisa ser analisada em função dos objetivos que se têm em vista.

Se se trata de dar maior coerência interna aos partidos, não é este, certamente, o remédio adequado, pois os pequenos partidos costumam ser bem mais coesos que os grandes. A pulverização interna dos partidos resolve-se com a introdução de regras de fidelidade partidária, as quais não devem limitar-se apenas à proibição de transferência de parlamentares de um partido para outro no curso da legislatura, mas compreender também o voto obrigatório e vinculado à decisão que for tomada pelo partido, conforme o assunto.

Tampouco me parece adequado, em nosso meio, invocar essa exigência eleito-

2. Pelo número total de eleitores inscritos em todo o Brasil (94.782.803), cada circunscrição teria em média 940 mil eleitores, o que daria uma proporção média de cerca de 188 mil eleitores por candidato. Hoje, cada deputado federal de São Paulo representa quase 300 mil eleitores, enquanto cada deputado federal de Roraima representa apenas 15 mil eleitores.

ral como forma indispensável à defesa da chamada governabilidade. Esse argumento é, sem dúvida, importante no quadro de um sistema parlamentar de governo, em que o gabinete de ministros apóia-se em maiorias parlamentares coerentes. Mas ele não tem, obviamente, o mesmo grau de importância num sistema presidencial, como o nosso, em que o Parlamento é muito mais órgão de controle do que de sustentação do governo.

A fixação do piso de votos partidários como condição de elegibilidade dos candidatos poderia ter, segundo me parece, uma outra função em nosso sistema de governo. Seria o fato de forçar o estabelecimento de partidos nacionais, com programas ou tendências políticas distinguíveis, potencializando o objetivo de despersonalização das eleições num sistema proporcional. Se se tivesse aplicado, por hipótese, a exigência do piso de 5% dos votos dados a um partido em todo o território nacional nas eleições de deputados federais de 1994, a Câmara teria, hoje, ao invés de 18, apenas 7 partidos nela representados. É preciso convir que, nesse conjunto de sete maiores partidos (PPR, PDT, PT, PMDB, PFL, PP e PSDB), seria impossível, atualmente, distinguir e identificar sete programas ou tendências diversas. Não parece, assim, desarrazoado afirmar que a exigência do piso de votos contribuiria para a reorganização partidária, mediante fusões ou cisões, em termos de mais clara identidade, facilitando, com isso, a escolha dos eleitores num sistema proporcional puro.

No tocante às eleições para as Assembléias Legislativas, o ideal seria que a Constituição Federal, analogamente ao que determina em relação aos Municípios, fixasse um limite máximo de deputados estaduais, em função do número de habitantes em cada Estado. Também aqui, o território do Estado seria dividido em circunscrições com número equivalente de eleitores e as listas partidárias, em cada circunscrição, teriam, como regra geral, o mesmo número de candidatos.

Sistema análogo vigeria para as eleições às Câmaras Municipais, estabelecendo-se um limite máximo de 100 mil eleitores para a fixação das circunscrições dentro de cada Município.

No intuito de se evitar o aventureirismo eleitoral, a lei deveria fixar a exigência de domicílio residencial na circunscrição pelo prazo mínimo de 5 anos para os candidatos a postos eletivos.

Com relação ao Senado, não se vê razão alguma para que os Estados continuem representados por 3 senadores, tal como estabelecido desde a Constituição de 1891. Se contamos hoje com 26 Estados, além do Distrito Federal, teríamos a Câmara Alta composta de 54 parlamentares, o que já é um número razoável.

Ainda em relação ao Senado, atendendo à exigência sentida em todos os setores da classe política, seria importante eliminar a figura dos suplentes de senador.

Por último, retomando a proposta de uma emenda à Constituição Federal apresentada pelo senador Eduardo Suplicy, parece-me útil fixar em 4 anos o mandato dos Senadores. Com efeito, as razões apresentadas para a fixação de um mandato de duração mais longa, tal como foram expostas originalmente nos *Federalists Papers*[3], são, hoje, de todo inconvincentes. É preciso não esquecer que os mandatos parlamentares de longa duração provocam o perigoso desvinculamento dos eleitos em relação à opinião política de seus eleitores, no curso do tempo, com manifesto prejuízo para o funcionamento do mecanismo democrático. Tanto mais que não contamos, no Brasil, com sanções políticas adequadas contra os representantes que perderam a confiança do povo, como o instituto do *recall*, por exemplo.

3. Ensaio n. 63, de autoria de Hamilton ou de Madison.

4. *Resumo final*

Em resumo, a proposta que me parece melhor atender, na atual fase de nossa vida política, às exigências de aperfeiçoamento da democracia representativa deveria compreender as seguintes reformas:

1) introdução, para a eleição dos componentes da Câmara dos Deputados, do sistema proporcional puro com votação em listas partidárias fechadas, em circunscrições eleitorais de tamanho equivalente em todo o território nacional, fixando-se um piso nacional de votos dados a cada partido como condição de sua representação na Câmara;

2) adoção do mesmo sistema, com as adaptações necessárias, nas eleições às Assembléias Legislativas e Câmaras de Vereadores;

3) exigência de domicílio residencial na circunscrição durante pelo menos 5 anos, para todos os candidatos a postos eletivos;

4) redução de 3 para 2 dos senadores eleitos por cada Estado, com mandato de 4 anos;

5) abolição dos suplentes de senador.

São Paulo, 14 de setembro de 1995.

PLANEJAMENTO, DIREITO TRIBUTÁRIO E SEGURANÇA JURÍDICA

LUCIA VALLE FIGUEIREDO

Professora Titular de Direito Administrativo da PUC-SP
— Professora do Curso de Mestrado de Direito Urbanístico e Ambiental
— Professora da Cadeira de Processo e Procedimento Administrativo Tributário

1. Responsabilidade por dano decorrente de planejamento. 2. Modificação dos planos. 3. Os princípios da segurança jurídica, da confiança, da lealdade e da boa-fé. 4. A razoabilidade das modificações, a motivação e a coerência: 4.1 Razoabilidade — 4.2 Proporcionalidade e congruência — 4.3 Motivação. 5. Síntese conclusiva.

1. *Responsabilidade por dano decorrente de planejamento*

O planejamento da economia reflete-se diretamente no direito tributário, seja por meio de leis ou de atos administrativos, diretamente subsumidos à Constituição.

Tema apaixonante e tormentoso — fulcro de nossas preocupações neste estudo — concerne à responsabilidade estatal por ato decorrente do planejamento econômico.

O ponto fulcral de nossa meditação, neste estudo, diz respeito ao reflexo que a responsabilidade estatal por dano decorrente do planejamento pode projetar nas relações tributárias entre fisco e contribuinte.

Versou com maestria o tema do planejamento Almiro Couto e Silva intitulando seu trabalho "Responsabilidade por dano decorrente do planejamento econômico" e defendendo-o em Canela, em 1981, no "III Congresso de Direito Administrativo" e, posteriormente, publicando-o.

Em suas palavras: "Fica, assim, claramente visto que, nos regimes de corte democrático, o primeiro problema jurídico que o planejamento projeta no plano lógico — o da sua admissibilidade em face da Constituição — é, hoje, se não uma indagação de valor puramente histórico, pelo menos uma questão de simples medida. Efetivamente, não se discute mais que o planejamento seja possível dentro dos regimes democráticos. O que se pode discutir é se determinado plano, sob suspeita de violar direitos e garantias individuais, será ou não conciliável com a Constituição".[1]

Sua conclusão é no sentido de que o Estado não pode deixar de indenizar quando provoca dano ao administrado por descumprir planos a que se obrigara.

Claro é que não está o autor a se referir a qualquer espécie de planejamento. O autor precitado, o professor Almiro Couto

1. "Responsabilidade por dano decorrente do planejamento econômico", *RDP* 63/29, item 4.

e Silva, refere-se a três tipos de planos, a saber: 1) planos *indicativos*, em que não há nota de obrigatoriedade; 2) planos *incitativos* ou *estimulativos*: a responsabilidade dependerá do que já tiver sido feito; 3) planos *imperativos*,[2] como, *v.g.*, o Plano Cruzado, adotado no Brasil em 1986, ou o famigerado Plano Collor.

Tanto nos planos incitativos como nos imperativos pode haver responsabilidade estatal. E, também, nos meramente indicativos, cogentes para a pessoa pública, art. 174 da Constituição da República, que ora reproduzimos: "Art. 174. Como agente normativo e regulador da atividade econômica, o Estado exercerá, na forma da lei, as funções de fiscalização, incentivo e planejamento, sendo este determinante para o setor público e indicativo para o setor privado".

Cabe, em brevíssimas palavras, referir o que sejam planos indicativos, incitativos ou imperativos.

Planos *indicativos* são aqueles em que o governo apenas assinala em alguma direção, sem qualquer compromisso, sem pretender o engajamento da iniciativa privada.

De outra parte, planos *incitativos* são aqueles em que o governo não somente sinaliza, mas pretende também o engajamento da iniciativa privada para lograr seus fins. Nesses planos há não apenas a indicação como também, e muitas vezes, promessas com várias medidas, quer por meio de incentivos ou por qualquer outra forma, para que a iniciativa privada colabore. Nessas hipóteses, contam os administrados, que aos planos aderem, com a confiança, a boa-fé e a lealdade da Administração. Portanto, se modificações houver, certamente, em casos concretos existirão prejuízos.

De seu turno os planos *imperativos* falam por si próprios, ou seja, a própria palavra define-os. *Imperativo* é o que deve ser observado.

O problema será aferir, no caso concreto, a conduta estatal, a conduta do lesado, para verificar se há de se colocar alguma excludente, e o dano causado e, também, se o ato foi lícito ou ilícito. Todavia, mesmo lícito, dependendo das circunstâncias, poderá haver responsabilidade estatal.

Por seu turno, Jesús Gonzales Peres, em seu *El Princípio de la Buena-Fé*,[3] diz que o administrado tem o direito de confiar na Administração. Administração leal, portanto, é a que age com boa-fé.

Em termos de Administração concertada, com dizem Gordillo, Laubadère, Vidal Perdomo,[4] tal seja a participação do administrado nos planos, é totalmente inviável excluir a responsabilidade do Estado por atos decorrentes de modificação do planejamento, sejam estes responsáveis (portanto, lícitos), sejam irresponsáveis, como acontece, muitas vezes, em países em que o grau de responsabilidade dos supremos governantes ainda deixa muito a desejar. E, ademais disso, em que o país, na verdade, passa a ser laboratório de experiências.

É dizer, planos são elaborados sem a necessária previsão das conseqüências, tanto assim é que são *modificados em brevíssimo prazo*, levando de roldão a iniciativa privada para graves conseqüências. E em país que se diz liberal ou neoliberal.

Ora, mesmo em governos com preocupação social marcada, como determina a Constituição brasileira, não se poderia justificar mudanças descriteriosas a pretexto, à invocação, do *interesse público*, chamado a contexto sem qualquer suporte.

2. O autor, posteriormente, em outra palestra proferida, discriminou os tipos de planos que enumeramos.

3. *El Princípio de la Buena Fé em Derecho Administrativo*, Madri, 1983.

4. Agustin Gordillo, *Problemas del Control de la Administración Pública en América Latina*, Cuadernos Civitas, 1981; Laubadère, "Contratos de la Administración Pública", in *Contratos Públicos*, Universidad Nacional de Cuyo, 1986; Vidal Perdomo, *El Contrato de Obras Públicas*, Universidad Externado de Colombia, 1979.

Damos, também, como exemplo que deveria empenhar responsabilidade do Estado, a maxidesvalorização do cruzeiro, ocorrida nos idos de 1979 no Brasil. Havia o Plano Nacional de Desenvolvimento Econômico em vigor. O governo, em jornais, televisões, reafirmava sua intenção de manter a minidesvalorização — de conseguinte, de não proceder a modificação na política adotada. Entretanto, como também acontecia com freqüência, apesar de todos os desmentidos ocorreu a maxidesvalorização, levando, de roldão, várias firmas à ruína, uma vez que deviam em dólares, incentivadas também pelo governo. Poder-se-ia falar em irresponsabilidade diante de situações tais? Entendemos que não, e em nosso abono invocamos a lição autorizada de Celso Antônio Bandeira de Mello[5] versando o mesmo assunto.

2. *Modificação dos planos*

As modificações de planos, também os econômicos, certamente podem e devem ocorrer, sobretudo em função de novos interesses públicos a concretizar. Todavia, é de se procurar assentar quais os limites de tais mudanças.

Em Canotilho, em trabalho de 1974, vamos encontrar a seguinte passagem:

"(...) Não discutiremos aqui se o plano é uma realidade jurídica autônoma ou se não passa de um conjunto de instrumentos diversos que não ganham qualquer qualificação jurídica especial pelo facto da sua reunião.

"(...) Especialmente, importa enfrentar a questão de saber qual a tutela do particular afectado pela mudança de planos econômicos à sombra dos quais tinha feito os seus prognósticos e criado situações econômicas irreversíveis".[6]

E, ainda, vai afirmar serem necessárias a proporcionalidade e a utilidade da modificação. E, finalmente, conclui:

"(...) Estas promessas podem ser medidas de direcção, originadoras de um grau de confiança e boa-fé nos destinatários que os leve, ancorados na protecção administrativa, a arriscarem-se a negócios financeiramente ruinosos.

"Parece-nos seguro ser de exigir à Administração o exacto conhecimento das suas possibilidades a fim de evitar que, através de promessas não mantidas, leve os particulares a compromissos e a riscos que eles não dominam e que não correriam se não fossem as garantias dos entes públicos. Mas a demonstração da falta de cumprimento da promessa ou promessas será, talvez, elemento imprescindível ao desencadeamento do fenômeno indemnizatório."[7]

A licitude ou ilicitude de tais modificações dependerá, certamente, da observância de determinados postulados essenciais. Aliás, quaisquer medidas restritivas da liberdade deverão estar fincadas na ausência de proibição constitucional e na necessidade de salvaguarda de outros valores substanciais do ordenamento jurídico.

Trata-se, então, de saber se a decisão administrativa política teria observado outros direitos igualmente protegidos constitucionalmente e, sobretudo, a não-retroatividade a situações consumadas.[8]

3. *Os princípios da segurança jurídica, da confiança, da lealdade e da boa-fé*

Os princípios da segurança jurídica, da lealdade e da boa-fé são de primordial importância para verificação de ter a Administração permanecido dentro dos lindes

5. *Responsabilidade do Estado por Dano Decorrente do Planejamento.*

6. *Responsabilidade do Estado por Atos Lícitos*, Coimbra, Almedina, 1974, p. 203.

7. Idem, p. 208.

8. V., por todos, Gomes Canotilho, em seu *Direito Constitucional*, 6ª ed. revista, cap. VIII, 1993. Também Forsthoff, cit. por Almiro Couto e Silva, artigo cit., *RDP* 63/36, ns.

de sua competência discricionária ao tomar decisões administrativas de cunho político.

Deveras, a segurança jurídica e a certeza do direito são sobre princípios de todo Estado que se pretenda Democrático de Direito. Fazem, efetivamente, parte da possibilidade de existência do *due process.*

Canotilho, em sua obra já citada, faz questão de dar especial ênfase ao requisito de não-retroatividade de *lei restritiva*. Que se dirá, então, de ato administrativo restritivo de direitos?

Lembremos que a não-retroatividade é cláusula "pétrea" da Constituição. Ou, para os que preferirem nomenclatura diversa, a *irretroatividade* integra o *cerne fixo* da Constituição.

Investiguemos, pois, a necessidade de tais modificações serem razoáveis, motivadas e proporcionais.

4. *A razoabilidade das modificações, a motivação e a coerência*

É de se verificar, pois, se as modificações foram necessárias, coerentes, se a motivação é suficiente.

4.1 *Razoabilidade*

Enfrentemos o princípio da *razoabilidade*, implícito na Constituição e de cabal importância no que concerne à intervenção do Estado no domínio econômico.

Salienta o professor Récasens Siches[9] a necessidade da razoabilidade no referente ao raciocínio jurídico. Consoante penso, não se pode conceber a função administrativa, o regime jurídico administrativo, sem se inserir o princípio da razoabilidade. É por meio da razoabilidade das decisões tomadas que se poderá contrastar atos administrativos e verificar se estão dentro da moldura comportada pelo Direito.

Ver-se-á, mais adiante, que não é lícito ao administrador, quando tiver que valorar situações concretas, depois da interpretação, valorá-las a lume dos seus *standards* pessoais, a lume da sua ideologia, a lume do que acha ser bom, certo, adequado no momento, mas deverá valorá-los a *lume de princípios gerais*, a *lume da razoabilidade*, do que, em direito civil, se denomina *valores do homem médio.*

Em síntese: a *razoabilidade* vai se atrelar à *congruência lógica* entre as situações postas e as decisões administrativas. Vai se atrelar às necessidades da coletividade, à legitimidade, à economicidade, isto é à relação entre custos e benefícios.

4.2 *Proporcionalidade e congruência*

Ao lado da razoabilidade traz-se à colação, também, como princípio importantíssimo, o da *proporcionalidade*. Com efeito, resume-se o princípio da proporcionalidade em que as medidas tomadas pela Administração estejam na direita adequação das necessidades administrativas. Vale dizer: somente se sacrificam interesses individuais em função de interesses coletivos, de interesses primários, na medida da estrita necessidade, não se desbordando do que seja realmente indispensável para a implementação da necessidade pública.

Traduz o princípio da razoabilidade, pois, a relação de congruência lógica entre o fato (o motivo) e a atuação concreta da Administração.

4.3 *Motivação*

Traga-se a contexto o saudoso mestre Alberto Ramón Real, ao se referir à tese autoritária de que a Administração, em princípio, não necessitaria motivar seus atos.

9. *Nueva Filosofía de la Interpretación del Derecho*, cap. III.

Diz o professor: "(...) O sentido progressista da extensão das garantias tende a sepultar esta tese tradicional, vestígio de autoritarismos, condenados pela História".

Com relação à motivação, diríamos que cumpre dois princípios. Cumpre o *due process of law* formal — porque está expressa no texto constitucional, art. 93, X, ou implícita por força do art. 5º, XXXV, ou, ainda, do mesmo artigo, inciso LV — e cumpre o *due process of law* substancial. Sem motivação não há possibilidade de se aferir a justiça ou a injustiça de decisão, porque não saberemos se a decisão é boa ou má. Quais foram as razões dadas para tal decisão? As razões puramente subjetivas do administrador não deveriam contar muito, porque, na verdade, o administrador deve aplicar o Direito, no caso concreto, não à luz dos seus *standards* pessoais, mas à luz, sim, dos *standards* da comunidade, à luz do que é direito, aqui e agora, na comunidade, à luz do que é princípio, aqui e agora, na comunidade.

É a motivação fundamental no tocante aos princípios constitucionais da função administrativa, algo que se nos afigura da maior relevância, mormente em face da Constituição. Assinala-se, pois, a imprescindibilidade da motivação da atividade administrativa (embora muitos autores, é verdade que atualmente já ultrapassados, a neguem, asseverando, equivocadamente, ser a motivação obrigatória, apenas e tão-somente, quando texto de lei expressamente a previr). Tal seja, as modificações repentinas de planos com prejuízo devem ter fase intermediária (Canotilho).[10]

A motivação, como forma de controle da atividade administrativa, é de extrema importância. Lembro frase feliz de Bentham, citada por Michelle Taruffo, em que ele diz: *good decisions are such decisions for which good reasons can be given* ("boas decisões são aquelas decisões para as quais boas razões podem ser dadas").

A *motivação* será, pois, a *pedra de toque* para o controle da discricionariedade dos atos políticos de planejamento econômico com repercussão direta na atividade privada.

5. *Síntese conclusiva*

5.1 O planejamento econômico deve estar conforme, ser compatível com a segurança jurídica.

5.2 Pode haver modificações de planos, desde que devidamente motivadas e que não atinjam situações consumadas, ou em formação, porém ao abrigo de planejamento anterior.

5.3 A motivação será absolutamente necessária para se aferir a licitude e/ou ilicitude de ditas alterações.

5.4 O controle jurisdicional do ato político, ato discricionário diretamente subsumido à Constituição, deverá percorrer a mesma trilha trabalhosa dos atos discricionários, emanados em subsunção à lei e aos princípios constitucionais.

5.5 No direito tributário, a segurança jurídica, a lealdade e a boa-fé são essenciais e, muito embora não expressamente prevista a segurança jurídica no texto constitucional, é este princípio inerente a qualquer ordenamento que pretenda ser verdadeiramente um Estado de Direito.

10. *Responsabilidade* ... cit.

DESAPROPRIAÇÃO: O ARTIGO 7º DO DECRETO-LEI 3.365/41 E A INVIOLABILIDADE DO DOMICÍLIO

SÉRGIO MONTE ALEGRE
Professor da Universidade Federal de Sergipe — Procurador de Justiça

1. Com a promulgação da Constituição de 5.10.88, retoma-se a questão, entre nós freqüentemente renovada, da recepção de normas da ordem jurídica anterior. De momento, interessa saber qual o atual alcance do art. 7º do Decreto-lei 3.365/41 em face do direito à inviolabilidade do domicílio, que a Constituição assegura a brasileiros e estrangeiros residentes no País, nos seguintes termos (art. 5º, XI): "A casa é asilo inviolável do indivíduo, ninguém nela podendo penetrar sem consentimento do morador, salvo em caso de flagrante delito ou desastre, ou para prestar socorro, ou durante o dia, por determinação judicial".

Vejamo-lo, a seguir:

2. Literatura jurídica sobre desapropriação, neste País de tantas carências, é o que não falta, felizmente. Literatura farta, abundante, e, no geral, de muitíssimo boa qualidade. E os autores que escreveram sobre o tema parecem concordar em que se trata de procedimento decomposto em duas fases: a fase declaratória e a fase executória, esta última podendo ser extrajudicial ou judicial. *Extrajudicial* quando há concordância entre expropriante e expropriado quanto ao preço, forma e condições de pagamento, nenhuma desavença os separando. *Judicial*, em caso contrário. Contudo, ainda assim, não se tolhe a possibilidade de o titular do bem comparecer a juízo e aí reconsiderar sua recusa, aceitando o preço que lhe houvera sido oferecido pelo expropriante. Acaso persista a recusa, a desapropriação assume perfil contencioso, nos termos do Decreto-lei 3.365/41.

3. Relativamente à fase declaratória, aquiescem os mesmos autores em que não é suficiente, só por si, para transferir a titularidade do bem sobre que recai a declaração de utilidade pública. Isso nada obstante, lhe reconhecem alguns efeitos, a saber: 1) submete o bem à força expropriatória do Estado; 2) fixa o estado do bem; 3) inicia a fluência do prazo de caducidade do ato declaratório, que é de cinco anos; 4) e, enfim, permite aos agentes da autoridade pública que penetrem no prédio, embora não lhes autorize o comportamento abusivo.

4. É o que têm escrito aos autores, sem restrições, ressalvas, reservas ou entrelinhas, mesmo à luz da Constituição de 5.10.88, atualmente em vigor, apesar de precocemente mutilada. Confira-se, a propósito, Hely Lopes Meirelles, em *Direito Administrativo Brasileiro*, 20ª ed., Malheiros Editores, pp. 521-522; Celso Ribeiro

Bastos, em *Curso de Direito Administrativo*, Saraiva, 1994, p. 223; Diógenes Gasparini, em *Direito Administrativo*, 4ª ed., Saraiva, p. 460; Maria Sylvia Zanella Di Pietro, em *Direito Administrativo*, 3ª ed., Atlas, pp. 124-125; Celso Antônio Bandeira de Mello, em *Elementos de Direito Administrativo*, 3ª ed., Malheiros Editores, p. 272.

Por ora, dos efeitos da declaração de utilidade pública, o que interessa é aquele que diz com a penetração no prédio pelos agentes do Poder Público.

5. Realmente, diz o art. 7º do Decreto-lei 3.365/41:

"Declarada a utilidade pública, ficam as autoridades administrativas autorizadas a penetrar nos prédios compreendidos na declaração, podendo recorrer, em caso de oposição, ao auxílio de força policial.

"Àquele que for molestado por excesso ou abuso de poder, cabe indenização por perdas e danos, sem prejuízo da ação penal."

5.1 Prédios, diz o art. 7º, sem individualizá-los seja pela natureza, seja pela serventia ou destinação. Tal como redigida, a norma desse artigo alcança inclusive a *casa*, cuja inviolabilidade restou garantida em todas as Constituições brasileiras, desde a imperial de 1824 até a republicana de 1988. E inviolabilidade que somente admita ser excepcionada em duas situações: 1) à noite, nos casos expressamente consignados nas Constituições de 1824, 1891, 1934, 1946, 1967-1969; 2) durante o dia, nos casos e pela forma que a lei viesse a estabelecer.

5.2 Confira-se:

"Todo o cidadão tem em sua casa um asylo inviolável. De noite, não se poderá entrar nella, senão por seu consentimento, ou para o defender de incêndio, ou inundação; e de dia só será franqueada a sua entrada, nos casos, e pela maneira que a Lei determinar" (art. 179, VII, da CF de 1824).

"A casa é o asilo inviolável do indivíduo; ninguém pode ali penetrar, de noite, sem consentimento do morador, sinão para acudir a víctimas de crimes, ou desastres, nem de dia sinão nos casos e pela forma prescriptos na lei" (art. 172, § II, da CF de 1891).

"A casa é o asylo inviolável do indivíduo. Nella ninguém poderá penetrar, de noite, sem consentimento do morador, senão para acudir a víctimas de crimes ou desastres, nem de dia, senão nos casos e pela forma prescriptos na lei" (art. 113, 16, da CF de 1934).

"A casa é o asilo inviolável do indivíduo. Ninguém poderá nela penetrar à noite, sem consentimento do morador, a não ser para acudir as vítimas de crime ou desastre, nem durante o dia, fora dos casos e pela forma que a lei estabelecer" (art. 146, § 15, da CF de 1946).

"A casa é o asilo inviolável do indivíduo. Ninguém pode penetrar nela, à noite, sem consentimento do morador, a não ser em caso de crime ou desastre, nem durante o dia, fora dos casos e na forma que a lei estabelecer" (art. 150, § 10, da CF de 1967).

"A casa é o asilo inviolável do indivíduo; ninguém pode penetrar nela, à noite, sem consentimento do morador, a não ser em caso de crime ou desastre, nem durante o dia, fora dos casos e na forma que a lei estabelecer" (art. 153, § 10, da CF de 1969).

5.3 Na Constituição de 1937 garantia-se a inviolabilidade do domicílio, salvo as exceções expressas em lei (art. 122, n. 6).

5.4 À sua vez, o Decreto-lei 3.365/41 foi editado sob a vigência da Constituição de 1937, de triste memória, porque evocativa de um tempo de desapreço às liberdades fundamentais.

E, àquela época, nenhuma área de atrito, nenhuma zona de fricção, existia entre aqueles dois textos de hierarquia normativa diferenciada. Afinal, a Constituição getulista remetia para a legislatura ordinária a tarefa de excepcionar o princípio da inviolabilidade do domicílio, quer durante à noite, quer no correr do dia. Aliás, foi a única Constituição a deixar livre o legislador ordinário em assunto de tamanha dignidade. Todas as outras cuidaram de indicar, *elas próprias*, em que situações se poderia violar o domicílio à noite. E o Decreto-lei 3.365/41 nada mais fez do que abrir uma exceção à inviolabilidade domiciliar, em proveito das autoridades administrativas e em matéria expropriatória. Posteriormente, foi recepcionado pelas Constituições de 1946 e 1967/1969, pela simples razão de haverem essas Constituições convidado o legislador ordinário a dizer em que casos e sob que formas se poderia penetrar em casa alheia, *durante o dia*, sem o consentimento do morador.

5.5 Sucede, porém, que, a partir de 5.10.88, o Brasil passou a viver sob nova Constituição, não apenas diferente, mas contrária à de 1937, porque esta refletia a feição de um Estado autoritário, e aquela, a de um Estado Democrático, contraponto exato daquele.

Pois bem. A nova Constituição dispensou à inviolabilidade do domicílio o tratamento mais generoso de que se tem notícia na história do constitucionalismo brasileiro. Deveras, contrariamente a todas as que a precederam no tempo, a Lei Fundamental de 1988 não abriu espaço, mínimo que fosse, para a atuação do legislador ordinário na matéria. Excluiu liminar e radicalmente qualquer colaboração, no particular. Iniciou e esgotou a formulação normativa sobre a inviolabilidade domiciliar, alcançando, assim, o administrador tanto quanto o legislador.

Veja-se, novamente: "A casa é asilo inviolável do indivíduo, ninguém nela podendo penetrar sem consentimento do morador, salvo em caso de flagrante delito ou desastre, ou para prestar socorro, ou, durante o dia, por determinação judicial" (art. 5º, XI).

5.6 Aí está toda a diferença. Agora, já não é mais possível à legislação indicar os modos e a forma de exceções diurnas à inviolabilidade do domicílio, como antes. À vista da atual Lei Republicana, o que se tem é o seguinte: 1) a casa é asilo inviolável; 2) somente nela se pode penetrar com o consentimento do morador, salvo: a) durante *a noite* ou *o dia*, em casos de desastre, flagrante delito ou para prestar socorro; b) *e, durante o dia, mediante determinação judicial*.

Vê-se, pois, que a Constituição de 1988 levou extremamente a sério a célebre frase atribuída ao Lord Chatan, conforme depoimento recolhido em João Barbalho, comentando a Constituição de 1891: "E por que razão a casa de cada um é sua cidadella, sua fortaleza? Será por ser defendida por muralhas? Não. Seja mesmo uma choupana, em que penetrem a chuva e o vento, o rei não pode lá entrar".

A fórmula constitucional inadmite hesitação. Sem consentimento do morador não se ingressa na casa, salvo à noite ou de dia, para acudir vítima de desastre, prestar socorro ou em caso de flagrante delito. *Fora dessas situações, somente se tolera a violabilidade domiciliar durante o dia, e, ainda assim, por determinação judicial.* E determinação judicial fundamentada, sob pena de nulidade (art. 92, IX, da CF).

5.7 Concluindo: as autoridades administrativas continuam podendo penetrar nos prédios declarados de utilidade pública. Todavia, se tiverem tais prédios a compostura jurídico-constitucional de *casa*, o ingresso neles lhes será interdito, salvo se para tanto munidas de prévia habilitação judicial, necessária e adequadamente fundamentada.

Esta, a nosso ver, a compreensão atual do art. 7º do Decreto-lei 3.365/41. Nem mais, nem menos.

Aracaju, setembro de 1995.

A NULIDADE DA LEI INCONSTITUCIONAL E SEUS EFEITOS — CONSIDERAÇÕES SOBRE A DECISÃO DO STF PROFERIDA NO RE 122.202

GILMAR FERREIRA MENDES
Procurador da República — Professor da Universidade de Brasília
— Mestre em Direito pela Universidade de Brasília
— Doutor em Direito pela Universidade de Münster-RFA

1. Introdução. 2. A nulidade da lei inconstitucional. 3. A nulidade "ipso jure" e "ex tunc". 4. A nulidade da lei e os atos singulares praticados com base no ato normativo declarado inconstitucional. 5. Conclusão. Bibliografia.

1. *Introdução*

Em acórdão recente, o STF vem de afirmar que a retribuição de servidor público declarada inconstitucional não é de ser devolvida no período da validade inquestionada da lei, tal como se lê na ementa do acórdão: "Recurso extraordinário — Efeitos da declaração de inconstitucionalidade em tese pelo STF — Alegação de direito adquirido — Acórdão que prestigiou lei estadual à revelia da declaração de inconstitucionalidade desta última pelo Supremo — Subsistência do pagamento de gratificação mesmo após a decisão *erga omnes* da Corte — Jurisprudência do STF no sentido de que a retribuição declarada inconstitucional não é de ser devolvida no período de validade inquestionada da lei de origem — mas tampouco paga após a declaração de inconstitucionalidade — Recurso extraordinário provido em parte".[1]

Cuidava-se de recurso extraordinário interposto pelo Estado de Minas Gerais contra decisão do Tribunal de Justiça daquele Estado que deferiu mandado de segurança para determinar a continuidade de pagamento de vantagens consagradas em lei já declarada inconstitucional pelo STF.

Anteriormente já havia o Supremo Tribunal concluído que "a irredutibilidade dos vencimentos dos magistrados garante, sobretudo, o direito que já nasceu e que não pode ser suprimido sem que sejam diminuídas as prerrogativas que suportam o seu cargo". Por essa razão, afirmou-se, tal garantia haveria de superar o próprio efeito *ex tunc* da declaração de inconstitucionalidade da norma.[2]

A decisão mais recente, também relativa à remuneração de magistrados, retrata entendimento no sentido de que "retribui-

1. RE 122.202, rel. Min. Francisco Rezek, *DJU* 8.4.94.

2. RE 105.789, rel. Min. Carlos Madeira, *RTJ* 118/301.

ção declarada inconstitucional não é de ser devolvida no período de validade inquestionada da lei de origem — mas tampouco paga após a declaração de inconstitucionalidade".[3]

A orientação esposada pelo STF nos casos referidos merece uma análise mais atenta.

Contemple-se, inicialmente, a chamada nulidade da lei inconstitucional.

2. *A nulidade da lei inconstitucional*

O dogma da nulidade da lei inconstitucional pertence à tradição do Direito brasileiro. A teoria da nulidade tem sido sustentada por praticamente todos os nossos importantes constitucionalistas.[4] Fundada na antiga doutrina americana, segundo a qual *the inconstitutional statute is not law at all*,[5] significativa parcela da doutrina brasileira posicionou-se em favor da equiparação entre *inconstitucionalidade* e *nulidade*. Afirmava-se, em favor dessa tese, que o reconhecimento de qualquer efeito a uma lei inconstitucional importaria suspensão provisória ou parcial da Constituição.[6]

A recepção da doutrina americana não contribuiu significativamente para o desenvolvimento de uma teoria da nulidade da lei inconstitucional no Direito brasileiro. Também a fundamentação dogmática da chamada nulidade de pleno direito ou *ipso jure* jamais se afigurou precisa entre nós. Assim, constatou Lúcio Bittencourt que os constitucionalistas brasileiros não lograram fundamentar nem a eficácia *erga omnes*, nem a chamada retroatividade *ex tunc* da declaração de inconstitucionalidade proferida pelo STF.[7]

É o que se lê na seguinte passagem de seu magno trabalho:

"(...) as dificuldades e problemas surgem, precisamente, no que tange à eficácia indireta ou colateral da sentença declaratória da inconstitucionalidade, pois, embora procurem os autores estendê-la a situações jurídicas idênticas, considerando indiretamente anulada a lei, porque a 'sua aplicação não obteria nunca mais o concurso da justiça', não têm, todavia, conseguido apresentar fundamento técnico, razoavelmente aceitável, para justificar essa extensão.

"Não o apontam os tratadistas americanos — infensos à sistematização, que caracteriza os países onde se adota a codificação do direito positivo —, limitando-se a enunciar o princípio, em termos categóricos: a lei declarada inconstitucional deve ser considerada, para todos os efeitos, como se jamais, em qualquer tempo, houvesse possuído eficácia jurídica — *is to be regarded as having never, at any time, been possessed of any legal force*.

"Os nossos tratadistas também não indicam a razão jurídica determinante desse efeito amplo. Repetem a doutrina dos escritores americanos e as afirmações dos tribunais, sem buscar-lhes o motivo, a causa ou o fundamento. Nem o grande Rui, com o seu gênio estelar, nem os que subseqüentemente, na sua trilha luminosa, versaram o assunto com a proficiência de um Castro Nunes."[8]

3. RE 122.202, cit.

4. Rui Barbosa, "Os atos inconstitucionais do Congresso e do Executivo", in *Trabalhos Jurídicos*, pp. 70-71; idem, *O Direito do Amazonas ao Acre Septentrional*, v. I, 103; F. Campos, *Direito Constitucional*, v. I/430-431, 1956; A. Buzaid, *Da Ação Direta*, p. 130-132; Nunes, *Teoria e Prática do Poder Judiciário*, p. 589.

5. Cf. W. W. Willoughbby. *The Constitutional Law of the United States*, v. 1, p. 9-10; também Thomas M. Cooley, *Treatise on the Constitutional Limitations*, 1878, p. 227.

6. Cf. Alfredo Buzaid. *Da Ação Direta*, pp. 128-132.

7. *Controle Jurisdicional da Constitucionalidade*, p. 141.

8. Cf. Carlos Alberto Lúcio Bittencourt. *Controle Jurisdicional da Constitucionalidade*, pp. 140-141.

Sem dispor de um mecanismo que emprestasse *força de lei* ou que, pelo menos, conferisse caráter vinculante às decisões do STF para os demais tribunais, tal como o *stare decisis* americano, contentava-se a doutrina brasileira em ressaltar a evidência da nulidade da lei inconstitucional[9] e a obrigação dos órgãos estatais de se absterem de aplicar disposição que teve a sua inconstitucionalidade declarada pelo STF.[10] O constituinte de 1934 introduziu a chamada *suspensão de execução da lei* através do Senado Federal (art. 91, IV), com o propósito inequívoco de emprestar força normativa às declarações de inconstitucionalidade proferidas incidentalmente pelo STF.[11] Esse instituto foi incorporado à Constituição de 1946 (art. 64), à Constituição de 1967/1969 (art. 42, VII), e mantido na Constituição de 1988 (art. 52, X). Esse ato do Senado Federal conferia eficácia *erga omnes* à declaração de inconstitucionalidade proferida no caso concreto.[12]

Não se contemplou, inicialmente, a possibilidade de se conferir eficácia *erga omnes* à decisão do STF no controle abstrato de normas.[13] O Tribunal limitava-se, tal como no controle incidental, a informar o Senado Federal sobre a declaração de inconstitucionalidade também no processo de controle abstrato de normas. A este caberia decidir sobre a definitiva suspensão da aplicação da lei declarada inconstitucional.[14]

Posteriormente, passou o Tribunal a admitir que as decisões de inconstitucionalidade proferidas no processo de controle abstrato de normas tinham eficácia *erga omnes*, deixando, assim, de submetê-las ao Senado Federal.[15]

É certo que, se essa conclusão se mostrava incensurável para a sentença de inconstitucionalidade — até porque, do contrário, ter-se-ia o esvaziamento completo do instituto —, haveria de ser aplicada, igualmente, à eventual declaração de constitucionalidade.

Somente em 1977 deixou assente o STF que, ao contrário da decisão proferida na *representação interventiva*, a pronúncia de inconstitucionalidade no processo de controle abstrato de normas era dotada de eficácia *erga omnes*.[16] Essa orientação foi fixada de forma definitiva em

9. Cf., a propósito, Bittencourt, *Controle Jurisdicional da Constitucionalidade*, p. 141.

10. Bittencourt, *Controle Jurisdicional de Constitucionalidade,* p. 144; Nunes, *Teoria e Prática do Poder Judiciário*, p. 592.

11. Cf., a propósito, Prado Kelly, "Discurso na Assembléia Constituinte", in Ana Valderez Ayres Neves de Alencar, "A competência do Senado Federal para suspender a execução dos atos declarados inconstitucionais", *Revista de Informação Legislativa* 57/260, 1978 (janeiro-março); v., também, MS 16.512, rel. Min. Oswaldo Trigueiro, *RTJ* 38/23, 28, 81.

12. Manoel Gonçalves Ferreira Filho, *Curso de Direito Constitucional*, p. 35; José Afonso da Silva, *Curso de Direito Constitucional Positivo*, p. 52.

13. A Proposta de Emenda à Constituição n. 16, de 1965, continha cláusula que outorgava eficácia *erga omnes* às decisões declaratórias de inconstitucionalidade proferidas pelo STF: "As disposições de lei ou ato de natureza normativa consideradas inconstitucionais em decisão definitiva perderão eficácia, a partir da declaração do Presidente do Supremo Tribunal Federal publicada no órgão oficial da União" (Proposta de Emenda, art. 5º). Essa disposição não foi, todavia, aprovada pelo Congresso Nacional, subsistindo, pois, a necessidade de que se encaminhassem as declarações de inconstitucionalidade ao Senado Federal para que se efetivasse a suspensão de execução do dispositivo declarado inconstitucional.

14. Repr. 933 (liminar), rel. Min. Thompson Flores, *RTJ* 76/342 (343).

15. Parecer do Min. Rodrigues de Alckmin, sessão administrativa de 19.6.74, *DJU* 16.5.77, p. 3.124; Parecer do Min. Moreira Alves, de 11.11.75, *DJU* 16.5.77, p. 3.123; v., também, O. A. Bandeira de Mello, *Teoria das Constituições Rígidas*, 1980, p. 213. Em 18.4.77, o Presidente do STF, Min. Thompson Flores, determinou que as comunicações ao Senado Federal, para os fins do art. 42, VII, da CF de 1967/1969, se restringissem às declarações de inconstitucionalidade proferidas *incidenter tantum* (cf. Alencar, "A competência do Senado Federal para suspender a execução dos atos inconstitucionais", *Revista de Informação Legislativa* 57, 260 (305), 1978.

16. Parecer do Min. Rodrigues de Alckmin, de 19.6.74, *DJU* 16.5.77, p. 3.124.

1975, em resposta a uma consulta formulada pelo Senado Federal.[17] Segundo a orientação estabelecida pelo STF, a eficácia *erga omnes* da pronúncia de inconstitucionalidade proferida no processo de controle abstrato de normas estava vinculada, fundamentalmente, à natureza do processo e independia, portanto, de qualquer fundamento legal.[18]

Desde então, não mais se coloca em dúvida, na doutrina[19] e na jurisprudência, a eficácia *erga omnes* da pronúncia de inconstitucionalidade proferida no processo de controle abstrato de normas.[20] Uma alteração posterior do Regimento Interno do STF deixou assente que apenas na hipótese de decisão proferida no controle incidental de normas (art. 178)[21] estava a Corte obrigada a informar o Senado Federal sobre a declaração de inconstitucionalidade.

Admite-se, atualmente, na doutrina, que a eficácia *erga omnes* da pronúncia de inconstitucionalidade no controle abstrato de normas tem hierarquia constitucional. Sustenta-se, com base no argumento *a contrario*, lastreado no art. 52, X, da CF, que a suspensão da aplicação da lei inconstitucional pelo Senado Federal é exigida apenas nos casos de declaração incidental de inconstitucionalidade.[22]

17. Parecer do Min. Moreira Alves, de 11.11.75, *DJU* 16.5.77, p. 3.123; v., também, O. A. Bandeira de Mello, *Teoria das Constituições Rígidas,* p. 213.

18. Parecer do Min. Moreira Alves, de 11.11.75, *DJU* 16.5.77, p. 3.123.

19. Em favor da tese da anulabilidade da lei inconstitucional, cf., porém, o excelente trabalho de Regina Maria Macedo Nery Ferrari, *Efeitos da Declaração de Inconstitucionalidade*, 3ª ed., São Paulo, 1992, p. 98.

20. Cf., a propósito, José Afonso da Silva, *Curso de Direito Constitucional Positivo*, pp. 52-53.

21. Regimento Interno do STF na versão de 15.10.80.

22. José Afonso da Silva, *Curso de Direito Constitucional Positivo*, p. 52; Manoel Gonçalves Ferreira Filho, *Curso de Direito Constitucional*, pp. 33-35.

3. *A nulidade "ipso jure" e "ex tunc"*

Se o STF chegar à conclusão, no processo de controle abstrato de normas, de que disposições do direito federal ou do direito estadual revelam-se incompatíveis com a Constituição, então ele as declarará inconstitucionais. A fórmula de censura vem expressa normalmente nos seguintes termos: "Vistos, relatados e discutidos estes autos: Acordam os Ministros do Supremo Tribunal Federal, em sessão plenária, na conformidade da ata do julgamento e das notas taquigráficas, por unanimidade de votos, em julgar procedente a representação, declarando-se a inconstitucionalidade do art... da lei ... "[23]

Ou, ainda: "Vistos, relatados e discutidos estes autos: Acordam os Ministros do Supremo Tribunal Federal, em sessão plenária, na conformidade da ata do julgamento e das notas taquigráficas, por unanimidade de votos, (...) julgar procedente a representação".[24]

A lei declarada inconstitucional é considerada, independentemente de qualquer outro ato, nula *ipso jure* e *ex tunc*.[25]

A disposição declarada inconstitucional no controle abstrato de normas não mais pode ser aplicada, seja no âmbito do comércio jurídico privado, seja na esfera estatal.[26]

Consoante essa orientação, admite-se que todos os atos praticados com base na lei inconstitucional estão igualmente eivados de iliceidade.[27] Essa orientação, que já

23. Cf., também, Repr. 1.305, rel. Min. Sydney Sanches, *RDA* 170/46.

24. Cf. Repr. 971, rel. Min. Djaci Falcão, *RTJ* 87/758.

25. Repr. 971, rel. Min. Djaci Falcão, *RTJ* 87/758; RE 93.356, rel. Leitão de Abreu, *RTJ* 97/1.369; Repr. 1.016, rel. Min. Moreira Alves, *RTJ* 95/993; Repr. 1.077, rel. Min. Moreira Alvares, *RTJ* 101/503.

26. O. A. Bandeira de Mello, *Teoria das Constituições Rígidas*, p. 214.

27. RMS 17.076, rel. Min. Amaral Santos, *RTJ* 55/744.

era dominante antes da adoção do controle abstrato de normas no ordenamento jurídico brasileiro,[28] adquiriu, posteriormente, quase o significado de uma verdade axiomática.[29]

Na jurisprudência do STF pode-se identificar, todavia, tentativa no sentido de, com base na doutrina de Kelsen, abandonar a *teoria da nulidade* em favor da chamada *teoria da anulabilidade*. Segundo essa concepção, a lei inconstitucional não pode ser considerada nula porque, tendo sido editada regularmente, gozaria de presunção de constitucionalidade e sua aplicação continuada produziria conseqüências que não podem ser olvidadas.[30] A lei inconstitucional não seria, portanto, nula *ipso jure*, mas apenas *anulável*. A declaração de inconstitucionalidade teria, assim, caráter constitutivo.[31] Da mesma forma que o legislador poderia dispor sobre os efeitos da lei inconstitucional,[32] seria facultado ao Tribunal reconhecer que a lei aplicada por longo período haveria de ser considerada como *fato eficaz*, apto a produzir conseqüências pelo menos nas relações jurídicas entre pessoas privadas e o Poder Público. Esse seria também o caso se, com a cassação de um ato administrativo, se configurasse uma quebra da segurança jurídica e do princípio da boa-fé.[33]

É interessante registrar a síntese da argumentação desenvolvida pelo eminente Magistrado: "Acertado se me afigura, também, o entendimento de que se não deve ter como nulo *ab initio* ato legislativo que entrou no mundo jurídico munido de presunção de validade, impondo-se, em razão disso, enquanto não declarado inconstitucional, à obediência pelos destinatários dos seus comandos. Razoável é a inteligência, a meu ver, de que se cuida, em verdade, de ato anulável, possuindo caráter constitutivo a decisão que decreta nulidade. Como, entretanto, em princípio, os efeitos dessa decisão operam retroativamente, não se resolve, com isso, de modo pleno, a questão de saber se é mister haver como delitos de orbe jurídico atos ou fatos verificados em conformidade com a norma que haja sido pronunciada como inconsistente com a ordem constitucional. Tenho que procede a tese, consagrada pela corrente discrepante, a que se refere o *Corpus Juris Secundum*, de que a lei inconstitucional é um fato eficaz, ao menos antes da determinação de inconstitucionalidade, podendo ter conseqüências que não é lícito ignorar. A tutela da boa-fé exige que, em determinadas circunstâncias, notadamente quando, sob a lei ainda não declarada inconstitucional, se estabeleceram relações entre o particular e o Poder Público, se apure, prudencialmente, até que ponto a retroatividade da decisão, que decreta a inconstitucionalidade, pode atingir, prejudicando-o, o agente que teve por legítimo o ato e, fundado nele, operou na presunção de que estava procedendo sob o amparo do direito objetivo".[34]

Essa orientação não provocou qualquer mudança no entendimento anterior relativo à nulidade *ipso jure*,[35] até porque, consoante orientação do STF, o princípio da supremacia da Constituição não se compadece com uma orientação que pressupõe a validade da lei inconstitucional.[36] O reco-

28. Alfredo Buzaid, *Ação Direta*, pp. 130-131; Rui Barbosa, *Os Atos Inconstitucionais do Congresso e do Executivo*, pp. 70-71; R. Polletti, *Controle de Constitucionalidade das Leis*, pp. 109 e ss.

29. Cf., também RMS 17.076, rel. Min. Amaral Santos, *RTJ* 55/744; RE 103.619, rel. Min. Oscar Corrêa, *RDA* 160/80.

30. RE 79.343, rel. Min. Leitão de Abreu, *RTJ* 82/791 (795).

31. Assim também Pontes de Miranda, *Comentários à Constituição Federal de 1967/69*, v. III/619.

32. RE 79.343, rel. Min. Leitão de Abreu, *RTJ* 82/791 (795).

33. RE 79.343, cit.

34. Cf. RE 79.343, cit.

35. Cf. RE 93.356, rel. Min. Leitão de Abreu, *RTJ* 97/1.369.

36. Repr. 971, rel. Min. Djaci Falcão, *RTJ* 87/758; Repr. 1.016, rel. Min. Moreira Alves, *RTJ* 95/993; Repr. 1.077, rel. Min. Moreira Alves, *RTJ* 101/503.

nhecimento de validade de uma lei inconstitucional — ainda que por tempo limitado — representaria uma ruptura com o princípio da supremacia da Constituição.[37] A lei inconstitucional não pode criar direitos, nem impor obrigações, de modo que tanto os órgãos estatais como o indivíduo estariam legitimamente autorizados a negar obediência às prescrições incompatíveis com a Constituição.[38]

Embora o STF não tenha logrado formular esta conclusão com a necessária nitidez, é certo que também ele parece partir da premissa de que o princípio da nulidade da lei inconstitucional tem hierarquia constitucional.[39]

Na Assembléia Constituinte de 1986/1988 foi proposta a introdução de dispositivo que autorizava o STF a determinar se a lei que teve sua inconstitucionalidade declarada no controle abstrato de normas haveria de perder eficácia *ex tunc*, ou se a decisão deixaria de ter eficácia a partir da data de sua publicação.[40] Esse projeto, que observava, em linhas gerais, o modelo estabelecido no art. 282, § 4º, da CF portuguesa,[41] foi rejeitado.[42]

Preservou-se, assim, orientação que considera nula *ipso jure* e *ex tunc* a lei inconstitucional.

Esse entendimento tem base constitucional. O princípio do Estado de Direito, fixado no art. 1º, a aplicação imediata dos direitos fundamentais, consagrada no § 1º do art. 5º, a vinculação dos órgãos estatais aos princípios constitucionais, que daí resulta, a imutabilidade dos princípios constitucionais, no que concerne aos direitos fundamentais e ao processo especial de reforma constitucional, ressaltam a supremacia da Constituição. Do art. 5º, LXXI, da CF, que assegura a qualquer indivíduo que seja impedido de exercer um direito constitucionalmente garantido, em decorrência da omissão dos órgãos legislativos, o direito de reivindicar uma atividade legislativa mediante a propositura do mandado de injunção, pode-se concluir que não apenas os direitos fundamentais, mas todos os demais direitos subjetivos constitucionalmente assegurados, vinculam os órgãos estatais.[43]

A possibilidade de exercer *pretensão a uma atividade legislativa* mediante processo judicial ressalta o princípio da supremacia da Constituição e enfatiza a sua *pretensão de eficácia*.

O poder de que dispõe qualquer juiz ou tribunal para deixar de aplicar a lei inconstitucional a um determinado processo (CF, arts. 97 e 102, III, "a", "b" e "c") pressupõe a invalidade da lei e, com isso, a sua nulidade. A faculdade de negar aplicação à lei inconstitucional, corresponde ao direito do indivíduo de recusar-se a cumprir lei inconstitucional, assegurando-se-lhe, em última instância, a possibilidade de interpor o recurso extraordinário ao STF contra decisão judicial que se apresente, de alguma forma, em contradição com a Constituição (art. 102, III, "a").[44]

37. Repr. 980, rel. Min. Moreira Alves, *RTJ* 96/496 (508).

38. Repr. 980, cit.

39. Cf. RE 103.619, rel. Min. Oscar Corrêa, *RDA* 160/80 e ss.

40. O Projeto do senador Maurício Corrêa, art. 127, estabelecia, *verbis*: "§ 2º. Quando o Supremo Tribunal Federal declarar a inconstitucionalidade, em tese, de norma legal ou ato normativo, determinará se eles perderão eficácia desde a sua entrada em vigor, ou a partir da publicação da decisão declaratória" (cf., a propósito, José Néri da Silveira, "A dimensão política do Judiciário", in *Arquivos do Ministério da Justiça* 173/46 (55), 1988; Djaci Falcão, "O Poder Judiciário e a nova Carta Constitucional", in *Arquivos do Ministério da Justiça* 173/25 (29).

41. Art. 282, § 4º da CF portuguesa: "Quando a segurança jurídica, razões de eqüidade ou interesse público de excepcional relevo, que deverá ser fundamentado, o exigirem, poderá o Tribunal Constitucional fixar os efeitos da inconstitucionalidade ou da ilegalidade com alcance mais restrito do que o previsto nos ns. 1 e 2".

42. Cf., a propósito, J. Néri da Silveira, "A dimensão política do Judiciário", in *Arquivos do Ministério da Justiça* 173/46 (55), 1988.

43. Cf., a propósito, MI 107, rel. Min. Moreira Alves, *RTJ* 133/11 e ss.

44. Cf., a propósito, Repr. 980, rel. Min. Moreira Alves, *RTJ* 96/496 (508).

Tanto o poder do juiz de negar aplicação à lei inconstitucional quanto a faculdade assegurada ao indivíduo de negar observância à lei inconstitucional demonstram que o constituinte pressupôs a nulidade da lei inconstitucional.

Nessa medida, é imperativo concordar com a orientação do STF que parece reconhecer *hierarquia constitucional* ao postulado da nulidade da lei incompatível com a Constituição.[45]

4. *A nulidade da lei e os atos singulares praticados com base no ato normativo declarado inconstitucional*

A ordem jurídica brasileira não dispõe de preceitos semelhantes aos constantes do § 79 da Lei do *Bundesverfassungsgericht*, que prescreve a intangibilidade dos atos não mais suscetíveis de impugnação.[46] Não se deve supor, todavia, que a declaração de inconstitucionalidade afeta todos os atos praticados com fundamento na lei inconstitucional.

Embora a ordem jurídica brasileira não contenha regra expressa sobre o assunto e se aceite, genericamente, a idéia de que o ato fundado em lei inconstitucional está eivado, igualmente, de iliceidade,[47] concede-se proteção ao *ato singular*, procedendo-se à diferenciação entre o efeito da decisão no *plano normativo (Normebene)* e no *plano do ato singular (Einzelaktebene)*, através das chamadas *fórmulas de preclusão*.[48]

Os atos praticados com base na lei inconstitucional que não mais se afigurem suscetíveis de revisão não são afetados pela declaração de inconstitucionalidade.[49]

Vislumbra-se uma exceção a esse entendimento na sentença condenatória penal, uma vez que, aqui, inexiste prazo para a propositura da revisão.

Nos termos do art. 621 do CPP, a revisão pode ser proposta a qualquer tempo se a sentença condenatória for contrária a texto expresso da lei penal. Esse fundamento abrange, inequivocamente, a sentença penal condenatória proferida com base na lei inconstitucional.[50]

Admite-se que uma das causas que pode dar ensejo à instauração da ação rescisória no âmbito do processo civil — violação a literal disposição de lei (art. 485, V, do CPC) — contempla, também, a inconstitucionalidade de uma lei na qual se fundou o juiz para proferir a decisão transitada em julgado.[51] Todavia, a rescisão de sentença proferida com base em uma lei considerada inconstitucional somente pode ser instaurada dentro do prazo de dois anos a contar do trânsito em julgado da decisão (CPC, arts. 485 e 495).

Assim, enquanto no modelo consagrado pelo § 79 (2) da Lei do *Bundesverfas-*

45. Cf. a propósito, Repr. 980, cit.; RE 103.619, rel. Min. Oscar Corrêa, *RDA* 160/80 e ss.

46. § 79 da Lei do *Bundesverfassungsgericht*:

"(1) É legítimo o pedido de revisão criminal nos termos do Código de Processo Penal contra a sentença condenatória penal que se baseia em uma norma declarada inconstitucional (sem a pronúncia da nulidade) ou nula, ou que se assenta em uma interpretação que o *Bundesverfassungsgericht* considerou incompatível com a Lei Fundamental.

"(2) No mais, ressalvado o disposto no § 92 (2) da Lei do *Bundesverfassungsgericht* ou uma disciplina legal específica, subsistem íntegras as decisões proferidas com base em uma lei declarada nula, nos termos do § 78. É ilegítima a execução de semelhante decisão. Se a execução forçada tiver de ser realizada nos termos das disposições do Código de Processo Civil, aplica-se o disposto no § 767 do Código de Processo Civil. Excluem pretensões fundadas em enriquecimento sem causa".

47. Cf. a propósito, RMS 17.976, rel. Min. Amaral Santos, *RTJ* 55/744.

48. Jörn, Ipsen, *Rechtsfolgen der Verfassungswidrigkeit von Normen und Einzelakt*. Baden-Baden, 1980, pp. 174 e ss.

49. Cf. RE 86.056, rel. Min. Rodrigues de Alckmin, *DJU* 1.7.77.

50. HC 45.232, rel. Min. Themístocles Cavalcanti, *RTJ* 44/322 e ss.

51. MS 17.976, rel. Min. Amaral Santos, *RTJ* 55/744 e ss.; RE 86.056, rel. Min. Rodrigues de Alckmin, *DJU* 1.7.77.

sungsgericht admite-se a possibilidade de que a execução de sentença calcada em lei inconstitucional seja impugnada mediante embargos à execução (CPC alemão, § 767), a impugnação de sentença trânsita em julgado, ao sistema brasileiro, somente há de se verificar por via de ação rescisória.

Em julgado de 13.9.68 explicitou-se essa orientação: "A suspensão da vigência da lei por inconstitucionalidade torna sem efeito todos os atos praticados sob o império da lei inconstitucional. Contudo, a nulidade da decisão judicial transitada em julgado só pode ser declarada por via de ação rescisória, sendo impróprio o mandado de segurança (...)".[52]

Esse entendimento foi reiterado posteriormente, enfatizando-se que a execução judicial de uma decisão transitada em julgado não pode ser obstada com a oposição de embargos, uma vez que a nulidade dessa decisão deve ser aferida do âmbito da ação rescisória.[53]

Em acórdão mais recente, ressaltou-se que "a execução (...) está amparada no respeito à coisa julgada, que se impõe ao juízo executante, e que impede que, sobre ela (e até que venha a ser regularmente desconstituída a sentença que lhe deu margem), tenha eficácia o acórdão posterior desta Corte".[54]

5. *Conclusão*

Em face de todas essas considerações, a tentativa desenvolvida pelo STF no sentido de preservar as vantagens pecuniárias já pagas a servidores públicos com base numa lei posteriormente declarada inconstitucional parece carecer de qualquer fundamentação jurídica mais consistente.

Certamente, o princípio da irredutibilidade de vencimentos não se presta para conferir sustentação à tese adotada, uma vez que, tal como assinalado, o princípio da nulidade da lei inconstitucional tem, também, hierarquia constitucional.

Não é preciso dizer, outrossim, que os vencimentos irredutíveis são apenas aqueles licitamente percebidos.

Argumentos embasados na idéia de segurança jurídica não se mostram, igualmente, aptos para solver o problema, uma vez que, nesse caso, o Tribunal acabaria por substituir-se ao legislador.

Cabe ao legislador, e não ao Tribunal, a definição das chamadas *fórmulas de preclusão*, que permitem limitar a possibilidade de impugnação ou da revisão de determinado ato concreto, em nome exatamente da idéia de segurança jurídica.

Se o ato praticado com base na lei inconstitucional ainda é suscetível de impugnação, não há como sustentar, juridicamente, a ilegitimidade de sua revisão ou cassação.

Nem se pretenda afirmar que, na espécie, as vantagens eventualmente ingressas no patrimônio do servidor já teriam sido até mesmo despendidas.[55]

Se tal tese pudesse ser aceita, com muito maior razão dever-se-ia adotar entendimento que repele o pedido de repetição de indébito decorrente da cobrança de tributo instituído por lei posteriormente declarada inconstitucional.

Nesse caso, todavia, tem entendido o STF que "declarada a inconstitucionalidade (...), não se pode admitir a eficácia da cobrança feita, impondo-se a repetição do cobrado indevidamente".[56] Ressalte-se que, no precedente referido, recusou o STF entendimento do TJRJ segundo o

52. RMS 17.076, rel. Min. Amaral Santos, *RTJ* 55/744.

53. RE 86.056, rel. Min. Rodrigues de Alckmin, *DJU* 1.7.77.

54. Recl. 148, rel. Min. Moreira Alves, *RTJ* 109/463.

55. Cf., a propósito, RE 122.202, rel. Min. Francisco Rezek, *DJU* 8.4.94.

56. RE 103.619, rel. Min. Oscar Corrêa, *RDA* 160/80 e ss.

qual, "se houve (...) uma prestação de serviços, fazer com que eles se tornem gratuitos, retroativamente, implicaria enriquecimento sem causa, à custa, afinal, de outros munícipes".[57]

A essa objeção respondeu o Supremo com os seguintes argumentos: "Se (...) a simples atuação estatal não autoriza ou convalida a cobrança ou o pagamento do tributo, fazendo necessária a imposição de taxa através de lei, não se pode reconhecer ao Poder Público o direito de retenção das importâncias indevidamente cobradas sob o fundamento de uma eventual prestação de serviço. Em verdade, reconhecer tal direito de retenção ao ente tributante é fazer *tabula rasa* do princípio da reserva legal".[58]

Argumento semelhante mostra-se de todo aplicável à situação jurídica relacionada com pagamento de vantagens baseadas em lei inconstitucional. O fato de as quantias já terem sido incorporadas ao patrimônio do servidor ou mesmo de já terem sido despendidas não confere legitimidade ao pagamento efetuado, uma vez que as quantias pagas somente serão legítimas se efetuadas com base em lei obviamente *válida*.

Bibliografia

FERREIRA FILHO, Manoel Gonçalves. *Curso de Direito Constitucional.* 17ª ed. São Paulo, 1988.

IPSEN, Jörn. *Rechtsfolgen der Verfassungswidrigkeit von Norm und Einzelakt.* Baden-Baden, 1980.

MELLO, Oswaldo Aranha Bandeira de. *Teoria das Constituições Rígidas.* 2ª ed. São Paulo, 1980.

NERY FERRARI, Regina Maria Macedo. *Efeitos da Declaração de Inconstitucionalidade.* 3ª ed. São Paulo, 1992 (p. 98).

NUNES, José de Castro. *Teoria e Prática do Poder Judiciário.* Rio de Janeiro, 1943.

POLLETTI, R. *Controle de Constitucionalidade das Leis.* Rio de Janeiro, 1985.

SILVA, José Afonso da. *Curso de Direito Constitucional Positivo,* 1988.

SILVEIRA, J. Néri da. "A dimensão política do Judiciário." In: *Arquivos do Ministério da Justiça* 173/7.

WILLOUGHBY, W. W. *The Constitutional Law of the United States*. v. II. Nova York, 1910.

57. Cf. *RDA* 160/81.
58. Cf. *RDA* 160/84.

A TERCEIRIZAÇÃO COMO INSTRUMENTO DE FLEXIBILIZAÇÃO DO MERCADO DE TRABALHO

JOSELITA CARDOSO LEÃO
Procuradora do Estado da Bahia

1. Terceirização. De técnica de organização empresarial a fraude trabalhista. 2. Evolução do fenômeno da terceirização no Direito brasileiro: 2.1 A terceirização na Administração Pública — 2.2 No campo da iniciativa privada. 3. O contrato de trabalho temporário e a prestação de serviços. Distinção necessária. 4. A orientação da doutrina e da jurisprudência trabalhista. Enunciado 256 do Tribunal Superior do Trabalho. 5. A prestação de serviços na Administração indireta e a exigência de concurso público. A revisão da Súmula do Tribunal Superior do Trabalho: Enunciados 256 e 331. Referências bibliográficas.

1. *Terceirização. De técnica de organização empresarial a fraude trabalhista*

Sob o signo de "terceirização", um fenômeno vem despertando a atenção de economistas, administradores, profissionais do Direito e da imprensa, ocupando espaço de destaque na mídia nacional e internacional, com sabor de grande novidade.

Entretanto, examinada em sua concepção primitiva, a denominada *terceirização* não passa de conhecida técnica de organização empresarial. Há pelo menos três décadas, instituições públicas e privadas perceberam que poderiam obter melhor resultado, em eficiência e produtividade, concentrando suas atenções nas atividades-fim, no objeto principal de seus empreendimentos, e transferindo a terceiros a execução de atividades de suporte, atividades-meio, mediante contratos de prestação de serviços e de empreitada regidos pelo direito civil.

Na realidade, o que há de verdadeiramente novo, o que explica o interesse e a ênfase que vêm sendo dados ao tema, é que a "terceirização" é, hoje, posta a serviço de um projeto muito mais abrangente, muito mais complexo e audacioso, de cunho neoliberal, que vê na flexibilização do mercado e na desregulamentação do direito do trabalho a solução para a crise econômica que assola o mundo.

Pugnando pela ampla liberalização e globalização da economia, os defensores desse projeto desenham um quadro lamentável e assustador, em que o emprego é posto como refém do capital e o ser humano é totalmente obscurecido.

Partem da concepção utilitarista de que o capital é, por essência, nômade; que, sendo completamente livre, sem quaisquer peias, ele migra e se instala onde lhe sejam oferecidas melhores vantagens, lucros mais abundantes. Quanto menores os custos operacionais, quanto mais reduzidos os encargos de mão-de-obra, quanto menos regulamentação, quanto menos Estado, tanto mais atrativo será o mercado.

É nesta linha, por exemplo, a observação de José Pastore, professor de Economia da USP, ao sentenciar que: "Ninguém detém os movimentos do capital"; que "os capitais buscam condições mais favoráveis em três itens: mão-de-obra, energia e ecologia"; que "no campo da mão-de-obra eles procuram baixar custos, alta qualidade e, sobretudo, a mais ampla flexibilidade para contratar, descontratar e remunerar a força de trabalho".

Assim, explica o mesmo economista, "para evitar a fuga dos capitais, os países desenvolvidos estão sendo obrigados a promover inúmeras mudanças para protegê-los"; pois "os capitais só ficam nos seus países na medida em que os mercados de trabalho garantam as condições de flexibilidade demandadas pela corrida tecnológica e pelo aumento da competição" (in trabalho preparado para o II Congresso de Direito Individual do Trabalho promovido pela LTr Editora em 21 e 22.3.94, sob o título "Flexibilidade dos mercados de trabalho: a resposta moderna para o aumento da competição").

É tempo de enaltecer a situação dos chamados "Tigres Asiáticos", colocados como paraísos dos "capitais" e verdadeiros modelos a serem adotados por todos os povos, observando, a propósito, o professor Pastore que a atração que esses países exercem sobre as empresas decorre do fato de "desfrutarem de um quadro legal pouco regulamentado e que permite uma ampla flexibilização para contratar, descontratar, subcontratar, estender jornadas, fazer hora extra, remunerar por tarefa e assim por diante".

Tudo isso apregoado como tendência universal, economicamente sedutora e irreversível, a despeito de reconhecerem os próprios defensores dessa nova ordem que esta se desenvolve e se concretiza às custas de condições de trabalho desumanas, "onde as pessoas trabalham longas horas, com pouca proteção previdenciária e, muitas vezes, envolvendo crianças e outros parentes na tarefa de produzir". "Mas — enfatiza o professor Pastore — são esses países que competem com o resto do mundo e com uma grande variedade de produtos".

Depoimentos desse jaez vêm-se propagando universalmente em uníssono. "Tigres Asiáticos", porque desprezam os instrumentos legais de proteção à força-trabalho, são exibidos como exemplo para o mundo (?).

É interessante observar que a ideologia embutida nesse projeto é muito mais tenebrosa do que aquela idéia veiculada pelo Tratado de Paris, em 1951 (parecida com a do "milagre" brasileiro dos anos 70), segundo a qual: "O progresso social deve ser feito em conseqüência da expansão econômica". Essa afirmativa, aliás, já merecera severas críticas de Lyon Caen, para quem os redatores do Tratado tiveram em vista a criação de um grande mercado e consideraram apenas indiretamente uma melhoria do nível de vida das populações e, também indiretamente, dos trabalhadores.

No mesmo sentido a observação de Rodolpho Napoli quando adverte que o progresso econômico não pode ser levado a cabo a qualquer preço, menos ainda se esse preço tiver de ser pago em maior medida pelos trabalhadores. Assim, o direito do trabalho, com seus princípios e normas, ao exigir da economia um constante e crescente bem-estar para os trabalhadores, constitui direito condicionado ao desenvolvimento econômico, que pugna por colocar a economia a serviço do povo.

Preocupado com o futuro do direito do trabalho, Rodolpho Napoli acrescenta que essa disciplina não tem por que comprometer a sua sorte com a do capitalismo, nem com a de um sistema econômico-social incompatível com a liberdade e a dignidade humanas (em *Desarrollo, Integración y Derecho del Trabajo*, 1972).

Não obstante, o que se vê é uma verdadeira onda que avança perigosamente sobre o direito do trabalho, postulando a sua desregulamentação e até mesmo a sua erradicação, como já anotara Aryon Sayão Romita em "A terceirização e o direito do trabalho", *LTr* 56-03/273.

No Brasil, os defensores desse modelo neoliberal sustentam que o nosso subsistema jurídico trabalhista, de 1943, inspirado na *Carta del Lavoro*, é fruto do fascismo italiano e que, por isso mesmo, não atende mais às exigências da realidade sócio-econômica; é demasiadamente hermético, com forte intervenção do Estado.

Nessa linha de pensar, defendem a prevalência da negociação coletiva como fonte de produção da norma trabalhista, em detrimento do processo estatal. E o mais grave é que esse discurso vem sendo encampado até mesmo pelos sindicatos de empregados. Os trabalhadores não estão se dando conta de que, sem uma prévia e consciente adaptação da legislação do trabalho ao modelo proposto, correm o risco de estar contribuindo para a eliminação de garantias conquistadas a duras penas, ao longo de tantos anos.

Não se trata, obviamente, de negar os méritos da negociação coletiva, que é o processo de formação da norma jurídica adequado em um regime democrático. O que se sustenta é que ela não pode prescindir da presença do Estado, sob pena de imperar inexoravelmente a lei do mais forte, a hegemonia do poder econômico, do capital, a servidão da força-trabalho, o homem-lobo-do-homem.

Preocupado com os riscos dessa tendência, o professor de Sociologia da USP Francisco de Oliveira, em artigo recentemente publicado na *Folha de S. Paulo*, chama a atenção para o fato de que: "Os interesses privados se legitimam na medida em que são atravessados pelo interesse do seu adversário e, ambos, mediados pelo interesse dos que não são parte dessa relação privada estrita que ao Estado cumpre preservar. É isso que pode significar a democratização ao rés do chão das relações privadas: a democratização da democracia".

É por esse processo, segundo o professor Francisco de Oliveira, que se deve reconstruir e redefinir o Estado, a articulação entre esfera pública e âmbito privado, de inspiração habermasiana, para rejeitar-se a fórmula neoliberal que tenta redefini-lo, encurtando o espaço social das outras classes, evitando que a relação, que é o Estado, acolha as novas formas de representação elaboradas ao rés do chão das relações privadas, aniquilando o espaço da representação das outras classes sociais. E conclui afirmando que "o programa neoliberal é tão velho quanto a pretensão esquerdista de eliminação do adversário, tornado inimigo nas lutas conjunturais" ("Modernidade à vista", *Folha de S. Paulo*, ed. de 24.5.94, coluna "Tendências e Debates").

Nessa mesma linha o professor de Direito do trabalho das Universidades Federal e Católica de Pernambuco Everaldo Gaspar Lopes de Andrade, ao observar que a tendência modernizadora de caráter neoliberal não se localiza nos países do Terceiro Mundo; é um fenômeno mundial que tem muito a ver com uma luta que se trava entre os próprios agentes econômicos, traçando o perfil de um novo capitalismo que tem como alvo a Sociedade do Trabalho e o Estado do Bem-Estar e, como arma principal, a Flexibilização do Mercado de Trabalho.

E acrescenta, invocando as palavras de Luiz Ignácio Lopez: "Se um fantasma percorre hoje a Europa, este é o da destruição do Estado do Bem-Estar. Dos países escandinavos a Madri, os líderes políticos fazem eco aos clamores patronais para eliminar obrigações, desbaratar e desregular o mercado de trabalho e, em última instância, propiciar uma nova etapa de acumulação de capital. Pouco importa que isso gere desigualdades sociais que aos poucos reconduzam a Europa a situações vigentes no período anterior à II Guerra Mundial... O discurso imediato, todavia, é unidirecional: o Estado do Bem-Estar deve morrer, é inevitável que morra". E conclui: "É isto realmente? A Europa, o mundo, podem pagar muito caro pela renúncia intelectual e política em refletir sobre as verdadeiras causas da crise".

Lembra, ainda, o mesmo professor pernambucano a crítica de José Manuel Aguera Sirgo, catedrático de Economia Européia da Universidade de Lion, para quem: "Por alguma estranha razão, para resolver a crise econômica só se propõe, de forma quase unânime, a necessidade de baixar os custos salariais e desregular o mercado de trabalho" ("Capitalismo contra capitalismo — As tendências da nova ordem econômica, os destinos das relações laborais", *LTr* 58-03/282).

Diante desse quadro, não se pode estranhar que a técnica da chamada "terceirização" esteja a ocupar lugar de destaque nos meios de comunicação e na produção intelectual dos intérpretes e engenheiros da "nova ordem".

De fato, a prática de desativar setores secundários da organização empresarial e transferir a execução das respectivas tarefas para terceiros passou a ser utilizada em larga escala não mais como simples técnica de organização empresarial, com aquele propósito original da mera descentralização de atividades, mas com o objetivo de eliminar encargos trabalhistas, reduzindo os custos operacionais e otimizando os lucros.

E não é só isso. A terceirização, quando desvirtuada, serve a essa proposta de flexibilização e "modernização" porque também implica a derrogação de princípios basilares do direito do trabalho.

O direito individual do trabalho tem como núcleo, como objeto de preocupação, a *relação de emprego típica*, que é de natureza bilateral. E isso se extrai do próprio conceito legal de empregado e empregador: empregado é a pessoa física que presta serviço não eventual a empregador, sob a dependência deste e mediante salário; empregador é a empresa individual ou coletiva que, assumindo os riscos da atividade econômica, admite, assalaria e dirige a prestação pessoal do serviço.

Ora, na terceirização não há lugar para esse modelo de relação de emprego. Há, nela, o deslocamento da figura do empregador, porque quem admite, assalaria e dirige a prestação do serviço é a empresa contratada; todavia, esta nem é beneficiária do serviço, nem assume os riscos da atividade econômica em que esse serviço é prestado.

De outro lado, esse sistema compromete a eficácia de princípios fundamentais do direito do trabalho, em especial o da liberdade de trabalho e o da continuidade.

O *princípio da liberdade de trabalho* pressupõe que o profissional seja livre para escolher com quem e onde deve trabalhar. Isso não ocorre na terceirização, pois o empregado põe a sua força-trabalho à disposição da empresa prestadora de serviços, a quem cabe determinar o local e o destinatário da prestação.

O *princípio da continuidade* visa à conservação da fonte de trabalho com o objetivo de garantir a segurança econômica do trabalhador, incorporá-lo ao organismo empresarial, assegurando-lhe o direito à progressão funcional, o direito a uma carreira. Na terceirização, essas garantias inexistem, pois, além de o empregado se transformar em trabalhador itinerante, ainda quando eventualmente permaneça por longo tempo alocado em uma mesma empresa, jamais logrará, nela, evoluir profissionalmente, pelo simples motivo de que não integra os quadros de pessoal dessa organização.

De outro lado, o princípio constitucional da valorização e dignificação do trabalho humano é gravemente afetado, na medida em que a empresa prestadora de serviços, tendo como objeto de lucro a força-trabalho alheia, vai retirar do preço desta a sua própria comissão (ou aluguel), ensejando o aviltamento dos salários.

Outro aspecto que deve ser ressaltado é o da repercussão dessa prática no campo da organização sindical. Empresas que adotam a terceirização geralmente formam bases econômicas fortes, onde as respectivas categorias profissionais já alcançaram, via acordos coletivos ou sentenças normativas, condições de trabalho mais favoráveis. Ora, quando tais empresas resolvem desativar setores de sua estrutura orgânica, transferindo a execução das respectivas tarefas para uma outra empresa, os trabalhadores vinculados a essas atividades "terceirizadas" fatalmente serão despedidos e, ainda quando eventualmente reabsorvidos pela locadora de serviços, não mais usufruirão das conquistas alcançadas pela sua antiga categoria profissional em termos de remuneração e de condições de trabalho.

Neste sentido opera-se também o enfraquecimento dos sindicatos, com a redução do número de filiados, e, em conseqüência, de sua expressão ou força de representatividade. De outra parte, o grupo de empregados que não mais pertence a determinada empresa deixa de ter descontadas a favor do antigo sindicato a contribuição sindical, a de custeio da organização confederativa e a chamada taxa assistencial.

À proporção que a terceirização ganha corpo e aparecem entidades que estimulam a descentralização dos setores de produção e de serviços, vão surgindo e se multiplicando as pequenas empresas-satélites ao redor de empresas de grande expressão econômica, sem que os respectivos empregados desfrutem das mesmas condições de trabalho.

De resto, é importante salientar que, na maioria das vezes, as empresas prestadoras de serviços não gozam de suporte econômico suficiente para arcar com os encargos trabalhistas e previdenciários, o que expõe os empregados a insegurança permanente. Acrescente-se que esse tipo de contratação não mereceu, ainda, tratamento normativo adequado, inexistindo regra legal que imponha a solidariedade passiva da empresa tomadora para os efeitos da relação de emprego estabelecida entre os empregados e a fornecedora dos serviços. Afora a obrigação prevista no art. 2º, § 2º, da CLT, referente às empresas integrantes de um mesmo grupo econômico; a do empreiteiro principal *(Lei 6.019/74)* ou de serviços de vigilância (Lei 7.102/83), não há como caracterizar-se, à luz do direito positivo, a responsabilidade da verdadeira destinatária do serviço terceirizado pelos encargos sociais do pessoal posto à sua disposição.

Diante desse quadro desalentador, é preciso verificar até onde uma empresa quer efetivamente tornar-se mais ágil, terceirizando setores secundários de sua atividade, para concentrar seu labor e energia no objeto principal do empreendimento, pois é bem certo que, em muitos casos, se está lançando mão desse mecanismo para, em manifesta fraude, subtrair-se aos custos das relações de emprego com a finalidade de aumentar margens de lucro, em detrimento dos trabalhadores, na luta desenfreada da competição.

2. *Evolução do fenômeno da terceirização no Direito brasileiro*

2.1 *A terceirização na Administração Pública*

No setor público, o que hoje chamamos de terceirização foi adotado na Reforma Administrativa Federal disciplinada pelo Decreto-lei 200/67, como modalidade de descentralização. Verificou-se, desde então, que a organização administrativa federal pecava pela excessiva concentração de atribuições nos órgãos de decisão, agravada pela falta de racionalização dos serviços, sempre ineficientes e morosos, em decorrência de uma burocracia inútil e custosa, que alongava a tramitação dos processos e retardava as medidas governamentais pela subordinação das atividades-fim às atividades-meio.

Incluindo no processo de descentralização a transferência a empresas privadas da execução de atividades-meio, o legislador da Reforma prescreveu que, para melhor desincumbir-se das tarefas de planejamento, coordenação, supervisão e controle, e com o objetivo de impedir o crescimento desmesurado da máquina administrativa, a Administração procuraria desobrigar-se da realização material de tarefas executivas recorrendo, sempre que possível, à execução indireta, mediante contrato. Mas advertiu: desde que exista, na área, iniciativa privada suficientemente desenvolvida e capacitada a desempenhar os encargos de execução (art. 10, § 7º).

Posteriormente, a Lei 5.645/70, que estabeleceu diretrizes para classificação de cargos no serviço civil da União e das autarquias federais, depois de definir os grupos em que se compunha o quadro de pessoal, estabeleceu que as atividades relacionadas com transporte, operação de elevadores, limpeza e outras assemelhadas deveriam ser, preferencialmente, objeto de execução indireta, mediante contrato, de acordo com a previsão contida no Decreto-lei 200/67.

Observe-se que, apesar de a Lei 5.645/70 referir-se apenas à Administração direta e autarquias, as regras sobre descentralização no Decreto-lei 200/67 dirigem-se a toda a administração federal, que, a teor do seu art. 4º, compreende a Administração direta e indireta. Donde se vê que, a despeito da orientação adotada pelos Tribunais Trabalhistas, como veremos a seguir, também as empresas públicas e as sociedades de economia mista (e não apenas os órgãos centralizados e autarquias) estavam legalmente autorizadas a contratar com terceiros a execução de atividades-meio ou, como está no Decreto-lei 200, *a realização material de tarefas executivas*, que a Lei 5.645/70 enumera exemplificativamente, como de transporte, limpeza, operação de elevadores e outras assemelhadas.

Obviamente, essa contratação, pelo menos na Administração direta e autarquias — hoje, em toda a Administração Pública —, haveria de ser precedida de licitação, dentro dos moldes preconizados pelo próprio Decreto-lei 200 (arts. 125 e ss.), garantindo-se, assim, a observância dos princípios da publicidade, da isonomia e da probidade administrativa.

A modalidade de descentralização mediante execução indireta de atividades-meio, na Administração Pública, foi absorvida pacificamente pela doutrina e jurisprudência trabalhistas, que apenas manifestaram restrições à prática quando adotada pelas empresas públicas e sociedades de economia mista.

2.2 No campo da iniciativa privada

Mas, enquanto a contratação de serviços com interposta empresa prestadora foi acolhida como legítima quando realizada no âmbito da Administração Pública, o mesmo não ocorreu na órbita das empresas privadas.

Neste caso, a jurisprudência orientou-se, inicialmente, no sentido de reconhecer a formação da relação de emprego diretamente com a empresa tomadora ou contratante dos serviços, por entender que a locação de mão-de-obra por interposta empresa ou se constitui em *marchandage* — procedimento mediante o qual o intermediário explora o trabalho alheio como mercadoria, objeto de comércio — ou visa a subtrair o beneficiário dos serviços, o empregador real, dos ônus da relação de emprego. Em ambos os casos, na verdade, a prática atenta contra a dignidade do trabalho, ao procurar tangenciar as normas de proteção, atraindo, por isso mesmo, a aplicação do art. 9º da CLT, para reconhecer-se a responsabilidade direta do tomador do trabalho.

Essa diretriz colocou em destaque um dos princípios fundamentais do direito do trabalho, já antes referido, qual seja, o da continuidade, que visa à conservação da fonte de trabalho, com o objetivo de dar segurança ao trabalhador e incorporá-lo ao organismo empresarial. No dizer de Plá Rodriguez, esse princípio revela que o direito do trabalho tende pela resistência em admitir a dispensa arbitrária, pela manutenção do pacto nas hipóteses de suspensão ou interrupção do contrato, pela facilidade de mantê-lo, apesar das nulidades ou descumprimentos em que se haja incorrido, e pela preferência aos contratos de duração indeterminada (*Princípios do Direito do Trabalho*).

De fato, a experiência já havia revelado a tendência do capital em eliminar as garantias trabalhistas. Assim é que, para subtrair-se aos encargos do contrato por prazo indeterminado, as empresas passaram a abusar das admissões a termo, ensejando a edição do Decreto-lei 229/67, que deu nova redação aos arts., 443 e 445 da CLT, autorizando esses ajustes em caráter excepcional quando o seu objetivo estivesse, de fato, limitado no tempo, pois "as necessidades permanentes e normais das empresas devem ser atendidas por pessoal permanente, contratado por tempo indefinido", conforme anotara Manoel Alonso Olea em tese aprovada pelo IV Congresso Ibero-Americano do Direito do Trabalho e Previdência Social, realizado em São Paulo em 1972.

No momento seguinte, ante as restrições ao uso abusivo do contrato a prazo, começaram a surgir empresas com o simples objetivo de fornecer mão-de-obra a outras organizações, para a execução de tarefas permanentes ou transitórias, ora por intermédio de contratos de prestação de serviços, ora via empreitada, introduzindo-se no Brasil o *leasing* de pessoal. E a atividade das prestadoras de serviços e fornecedores de mão-de-obra difundiu-se entre nós de tal maneira, e com tamanha desenvoltura, que, só em São Paulo, em 1973, havia 10 mil empresas que se utilizavam desse sistema, conforme estatística indicada por Ísis de Almeida em *Regime de Trabalho Temporário*, São Paulo, 1977.

É bom lembrar que esse recurso a contratos de direito civil com o objetivo de burlar o direito do trabalho não é privilégio do Brasil. Segundo Evaristo de Moraes Filho, em monografia sobre o tema publicada em 1970 (*Situação Juridica das Empresas de Fornecimento de Mão-de-obra Temporária no Direito do Trabalho Brasileiro*), o surgimento desse tipo de organização no mercado de trabalho verificou-se na década de 60, possivelmente na Inglaterra, nos Estados Unidos e na França, difundindo-se em seguida na Dinamarca, Noruega, República Federal da Alemanha, Suécia, Holanda, ensejando a todos eles a intervenção estatal com edição de leis sobre o assunto. Já, em outros países, como Itália e Argentina, foi terminantemente proibido o fornecimento de mão-de-obra, até mesmo temporária, por interposta empresa.

3. *O contrato de trabalho temporário e a prestação de serviços. Distinção necessária*

No Brasil, a disciplina do trabalho temporário surgiu em 1974, através da edição da Lei 6.019, com o claro objetivo de coibir, de um lado, a utilização abusiva da contratação indireta de pessoal para atividades permanentes e, de outro, vitalizar a economia e melhorar a renda individual dos que não querem ou não podem se obrigar por longo período, como estudantes, jovens em idade de serviço militar, donas de casa, aposentados ou aqueles que não queiram se ocupar em regime regular e rotineiro (cf. *Justificativa* do Projeto da Lei 6.019/74).

A lei define como *trabalho temporário* aquele prestado como pessoa física a uma empresa para atender à necessidade transitória de substituição de seu pessoal regular e permanente ou a acréscimo extraordinário de serviço; e *empresa de trabalho temporário* a pessoa física ou jurídica urbana cuja atividade consiste em colocar à disposição de outras empresas, temporariamente, trabalhadores, devidamente qualificados, por elas remunerados e assistidos (arts. 2º e 4º).

Um traço bastante nítido caracteriza o *contrato de trabalho temporário*, distinguindo-o do *contrato de prestação de serviços* e da *empreitada*, embora todos os três componham a categoria dos *contratos de trabalho atípicos*. A distinção é importante para o tema em estudo, porque somente os dois últimos são instrumentos da terceirização.

No *contrato de trabalho temporário*, a empresa fornecedora da mão-de-obra contrata e remunera o empregado mas transfere à empresa contratante ou cliente o poder de comando. O empregado temporário, na realidade, passa a integrar, ainda que transitoriamente, a estrutura orgânica da tomadora substituindo empregado ou reforçando o quadro de pessoal na hipótese de acréscimo extraordinário de serviço. Insere-se, portanto, nas atividades regulares e normais da empresa tomadora. Não se trata, aí, portanto, de destacar setor ou atividade anteriormente desempenhada pela tomadora do trabalho para transferi-la a uma terceira empresa, como ocorre na terceirização.

Já, no *contrato de prestação de serviços (locatio operarum)*, o objeto não é propriamente a colocação de mão-de-obra à disposição da tomadora, mas a realização de atividades secundárias que a tomadora resolveu destacar da organização, cometendo-as a terceiros. Na prestação de serviços, a contratada *admite, assalaria* e *dirige* o pessoal necessário ao cumprimento do objeto do contrato. Detém o poder diretivo e de comando. Os empregados destacados para a execução dos serviços não passam a integrar a estrutura orgânica da tomadora.

No *contrato de empreitada*, como na prestação de serviços, diversamente do trabalho temporário, o empreiteiro é quem admite, assalaria e dirige o pessoal encarregado da execução da obra ou do serviço. O que distingue a prestação de serviços da empreitada é que, nesta, as partes visam ao resultado da atividade do empreiteiro, o *labore facto* (exemplo: pintura de um prédio); na prestação de serviços, é a própria atividade, o *labore faciendo*, o objeto da contratação (exemplo: limpeza, transporte e conservação). Naquele, remunera-se a obra pronta, sem atender ao tempo utilizado na sua execução. Nesta, a remuneração corresponde aos dias e às horas de trabalho que se está realizando.

Nem mesmo a empreitada de mero labor, em que o empreiteiro não concorre com o material, pode ser confundida com o fornecimento de mão-de-obra temporária se o empreiteiro ou seus empregados executarem a obra sem qualquer submissão ao poder de comando da empresa tomadora.

Ao contrário, havendo subordinação e cumprindo o suposto empreiteiro ou seus prepostos tarefas incluídas nas atividades normais da contratante, caracteriza-se a fraude, considerando-se formada a relação de emprego diretamente com a beneficiária do trabalho.

O mesmo ocorre quando a forma usada é o contrato de prestação de serviços, seja quando envolve empresa prestadora de serviços, seja quando firmado com trabalhadores autônomos. Fora das hipóteses que o justifiquem (atividades-meio), secundárias, como transporte, fornecimento de alimentação, limpeza; ou especializadas, como informática, processamento de dados, consultoria etc.; ou, em qualquercaso, quando os empregados da empresa locadora de serviços ou o trabalhador autônomo e a empresa locatária existirem os elementos configuradores da relação de emprego, tem-se como incidente a regra do art. 9º da CLT, nulo o contrato e caracterizada a relação de trabalho diretamente com a tomadora.

Portanto, o que deve balizar o intérprete na identificação dos casos concretos é a existência ou não de poder de comando e subordinação jurídica entre a tomadora ou locatária e os executores diretos dos serviços, dando-se, assim, primazia ao princípio da realidade, tendo em vista os conceitos estatuídos nos arts. 2º e 3º da CLT.

Desses contratos atípicos (empreitada e prestação de serviços), o de empreitada está previsto no art. 455 da CLT e, quanto ao de prestação de serviços, somente os relativos à vigilância receberam disciplina legal através da Lei 7.102, de 1983.

4. *A orientação da doutrina e da jurisprudência trabalhista. Enunciado 256 do Tribunal Superior do Trabalho*

A jurisprudência trabalhista já vinha há muito se firmando no sentido de repudiar esses contratos de trabalho atípicos, triangulares, firme nos princípios que visam à integração do trabalhador na empresa e à continuidade da relação de emprego.

Em 1984, ao julgar o RR 3.442, o TST, acolhendo incidente de uniformização de jurisprudência suscitado pelo então Ministro Marco Aurélio Mendes de Faria Melo, editou o Enunciado 256, para compor a sua Súmula, com a seguinte redação: "Salvo os casos de trabalho temporário e de serviços de vigilância, previstos nas Leis ns. 6.019, de 3.1.74, e 7.102, de 20.6.83, é *ilegal a contratação de trabalhadores por empresa interposta, formando-se o vínculo empregatício diretamente com o tomador de serviços"*.

Pelo teor do acórdão proferido nesse recurso de revista, verifica-se que o objetivo do Enunciado 256 foi o de negar validade à intermediação de mão-de-obra fora das hipóteses indicadas, não apenas em relação a atividades-fim como, também, às atividades-meio da tomadora, rejeitando a contratação de serviços de limpeza (hipótese em julgamento) por intermédio de locadoras e reconhecendo a formação do liame empregatício com o tomador desses serviços, afastando-se da relação jurídica a empresa dita de conservação e limpeza.

Não obstante, autores do porte de Otávio Bueno Magano ("O TST e a prestação de serviços a terceiros", *LTr* 1/87), Arnaldo Süssekind ("O Enunciado 256. Mão-de-obra contratada e empresas de prestação de serviços", *LTr* 51/31) e Washington Luiz da Trindade ("Os caminhos da terceirização", *Jornal Trabalhista* 416/871, ano IX, Brasília, 17.8.92) vinham criticando os rigores da orientação adotada pelo TSF, sustentando a perfeita legalidade dos contratos de prestação de serviços quando tivessem por objeto atividades-meio da contratante e fossem firmados com empresas especializadas e idôneas.

Süssekind, interpretando o próprio teor do Enunciado 256, chega, mesmo, a negar que nesta Súmula o TST tenha tido a intenção de proibir os legítimos contratos de prestação de serviços ou de empreitada de obras do direito civil. Afinal, indaga ele: "onde a fraude à lei trabalhista ou a simulação de um contrato de prestação de serviços de conservação de elevadores do estabelecimento da contratante estipulado com empresa especializada nesse tipo de equipamento? De um contrato de prestação de serviços com um restaurante para preparo e fornecimento de alimentação aos empregados da contratante? De um contrato de empreitada para a pintura de um estabelecimento? De um contrato de prestação de serviços com empresa especializada em limpeza e higienização de um imóvel onde a contratante realiza sua atividade econômica?”.

Acrescenta, ainda, que o Enunciado 256 considera ilegal não a contratação de empresas prestadoras de serviços ou de empreiteiras, mas, simplesmente, a contratação de trabalhadores por interposta empresa. E lembra que, pelo Decreto-lei 200/67 (art. 10, § 7º), as empresas públicas e sociedades de economia mista estão autorizadas a transferir a execução de atividades-meio a empresas prestadoras de serviços, não podendo, conseqüentemente, negar-se tal qualidade às empresas privadas em geral, sem afronta ao art. 170, § 2º, da então vigente CF, que vedava privilégios em favor daquelas.

Essa interpretação do Enunciado 256, aos poucos, vinha sendo assimilada pelos Tribunais Trabalhistas, inclusive pelo próprio TST, que, já em 1989, ao julgar o RR 226, por sua 1ª Turma, entendeu que: “Existindo legalmente empresas prestadoras de serviço, é ilegal que se lhes negue a qualificação de empregadores, salvo as hipóteses de fraude. A enunciação contida no Enunciado 256 da Súmula desta colenda Corte há que ser considerada de forma exemplificativa e não taxativa, comportando assim o reconhecimento da legalidade do vínculo formado entre o empregado e o prestador dos serviços em hipóteses outras que não as expressamente elencadas no verbete sumulado”.

5. *A prestação de serviços na Administração indireta e a exigência de concurso público. A revisão da Súmula do Tribunal Superior do Trabalho: Enunciados 256 e 331*

Com o advento da Constituição Federal de 1988, que passou a exigir concurso público para a contratação de pessoal na Administração indireta, começaram a surgir movimentos contrários à contratação de empresas de prestação de serviços pelas sociedades de economia mista e empresas públicas, sob o argumento de que tal prática constitui burla ao referido mandamento constitucional.

Assim é que, mediante provocação do Sindicato dos Bancários, o Ministério Público do Trabalho promoveu a instauração de inquéritos civis públicos contra o Banco do Brasil e a Caixa Econômica Federal, acusados de praticarem terceirização ilegal ao deixarem de realizar concursos para contratar diretamente empregados para atividades de caráter permanente.

No caso da CEF, o inquérito redundou no ajuizamento de ação civil pública que foi julgada parcialmente procedente em primeira instância, com o reconhecimento da irregularidade argüida. Quanto ao do Banco do Brasil, foi firmado termo de compromisso perante a Procuradoria-Geral do Trabalho no qual o Banco, para regularizar a situação dita ilegal, se comprometia a, no prazo de 240 dias, abrir concurso público para atividades de limpeza, ascensorista, telefonista, copa, estiva e digitação.

A argumentação desenvolvida pelo Ministério Público do Trabalho baseava-se em que o Enunciado 256 vedara a intermediação de mão-de-obra fora dos objetivos das Leis 6.019/74 e 7.102/83, pois, nos demais casos, havendo labor permanente dos mesmos empregados, para o mesmo tomador dos serviços, a relação de emprego estaria caracterizada nos moldes do art. 3º da CLT. Por outro lado, sustentava a Procuradoria do Trabalho, a autorização concedida à Administração Pública para contratar indiretamente os serviços de conservação, transporte e assemelhados, como diz respeito somente à Administração direta e autarquias (Lei 5.645/70, arts. 1º e 3º, parágrafo único), não abrangeria as empresas públicas e sociedades de economia mista. Assim, haveria de ser reconhecido o vínculo empregatício direto com os bancos oficiais, não fosse a decisão do STF no sentido de que tais entidades também estão sujeitas à regra do concurso público para a contratação de empregados (MS 21.322-1-DF, rel. Min. Paulo Brossard, *DJU* 23.4.93).

Já esgotando o prazo de 240 dias que lhe fora assinado para a realização do concurso público, o Banco do Brasil houve por bem manifestar as dificuldades práticas desta solução em relação aos serviços de limpeza, tendo em vista que, não podendo exigir escolaridade e não sendo de caráter técnico a função, acabariam sendo aprovadas pessoas com superqualificação, que buscariam apenas o ingresso fácil no Banco, para ascenderem, depois, a outras funções, deixando desatendidas as tarefas para as quais foram contratadas.

Em face dessa situação, resolveu o Ministério Público do Trabalho formular ao TST pedido de revisão da Súmula 256, para saber se o Tribunal, diante das decisões das Turmas que não a aplicavam a órgãos públicos em casos de serviços de limpeza, mantinha a força integral de sua redação, adaptava-a ou revogava-a.

O TST, depois de apreciar o requerimento em sessão plenária de 17.11.93, adotou o meio-termo, dando nova redação ao Enunciado 256, que passou a Súmula 331, com as seguintes regras:

I — A contratação dos trabalhadores por empresa interposta é ilegal, formando-se o vínculo diretamente com o tomador dos serviços, salvo no caso de trabalho temporário (Lei 6.019/74).

II — A contratação irregular através de empresa interposta não gera vínculo de emprego com os órgãos da Administração Pública direta, indireta, ou fundacional (art. 37, II, da CF).

III — Não forma vínculo de emprego com o tomador a contratação de serviços de vigilância (Lei 7.102/83), de conservação e limpeza, bem como a de serviços especializados ligados à atividade-meio do tomador, desde que inexistentes a pessoalidade e a subordinação direta.

IV — O inadimplemento das obrigações trabalhistas por parte do empregador implica a responsabilidade subsidiária do tomador dos serviços quanto àquelas obrigações, desde que este tenha participado da relação processual e conste também no título executivo judicial.

Com essa nova orientação pretoriana, o Ministério Público do Trabalho recuou na tentativa de exigir contratação direta, mediante concurso público, de pessoal de limpeza e assemelhados no âmbito dos bancos oficiais, exceção feita aos serviços de digitação, que são prestados em caráter de pessoalidade, e também porque, tratando-se de empreendimento bancário, não podem ser considerados como atividade-meio, nos termos do Enunciado 259 do TST.

Embora já superada com a nova orientação do TST através do Enunciado 331, a argumentação desenvolvida pelo Ministério Público do Trabalho merece reparos quando pretende subtrair aos bancos oficiais a faculdade de contratar prestação de serviços para atividades-meio, sob a alegação de que a Lei 5.645/70, ao tratar a matéria, só se dirige à Administração direta e autarquias.

É que referida lei apenas explicitou, e ainda assim de forma exemplificativa, as atividades suscetíveis de execução indireta, fazendo remissão expressa ao Decreto-lei 200/67, art. 10, § 7º, o qual, ao prescrever essa modalidade de descentralização, o fez em relação à Administração Federal como um todo, compreendendo a Administração direta e a indireta (cf. art. 4º, c/c art. 10, *caput*).

Portanto, não seria correto afirmar, mesmo na vigência do Enunciado 256, que empresas públicas e sociedades de economia mista estavam excluídas do permissivo legal, não podendo contratar empresas para execução indireta de suas atividades-meio.

Nesta linha de raciocínio, estaria resolvida também a questão relativa à exigência de concurso público, pois, sendo legal a contratação de empresas prestadoras de serviços, não havia como se falar em relação de emprego que dela resultasse e que envolvesse a entidade estatal, não se caracterizando, por conseguinte, qualquer burla à regra do art. 37, II, da CF de 1988.

Quanto ao Enunciado 331, bem se percebe que o TST evoluiu para acolher, de modo claro e incontroverso, o pensamento da corrente majoritária que, como Magano, Süssekind, Washington Trindade e outros, vinha postulando a flexibilização no sentido de se reconhecer a validade dos contratos de prestação de serviços relativos a atividades-meio das empresas, com as cautelas necessárias à efetiva preservação dos direitos e garantias trabalhistas.

É bem certo que tentativas de fraude ocorrem e haverão de ocorrer, seja na violação do princípio do concurso público, seja no que tange a ofensas à legislação trabalhista. Mas os sindicatos, a Magistratura do Trabalho e a sociedade, esta através da Procuradoria do Trabalho, têm na legislação e na própria Súmula do TST instrumentos bastantes para coibi-las.

Se é verdade que a teoria econômica da flexibilização deve ser vista com reserva, evitando-se o uso de instrumentos como a terceirização para a redução de custos, exploração do trabalho alheio e agravamento do processo desumano de concentração de riqueza, é verdade também que a rejeição pura e simples de mecanismos como a terceirização poderá levar ao engessamento das organizações, ao "inchaço" cada vez maior dos quadros de pessoal das empresas estatais e dos órgãos públicos, inibindo a expansão do mercado de trabalho e alastrando ainda mais a epidemia do desemprego.

Urge, portanto, redefinir-se o papel do direito do trabalho na chamada "nova ordem econômica mundial", tendo em vista as peculiaridades de cada país e os valores agasalhados historicamente na cultura dos respectivos povos; adaptá-lo aos novos tempos, suprimindo-lhe rigores e excessos sem, contudo, perder de rumo o seu verdadeiro sentido, que é, como o de todos os processos de organização social, o bem-estar do homem, de *todos* os homens, indistintamente.

É preciso, em suma, garantir-se, de um lado, o equilíbrio permanente entre os interesses dos agentes econômicos em confronto (capital x trabalho) e, de outro, o interesse público (ou dos não-envolvidos), de modo a que a busca do lucro ideal seja sempre posta a serviço do ideal de Justiça.

Referências Bibliográficas

ALMEIDA, Ísis de. *Regime de Trabalho Temporário*. São Paulo, Saraiva, 1977.

ANDRADE, Everaldo Gaspar Lopes de. "Capitalismo contra capitalismo". *LTr 58/282-283*. São Paulo, março/94.

______. "Contratações irregulares promovidas por entes de direito público interno — Nulidade e conseqüências". *LTr* 58/146-149. São Paulo, fevereiro/94.

CARMO, João do. "O processo de terceirização e os abusos que estão sendo cometidos pelas empresas". *RT.* 685/250-252. São Paulo, novembro/92.

COSTA E SILVA, José Ajuricaba da. "Terceirização — A solução jurídica japonesa". *LTr* 58/141-143. São Paulo, fevereiro/94.

KALUME, Pedro de Alcântara. "Terceirização". *LTr* 58/284-288. São Paulo, março/94.

MORAES FILHO, Evaristo de. "Situação jurídica das empresas de fornecimento de mão-de-obra temporária no direito do trabalho brasileiro". *LTr* 34/141. São Paulo, março/70.

OLIVEIRA, Francis de. "Modernidade à vista". *Folha de São Paulo.* 24.5.94. São Paulo, coluna "Tendências e Debates".

PASTORE, José. "Flexibilidade dos mercados de trabalho. A resposta moderna para o aumento da competição". In: *Congresso de Direito Individual do Trabalho,* 1994.

PLÁ RODRIGUEZ, Américo. *Princípios de Direito do Trabalho.* São Paulo, LTr, 1978.

PRUNES, José Luiz Ferreira. *Contratos Triangulares do Trabalho.* Curitiba, Juruá, 1993 (p. 284).

ROMITA, Arion Sayão. "A terceirização e o direito do trabalho". *LTr* 56/273-279. São Paulo, março/92.

SÜSSEKIND, Arnaldo. "O Enunciado 256. Mão-de-obra contratada e empresas de prestação de serviços". *LTr* 51/276-285. São Paulo, março/87.

TRINDADE, Washington Luiz. "Os caminhos da terceirização". *Jornal Trabalhista*. 416/871. Brasília, 1972.

VERÇOSA, Haroldo Malheiros Duclerc. "O Direito e a Terceirização da economia". *RT* 688/27-37. São Paulo, fevereiro/93.

PARECERES

PARTICIPAÇÃO DA ORDEM DOS ADVOGADOS DO BRASIL EM TODAS AS FASES DO CONCURSO DE ACESSO À MAGISTRATURA

PAULO BONAVIDES

CONSULTA

Consulta-nos o Dr. Ernando Uchoa Lima, ilustre Presidente do Conselho Federal da Ordem dos Advogados do Brasil, acerca de ato do Presidente do Tribunal de Justiça do Estado do Espírito Santo, questionado em face do art. 93, I, da Constituição Federal. O artigo em apreço estatui a regra de participação da OAB em todas as fases do concurso de acesso à Magistratura.

PARECER

1. O Presidente da OAB, Seção do Estado do Espírito Santo, Dr. Agesandro da Costa Pereira, ajuizou, a 27 de junho do ano em curso, perante o egrégio TJES, mandado de segurança contra ato do Des. Antônio José Miguel Feu Rosa, Presidente dessa Corte, consubstanciado no Edital 028/95, publicado no Diário de Justiça Estado e elaborado sem a participação da OAB, com infração do art. 93, I, da Constituição Federal.

Fixada a base da controvérsia, intentaremos, em seguida, demonstrar:

1º. Que a presença participativa da OAB em todas as fases do concurso de ingresso à Magistratura é da essência mesma do preceito contido no sobredito artigo.

2º. Que todo entendimento adverso é *contra legem*, ferindo de morte o núcleo daquela disposição normativa.

3º. Que a literalidade, no caso vertente, corresponde, por inteiro, à essência da regra, prevalecendo, por conseguinte, o seu fundamento jurídico de obrigatoriedade total, prescindindo, assim, de maior diligência interpretativa.

4º. Que, ainda aplicando o método teleológico de interpretação, qual faremos, o resultado não há de ser outro senão o de manutenção da intangibilidade do mandamento normativo contido no artigo violado.

2. Três Constituições e uma lei complementar compõem o eixo jurídico ao redor do qual gravita a matéria desta consulta.

As Constituições são, respectivamente, a Lei Magna de 18.9.46, a Carta de 24.1.67 e a Constituição de 5.10.88. A Lei Complementar é a de n. 35, de 14.3.79.

Dessa legislação emana a "constitucionalização" da prerrogativa de participação que exerce a OAB no concurso público de provas e títulos que rege o ingresso na Magistratura.

Vejamos os textos da Constituição e da lei.

Primeiro, a Constituição de 1946, que introduziu aquela participação no ordenamento jurídico nacional: "Art. 124. Os Estados organizarão a sua Justiça, com observância dos arts. 95 a 97, e também dos seguintes princípios: (...) III — O ingresso na Magistratura vitalícia dependerá de concurso de provas, realizado pelo Tribunal de Justiça, com a participação do Conselho Secional da Ordem dos Advogados do Brasil, e far-se-á a indicação dos candidatos, sempre que for possível, em lista tríplice".

A seguir, a Constituição de 1967, cuja Emenda 1, parágrafo único do art. 112, dispôs que: "Lei complementar, denominada Lei Orgânica da Magistratura Nacional, estabelecerá normas relativas à organização, ao funcionamento, à disciplina, às vantagens, aos direitos e aos deveres da Magistratura, respeitadas as garantias e proibições previstas nesta Constituição ou dela decorrentes".

Houve, aí, silêncio e retrocesso; silêncio desfeito com a lei complementar, e retrocesso na medida em que permaneceu a matéria fora do corpo da Constituição, portanto em patamar inferior.

De último, a Constituição de 1988, explicitando a participação em todas as fases: "Art. 93. Lei complementar, de iniciativa do Supremo Tribunal Federal, disporá sobre o Estatuto da Magistratura, observados os seguintes princípios: I — ingresso na carreira, cujo cargo inicial será o de juiz substituto, através de concurso público de provas e títulos, com a participação da Ordem dos Advogados do Brasil em todas as suas fases, obedecendo-se, nas nomeações, à ordem de classificação".

Enfim, a Lei Complementar 35, de 14.3.79: "Art. 78. O ingresso na Magistratura de carreira dar-se-á mediante nomeação, após concurso público de provas e títulos, organizado e realizado com a participação do Conselho Secional da Ordem dos Advogados do Brasil".

Essa lei foi recepcionada pela Constituição vigente. Nas comissões do Legislativo Federal tramita o Projeto de Lei Complementar 144/92, de iniciativa do Poder Judiciário, que, obviamente, não poderá arredar-se da cláusula do inciso I do art. 93 da CF em vigor, auto-executável em toda a sua extensão.

Em aditamento aos textos acima reproduzidos, é de assinalar que já em 1975 o *Diagnóstico do Supremo Tribunal Federal* apontava para a necessidade de recrutar bons juízes.

Esse recrutamento decerto inspirou o constituinte maior a formular, no inciso I do art. 93, uma prerrogativa constitucional em favor da OAB, tendo por espírito alcançar, através das vias seletivas, "um Judiciário altamente capaz", em correspondência com os anseios sociais.

Nesse documento de reforma, encaminhado pelo Supremo ao Presidente da República, lê-se: "A primeira e capital dificuldade está no recrutamento de bons juízes. É dizer o óbvio afirmar que, sem magistrados de excelente formação moral e intelectual, não haverá Poder Judiciário altamente capaz" (*Reforma do Poder Judiciário, Diagnóstico*, 1975, p. 28).

3. O que disse Engisch outrora acerca da lei, nós podemos dizer contemporaneamente acerca da Constituição: "é a mais importante fonte de conhecimento para o jurista dos tempos modernos" (K. Engisch, *Logische Studien zur Gesetzesanwendung*, Heidelberg, 1963, p. 5).

De lastimar, todavia, não seja este o entendimento da autoridade judicial do Espírito Santo ao expedir um edital de realização de concurso para a carreira de Magistratura onde ignorou, por inteiro, a regra normativa do art. 93, I, da CF.

No presente caso, objeto desse parecer, o Tribunal atuou *contra legem*, descumpriu a Constituição, conculcou um preceito de aplicabilidade imediata, total e indeclinável. Arrogou-se, assim, em instância revisora da Lei Maior, coisa a que não se abalançam sequer as mais excelsas Cortes Constitucionais de nossa época.

4. A interpretação — já dizia Merkl há mais de 50 anos — é tema fundamental, que nunca se desatualiza (A. Merkl, "Zum Interpretationsproblem", *Gruenhutsche Zeitschrift fuer das Privat — und Oeffentliche Recht der Gegenwart*. 42, Band, Wien, 1916, p. 535.

O direito constitucional em matéria interpretativa se caracteriza por determinadas peculiaridades, arroladas já por notáveis constitucionalistas, preocupados em persuadir a cautela com que deve ingressar na órbita hermenêutica. Segundo assevera também Klaus Stern, cumpre destacar, entre outras:

a) a concisão do direito constitucional;

b) a freqüência de cláusulas gerais e cláusulas em branco, a par da abertura de inumeráveis normas da Constituição;

c) o grau hierárquico supremo dos preceitos constitucionais;

d) o norte axiológico, isto é, a direção ou inclinação para valores;

e) a necessidade de proceder a estimativas ou ponderações impostas pela natureza mesma dos valores, para efeito de sua aplicação a situações concretas (daqui a importância, segundo é lícito formular e acrescentar, que vem tendo, de último, o princípio da proporcionalidade no direito constitucional contemporâneo, nomeadamente tocante à concretização dos direitos fundamentais);

f) e, finalmente, o sentido indeclinável de unidade, que faz convergir para o campo da integração as funções de toda Constituição, em busca da continuidade e estabilidade.

Em verdade, nenhum desses traços apontados concorre para embargar ou dificultar a exegese do inciso I do art. 93, cuja letra constitucional prima pela clareza e operatividade de sua determinação imperativa, irrecusável ao aplicador.

A interpretação se faz técnica e autônoma, em alguns casos, pela natureza do próprio texto. Com efeito, em certas disposições literais, como esta do art. 93, I, o sentido de objetividade e concretude tem evidência tal que o seu exame se radica na hermenêutica de Schleiermacher.

Mas não é à obra do filósofo que buscaremos arrimo, senão às reflexões daqueles juristas cuja posição, a nosso ver, consagra a verdade lógica e científica, sem sujeição a subjetivismos de escola ou doutrina, porquanto estampa a imparcialidade cognitiva, derivada, única e imediatamente, dos poderes da razão.

Em rigor, a invalidação constitucional do edital se acha toda alojada na expressão literal de um preceito da Constituição que não pode vir abaixo por obra do ato administrativo da autoridade coatora. Com certeza, o artigo considerado não abre espaço à aplicação de instrumentos exegéticos que possam conduzir a uma inteligência contrária à textualidade da norma. E, não havendo *res dubia*, sendo o sentido e o alcance da norma de irrefragável evidência, só resta cumprir o mandamento que emana de sua expressão verbal.

Aqui se agita, mais uma vez, do ponto de vista hermenêutico, a questão da latitude da interpretação literal ou gramatical. No caso vertente, somos de parecer que o texto, pela sua clareza ímpar, fulmina já de inconstitucionalidade o ato impugnado; aliás, chegar-se-á a esse resultado com ou sem interposição do intérprete, ou seja, quer se recuse, quer se admita, a necessidade de interpretação a textos como aquele, iluminados de claridade solar.

5. Vejamos a esse respeito a posição de eminentes jurisconsultos, não importa sejam eles civilistas ou constitucionalistas, visto que indistintamente convergem para alicerçar o mesmo entendimento.

Principiemos com alguns dos que mais pesam na cultura jurídica deste País.

Rui Barbosa, o patriarca dos constitucionalistas da América Latina, se lesse o inciso I do art. 93 da CF, não titubearia em vazar novamente o seu pensamento nos seguintes termos: "Aqui não há controvérsias de interpretação. *Interpretatio cessat in claris*. A Constituição modelou a expressão de sua vontade em termos inequívocos" (*Ação de Nulidade de Arbitramento, movida pelo Espírito Santo contra Minas Gerais*, 1915, p. 35).

Em igual ordem de idéias, prosseguiria Rui: "Em presença de um texto claro, preciso, inequívoco, não há que estar argumentando como se nos achássemos ante um enunciado incompleto ou indistinto, do qual houvéssemos de extrair por ilações ou deduções a interpretação mais plausível" (Parecer, na *Revista do Supremo Tribunal* 9/305).

Idêntica energia de convicção no brilhante civilista pernambucano José Paulo Cavalcanti: "As leis claras, pela sua objetiva e subjetiva evidência, não admitem interpretação. Ao contrário das leis obscuras, que necessitam de interpretação" (*Interpretação e Clareza da Lei*, Recife, 1995, pp. 14-15).

Ainda do mesmo José Paulo Cavalcanti, com inexcedível precisão: "Qualquer interpretação, portanto, tem por finalidade evidenciar o sentido da lei. Do que prescinde a lei clara, já, em si mesma, objetiva e subjetivamente".

Segue-se que qualquer pretendida interpretação de uma lei clara somente pode levar ou a transgredi-la ("sob o pretexto de penetrar-lhe o espírito", como observou Laurent), ou "a repetir com outras palavras seu evidente significado" (José Paulo Cavalcanti, ob. cit., p. 15). E logo acrescenta: "Porque quando a lei é obscura, a interpretação é necessária. Mas quando a lei é clara, como pouco antes foi dito, a interpretação ou meramente repetiria a lei, ou a violaria" (ob. cit., p. 16).

Perfilhando posição do mesmo teor, outro jurista do quilate de Washington de Barros Monteiro: "A lei quase sempre é clara, hipótese em que descabe qualquer trabalho interpretativo (*lex clara non indiget interpretatione*)" (*Curso de Direito Civil*, 1ª ed., v. I/39, São Paulo, 1958).

Também numa linha que, na essência, não destoa da antecedente, Sílvio Rodrigues: "A necessidade de interpretação é indiscutível e, exceto naqueles casos em que o sentido da norma salta em sua absoluta evidência, o trabalho de exegese se apresenta continuamente ao jurista" (*Direito Civil*, 1ª ed., v. I/45, São Paulo, 1962, n. 11 — grifos nossos).

Se volvermos ao passado, depara-senos o insigne Paula Baptista: "Interpretação é a exposição do verdadeiro sentido de uma lei obscura por defeitos de sua redação, ou duvidosa com relação aos fatos ocorrentes, ou silenciosa. Por conseguinte, não tem lugar sempre que a lei, em relação aos fatos sujeitos ao seu domínio, é clara e precisa" ("Compêndio de Hermenêutica Jurídica", in *Hermenêutica Jurídica, Clássicos do Direito Brasileiro*, São Paulo, 1984, p. 4).

Aprofundando o mergulho, desceremos à Antigüidade clássica, da qual procedem apotegmas deste teor:

Interpretatio cessat in claris (Cephal concil 132 n. 2, *apud* Francisco de Paula Baptista, ob. cit., p. 4).

Quando verba sunt clara, non admittitur mentis interpretatio (L. Continus, 137 cum ita, 2ª ff., de verb. oblig., *apud* Paula Baptista, ob. cit., p. 4)

Cum in verbis nulla ambiguitas este, non debet admitti voluntatis quaestio (*Digesto*, liv. 32, tit. 3, frag. 25 § 1, *apud* Carlos Maximiliano, *Hermenêutica e Aplicação do Direito*, 9ª ed., 1979, p. 33).

6. Entre os juristas estrangeiros, tanto do século passado como deste, colhem-se testemunhos acerca da eficácia normativa de textos cuja clareza, sendo tanta, até dispensa interpretação.

Haja vista, nesse tocante, a palavra de Laurent, um dos mais insignes juristas europeus do século passado: "O respeito do texto é o respeito da lei, e o respeito da lei é o fundamento da ordem social" (*Principes*, t. 33/512 — *apud* J. P. Cavalcanti, ob. cit., p. 10).

Ainda Laurent: "Quando o texto da lei é claro, é necessário não iludir-lhe a letra, sob o pretexto de penetrar-lhe o espírito. Essa regra, extraída do projeto do livro preliminar do Código Civil, é fundamental" (*Principes*, t. 33/512 — *apud* J. P. Cavalcanti, ob. cit., p. 10).

Mas, bem antes de Laurent, o célebre Vattel, que figura na galeria dos juristas imortais, sendo, como foi, um dos fundadores do moderno direito internacional, já se exprimira neste teor: "Não se consente interpretar aquilo que não necessita de interpretação" ("Il n'et pas permis d'interpréter ce qui n'a pas besoin d'interprétation") ("De l'Interprétation", v. I do *Système du Droit International Public*, cap. 17, § 263).

Diz Josef Esser que o princípio do *sens clair* tem na concepção de Vattel o significado racional de coibir o arbítrio na interpretação (*Grundsatz und Norm*, 3., unveraenderte Auflage, Tuebingen, 1974, p. 125).

Percorrendo a obra dos juristas modernos e contemporâneos, verifica-se que aumenta o volume de manifestações daqueles que professam a mesma orientação interpretativa acerca dos textos claros, estremes de dúvida.

Assim, o jurista português M. A. Domingues de Andrade, autor de um notável ensaio sobre a teoria da hermenêutica das leis: "A impossibilidade de fugir à interpretação literal quando os termos da lei não toleram mais do que um certo sentido, e por muito que este pareça injusto e inadaptado às exigências da vida — *dura lex sed lex* —, é quase um lugar-comum dos autores (...). Só com este alcance pode valer o conhecido aforismo: *in claris non fit interpretatio*" (*Ensaio sobre a Teoria da Interpretação das Leis*, 4ª ed., Coimbra, 1987, pp. 28-29).

Sustentando a tese de que onde não há dúvida não há interpretação, temos o mais abalizado constitucionalista de nosso tempo, Konrad Hesse, mestre de Freibourg i. Br. e ex-juiz da Corte Constitucional de Karlsruhe: "Onde inexiste dúvida não se interpreta nem há também necessidade de interpretação" ("Wo Zweifel nicht bestehen, wird nicht interpretiert und bedarf es auch keiner Interpretation") (*Grundzuege des Verfassungsrechts*, 9, Auflage, 1976, p. 21).

A posição de Hesse é deveras notável, por haver sido ele, nos distritos da Hermenêutica contemporânea, um dos que deram mais admirável contribuição ao alargamento e renovação dos métodos tradicionais da Hermenêutica clássica, propondo e introduzindo na metodologia interpretativa das Constituições conceitos novos e sugestivos, como os de unidade da Constituição, concordância prática, rigor da exação funcional (*funktionelle Richtigkeit*), eficácia integrativa e força normativa da Constituição.

Abraçam também a tese exposta por Hesse na Alemanha juristas que rivalizam com ele em prestígio e renome, quais Kaufmann, Kriele e, sobretudo, Friedrich Mueller, um dos maiores nomes da ciência jurídica do século XX, cuja obra de fascinante riqueza e originalidade de conceitos vem sendo, de último, tirada em vernáculo no Brasil.

Arthur Kaufmann é incisivo: "A interpretação (...) só principia onde já não ocorre nenhuma clareza" ("die Auslegung (...) beginnt doch erst da, wo keine Eindeutigkeit, mehr gegeben ist") (*Analogie und "Natur der Sache"*, 1965, p. 4).

Não varia de entendimento Martin Kriele: "A interpretação começa precisamente quando aparecem dúvidas e variações de opinião que demandam elucidação" ("Die Interpretation beginnt eben erst, wenn Zweifel und Meinungsverschiedenheiten auftauchen, die es zu klaeren gilt") (*Theorie der Rechtsgewinnung*, Zweite Auflage, Berlin, 1976, p. 91).

Por fim, vamos destacar, em seguida, entre os alemães, a figura excelsa de Friedrich Mueller, cuja lição é das mais sábias, recentes e abalizadas nesta esfera de reflexões.

O originalíssimo teorista da Nova Hermenêutica assim se exprime: "Decisões que manifestamente ultrapassem o texto de uma norma são inadmissíveis" ("Entscheidungen, die dem Wortlaut einer Norm offensichtlich ueberspielen sind unzulaessig") (Friedrich Mueller, *Juristische Methodik*, fuenfte auf neuestem Stand bearbeitete und ergaenzte Auflage, Berlin, 1993, pp. 184-185).

"No Estado Democrático de Direito — assinala Mueller — é insubstituível, em seus fundamentos, a função elucidativa e estabilizadora do texto da norma" (*Normstruktur und Normativitaet*, Berlin, 1966, p. 155). E, a seguir, noutro lugar: "O texto da norma em caso de litígio significa o critério por excelência da obrigatoriedade jurídica" ("Der Wortlaut bezeichnet insoweit der im konfliktsfall vorrangigen Masstab rechtlicher Verbindlickeit") (F. Mueller, ob. cit., p. 185).

E, de último, coroando essa noção básica, que o ato administrativo do Tribunal capixaba aniquila, Mueller é peremptório: "Além de sua eficácia de critério, tem o elemento gramatical eficácia determinativa. Em tais casos extraordinários, basta apenas o tratamento gramatical do texto normativo da prescrição especial para resolver e encerrar o caso" ("Ueber seine uebliche Indizwirkung hinaus hat das gramatische Element dann Bestimmungswirkung. In solchen seltenen Faellen reicht allein die grammatische Behandlung des Normtextes der speziellen Vorschrift aus, den Fall abschliessend zu loesen") (Friedrich Mueller, ob. cit., p. 183).

7. No direito constitucional da Áustria, onde tanto a teoria material da Constituição como a teoria pura do Direito fazem prosélitos de renome, o Tribunal Constitucional segue a linha acima adotada. Se não, vejamos: "Se o teor literal de uma disposição da Constituição Federal for inequívoco, não é admissível a interpretação histórica, o que somente será lícito se a forma de expressão da lei for duvidosa" ("Is der Wortlaut einer Bestimmung der Bundesverfassung eindeutig, so ist es nicht moeglich, auf die historische Interpretation zurueckzugreifen. Zur historische Interpretation ist nur dann zu greifen, wenn die Ausdrucksweise des Gesetzes zweifelhaft ist") (Slg 1963/4442, *apud* H. Schaeffer, *Verfassungsinterpretation in Oesterreich*, Wien-New York, 1971, p. 61).

O constitucionalista austríaco Heinz Schaeffer assevera que a jurisprudência da Corte Constitucional da Áustria, cuja criação foi diretamente inspirada por Kelsen, sempre vinculou sua hermenêutica aos textos e à intenção do legislador, extraída da lei. Com efeito, escreve ele: "O Tribunal Constitucional cultivou sempre uma interpretação objetiva, primariamente orientada para o texto, mas essa decisão fundamental só relativamente tarde se articulou: 'a intenção do legislador deve ser buscada diretamente na lei'" ("Der VfGH hat schon immer eine objektive, primaer am Wortlaut orientierte Auslegung gepflegt, diese Grundentscheidung aber erst relative spaet artikuliert: 'Die Absicht des Gesetzgebers ist aus dem Gesetz unmittelbar zu entnehmen'") (H. Schaeffer, ob. cit., p. 61).

Por sua vez, Coing, um dos mestres da metodologia jurídica deste século, faz menção à "'grande influência' alcançada pelo Código Civil da Suíça, que diz ter a lei aplicação em todas as questões de direito, para as quais contém uma provisão, seja pelo texto, seja por via de interpretação" (*Juristische Methodenlehre*), Berlin-New York, 1972, Sammlung Goeschen, B. 4.012, p. 50).

Citando o ínclito Gény, sem dúvida um dos gênios da Hermenêutica, cujo *Méthode d'Interprétation* é obra clássica das estantes jurídicas, o suíço Walther Burckhardt assevera: "A interpretação principia lá onde o texto já perdeu o préstimo; com quais outros meios se vai averiguar o sentido, eis a questão" ("Der Auslegung faengt gerade da an, wo der Wortlaut nicht mehr weiter hilft; mit welch anderen Mitteln der Sinn zu ermitteln ist, das ist die Frage") (*Methode und System des Rechts*, Zuerich, 1936, p. 272).

O mesmo Burckhardt, antes, já afirmara: "objeto mesmo da interpretação é o texto qual se acha gravado na lei" ("der Wortlaut wie er im Gesetz gegeben ist") (ob. cit., p. 272).

8. Tornando à Áustria, outra não vem a ser a posição de Ringhofer e Bydlinsky, os quais, segundo nos é possível colher de Peter Boehm, em seu artigo sobre a doutrina da interpretação da Teoria Pura do Direito, à luz de seus representantes contemporâneos, professam o entendimento de que a questão da interpretação somente surge quando "o decisivo sentido da norma não fica de antemão evidente" (Peter Boehm, *Zur Interpretationstheorie der Reinen Rechtslehre im Licht ihrer gegenwaertigen Vertreter*, Juristische Blaetter, Wien, Heft 1/2. Januar 1975, 97. Jahrgang, p. 3).

Embora não sejam freqüentes, há, segundo Franz Bydlinsky, questões jurídicas cuja solução se contém unicamente na esfera da interpretação gramatical (*Juristische Methodenlehre und Rechtsbegriff*, Zweite, ergaenzte Auflage, Wien-New York, 1991, p. 442).

Faz-se mister, porém, assinalar, de passagem, que a aceitação dessa evidência, ao contrário do que usualmente se tem escrito, não compromete, em absoluto, quem a fizer, com esta ou aquela corrente da Hermenêutica clássica ou da Nova Hermenêutica, uma vez que as diligências do intérprete devem convergir neutralmente para estabelecer a mais pura, a mais adequada, a mais racional, a mais justa das soluções interpretativas diante da obscuridade e da lacuna da lei. Quando o texto não for obscuro nem lacunoso, a evidência basta por si mesma.

Tratando-se, como aqui se trata, de patentear a impossibilidade de tergiversar um texto provido de evidência matemática — no caso, *em todas as suas fases* — a inobservância dessa norma configura desobediência, contumácia, ofensa e desprezo do aplicador aos cânones da Constituição e da ordem jurídica.

Disse muito bem Enrique Alonso García que a *aproblematicidade* gera a interpretação literal; e "o texto se converte em fonte essencial" obviamente "quando os fatos (e as normas no controle abstrato de constitucionalidade) são totalmente aproblemáticos" (*La Interpretación de la Constitución*, Madrid, 1984, p. 96).

Nessa hipótese, nem sempre vulgar, mas de importância capital, cabe e subsiste a *vox viva legislatoris* da máxima de Montesquieu sobre o juiz posto na imagem da boca que profere a palavra da lei; fora, porém, de tal hipótese — onde, em rigor, não há propriamente interpretação, mas aplicação, pois interpretação em matéria de normas que não sejam "aproblemáticas" melhor se exprime sob a denominação de concretização — a tarefa do intérprete se torna complexa e tem somente na concepção de Mueller acerca dos componentes hermenêuticos essenciais — *Nor-*

mtext Normprogramm e *Normbereich* — o seu instrumento mais adequado de solução.

9. Se quisermos passar — o que, aliás, nem é necessário — do momento filológico, que já ministrou a solução interpretativa da questão suscitada pela inconstitucionalidade do edital, para o momento teleológico, de apuração do fim da norma, o resultado acabará sendo o mesmo: o reconhecimento da inviolabilidade do preceito constante do art. 93, I, da CF.

Ver-se-á que, na Constituição de 1946, o artigo correspondente falava apenas em "participação" da OAB, expressão genérica, de certo modo apta, no falso entendimento do aplicador, a abrir uma confortável brecha por onde pudessem os formuladores do edital evadir-se ao cumprimento da regra constitucional.

Veio, porém, o constituinte de 1988 e sabiamente circundou com rigor de ferro a prerrogativa outorgada, a fim de que o seu titular — no caso, a OAB — pudesse assegurar, em toda a extensão, de uma extremidade a outra, do primeiro ao último ato, a sua fiscalização participativa e moralizadora. Fê-lo erigindo em princípio essa participação da Ordem em todas as fases do concurso.

Como a Constituição não tem palavras vãs, o aditamento guarda um significado jurídico que faz inviolável a integridade material e quantitativa (todas as fases) daquela participação; é a sua garantia expressa, fruto de um aperfeiçoamento normativo promovido pelo legislador constituinte, de caso pensado, para melhor precatar a moralidade administrativa dos concursos da Magistratura.

Em suma, como já disse, e nunca é assaz reiterá-lo para obstar a um equivocado entendimento, o art. 93, I, combina o "teor claro" da norma com o seu "sentido e fim", não havendo discrepância que faça daí prevalecer outro significado senão aquele derivado da sobredita proposição normativa.

10. Ainda que buscassem os autores do edital para o seu desatino uma saída escapatória pela via hermenêutica da "interpretação conforme a Constituição", tal caminho lhes estaria de todo vedado em virtude da manifesta evidência de que semelhante instrumento interpretativo não se usa para legitimar interpretações *contra legem*, qual seria, no caso do art. 93, I, aquela que desfigurasse a regra participativa neste introduzida.

Demais disso, basta a lesão de um só princípio constitucional para invalidar a utilização jurisprudencial desse método de interpretação. É o edital indubitavelmente nulo, por haver afrontado o princípio da moralidade administrativa (*caput* do art. 37 da CF) ao expurgar a participação da OAB da fase mais delicada do concurso, aquela que concentra toda a disciplina dos meios que fazem a idoneidade da competição.

No direito constitucional da Alemanha, onde mais freqüente tem sido o emprego de tão delicada técnica de interpretação, a qual, antes de mais nada, busca preservar a autoridade do legislador, a jurisprudência já consagrou a inteligência da inadmissibilidade da mesma, se ela resultar *contra legem*.

Num dos arestos da Corte alemã estatuiu-se que o juiz não deve dar a uma lei, clara pelo seu texto e sentido, um significado oposto, arrimado na "interpretação conforme a Constituição". Isto parte, aliás, de Tribunal cuja flexibilidade interpretativa tem sido conduzida a latitude que não raro provoca a surpresa e perplexidade dos juristas daquele país.

Na mesma direção também a Corte Constitucional da Baviera, como salienta Fredrich Schack (Bverf GE 8, 2 8 e BayVGHE N. F. 5 II 54, *apud* Friedrich Schack, "Die Verfassungskonforme Auslegung", in *Juristische Schulung*, 1, Jhargang, September 1961, Heft 9, p. 270).

Não deixa, assim, o mencionado texto lugar para distintas interpretações das quais se pudesse eleger uma só apta a amparar o ato inquinado de inconstitucionalidade.

Depois de afirmar que o texto tanto serve de ponto de partida como de limite à interpretação, Larenz, um dos mestres da Hermenêutica na Alemanha, repete que tudo quanto estiver além de um possível sentido textual, ainda que seja na mais "ampla" (*weitesten*) interpretação, não pode valer como conteúdo da lei ("Der Wortsinn bildet den Ausgangspunkt und bestimmt zugleich die Grenze der Auslegung, da das, was jenseits des moeglichen Wortsinnes liegt mit ihm auch bei "weitester" Auslegung micht mehr vereinbar ist, nicht als Inhalt des Gesetzes gelten kann" (Karl Larenz, *Methodenlehre der Rechtswissenschaft*, vierte, ergaenzte Auflage, Berlin-Heidelberg-New York, 1979, p. 332).

Ainda palavras de Larenz, quando o intérprete, ao transviar-se de seu caminho, elimina a interpretação: "Com exatidão disse Meier-Mayoz: 'O texto desempenha uma dupla tarefa: é ponto de partida para a averiguação judicial de sentido, ao mesmo passo que serve de demarcar os limites da atividade interpretativa'". E prossegue: "Uma interpretação, portanto, que não couber no âmbito do sentido literal possível deixou de ser interpretação para ser uma mudança de sentido" (*Methodenlehre der Rechtswissenschaft*, vierte, ergaenzente Auflage, Berlin-Heidelberg-New York, 1979, p. 309).

11. Toda a querela hermenêutica acerca da latitude que se deve dar às disposições literais parece suscetível de apaziguar-se se operarmos um corte metodológico no objeto mesmo da investigação, que é sempre, e não poderia deixar de ser, a norma no seu alcance e na sua exata e perfeita compreensão.

Graças a esse corte é possível distinguir duas camadas autônomas de investigação interpretativa: aquela que recai sobre medidas de conteúdo, impositivo ou dispositivo — recomendando-se aí, de preferência, a rigorosa observância da expressão verbal do legislador, que nelas pode ordinariamente lograr, com a letra do texto, o seu mais alto grau de evidência e incontestabilidade — e a outra, que abrange as leis e as prescrições de caráter normativo geral, estas, sem dúvida, propensas a suscitar incertezas e comportar variações de sentido e aplicação, não se confinando, nesse caso, o intérprete — para captar-lhes o sentido — à utilização, portanto, de um só método ou instrumento hermenêutico de investigação, senão que se deve valer, se for necessário, de uma pletora ou conjunto de critérios e regras de interpretação, aptos a alcançar o resultado desejado, ou seja, a mais fundada e legítima aplicação da norma. Podem esses critérios, de emprego válido, ser buscados tanto na Velha como na Nova Hermenêutica, ou em ambas, se assim se fizer mister.

A indagação literal só não cabe, portanto, conforme testemunha boa parte dos constitucionalistas que se ocupam com temas de hermenêutica, quando há "incerteza, imperfeição e contradição" (Antonino Pensovecchio Li Bassi, *L'Interpretazione degli Norme Costituzionali*, Milano, 1972, p. 84) na disposição constitucional, o que não é o caso do art. 93, I, da CF.

Verificado o concurso desses elementos indicativos de insuficiência de uma interpretação de cunho literal, faz-se mister buscar outros instrumentos hermenêuticos, ministrados pelos métodos lógico, teleológico e sistemático.

Toda vez, porém, que o texto conserve a clareza, a nitidez e a transparência daquele do inciso I do art. 93, a segurança jurídica manda que o critério literal não seja invalidado. Este já tem em si mesmo formulada a solução de todo problema que o envolva na sua dimensão numérica. Assim, por exemplo, no caso específico colocado pelo ato inconstitucional do Presidente do TJES.

A rejeição de uma interpretação apoiada unicamente sobre o texto só é possível — reconhecem Mennick e Ph. Heck, este último o mais severo impugnador da Velha Hermenêutica — quando concorrem os seguintes fatores: imprecisão de significado no uso das palavras; diferenciação de emprego de linguagem e relação fática complicada (Axel Menicken, *Das Ziel der Gesetzauslegung*, Bad Homburg-Berlin-Zuerich, 1970, p. 27).

Ora, nada disso se verifica tocante ao sobredito artigo, cuja integridade não pode ser violada sem violar-se ao mesmo passo a vontade do constituinte. Aqui, é possível — apenas para patentear a extrema gravidade da infração constitucional perpetrada — subir da literalidade do texto, que é mandamental e imperativa, para o sentido teleológico de sua formulação.

Com efeito, ao instituir a inarredável intervenção da instituição advocacional em todas as fases do concurso, a Constituição de 1988 buscou estabelecer uma garantia que condensa a finalidade da norma. Mas essa garantia ficou suspensa e removida, por via de omissão, no caso concreto de elaboração do edital.

12. Mais uma vez se indaga: que interpretação se pode dar, pois, do ponto de vista teleológico, ao inciso I do art. 93 da CF?

Basta atentar novamente para a *voluntas legislatoris* do constituinte de 1988.

Ao estatuir aquela participação em todas as fases do concurso, exprimiu ele a manifesta intenção de não excluir em momento algum o auxílio do órgão ao qual atribuíra tão importante prerrogativa.

Mas a integridade desse desígnio aparece quebrantada diante da omissão ocorrida no ato de preparação e expedição do edital — a peça-chave do concurso —, a carta onde se formulam as exigências, os prazos, os programas, as regras que podem e devem resguardar a moralidade seletiva da competição.

Se não houvesse da parte do legislador constituinte a intenção expressa de circundar de garantias máximas o concurso à Magistratura, e para tanto qualificar e fazer valer com mais peso a participação da OAB, teria ele tão-somente se limitado a reproduzir sem alteração o texto original do art. 124, III, da CF de 18.9.46, precursora da introdução da obrigatoriedade participativa; texto no qual constava apenas a palavra "participação", sem definição de abrangência, e que se poderia prestar a sofistarias interpretativas capazes — aí, sim — de subtrair, por via oblíqua, de uma das fases do concurso a presença do órgão corporativo, por excelência, instituído para o exercício do múnus público de defesa do bem comum, da sociedade, da cidadania, da profissão e das mais legítimas causas do País: a Ordem dos Advogados do Brasil.

A nova Constituição, nesse ponto crucial, se houve com louvável rigor. A precisão de linguagem fez palpável e absolutamente inequívoca a *mens legislatoris*, prevenindo, assim, qualquer desvio ou ambigüidade na compreensão do texto, em ordem a cercear a amplitude e a profundidade da participação legislada.

Disso derivou, por conseguinte, o reforço de constitucionalização encaixado no acréscimo relativo a "todas as suas fases", onde se amplia e aprofunda a garantia moralizadora.

Esta tem sido objeto, neste litígio, de um artifício interpretativo, que, se porventura vingasse, haveria de ser fatal àquele dispositivo do art. 93, I, da CF.

E assinalada ficaria, assim, na ordem jurídica, a consagração das inconstitucionalidades. Uma punhalada no Estado de Direito.

13. Em razão do exposto, arredar-se do texto é inaceitável; fazê-lo configuraria "cavilação ou usurpação à autoridade legislativa" (Paula Baptista, "Compêndio de Hermenêutica Jurídica", in *Hermenêutica Jurídica*, *Clássicos do Direito Brasileiro*, São Paulo, 1985, p. 5).

O dispositivo do inciso I do art. 93 criou uma regra estática, sólida, estável; é insuscetível de ser torcido em seu significado, salvo por ato de arbítrio, como este que se configura na expedição do edital do Presidente do TJES.

A proposição normativa se acha vazada em termos de alcance determinado e específico; formalmente, a participação estatuída trouxe uma referência matemática de conteúdo que faz a natureza da regra. Isenta de obscuridade, lacuna e generalidade, só admite a percepção textual. Não pode gerar vacilação interpretativa, nem tampouco provocar apelo a mecanismos hermenêuticos que ali dificilmente encontrariam lugar ou espaço.

A linguagem formulada no art. 93, I, da Lei Maior conduz de imediato, ou seja, diretamente, ao conteúdo mandamental, cujo menosprezo faz nulo, por inconstitucionalidade, o ato administrativo ora questionado.

O sentido cogente da determinação textual não dá cabimento à aplicação de instrumentos exegéticos de raciocínio derivados de quantas teorizações interpretativas agitaram de último as escolas da Hermenêutica, empenhadas em debates da metodologia acerca da objetividade ou subjetividade dos textos legislativos, da *ratio legis* ou da *ratio legislatoris*.

A tarefa estabilizadora do texto nos sistemas constitucionais rígidos é fundamental. Vulnerá-la significa aniquilar a garantia das garantias, a qual reside em fazer eficaz a norma suprema do ordenamento perante as regras de juridicidade inferior.

Sem necessidade de percorrer os quatro métodos interpretativos de Savigny, os métodos tradicionais, bem como os subseqüentes, introduzidos pela Nova Hermenêutica, verificamos que a questão se liquida já no primeiro degrau da interpretação, aquele que serve de base ou ponto de partida para toda construção hermenêutica: o teor literal da norma.

Se *interpretação* coubesse com respeito ao inciso I do art. 93, esta seria exclusivamente declarativa. Não oferece a norma espaço ao exercício de uma integração que comportasse atividade criativa do hermeneuta; aqui, tal poder de criação transformaria este em constituinte desfalcado de legitimidade.

14. A que conclusão, então, se chega? Não há de ser outra senão esta: a de que não se pode substituir a vontade do constituinte pela vontade do intérprete usurpador. Se tal acontecer, será o crepúsculo da ordem constitucional, o começo do fim de todas as garantias do Estado de Direito, o abalo de efeito irreparável que faria estalar os cimentos do sistema de ordenação jurídica da sociedade.

Ao deixar de observar, pois, o disposto no art. 93, I, da Carta Magna, o TJES mutilou uma regalia constitucional, passando por cima da Constituição.

O edital que expediu, se prevalecer, terá normatividade superior à regra posta pelo legítimo titular do poder constituinte de primeiro grau, o que é clamorosamente absurdo.

A prescrição, determinando o acompanhamento participativo da OAB nos concursos da Magistratura, em todas as suas fases, foi efetivamente obliterada, acarretando, assim, a nulidade do ato rebelde.

Enfim, urge reiterar que a garantia estatuída pelo constituinte compõe a essência mesma da norma constitucional do art. 93, I: a participação da Ordem em todas as fases do concurso.

O ato administrativo consubstanciado na peça vestibular do concurso transgrediu e pospôs aquela garantia; logo, é insanável. Violou a hierarquia do ordenamento constitucional. Sendo nulo, inexiste: não produzirá efeitos jurídicos. E só resta, em defesa da prerrogativa constitucional da Ordem dos Advogados do Brasil, concluir parodiando Rui no *Manifesto à Nação*: "Com a Carta Magna, pela Carta Magna e dentro na Carta Magna".

Este é o nosso parecer, s.m.j.

Fortaleza, 6 de novembro de 1995.

CONSÓRCIO PARA GERAÇÃO DE ENERGIA ELÉTRICA

EROS ROBERTO GRAU
Professor Titular da Faculdade de Direito da USP

Consulta — Parecer: 1. Posição da questão. 2. A constitucionalidade do Decreto 915/93 e a recepção, pela Constituição de 1988, do Código de Águas. 3. Empresa estatal e delegação ("concessão") de serviço público. 4. Conclusão.

CONSULTA

Encaminhou-me a AAI — Associação dos Autoprodutores Independentes, a seguinte consulta:

"A Centrais Elétricas do Sul do Brasil S/A — ELETROSUL promoveu licitação visando a selecionar empresas consumidoras e/ou concessionárias públicas de serviços de energia elétrica interessadas em construir e explorar o potencial energético da UHE ITÁ, localizada no rio Uruguai, em consórcio com ela própria (ELETROSUL), atualmente a detentora da concessão para construção e operação da Usina (edital de concorrência 20140020, anexado à presente). O procedimento licitatório adotou a modalidade de concorrência com habilitação preliminar, em conformidade com a Lei 8.666, de 21.6.93, e em atendimento ao Decreto 915, de 6.9.93, que autoriza a formação de consórcio para geração de energia elétrica.

"Em dezembro passado V. Sa. exarou parecer a respeito da licitação, concluído por afirmar que o modelo de contratação pretendida pelas Centrais Elétricas do Sul do Brasil S/A — ELETROSUL, através do edital de concorrência 20140020, *não* viola, essencialmente, a Constituição Federal, a Lei 8.666/93, o Decreto 24.643/34 (Código de Águas) e/ou o Decreto 915/93, e que esse mesmo edital da concorrência e o procedimento licitatório adotado são compatíveis com a ordem constitucional e infraconstitucional.

"Posteriormente, consultor da União, em representação formulada por particular, exarou o Parecer AGU/JM-01/95, adotado pelo Advogado-Geral da União — Parecer GO-58 —, que, ao depois, foi aprovado pelo Exmo. Sr. Presidente da República (*DOU* 21.2.95).

"Os seguintes pontos são questionados, em seu parecer, adotado pela AGU, pelo Consultor da União:

"1. *Ilicitude do objeto a ser licitado*: *transferência da concessão* — o procedimento licitatório teria objeto ilícito, qual seja, a transferência da atual concessão da UHE ITÁ e prorrogação do prazo por tempo superior ao original; configurar-se-ia, no entender da AGU, infringência ao princípio da legalidade, por não haver norma legal que suporte a hipótese de transferência da concessão.

"2. *Prorrogação da concessão* — ainda que se admitisse a transferência da concessão, esta não implicaria a prorrogação do prazo da concessão; a prorrogação necessitaria de autorização legislativa para operar.

"3. *Alteração do objeto* — sustenta-se que, uma vez admitida a hipótese de transferência da concessão, o seu objeto inicial, geração de energia elétrica para serviço público, seria alterado quando formado consórcio com autoprodutores de energia elétrica para consumo próprio, não podendo o consórcio beneficiar-se do suprimento de outros concessionários.

"4. *Renovação da concessão* — o Código de Águas não contemplaria a renovação da concessão no advento de seu termo; muito menos poderia o Decreto 915/93 criar direitos e obrigações ou prorrogar o prazo de concessão.

"5. *Requisitos para outorga de nova concessão* — a outorga de nova concessão a UHE ITÁ dependeria: a) da extinção da atual concessão; b) da realização de licitação.

"6. *Reversão dos bens da ELETROSUL* — os bens aplicados na atual concessão não poderiam compor o patrimônio do consórcio formado pelas empresas autoprodutoras e ELETROSUL, uma vez que a extinção da atual concessão incorporaria os bens à União.

"O parecer aprovado pelo Exmo. Sr. Presidente da República contesta, como se vê, a constitucionalidade do Decreto 915/93 e afirma a ilegalidade do edital e do procedimento licitatório.

"Em face disso, considerando-se os específicos questionamentos levantados no parecer aprovado pelo Exmo. Sr. Presidente da República, indagamos:

"1º. É lícito o objeto do procedimento licitatório (a transferência da atual concessão da UHE ITÁ e prorrogação do prazo por tempo superior ao original)?

"2º. A prorrogação do prazo da concessão necessitaria de autorização legislativa para operar?

"3º. A transferência da concessão ao consórcio importaria alteração do seu objeto?

"4º. O Código de Águas contempla a renovação da concessão no advento de seu termo? Poderia o Decreto 915/93 criar direitos e obrigações ou prorrogar o prazo de concessão?

"5º. A outorga de nova concessão à UHE ITÁ dependeria da extinção da atual concessão e da realização de licitação?

"6º. Os bens aplicados na atual concessão poderiam compor o patrimônio do consórcio formado pelas empresas autoprodutoras e ELETROSUL, uma vez que a extinção da atual concessão incorporaria os bens à União?"

PARECER

1. *Posição da questão*

1. Em meu parecer anterior considerei, especificamente, a matéria a que respeitavam dois de seus quesitos (um 3º quesito dizia respeito, basicamente, apenas à Lei de Licitações), concluindo por afirmar, como observado na consulta, que o modelo de contratação pretendida através do edital de concorrência 20140020 *não* viola, essencialmente, a Constituição Federal, a Lei 8.666/93, o Decreto 24.643/34 (Código de Águas) e/ou o Decreto 915/93, e que esse mesmo edital e o procedimento licitatório adotado são compatíveis com a ordem constitucional e infraconstitucional.

Deixei de considerar, naquela ocasião — porque então desnecessário —, aspecto que agora deve ser salientado, atinente à caracterização da relação que vincula a ELETROSUL à União.

Os questionamentos agora postos no Parecer AGU/JM-01/95 reclamam reflexão e análise que ultrapassam o quanto demonstrei, então, a propósito da constitucionalidade do Decreto 915/93 e da recepção do Código de Águas pela Constituição de 1988.

2. Assim, as respostas a serem conferidas aos 1º, 2º, 3º, 5º e 6º quesitos reclamam, além da demonstração daquela constitucionalidade e recepção, a análise da relação que vincula a ELETROSUL à União; para informar a resposta a ser conferida ao 4º quesito, todavia, basta a consideração desses dois últimos pontos.

Por isso mesmo, passo a desenvolver minha exposição inicialmente abordando a constitucionalidade do Decreto 915/93 e, após, a recepção do Código de Águas pela Constituição de 1988. A seguir cogitarei daquela relação.

2. *A constitucionalidade do Decreto 915/93 e a recepção, pela Constituição de 1988, do Código de Águas*

3. A afirmação de que o Decreto 915/93 não poderia criar direitos e obrigações, em especial no momento em que o Senado aprova projeto de lei que limita os juros em 12% ao ano, deixa no ar a suposição de que se pretende manietar o Executivo. A vingar essa limitação, resultará ele impedido de implementar adequadamente suas políticas públicas, especialmente a monetária e a de crédito.

Mais grave, contudo — porque é repartição do próprio Executivo quem o afirma —, a tese adotada pelo Advogado-Geral da União imobiliza parcialmente o Presidente da República, negando a possibilidade de exercício, por ele, da *função* regulamentar (vale dizer: impedindo-o de cumprir o *dever* de editar regulamentos!).

4. O Decreto 915/93, que autoriza a formação de consórcios para a geração de energia elétrica, baixou-o o Presidente da República "usando das atribuições que lhe confere o art. 84, inciso IV, da Constituição, tendo em vista o disposto no art. 201 do Decreto n. 24.643, de 10 de julho de 1934 (Código de Águas)".

Dispõe o art. 84, IV, da CF de 1988: "Art. 84. Compete privativamente ao Presidente da República: (...) IV — sancionar, promulgar e fazer publicar as leis, bem como expedir decretos e regulamentos para sua fiel execução". E define o art. 201 do Código de Águas: "Art. 201. A fim de prover ao exercício, conservação e defesa de seus direitos, podem se reunir em consórcio todos os que têm interesse comum na derivação e uso da água" — completando-o o seu § 1º: "§ 1º. A formação, constituição e funcionamento do consórcio obedecerão às normas gerais consagradas pelo Ministério da Agricultura sobre a matéria".

O Decreto 915/93 — no qual, note-se, encontra fundamento o edital de licitação referido na consulta — autoriza, como vimos, a formação de consórcios para a geração de energia elétrica (art. 1º, regra complementada pelo art. 6º). Seus arts. 2º, 3º e 7º dispõem regras relativas à constituição do consórcio. O art. 4º dispõe a propósito do consumo da energia elétrica produzida pelo consórcio, e o art. 5º, a respeito da outorga da concessão ou autorização. O art. 8º autoriza o DNAEE a estabelecer outros procedimentos para a instrução dos pedidos de produção de energia elétrica através dos consórcios.

Define o decreto, como se vê, preceitos voltados a informar e instrumentar a fiel execução da disposição veiculada pelo art. 201 do Código de Águas, em razão do quê há de ser tido como plenamente adequado à ordem constitucional.

5. Além disso, tenho como fora de dúvida ser titular o Presidente da República, independentemente do disposto no art. 84, IV, da CF, de competência para dispor normas regulamentares a respeito da matéria.

Essa competência decorre de atribuição implícita na destinação de outra determinada competência ao Executivo, visto que o exercício da *função administrativa* impõe o exercício ancilar de *função normativa*.

Explico-me, exemplificando com o preceito constitucional veiculado pelo art. 21, XII, da CF de 1988,[1] que atribui competência à União para explorar, diretamente ou mediante autorização, concessão ou permissão, determinados serviços públicos.

Fazendo-o mediante autorização, concessão ou permissão, deverá a União emanar disposições voltadas à regulação da exploração dos serviços, o que de ordinário é precedido na outorga de cada autorização, concessão ou permissão, mediante a imposição, ao outorgado, do que se tem denominado *cláusulas regulamentares*. Nada impede, contudo, emane o poder concedente — a União, através do chefe do Poder Executivo — *disposições regulamentares* a serem genericamente aplicadas aos beneficiados pela outorga.

A competência para a edição desses regulamentos decorre, destarte, do texto constitucional, diretamente, devendo ser eles definidos como aqueles que, decorrendo de atribuição de *função normativa* implícita no texto constitucional, importam o exercício dessa função pelo Executivo, para o fim de viabilizar a atuação, dele, no desenvolvimento de *função administrativa* de sua competência; envolvem, quando necessário, inclusive a criação de obrigação de fazer ou deixar de fazer alguma coisa.

6. Daí por que me parece incensurável, desde a perspectiva constitucional, o Decreto 915/93. Sua edição, pelo Presidente da República, é de todo adequada à ordem constitucional.

1. V. o art. 84, IX, X, XII, e seu parágrafo único, da CF, que ensejam também a emanação de *regulamentos*.

Caberia, a seguir, indagarmos, contudo, se não excedem as disposições por ele veiculadas o sentido normativo contemplado pelo art. 201 do Código de Águas.

7. No advento da nova Constituição, a legislação infraconstitucional com ela incompatível é repudiada. Desaparece; perde vigência. Não obstante, toda a porção da legislação infraconstitucional que mantenha adequação a ela continua a ter existência, embora de modo (re)novado, visto que novo é o seu fundamento derradeiro de validade; a nova Constituição. Dá-se, então, o fenômeno da *recepção*, que consubstancia um procedimento abreviado de criação do Direito.[2]

O advento de uma Constituição nova evidentemente não paralisa o movimento da ordem jurídica infraconstitucional — que o Direito, instância da realidade social, é movimento, e não linguagem congelada. Todos os enunciados normativos que guardem compatibilidade com o novo texto de Constituição permanecem plenos de vigor, sendo por este *recebidos*.

O Código de Águas veio sucessivamente, desde 10.7.34, sendo recebido pelas Constituições brasileiras que se seguiram à de 1891 (relembre-se que a Constituição de 1934 é datada de 16 de julho). Recebeu-o, também, a Constituição de 1988.

8. O art. 201 do Código de Águas cogita da derivação de água que se destina à

2. Cf. Kelsen, *Teoria Generale del Diritto e dello Stato*, trad. italiana, Milão, ed. Comunità, 1952, p. 119. A CF de 1891, em seu art. 83, afirmou expressamente a recepção das "leis do antigo regime", que continuariam em vigor, enquanto não revogadas, no que explícita ou implicitamente não fosse contrário ao sistema de governo firmado pela Constituição e aos princípios nela consagrados. No mesmo sentido o art. 187 da CF de 1934. Isso, no entanto, não se fazia necessário, visto que, no quanto seja compatível, repita-se, com a nova ordem constitucional, a legislação de que se cuida terá sido por ela recebida.

produção de energia elétrica.[3] E o Decreto 915/93, como vimos, define preceitos voltados a informar e a instrumentar a fiel execução dessa disposição do Código.

Quanto a essa matéria, ademais, o exercício, pelo Executivo, da *função regulamentar*, parcela da *função normativa*,[4] se impõe. Anoto, a propósito precisamente dos consórcios, a ponderação de Alfredo Valladão na *Exposição de Motivos* que apresentou, justificando o Projeto de Código de Águas, que elaborou em 1933:[5] "Em tempo, foi criticado o projeto por certa deficiência nos seus dispositivos sobre consórcios hidráulicos. Aceitando a crítica, dei, agora, maior desenvolvimento aos mesmos dispositivos. Com isso, entretanto, não pode o instituto em causa, que transplantei da Itália, ser posto em execução sem normas regulamentares a expedir, que não cabem no preceituário de um Código, sobre as tão diversas modalidades do mesmo".[6]

O texto desse art. 121, bem assim dos demais preceitos do Código de Águas, tem permitido — sem vulneração da(s) Constituição(ções) —, na medida em que deles são extraídas normas adequadas à realidade social, mediante a edição de decretos e outros atos normativos pelo Poder Executivo, a longevidade da codificação.[7]

3. Da derivação para outros fins tratam os arts. 43, 52, 75, 77, 117, 134 e 136 do Código. V.: Antônio de Pádua Nunes, *Código de Águas*, 2ª ed., v. II/211, São Paulo, Ed. RT, 1980.

4. V. meu "Princípio da livre concorrência. Função regulamentar e função normativa", *RTDP* 4/104 e ss., especialmente pp. 113-119.

5. Esse Projeto, elaborou-o o professor Alfredo Valladão a partir de anteprojeto que ele mesmo redigira em 1907, a pedido do então Presidente da República, Affonso Pena, e de seu Ministro da Indústria, Viação e Obras Públicas, Miguel Calmon, e que não tivera andamento na Câmara dos Deputados, à qual fora enviado pelo Executivo.

6. *Exposição de Motivos* reproduzida in *Código de Águas*, v. I/7 e ss., ed. do Departamento Nacional de Águas e Energia Elétrica, Brasília, 1980, trecho citado à p. 16.

7. A propósito, *v.g.*, o Decreto 62.655, de 3.5.68 (eletrificação rural), além de outros, atinentes à produção de energia elétrica para uso exclusivo de seus utentes (cf. o art. 8º do Decreto-lei 852, de 11.11.38).

9. Não tenho nenhuma dúvida, assim, em afirmar o que a Advocacia-Geral da União nega ao Presidente da República, ou seja, o *dever* do exercício, por ele, da *função regulamentar* que lhe atribui a Constituição, inclusive, no caso, para o efeito de *criar direitos e obrigações*.

Por isso mesmo, dúvida também não tenho quanto à competência do Presidente da República para dispor as normas regulamentares veiculadas pelo Decreto 915/93.

Ademais, porque o Código de Águas foi *recepcionado* pela Constituição de 1988, tenho ser o Decreto 915/93 inteiramente adequado ao art. 201 do Código de Águas — atualizando-o.

10. No que concerne à afirmação de que o Código de Águas não contemplaria disposição que faculte a renovação da concessão, cumpre seja lido o texto do parágrafo único do seu art. 157, que define possa o prazo da concessão originária alcançar o termo de 50 anos, mediante *prorrogação* do termo inicial, de 30 anos.

Note-se bem, ademais, que, *recepcionado* o Código de Águas pela Constituição vigente, há de ser tomado como a *lei* referida pelo parágrafo único do art. 175 do texto constitucional, cujo inciso I refere precisamente a "prorrogação" do contrato de concessão.

E o argumento de que "não há interpretação quando a regra é clara" (item 63 do parecer adotado pelo Advogado-Geral da União) não resiste à verificação de que, como observa Larenz,[8] mesmo as palavras e expressões unívocas na linguagem usual assumem, na linguagem jurídica, sentidos mais precisos do que os naquele primeiro nível a elas atribuídos. Ademais, como observa Jerzy Wróblewski,[9] tanto a situação

8. *Methodenlehre der Rechtswissenschaft*, 5ª ed., Berlim, Springer, 1983, p. 83.

9. *Constitución y Teoría General de la Interpretación Jurídica*, trad. de Arantxa Azurza, Madri, Civitas, 1985, p. 24.

de dúvida (situação de interpretação) quanto a situação de isomorfia dependem de atos concretos de comunicação, não podendo ser consideradas *in abstracto*: o mesmo texto é claro ou dúbio segundo os contextos concretos do seu uso; a clareza (isomorfia), destarte, é *noção pragmática*, comprometida com alguns caracteres semânticos da linguagem jurídica.

Já o mestre Carlos Maximiliano alertava o leitor atento para tanto; e o mesmo leitor atento encontrará fartíssima doutrina — e doutrina maior! — que, desde a década dos 50, tem como superada a máxima de Ulpiano...

O tema da renovação da concessão, de resto, não se pode enfrentar exclusivamente a partir do texto, isolado, do inciso II do art. 3º do decreto. Aqui se impõe a leitura do parágrafo único do art. 157 do Código de Águas e do art. 175 da CF.

11. Assim evidenciadas a constitucionalidade do Decreto 915/93 e a recepção do Código de Águas pela Constituição de 1988, disso resulta indisputável, no meu sentir, a insubsistência dos questionamentos introduzidos pelo parecer adotado pelo Advogado-Geral da União.

É lícito o objeto do procedimento licitatório: a constituição do consórcio encontra fundamento no art. 201 do Código de Águas, tendo sido regulamentada pelo Decreto 915/93. Prorrogação e renovação da concessão são plenamente admissíveis no Direito brasileiro. A "alteração de objeto" é, no caso, admitida pelo Decreto 915/93. Não há, no caso, "nova concessão", senão *transferência* dela, qual regulada pelo Decreto 915/93 (convém, além disso, tome conhecimento o intérprete, também, do disposto no Decreto 61.581, de 20.10.67). E, não se verificando, no caso, extinção de concessão, incabível cogitar-se de reversão dos bens da ELETROSUL à União.

Não obstante, as reflexões das quais imediatamente passarei a dar registro evidenciarão, definida e definitivamente, a incompatibilidade das conclusões alinhadas no Parecer AGU/JM-01/95 com o direito positivo brasileiro.

3. *Empresa estatal e delegação ("concessão") de serviço público*

12. Quanto à situação institucional da ELETROSUL, devo introduzir algumas notas essenciais, em coerência com a evolução da doutrina, atinente às "concessões" outorgadas pela Administração a empresas estatais por ela própria controladas (ou seja, outorgadas a entidades da Administração indireta do "poder concedente"; isto é, a entidade da Administração indireta do titular de competência para a prestação do serviço público).

13. A esse respeito, em parecer do qual, por medida de urgência, permito-me reproduzir trecho, parecer publicado às pp. 75 e ss. do v. 5 da *RTDP* cogitando do tema em função de disposições da Lei estadual 7.853/92, averbei o seguinte:

"III — *A situação jurídica das empresas estatais prestadoras de serviços públicos*

"12. Tema de todo relevante, atinente à situação jurídica das empresas públicas e das sociedades de economia mista prestadores de serviços públicos — da generalidade das empresas estatais, em rigor —, é o pertinente à qualificação ou não qualificação delas como concessionárias ou permissionárias de serviço público. A essa questão dediquei atenção especial em meu *A Ordem Econômica na Constituição de 1988* (*Interpretação e Crítica*) (2ª ed. São Paulo, Ed. RT, 1991, pp. 157 e ss.)

"Em oportunidades anteriores (*v.g.*, "Desistência de desapropriação de ações". *RT* 587/46-47; "Lucratividade e função social nas empresas sob controle do Estado", *RDM — Revista de Direito Mercantil* 55/51, nota 31) insisti, reiteradamente, em que as empresas estatais prestadoras de serviço público — empresas públicas e sociedades de economia mista — ocupariam a situação de concessionárias desses serviços (no mesmo sentido, Marcello Caetano, *Manual de Direito Administrativo*, t. II/1.015; D. Linotte e A. Mestre, *Services Publics et Droit Public Economique*, t. 1/299, Librairies Téchniques, Paris, 1982; Celso Antônio Bandeira de Mello, *Prestação de Serviços Públicos e Administração Indireta*, pp. 28, 96, 101, 132 e 133; Hely Lopes Meirelles, *Direito Administrativo Brasileiro*, 9ª ed., São Paulo, Ed. RT, 1982, p. 312). Esse entendimento, reformulei-o, visto que tais empresas em verdade, são *delegadas* e não *concessionárias* de serviço público.

"Da leitura do que dispõe o art. 175 do texto constitucional extraem-se algumas verificações.

"Em primeiro lugar, o concessionário do serviço está sujeito a regime determinado, que supõe a celebração de contrato, dotado de caráter especial. Vale dizer: a concessão supõe a *adesão voluntária* de um sujeito (o concessionário) à relação jurídica de concessão. Ainda que hoje se coloque sob vigorosa contestação o caráter contratual do instituto da concessão, visto que a relação se formaliza mediante a imposição, pelo poder concedente, de um certo número de cláusulas regulamentares, suportadas por ele, concessionário, a celebração desse contrato expressa a aceitação, pelo concessionário, de capacidade para o exercício da atividade de serviço público, capacidade que lhe é atribuída pelo poder concedente.

"As empresas estatais, no entanto, não celebram nenhum *contrato de concessão* com o Estado; não manifestam adesão à situação de concessionárias: são constituídas visando à prestação do serviço. Ocupam a situação de prestadoras de serviço público não em decorrência de manifestação de vontade própria em aceitar atribuição de capacidade para o exercício da atividade, porém em decorrência de imposição legal. Para tanto foram criadas, como extensões do Estado.

"Assim não se estabelece, quanto às funções nas quais são investidas, nada, absolutamente nada, que corresponda à prorrogação de contrato e às condições de caducidade, fiscalização ou rescisão da concessão (vide o próprio art. 175 da CF).

"Em segundo lugar, da análise do preceito constitucional verifica-se também que o concessionário é beneficiado pela estipulação legal de política tarifária. Vale dizer: à capacidade de exercício do serviço atribuída ao concessionário adere um direito à remuneração por tal exercício, em condições de equilíbrio econômico financeiro. Às empresas estatais prestadoras de serviço público não assiste, contudo, direito à percepção de remuneração pela prestação do serviço, em condições de equilíbrio daquele tipo. Pode inclusive o Estado (o poder concedente) sujeitá-las a regime de atuação deficitária — o que ocorre com freqüência —, fixando as remunerações que lhes devem ser pagas pelos usuários dos seus serviços em níveis inferiores aos que seriam necessários à reposição dos custos da prestação dos serviços. Neste caso — que, repita-se, ocorre com freqüência e dá ensejo à realimentação do velho discurso segundo o qual as empresas estatais são ineficientes —, essas remunerações resultam subsidiadas, responsabilizando-se o Estado pela cobertura dos seus déficits.

"Em terceiro lugar, do exame do mesmo art. 175 apura-se que a concessão, tal qual a permissão, na medida em que assegurado ao concessionário o equilíbrio econômico-financeiro da relação — o que deflui do inciso III do seu parágrafo único —, é exercida pelas pessoas privadas concessionárias tendo em vista a realização de lucro. Não fora assim, de resto, e nenhuma razão conduziria empresas privadas a aderir à situação de concessionária de serviço público. Já, as empresas estatais, por outro lado, não visam, no exercício da atividade de prestação de serviços públicos, precipuamente à obtenção de lucros, mas sim à satisfação do interesse público (v., sob reserva, meu "Lucratividade e função social nas empresas sob controle do Estado", cit., pp. 57-58).

"São situações jurídicas inteiramente distintas, pois, a do concessionário de serviço público e a da empresa estatal que tenha por objeto a sua prestação. Estas, ao contrário do que durante algum tempo estive a sustentar, são delegadas do Estado, criadas no bojo do movimento da descentralização administrativa, para fim específico. É o próprio Estado, então, quem, através de uma sua extensão, dotada de personalidade jurídica privada, presta os serviços (neste sentido, o ensinamento de José Afonso da Silva, *Curso de Direito Constitucional Positivo*, 5ª edição, São Paulo, Ed. RT, 1989, para quem o modo de gestão dos serviços públicos 'entra no regime da discricionariedade administrativa, ou seja, cabe à Administração escolher se o faz diretamente, ou *por delegação a uma empresa estatal* (*pública ou de economia mista*), ou por concessão (autorização ou permissão) a uma empresa privada' (grifei) (p. 671). E completa: 'A natureza das empresas estatais prestadoras de serviço público se assemelha às concessionárias de serviço público com diferenças importantes, qual seja a de não se sujeitarem inteiramente aos ditames do art. 175, pois não se lhes aplicam as regras de reversão nem de encampação, nem rigorosamente o princípio do equilíbrio econômico e financeiro do contrato, já que os serviços não lhes são outorgados por via contratual, mas por via de lei instituidora, e porque são entidades do próprio concedente, salvo, é claro, hipóteses de outorga dos serviços a empresa estatal de outra entidade pública (da União para o Estado, p. ex., em que a característica de concessionária fica mais nítida). De fato, o art. 175 estabelece os princípios do regime da concessão e da permissão de serviços públicos a empresas particulares, declarando que a outorga depende de licitação e que a lei disporá sobre tais empresas, assim como sobre: a) o caráter especial de seu contrato e de sua prorrogação; b) as condições de caducidade, fiscalização e rescisão da concessão ou permissão; c) os direitos dos usuários; d) a política tarifária; f) a obrigação de manter serviço adequado, (p. 672). Não obstante, hipóteses poderão ocorrer nas quais empresa estatal controlada por uma das pessoas da Federação exercite a prestação de serviço público da titularidade de outra pessoa da Federação, nestas hipóteses haverá concessão do serviço. É o caso da CESP — Cia. Energética de São Paulo, empresa estatal estadual, concessionária de serviço público federal. A hipótese como tal respeita o art. 21, XI, do texto constitucional: ao contrário do que ocorre com aqueles indicados no inciso XII, os serviços públicos referidos neste inciso XI apenas podem ser explorados diretamente pela União — na exploração direta compreendida a prestação por empresas estatais federais, tal como sucede no enunciado do art. 173, relativo à exploração (direta) de atividade econômica em sentido estrito, enunciado porém mais amplo, visto compreensivo da generalidade das empresas estatais — ou por empresa estatal estadual ou municipal, então, neste caso, em regime de concessão. Na hipótese deste inciso XI, portanto, a 'concessão a empresas sob controle acionário estatal' não induz a conclusão de que empresa estatal federal que explore os serviços seja concessionária deles, mas apenas e tão-somente a seguinte limitação: se concessão houver, há de ser outorgada exclusivamente a empresa estatal estadual ou municipal. Algo análogo sucede em relação ao § 2º do art. 25 do texto constitucional: o Estado-membro explorará diretamente os serviços locais de gás canalizado — nesta exploração direta compreendida a prestação por empresa estatal-estadual — ou por empresas estatais municipais, então, neste caso, em regime de concessão).

"Por isso que, no caso, não há como cogitar de licitação. Esta se impõe, nos termos do que define o art. 175 do texto constitucional, unicamente quando se trate de *concessão* ou *permissão*, ou seja, de atribuição de capacidade para o exercício da atividade de serviço público a pessoas privadas, estranhas ao Estado.

"Quanto ao discrímen que opõe a *delegação* à *concessão*, dir-se-á que esta não expressa senão uma *delegação de serviços... delegação* ainda, pois — que implica transferência de atividade que deverá ser prestada pelo Poder Público. Por certo que na concessão — como na permissão — há também delegação. Cuida-se aí, todavia, de modalidade especial de delegação de serviço, na medida em que instrumental de *descentralização por colaboração*. Pessoa privada, no sentido de que estranha ao Estado, recebe a atribuição para o desempenho do serviço, sob contrato com caráter especial. A delegação é pressuposta na concessão, mas na concessão há mais do que delegação. Já, no que tange ao ato de delegação, pura e simples, de capacidade para a prestação do serviço a empresa estatal, o que se opera é mera *atribuição do exercício de atividade a pessoa do próprio Estado*, embora dotada de personalidade jurídica de direito privado. Aqui, como em inúmeras outras ocasiões, a convenção a propósito dos significados que atribuímos às palavras é essencial.

"13. Para logo se vê, destarte, que, em verdade, inexiste a figura da *concessão de serviço público* outorgada a empresas estatais. Estas, quando o prestam, fazem-no como *delegadas* do poder concedente (v., na nota anterior, referência a situações nas quais empresa controlada por uma das pessoas da Federação exercite a prestação de serviço público da titularidade de outra pessoa da Federação).

"Assim, quando a Lei 7.835/92, supõe, admitindo-a, a prestação de serviço público por empresas estatais estaduais (cf. o § 1º do seu art. 9º), toma-as como *delegadas* e não como *concessionárias* do serviço.

"(...)

"14. De outra parte (...) a atribuição do serviço à empresa estatal estadual dá-se *independentemente de licitação*.

"Note-se bem: a licitação é exigida para a outorga de *concessão do serviço*, que, na hipótese, inexiste. A prestação do serviço público é atribuída a *pessoa do próprio Estado*. Portanto, inexistente a *concessão*, não se manifesta situação de cabimento de licitação. Não se trata, no caso, de *impossibilidade de competição* (§ 1º do art. 4º da Lei 7.835/92), mas de *ausência de pressuposto de licitação*.

"Ademais, quando a atribuição do serviço é feita a empresa estatal criada pelo poder concedente inexiste autêntica *contratação* da empresa (e nem qualquer documento sob a forma contratual é mesmo formalizado por ambos). A empresa é criada ou mantida pelo Estado para cumprir a finalidade de prestação do serviço, de modo que não se pode, na hipótese, falar de contratação enquanto adesão voluntária à situação de prestador do serviço.

"Assim (...) não é a 'contratação' da empresa estatal que se pode (deve) fazer sem prévia licitação, mas a *delegação não contratual* do serviço a ela que inviabiliza a possibilidade de licitação. Manifesta-se, no caso, *ausência de pressuposto de licitação*.

"De toda sorte, ainda que esse pressuposto se manifestasse, o que admito apenas para efeito de argumentação, ainda assim a licitação, na hipótese, seria inexigível, visto que nenhuma empresa privada poderia competir com a empresa estatal, em cada caso, na e para a satisfação do interesse público. A admitir-se que competição então existisse, nesta hipótese injustificar-se-ia a própria existência da empresa estatal, que melhor destino não mereceria senão o da extinção ou privatização.

"15. (...) indaga-se ainda do sentido e alcance do preceito inscrito no § 1º do art. 9º da Lei 7.835/92.

"Dir-se-ia que o preceito aplica-se a todos os serviços atribuídos a entidades da Administração descentralizada, no passado e no futuro, pois estas sempre poderão, em tese, conceder o serviço que lhes foi atribuído mediante *delegação*, total ou parcialmente. Inexistindo, no entanto, *concessão* no caso da atribuição do serviço a elas, o preceito não as abrange. A sua cláusula final, sobretudo — 'sua previsão fica justificada já no edital e no contrato' —, não as alcança, porém exclusivamente as *concessionárias* de serviço público. Os serviços objeto de *concessão* outorgada a empresa privada é que ficam sujeitos a essa cláusula para que possam ser subconcedidos, total ou parcialmente. Quanto às entidades da Administração descentralizada, sempre poderão, em tese, conceder os serviços cuja prestação lhes tenha sido delegada, anteriormente e posteriormente à vigência da Lei 7.835/92.

"(...) note-se que a chamada 'subconcessão' do serviço, outorgada pela entidade da Administração descentralizada (pela empresa estatal estadual, em especial) a empresa privada, em verdade configura uma autêntica 'concessão' (e não 'subconcessão'). Sendo essas entidades *delegadas não contratuais* de serviço público, o que se designa 'subconcessão' desse mesmo serviço, total ou parcialmente, a empresas privadas expressa uma primeira *delegação contratual* (*isto é, concessão*) *do serviço*.

"A contratação dessa *subconcessão* com empresa privada, autêntica *concessão*, está, portanto, sujeita a prévia licitação (art. 3º da Lei 7.835/92)."

14. A ELETROSUL, controlada pela ELETROBRÁS (esta controlada pela União), não *é concessionária*, porém titular de *delegação não contratual* de serviço público (serviços e instalações de energia elétrica e aproveitamento energético dos cursos d'água).

Dirá, porém, eventualmente, quem pretenda contestar essa conclusão que o Decreto 915/93 respeita a *concessões*, daqueles serviços, outorgadas também a empresas estatais federais.

Dir-se-á, então, ser incorreta minha conclusão — de que a ELETROSUL não é *concessionária*, porém titular de *delegação não contratual* do serviço público que presta.

Não obstante, é absolutamente correto o quanto afirmo.

15. Permito-me, para demonstrá-lo, reproduzir ainda outro trecho de meu parecer publicado às pp. 75 e ss. do v. 5 da *RTDP*:

"II — *As palavras 'concessão' e 'permissão'*

"5. Toda e qualquer linguagem consubstancia, sempre, um sistema ou conjunto de *símbolos convencionais* (v. meu *Direito, Conceitos e Normas Jurídicas*, São Paulo, Ed. RT, 1988, pp. 56 e ss.)

"Isso significa que não há nenhuma relação necessária entre as *palavras* (de um lado) e os *objetos, circunstâncias, fatos ou acontecimentos* (de outro) em relação aos quais as palavras cumprem suas múltiplas funções (Genaro Carrió, *Notas sobre Derecho y Lenguaje*, 2ª ed., Buenos Aires, Abeledo-Perrot, 1979, p. 91).

"As palavras — observou Hospers (*apud* Agustín Gordillo, *Princípios Gerais do Direito Público*, trad. de Marco Aurélio Grecco, São Paulo, Ed. RT, 1977, p. 2) — são como rótulos que colocamos nas coisas, para que possamos falar sobre elas: 'Qualquer rótulo é conveniente na medida em que nos ponhamos de acordo com ele e o usemos de maneira conseqüente. A garrafa conterá exatamente a mesma substância, ainda que coloquemos nela um rótulo distinto, assim como a coisa seria a mesma ainda que usássemos uma palavra diferente para designá-la" (de outra forma disse-o Shakespeare, na voz poética de Julieta: 'What's in a name? That which we call a rose / by any other name would smell as sweet' — Romeo and Juliet, act II, scene II, in *The Tragedies of Shakespeare*, v. 1/302 — Randon House (Nova York, s/d). A alusão à voz de Julieta enseja a lembrança de outro personagem literário. Guilherme de Baskerville, no discurso sobre a tese dos teólogos imperiais: 'Deus dissera a Adão para não comer da árvore do bem e do mal, e essa era a lei divina; mas depois o autorizara — o que estou dizendo?, encorajara-o a dar nomes às coisas, e sobre isso tinha deixado livre o seu súdito terrestre. De fato, embora alguns, nos nossos tempos, digam que *nomina sunt consequentia rerum*, o livro do *Gênesis* é, contudo, bastante claro sobre esse ponto: 'Deus levou ao homem todos os animais para ver como os chamaria, e, qualquer que fosse o modo como o homem tivesse chamado a cada ser vivente, esse deveria ser o seu nome. E, embora certamente o primeiro homem tivesse sido muito cuidadoso ao chamar, em sua língua edênica, cada coisa e animal segundo a sua natureza, isso não impede que ele exercitasse uma espécie de direito soberano ao imaginar o nome que, a seu ver, melhor correspondia àquela natureza. Porque, de fato, é agora sabido que diferentes são os nomes que os homens impõem para designar os conceitos, e iguais para todos são apenas os conceitos, signo das coisas. Assim que certamente vem a palavra *nomen* de *nomos*, ou seja, lei, visto que justamente os *nomina* são dados pelos homens *ad placitum*, isto é, por livre e coletiva convenção' — Umberto Eco, *O Nome da Rosa*, 3ª ed., trad. de Aurora Fornoni Bernardini e Homero Freitas de Andrade, Rio, Nova Fronteira, 1983, p. 403). Podemos apor rótulos convencionais sobre determinadas garrafas ou fazê-lo de modo arbitrário. Optando pela segunda alternativa, da sua adoção não resultará nenhuma alteração no conteúdo do continente arbitrariamente rotulado. Apenas, se o nosso propósito não for o de instalar, no mínimo, a confusão, cumpre-nos deixar bem esclarecido aos seus potenciais usuários quais conteúdos encontrarão em cada uma delas.

"Assim com as palavras. Se não as tomarmos com a significação usual, cumpre-nos informar aos nossos ouvintes ou leitores os sentidos que lhes atribuímos. Ainda segundo Hospers (*apud* Agustin Gordillo, ob. cit., p. 4), 'qualquer um pode usar o ruído que quiser para se referir a qualquer coisa, contanto que esclareça o que designa o ruído em questão'.

"6. Sendo a linguagem, assim, um sistema ou conjunto de vocábulos convencionais, os significados das palavras ou expressões lingüísticas dependem sempre de uma *convenção*.

"A convenção — observa Carrió (ob. cit., pp. 91-92) — pode ser *explícita e 'ad hoc'* ou *tácita e geral*. Aí, no primeiro caso, as linguagens artificiais, no segundo, as linguagens naturais.

"Além disso, a convenção pode conduzir a *definições léxicas* (aquelas que recolhem os significados, sempre imprecisos, na linguagem natural) ou a *definições estipulativas* (as que se sustentam sobre as regras precisas de uso das palavras, da linguagem artificial).

"No uso da linguagem jurídica — estou me valendo, ainda, da exposição de Carrió (idem, p. 49) — lançamos mão de palavras e expressões da linguagem natural ou definíveis em termos dela. Tomamos os termos de que fazemos uso da linguagem natural, até porque não praticamos o hábito — ou isso não nos é permitido — de cunhar palavras novas para expressar determinados significados, hábito desenvolvido pelos especialistas de outros ramos do conhecimento ('Pocos, o quizás ninguno, de los términos de nuestro vocabulario jurídico han sido siempre términos técnicos. La licencia que el científico se toma al acuñar palabras nuevas le está negada a los juristas por la naturaleza misma de las cosas. Los juristas tienen que tomar sus términos del lenguage popular; gradualmente, las palabras así tomadas son definidas; a veces, una palabra continúa teniendo un sentido técnico para los juristas y un significado distinto y más vago para los legos; a veces, la palabra que los primeros han adoptado es abandonada por los últimos' — Pollock y Matland, *apud* W.N. Hohfeld, *Conceptos Jurídicos Fundamentales*, trad. de Genaro Carrió, Buenos Aires, Centro Editor de América Latina, 1968, p. 36, nota 19).

"Daí por que a linguagem jurídica apresenta zonas de penumbra e é, atual ou potencialmente, vaga e imprecisa (cf., ainda, Carrió, ob. cit., p. 55).

"Tanto quanto a linguagem natural, portanto, a linguagem jurídica — que naquela vai se nutrir — apresenta uma textura aberta, nela proliferando o que refere Hohfeld (*Conceptos Jurídicos Fundamentales* cit., pp. 45-46) como palavras 'camaleão', que constituem um perigo tanto para o pensamento claro como para a expressão lúcida.

"Assim, *ambigüidade* e *imprecisão* são marcas características da linguagem jurídica. Manifesta-se a primeira em virtude de as mesmas palavras, em diversos contextos, designarem distintos objetos, fatos ou propriedade. A mesma palavra, em contextos diversos, *conota* sentidos distintos. Algumas palavras, em estado de dicionário — imagem drummondiana —, *denotam* inúmeras referências ou designações. Quando, todavia, elas são desprendidas do dicionário e passam a ser usadas em um texto, não é mais a sua carga *denotativa*, o seu espectro referencial possível, porém o sentido sob o qual foram usadas, que conta. Cumpre ver, pois, que uma palavra com largo arco de denotação (extensão) *conota* sentidos diversos, em distintos contextos (isto é, compreende distintas *intenções*). Por isso é imprescindível, se desejarmos determinar qual o sentido (intenção), entre os inúmeros possíveis, sob o qual a palavra está sendo usada, aqui ou ali, descobrirmos qual a sua *conotação*, aqui ou ali, neste ou naquele contexto (v. José Joaquim Gomes Canotilho, *Constituição Dirigente e Vinculação do Legislador*, Coimbra, Coimbra Editora, 1982, pp. 429 e ss.)

"Aqui nos importa diretamente o problema da *ambigüidade* das palavras que comparecem na linguagem jurídica (quanto à *imprecisão*, decorre de fluidez de certas palavras, cujo limite de aplicação é impreciso. Buscando exemplos na linguagem comum, aí teremos os vocábulos *jovem*, *alto*, *calvo*. Transcrevendo Carrió — ob. cit., pp. 31-32: 'há casos centrais e típicos, frente aos quais ninguém vacilaria em aplicar a palavra, e casos claros de exclusão, em relação aos quais ninguém duvidaria em não usá-la. Mas no meio há uma zona mais ou menos ampla de casos possíveis frente aos quais, quando se apresentam, não sabemos o que fazer'). E a ele faço alusão — recordando que a textura aberta da linguagem jurídica decorre precisamente do fato de nutrir-se ela (linguagem jurídica) da linguagem natural, na qual tais fenômenos se manifestaram (e relembre-se, ainda, que as palavras e expressões da linguagem natural têm significado convencional tácito e geral) — enfatizando o fato de que, como observa Karl Larenz (*Methodenlehre der Rechtswissenschaft*, 5ª ed., Berlim, Springer. Verlag, 1983, p. 83), a linguagem jurídica deve ser considerada como um 'jogo de linguagem', no sentido que a essa expressão atribuiu Wittgenstein. O papel das palavras neste 'jogo' não é captável mediante uma definição, visto que, ao defini-las, estaremos a nos remeter ao seu significado em um outro 'jogo de linguagem'. O papel delas, *no* jogo de linguagem, nestas condições, só poderá ser desvendado na medida em que passemos a participar do mesmo jogo. Desta *participação no jogo* decorre a possibilidade de *compreendermos* a linguagem jurídica, o que importa que, de fato, as palavras e expressões jurídicas ganhem, na linguagem jurídica, sentidos mais precisos do que aqueles que têm na linguagem usual."

16. Isso tendo ficado bem claro, é evidente — concluiremos — que a circunstância de o Decreto 915/93 ter mencionado o quanto mencionou, podendo eventualmente induzir o equivocado entendimento de que, no caso, haveria *concessão*, não tem o condão de converter *delegação não contratual* em *concessão*.

Em outros termos: o fato de apormos à *delegação não contratual* o rótulo *"concessão"* não a transforma em *concessão*.

Demonstrei suficientemente, no trecho transcrito no item 13, acima, que a situação de direitos na qual investida a ELETROSUL é situação de *delegatária não contratual*, não de *concessionária* de serviço público.

Não me parece necessária a repetição do quanto ali exposto para que resulte inquestionável a verificação de que, no *contexto* da Constituição de 1988 — isto é, no seu *jogo de linguagem* —, "concessão" de serviço público outorgada a empresa estatal controlada pelo "poder concedente" consubstancia *delegação não contratual*.

E isso, de resto, confirma-o o texto da Lei das Concessões (Lei 8.987/94), cujo art. 2º, II, define *concessão de serviço público* como "a delegação de sua prestação, feita pelo poder concedente, mediante licitação, na modalidade de concorrência, à pessoa jurídica ou consórcio de empresas que demonstre capacidade para seu desempenho, *por sua conta e risco"* (grifei).

É cristalinamente óbvio que empresa estatal controlada pelo titular de competência para a sua execução *não desempenha serviço público por sua conta e risco*, porém às expensas do seu sócio ou acionista controlador (= titular de competência para a sua execução).

Assim, a contestação que se poderia oferecer à conclusão que afirmei — a ELETROSUL não é *concessionária*, porém titular de *delegação não contratual* do serviço público de que se cuida (serviços e instalações de energia elétrica e aproveitamento energético dos cursos d'água) — não se sustenta.

17. Disse no item 12, acima, que introduziria algumas notas essenciais, em coerência com a evolução da doutrina atinente às "concessões" outorgadas pela Administração a empresas estatais por ela própria controladas (ou seja, outorgadas a entidades da Administração indireta do "poder concedente", isto é, a entidades da Administração indireta do titular de competência para a prestação do serviço público).

Vali-me, para tanto, de exposição que anteriormente desenvolvi, no correr da qual apenas aludi, referindo a doutrina, à posição de José Afonso da Silva, forte na afirmação, repito, de que "concessões" outorgadas pela Administração a empresas estatais por ela própria controladas não consubstanciam autênticas *concessões*, porém *delegações não contratuais* de serviço público. Não será demasiada a rememoração do ensinamento do eminente mestre do Largo de S. Francisco, para quem o modo de gestão dos serviços públicos "entra no regime da discricionariedade administrativa, ou seja, cabe à Administração escolher se o faz diretamente, ou *por delegação a uma empresa estatal* (*pública ou de economia mista*) ou por concessão (autorização ou permissão) a uma empresa privada"; e completa: "A natureza das empresas estatais prestadoras de serviço público se assemelha às concessionárias de serviço público com diferenças importantes, qual seja, a de não se sujeitarem inteiramente aos ditames do art. 175, pois não se lhes aplicam as regras de reversão nem de encampação nem, rigorosamente, o princípio do equilíbrio econômico e financeiro do contrato, já que os serviços não lhes são outorgados por via contratual, mas por via de lei instituidora, e porque são entidades do próprio concedente, salvo, é claro, hipóteses de outorga dos serviços a empresa estatal de outra entidade pública (da União para o Estado, p. ex., em que a característica de concessionária fica mais nítida). De fato, o art. 175 estabelece os princípios do regime da concessão e da permissão de serviços públicos a empresas particulares, declarando que a outorga depende de licitação e que a lei disporá sobre tais empresas, assim como sobre: a) o caráter especial de seu contrato e de sua prorrogação; b) as condições de caducidade, fiscalização e rescisão da concessão ou permissão; c) os direitos dos usuários; d) a política tarifária; f) a obrigação de manter serviço adequado".

A melhor e mais recente doutrina aponta no mesmo sentido. Refiro, por todos, o ensaio primoroso de Geraldo Ataliba, "Empresas estatais e regime administrativo (Serviço público — Inexistência de concessão — Delegação — Proteção ao interesse público)",[10] onde a assertiva de que "a estatal, perante a pessoa política sua criadora, *não é concessionária de serviço público"* (grifei).

18. A circunstância de o Decreto 915/93 referir "concessões"— ainda que as suas disposições parcialmente se apliquem a consórcios dos quais participem empresas estatais — *delegatárias não contratuais* dos serviços em questão — não afeta a caracterização da relação que as vincula ao "poder concedente".

Quem é versado em Direito o sabe. A interpretação do Direito reclama conhecimentos que não são detidos senão pelos que o estudam adequada e suficientemente; não se resume à mera compreensão de palavras inseridas em textos normativos, para o quê seria suficiente a alfabetização de qualquer criança. E — note-se — ser versado em Direito significa mais do que meramente conhecer textos de lei, de decretos e outros atos regulamentares.

Destes, os que respeitam a *concessão* de serviço público não se aplicam a empresas estatais *delegatárias não contratuais* de serviços públicos.

Lembro que a norma jurídica — observa Lourival Villanova[11] — compreende um enunciado disposto segundo a seguinte fórmula de linguagem lógica: "se se dá um fato *F* qualquer, então o sujeito *S* deve fazer ou deve omitir ou pode fazer ou pode omitir conduta *C* ante outro sujeito *S*'". Integram-na um *pressuposto de fato* (*Tatbestand*, hipótese, *facti species*) e uma *estatuição* (*Rechtsfolge*, injunção).

Evidentemente, se em determinado caso não se realizar o *pressuposto de fato* de certa norma, sobre tal caso não pode incidir a *estatuição* disposta por esta mesma norma.

Inexistindo, no caso da ELETROSUL, veraz *concessão de serviço público*, inteiramente descabidos os questionamentos e argumentos alinhados no Parecer AGU/JM-01/95, adotado pelo Advogado-Geral da União. Há, no caso, *ausência dos pressupostos de incidência das normas referidas a concessões* à *delegação não contratual* que consubstancia a razão da própria criação e existência da ELETROSUL.

4. *Conclusão*

19. Tenho, assim, demonstrada, na primeira parte de minha exposição, a constitucionalidade do Decreto 915/93, o que importa sejam normativamente conformadas por suas disposições as situações sobre as quais essas disposições incidam.

No que tange, porém, à ELETROSUL, essas e outras disposições normativas atinentes a *concessões* de serviço público não se aplicam.

10. In *Revista da Procuradoria-Geral do Estado de São Paulo,* dezembro/93, pp. 37 e ss.

11. *As Estruturas Lógicas e o Sistema do Direito Positivo*, São Paulo, Ed. RT, 1977, p. 50.

Assim, a licitação promovida pela ELETROSUL, de que trata a consulta, há de ser entendida — e só pode ser assim — como visando à escolha dos interessados em participar, com ela, do consórcio em questão.

Dai por que dou aos quesitos propostos na consulta as seguintes respostas:

1º. *Sim*; o objeto do procedimento licitatório (a "transferência da atual concessão da UHE ITÁ e prorrogação do prazo por tempo superior ao original") é lícito; inexistem, no caso, "concessão", "transferência da atual concessão da UHE ITÁ" e "prorrogação do prazo por tempo superior ao original".

2º. Não há, no caso, "prorrogação do prazo da concessão".

3º. Também não há, no caso, "transferência da concessão ao consórcio", visto inexistir, nele, "concessão".

4º. *Sim*; o Código de Águas contempla a renovação da concessão no advento de seu termo. *Sim*; poderia o Decreto 915/93 criar direitos e obrigações ou prorrogar o prazo de concessão.

5º. Não há, no caso, "outorga de nova concessão à UHE ITÁ"; nem "concessão atual" a extinguir, pois — repito — inexiste, nele, veraz "concessão".

6º. *Sim*; os bens aplicados na "atual concessão" poderiam compor o patrimônio do consórcio formado pelas empresas autoprodutoras e pela ELETROSUL; não cabe cogitarmos, no caso, de "extinção da atual concessão", visto inexistir, nele, veraz "concessão".

É o que me parece.

São Paulo, 12 de março de 1995.

PARECERES

LEGITIMIDADE DA REALIZAÇÃO DE CONCESSÃO DE SERVIÇOS PÚBLICOS PRECEDIDA OU NÃO DE OBRAS EM VIRTUDE DE ATO DO GOVERNADOR DO ESTADO

ARNOLDO WALD

Advogado — Professor Catedrático
da Universidade do Estado do Rio de Janeiro

Parecer: 1. Do objeto da consulta. 2. O sentido do artigo 2º da Lei 9.074/95. 3. Da interpretação conforme à Constituição. 4. Da Constituição paulista. 5. Da inconstitucionalidade da interferência federal na estrutura administrativa do Estado. 6. Conclusões.

PARECER

1. *Do objeto da consulta*

1. Estabelece o art. 2º da Lei federal 9.074, de 7.7.95, que: "Art. 2º. *É vedado* à União, *aos Estados*, ao Distrito Federal e aos Municípios *executarem obras e serviços públicos por meio de concessão* e permissão de serviço público, *sem lei que lhes autorize e fixe os termos*, dispensada a lei autorizativa nos casos de saneamento básico e limpeza urbana e nos já referidos na Constituição Federal, nas Constituições Estaduais e nas Leis Orgânicas do Distrito Federal e Municípios, observado, em qualquer caso, os termos da Lei n. 8.987, de 1995".

2. Ocorre que a Lei estadual 7.835, de 8.8.92, não define de modo explícito as áreas nas quais a concessão pode ser utilizada, delegando competência para tanto ao Governador do Estado, nos termos do seu art. 3º, parágrafo único, que tem a seguinte redação: "Parágrafo único. O Governador do Estado, mediante ato próprio ou por delegação, definirá o objeto, a área de atuação, o prazo e as diretrizes que deverão ser observados no edital de licitação e no contrato, inclusive as situações de eventual ocorrência de subconcessão de serviços".

3. A dúvida suscitada na Administração estadual refere-se aos efeitos que a nova lei federal pode ensejar no Estado, ou seja, se estão ou não mantidas a integridade e a vigência da Lei 7.835/92 (até que seja eventualmente alterada ou complementada), podendo o Governador tomar as decisões quanto às áreas de atuação estatal suscetíveis de serem dadas em concessão, de acordo com a legislação estadual paulista, ou se, ao contrário, é necessária nova lei para tal fim, não podendo o Governo, antes da promulgação da mesma, prosseguir no seu programa de concessões.

4. Colocadas, assim, as questões, passaremos a examinar o sentido da norma federal e o contexto dentro do qual foi a mesma aprovada, para, em seguida, verificar se os textos atuais da legislação estadual paulista são ou não compatíveis com a nova regulamentação decorrente da legislação da União a respeito das concessões.

2. *O sentido do artigo 2º da Lei 9.074/95*

5. É preciso, inicialmente, verificar qual foi a finalidade, ou seja, a *mens* e o *occasio legis* do texto legislativo, fruto de compromissos políticos destinados a permitir que o País tivesse a sua nova legislação sobre concessões de serviços públicos, que, prevista há mais de 60 anos (em 1934), somente agora conseguiu ser promulgada.

6. Entre os problemas que preocupavam o legislador, que também estava votando os textos da reforma constitucional, destacava-se o de definir o campo exato de atuação do novo instrumento, em relação ao qual o Congresso Nacional não queria dar poderes discricionários ao Executivo, dentro do sistema de freios e contrapesos vigentes no Estado de Direito.

7. Foi essa a razão pela qual as sucessivas medidas provisórias que trataram do assunto decidiram, no plano federal, definir taxativamente os casos de concessão, não permitindo a sua utlilização sem autorização legal específica prévia em "outras modalidades de serviço público", excluindo, assim, o seu uso em campos de atuação estatal não previstos no art. 1º dos sucessivos diplomas legais que trataram da matéria.

8. Assim, na Medida Provisória 890, de 13.2.95, como nas demais,[1] havia, no art. 1º, dois comandos: o primeiro definindo os casos de concessão, constituindo o *caput* do artigo, com seus incisos e alíneas, e o segundo impedindo a utilização da concessão nos demais casos, conforme se verifica no respectivo § 1º, que tinha a seguinte redação: "§1º. *É vedada a concessão* ou a permissão de outras modalidades de serviços públicos *sem lei* que a autorize e lhe fixe os termos".

9. Cabe, aliás, assinalar que nas sucessivas medidas provisórias não houve, em momento algum, referência à aplicação das mesmas fora da área federal, ou seja, aos Estados e Municípios.

10. Quando a medida provisória se transformou na Lei 9.074/95, em virtude de projeto de conversão, os dois comandos aos quais fizemos referência passaram a constituir artigos distintos. O art. 1º esclareceu quais os serviços e obras públicas de competência da União Federal que se sujeitam ao regime de concessões, enquanto o art. 2º proibiu que a União, os Estados e os Municípios executassem obras e serviços públicos, por meio de concessão, sem prévia autorização legislativa, que deveria fixar os seus termos. Determinou, assim, que devia haver uma lei, tanto no plano federal quanto estadual e municipal, que, além de autorizar a utilização da concessão, esclarecesse quando e como deveria funcionar. O legislador federal excepcionou da regra as concessões já previstas constitucionalmente, pela União e pelos Estados, e pela Lei Orgânica dos Municípios, e acrescentou, por lhe parecer matéria em que a concessão se impunha quase que necessariamente, os casos de saneamento básico e limpeza urbana.

11. A vontade do legislador federal consistiu, no caso, em reservar, como também reservou às Assembléias Legislativas estaduais e às Câmaras de Vereadores, o direito de se pronunciar sobre quais as concessões admissíveis, na medida em que

1. MP 937, de 15.3.95; 966, de 12.4.95; 991, de 11.5.95; e 1.017 de 8.6.95.

entendia tratar-se de nova fórmula de delegação de atividade pública que passava a ser institucionalizada.

12. Assim sendo, *o que pretende o legislador federal é não permitir que o Executivo possa utilizar a concessão sem que tenha sido autorizado a fazê-lo e em campos nos quais o Legislador federal*, estadual ou municipal *entendeu que se trata de tipo de gestão dos serviços públicos que é recomendável* ou aceitável, cabendo ao legislador estabelecer as restrições que considera convenientes ou não estabelecê-las.

13. Não impediu, todavia, o legislador federal, como, aliás, não poderia fazê-lo, que, em cada unidade da Federação, o Legislativo, no texto legal por ele aprovado e sancionado pelo Executivo, tivesse admitido amplamente a concessão, considerando-a válida em todos os campos de atividade com os quais ela se coaduna, delegando, inclusive, ao chefe do Executivo a função de aprovar os programas correspondentes, como ocorreu no caso do Estado de São Paulo, nos termos da Lei 7.835 e, em particular, do seu art. 3º, parágrafo único, acima transcrito.

14. Quando o projeto de conversão foi encaminhado ao Presidente da República, razões de técnica jurídica fizeram com que vetasse alguns dos incisos do art. 1º, que se referiam ou às matérias que não eram de competência da União, ou às concessões que só poderiam ser contratadas após a conclusão da revisão constitucional, que extinguiu vários monopólios e autorizou mais amplamente a delegação de serviços.

15. Parece-nos, pois, que, *podendo o Legislativo local admitir a concessão para determinadas áreas de atuação, também não é viável impedir que a admita em todas aquelas que o Executivo entender cabíveis e o faça explícita ou implicitamente.*

16. Ora, a lei paulista, em cujo projeto tivemos o ensejo de participar, pretendeu abrir amplamente o uso da concessão, não estabelecendo em relação à mesma qualquer espécie de limitação, o que não quer dizer que não a tenha autorizado e fixado os seus termos, para utilizar a terminologia do art. 2º da Lei 9.074/95. Não há dúvida de que a lei é, no particular, autorizativa e que esclarece como deve ser regida a concessão. A palavra "termos" tem vários sentidos, tanto gerais como técnicos, significando ora "procedimentos", ora "limites", ou até os momentos inicial e final do exercício de um direito (termo inicial e final referidos no Código Civil). Ora, qualquer que seja a interpretação que se dê à expressão "fixar os termos", seja como limites, área de atuação, prazos ou procedimentos, a lei paulista atende aos requisitos da legislação federal, seja no conteúdo, seja em virtude de delegação ao Poder Executivo, cuja legitimidade é incontestável, e que constitui, em relação à Federação, matéria *interna corporis* das relações entre os vários Poderes dentro da estrutura do Estado, que é autônomo e que, no plano constitucional e administrativo, somente sofre as restrições estabelecidas na Constituição Federal.

17. Aliás, o próprio legislador federal reconheceu que a matéria não era de sua competência quando admitiu que a área de definição das concessões se fizesse nas Constituições estaduais e Leis Orgânicas dos Municípios. Trata-se de diplomas que tanto podem definir a matéria como entender que se trata de questão a ser decidida pelo legislador ordinário ou, em parte e dentro dos limites da lei, pelo próprio Executivo.

3. *Da interpretação conforme à constituição*

18. Na realidade, a interpretação que estamos defendendo pode não ser a literal, que, aliás, tem sido rejeitada pela melhor doutrina, para a qual a função básica do intérprete consiste em corrigir os defeitos e as eventuais lacunas da lei, obedecendo ao espírito do legislador e atendendo à *ratio* (razão de ser) e à finalidade da lei, como ensinam Rudolf von Ihering[2] e Bernardo Windscheid.[3]

19. Mais recentemente, domina, em matéria de interpretação do Direito, a chamada lógica do razoável, desenvolvida por Chaim Perelman,[4] que consiste em presumir a coerência do Direito e a obediência do legislador às normas constitucionais, garantindo a segurança jurídica e considerando as circunstâncias políticas, econômicas e sociais que constituem o contexto no qual o diploma legal se aplica.

20. No caso específico, tratar-se-ia de fazer a interpretação da legislação federal apreciando o sentido que tem para ser conforme à Constituição, tanto mais que se presume a constitucionalidade da lei. Há, aliás, uma estreita vinculação entre a chamada interpretação razoável, à qual têm, reiteradamente, feito alusão os acórdãos do STF, e a interpretação conforme à Constituição.

21. A respeito da interpretação conforme à Constituição, escreve o professor Jorge Miranda que:

"Trata-se, antes de mais, de levar em conta, dentro do elemento sistemático da interpretação, aquilo que se reporta à Constituição. Com efeito, cada disposição legal não tem somente de ser captada no conjunto das disposições da mesma lei e cada lei no conjunto da ordem legislativa; têm outrossim de se considerar no contexto da ordem constitucional; e isso tanto mais quanto mais se tem dilatado, no século XX, a esfera de acção desta como centro de energias dinamizadoras das demais normas da ordem jurídica positiva.

"A chamada interpretação conforme à Constituição repousa nesta base. Mas vem a ser mais do que a aplicação de uma regra de interpretação. É um procedimento ou regra própria da fiscalização da constitucionalidade, que se justifica em nome de um princípio de economia do ordenamento ou de máximo aproveitamento dos actos jurídicos — e não de uma presunção de constitucionalidade da norma.

"*A interpretação conforme à Constituição* não *consiste* tanto em escolher, entre vários sentidos possíveis e normais de qualquer preceito, o que seja mais conforme com a Constituição quanto *em discernir no limite — na fronteira da inconstitucionalidade — um sentido que, conquanto não aparente ou não decorrente de outros elementos de interpretação, é o sentido necessário e o que se torna possível por virtude da força conformadora da Lei Fundamental*. E são diversas as vias que, para tanto, se seguem e diversos os resultados a que se chega: desde a intepretação extensiva ou restritiva à redução (eliminando os elementos inconstitucionais do preceito ou do acto) e, porventura, à conversão (configurando o acto sob a veste de outro tipo constitucional)."[5]

22. Aliás, o STF tem utilizado a interpretação conforme à Constituição para interpretar construtivamente textos legais federais que, no entender do Excelso Pretório, não devem afetar os Estados. Foi o que aconteceu em relação às normas estaduais referentes à lista tríplice de candidatos ao cargo de Reitor da USP, que, no entender do Excelso Pretório, não podiam ser modificadas pela nova legislação federal, que exigia a lista sêxtupla.

2. *L'Esprit du Droit Romain*, v. III/134, n. 49.
3. *Diritto delle Pandette*, v. I/66, § 21.
4. *Logique Juridique. Nouvelle Rhétorique*, pp. 105 e ss.

5. Jorge Miranda, *Manual de Direito Constitucional*, 2ª ed., t. II/232-233, Coimbra Editora, 1988.

23. No caso, a Procuradoria-Geral da República ofereceu representação, que tomou o n. 1.454 e que foi julgada improcedente em virtude de interpretação conforme à Constituição, que não fazia incidir a lei federal sobre o sistema estadual de ensino.

24. Na mencionada Repr. 1.454, o STF, em sessão plenária, decidiu, por unanimidade, que: "Universidades e estabelecimentos oficiais de nível superior.

"A determinação do número dos componentes das listas destinadas à escolha dos seus dirigentes, *não sendo matéria de diretriz e base, escapa à competência legislativa da União, em relação às entidades oficiais de ensino, situadas fora do âmbito federal* (CF, art. 8º, XVII, '9', e art. 177), *valendo, apenas, no que concerne às mantidas* pela União.

"*Representação julgada improcedente, desde que se interprete o § 1º da Lei n. 5.540/68, com a redação dada pela de n. 6.420/77, como somente aplicável às universidades e estabelecimentos superiores, no âmbito federal.*"[6]

25. É interessante notar que o voto do eminente Relator Min. Octávio Gallotti, invocou implicitamente o *critério da razoabilidade* para não aplicar a lei federal à USP, embora, anteriormente, o STF tivesse considerado inconstitucional a lei do Estado do Rio de Janeiro que previa a eleição do Reitor pelos alunos da Universidade estadual.

26. Afirmou o ilustre Ministro que:

"Há, portanto, que perquirir se a determinação do número dos componentes das listas, elaboradas para a nomeação dos dirigentes universitários, pode ser considerada objeto de norma de diretriz ou base de educação nacional.

"Penso que se impõe a resposta negativa, ante a minúcia ou o detalhe a que desce, nitidamente, a norma impugnada.

"Quando foi atacada, na Repr. 1.170, citada pela douta Procuradoria-Geral da República (*RTJ* 111/94), a lei do Rio de Janeiro, que estabelecia a eleição para os postos de direção da Universidade daquele Estado, estava, ali sim, em jogo um princípio cuja magnitude o alçava à verdadeira condição de uma diretriz.

"Estabelecer se a regência dos destinos da Universidade, de suas Faculdades ou de estabelecimentos autônomos, no plano do ensino oficial, deve estar jungida a um Colégio representativo dos docentes, com a participação minoritária do corpo discente, ou relegada aos desígnios de toda a comunidade, nele incluídos servidores administrativos, caracteriza realmente uma opção política, do mais alto significado para o destino da educação nacional.

"O mesmo não acontece — salta aos olhos — no tocante à fixação, em número certo, dos componentes das listas destinadas ao provimento.

"*Já não se verifica, nessa hipótese, a competência da União para legislar sobre diretrizes e bases da educação* (art. 8º, XVII, 'q', da CF)."[7]

27. O acórdão conclui nos seguintes termos:

"Considero, portanto, que o § 1º do art. 16 da Lei n. 5.440, de 28.11.68, com a redação dada pela de n. 6.420/77, não poderia determinar a elaboração de listas sêxtuplas, em relação aos estabelecimentos oficiais, fora da esfera da União, só podendo, validamente, tê-lo feito em relação aos que sejam por ela mantidos.

"*Somente com a ressalva desse entendimento, limitador do alcance do dispositivo, será lícito reputá-lo compatível com a Constituição.*

"Ante o exposto, *julgo improcedente a Representação, desde que o § 1º do art. 16 da Lei n. 5.540, de 28.11.68, com a reda-*

6. *RTJ* 125/997.

7. *RTJ* 125/1.003.

ção dada pela Lei n. 6.420, de 3.6.77, se interprete como aplicável, apenas, às Universidades e estabelecimentos de ensino superior, no âmbito federal, nos demais termos da legislação em causa".[8]

28. Aplica-se ao caso da consulta a jurisprudência do STF acima transcrita, devendo a interpretação conforme à Constituição do art. 2º da Lei 9.074/95 nos levar a reconhecer que a lei estadual autorizativa pode conter uma autorização global e delegar ao Governador a decisão sobre o programa a ser executado.

29. Considerando-se que a interpretação conforme à Constituição, quando não afasta frontalmente a vigência da lei federal, mas se limita a dar-lhe o sentido adequado, pode ser feita não só pelo Judiciário mas também pelo administrador, não nos parece necessário, nem oportuno, que seja proposta uma ação direta de inconstitucionalidade, embora a questão seja menos jurídica do que correspondente a uma decisão política do Estado. A decisão da Repr. 1.454 inclusive justifica a nossa posição, pois a mesma foi julgada improcedente, embora reconhecendo o Tribunal a inaplicabilidade da norma federal ao sistema de ensino do Estado.

4. *Da Constituição paulista*

30. Acresce que a Constituição do Estado de São Paulo permite que a decisão a respeito das concessões seja tomada pelo Governador, observado o disposto na lei estadual.

31. Efetivamente, a Constituição, quando trata da competência da Assembléia Legislativa, *só exige a sua autorização para cessão ou concessão de uso de imóveis do Estado para particulares* (art. 19, V), que, evidentemente, não se confunde com a concessão de serviços públicos.

8. *RTJ* 125/1.004.

32. Por outro lado, incumbe ao Governador, no art. 47, XVIII, de: "XVIII — enviar à Assembléia Legislativa projeto de lei sobre o regime de concessão ou permissão de serviços públicos."

33. Cabendo, outrossim, ao Governador exercer, com o auxílio dos Secretários, *a direção superior da Administração estadual* (art. 47, II), não há dúvida de que, de acordo com a legislação do Estado, nenhum vício de inconstitucionalidade existe, seja na Lei estadual 7.835, seja no Decreto 40.000, de 16.3.95, que aprovou o programa de parceria entre o Estado e a iniciativa privada, que abrange a implantação do regime de concessões, e no qual foi atribuído ao Governador determinar quais "os projetos que deverão integrar o Programa" (art. 5º).

5. *Da inconstitucionalidade da interferência federal na estrutura administrativa do Estado*

34. Por outro lado, consideramos inconstitucional a determinação da União que sujeita os Estados a normas específicas e detalhistas em matéria de licitação e concessões, entendendo que descabe exigir que as leis locais tratem de modo específico ou expresso de certas matérias que não se enquadram nas normas gerais.

35. Também consideramos que se identificam as normas gerais às quais se referem respectivamente os arts. 22 e 24 da CF, tendo sentido idêntico. No caso, trata-se de direito administrativo local, que é matéria de competência exclusiva do Estado, ressalvada a competência da União para fixar normas gerais ou diretrizes, que não se confundem, com a devida vênia, com a regulamentação exaustiva pela qual a União se intromete indevidamente na gestão dos serviços públicos estaduais.

36. Concluímos, assim, que as normas gerais referentes às licitações e às concessões são da alçada da União Federal, *ex vi* do disposto no art. 20, XXVII, mas as normas específicas devem ser baixadas pelo Estado. Acresce que o inciso XXVII se refere às licitações e contratações, em todas as suas modalidades, e é a respeito delas que pode a União fixar as normas gerais. No resto, ou seja, em todas as questões referentes à concessão que não abrangem a licitação ou a contratação, prevalece exclusivamente a lei local, à qual cabe fixar a política de concessões.

37. É preciso lembrar que o direito administrativo não consta entre as competências concorrentes referidas no art. 24, I, da CF, por se tratar de direito com competência exclusiva. No plano federal, a Administração rege-se pela lei federal; no plano estadual, pela lei estadual. Esta, todavia, deve obedecer aos princípios gerais, normas e diretrizes que, em virtude do art. 22, são da competência da União, abrangendo as normas sobre licitação e contratações, polícia militar etc. Poder-se-ia, até, assim, concluir que não cabe à União determinar as áreas em que a concessão pode ser utilizada e muito menos regulamentar, na matéria, as relações entre o Executivo e o Legislativo na esfera estadual e as eventuais delegações ou atribuições de competências, que em nada ferem a Constituição Federal.

6. Conclusões

38. Pelo exposto, concluímos que:

a) Uma interpretação racional, sistemática e conforme à Constituição Federal do art. 2º da Lei federal 9.074/95 permite-nos concluir que a lei estadual pode ser autorizativa das concessões em todos os campos em que for viável e lícita, fazendo-o implícita ou explicitamente, e atribuindo ao Governador competência para decidir, em cada caso concreto, da oportunidade da utilização da mesma.

b) Não haveria, assim, choque entre a legislação federal e a legislação e regulamentação estaduais vigentes no Estado de São Paulo, podendo o Governador aprovar as diretrizes que deverão ser observadas no edital (art. 3º, parágrafo único, da Lei estadual 7.835/92), obedecido o disposto no Decreto 40.000/95.

c) Mesmo se houver uma interpretação literal em sentido diferente, a regra federal deveria ser considerada inconstitucional, por não abranger "normas gerais referentes às contratações", mas interferência indevida na política administrativa do Estado.

d) As normas gerais, por mais detalhadas que as queira o legislador, não podem deixar de ter o caráter de simples diretrizes básicas, não lhes cabendo descrever procedimentos que são da competência da lei local.

e) O Estado pode, se assim o entender, propor ação direta de inconstitucionalidade, mas tal solução não nos parece necessária e indispensável.

f) Ao remeter projeto de adaptação da lei estadual de concessões à lei federal — se e quando for o caso — poderá o Executivo, se assim entender oportuno, incluir disposição que explicite todas as áreas nas quais a concessão pode ser usada, não havendo, em nosso entender, impedimento para que a relação das mesmas seja considerada exemplificativa e explicitante, declarando o legislador que a concessão também poderá ser utilizada em outros campos, a critério do Governador do Estado.

É o nosso parecer.

São Paulo, 27 de agosto de 1995.

PARECERES

CONTRIBUIÇÕES PARA O PASEP

GERALDO ATALIBA

Consulta — Parecer: 1. Os argumentos da União. 2. Insuscetibilidade de disciplina por decreto-lei. 3. Fundamento constitucional da contribuição dos Estados ao PASEP. 4. Adesão voluntária das pessoas constitucionais. 5. Fundamento da obrigação de Estados e Municípios. 6. Fusão PIS-PASEP. 7. Observações. 8. Decisões circunscritas ao regime anterior (PIS não era tributo). 9. "Finanças públicas". Conceito e regime. 10. Condicionamento constitucional da despesa pública. 11. Aplicação dos recursos em programas federais. 12. Resposta essencial. 13. Conclusão. 14. Respostas às questões.

CONSULTA

Consulta-nos o ilustre Secretário de Estado da Fazenda do Paraná, Dr. Heron Arzúa, a respeito da oposição do Ministério da Fazenda à Lei estadual 10.533/93.

Expõe-nos que:

a) Em 23.5.72, o Estado do Paraná promulgou a Lei 6.278, mandando pagar à União, nos estritos termos da Lei Complementar 8/70, contribuição para o PASEP.

b) Em 30.11.93, o Estado editou a Lei 10.533, revogando a Lei 6.278/72 (que filiara o Paraná ao PASEP) e determinando que a receita correspondente fosse destinada ao Sistema Único de Saúde.

c) E, de então, vem o Governo do Paraná nessa conformidade se comportando, não antes de comunicar oficialmente ao Ministro da Fazenda esse seu procedimento e as razões que o inspiraram.

d) Todavia, parece que pairam dúvidas no Governo Federal quanto à legitimidade da norma estadual (Lei 10.533/93) e da subsistência do próprio art. 8º da Lei Complementar 8/70 (dispositivo que exige anuência de norma estadual para umbilicação ao Programa).

e) Surpreendentemente, recebe o Estado do Paraná "nota" da SRF em que se diz: "Portanto, desde a entrada em vigor do Decreto n. 71.618/72 (arts. 6º, 7º, 17 e § 2º) parece definido (sic) como obrigatória a participação no referido Programa dos Estados e dos Municípios, bem como das suas entidades da Administração indireta e fundações supervisionadas e seus respectivos servidores ou empregados, *independente* da expedição da norma legislativa referida no art. 8º da Lei Complementar n. 8/70".

f) E prossegue a "nota", dizendo: "Daí deflui o entendimento de que o comando disposto no art. 8º da citada lei complementar permitiu, unicamente, aos Estados e Municípios editarem normas complementares à legislação de regência da contribuição para o PASEP, para fins de implementação do Programa no âmbito de suas respectivas Administrações sem, contudo, delegar competência para promoverem alterações das disposições daquela lei".

g) Culmina essa surpreendente "nota" por afirmar: "Diante de todo o exposto, parece claro que não persistem dúvidas em relação à inexistência de delegação de competência para os Estados e Municípios, no sentido de autorizá-los a decidirem pela continuação, ou não, como participantes do PASEP".

h) Ora, o Estado do Paraná adotou decisão, no exercício de sua autonomia constitucional, com fundamentos que foram expostos ao povo do Paraná e traduzidos em lei de seu Poder Legislativo.

Diz a consulta que os noticiários dos jornais permitem entender que essas vultosas quantias não estão sendo bem-empregadas, nem aplicadas adequadamente. De toda forma, os servidores estaduais dificilmente tirarão proveito desses recolhimentos. Isso converte esses recursos em "presente" do Estado à União, sem nenhuma justificação, sem sentido. No ano de 1992, o Paraná destinou ao PASEP 66 bilhões de cruzeiros. A contribuição de março de 1993 alcançou CR$ 16.375.091.540,62.

Parece que o próprio Estado do Paraná administrará e aplicará melhor esses recursos, destinando-os ao custeio do plano complementar de saúde, a que alude o art. 69 da Lei 10.219, de 1992.

i) Ocorre que a União pretende ignorar os efeitos da lei paranaense e não quer respeitar sua decisão de deixar de contribuir para o PASEP.

Em conseqüência, quer a União persistir "descontando" do Fundo de Participação dos Estados quantias constitucionalmente a ele atribuídas.

Daí a consulta, em que se pretende sejam respondidas as seguintes questões:

1. Foi legítima a Lei 10.533/93 do Paraná?

2. Qual o fundamento da Lei estadual 6.278/72 pela qual o Paraná aderiu ao PASEP?

3. Qual a razão jurídica pela qual o Estado era contribuinte do PASEP?

4. Pode a União questionar a lei estadual?

5. Pode persistir descontando dinheiro do FPE, contra a vontade do Paraná?

PARECER

1. Os argumentos da União

Pretende o Ministério da Fazenda pôr óbices à decisão, do Estado do Paraná, de deixar de contribuir para o PASEP. Quer esse órgão da União opor-se à manifestação de vontade do Estado, traduzida solenemente na Lei estadual 10.533/93.

Não tem, entretanto, a União razões jurídicas que a sustentem na sua pretensão. Basta ler os "argumentos" que expendeu, versados na "nota" MF/SRF/COSIT/DIPAC 099, de 28.3.94.

Começa o texto substancial (não descritivo) da referida "nota" por transcrever decreto regulamentar federal n. 71.618/72). Só isso já mostra a fraqueza da oposição da União e a sua total falta de argumento.

Pretende-se apor a uma lei estadual um mero decreto, um simples decreto! Imagina-se que o legislador estadual pode ser submetido por normas que não se contenham na Constituição Federal e estadual!

Supõe-se candidamente — tornando inviável qualquer discussão séria — que os deveres do Estado podem ter suporte em preceito regulamentar federal. Desconhece-se que estes só obrigam os subordinados hierárquicos da Presidência da República; que não têm por destinatário — não os obrigando, portanto — nem mesmo o Legislativo e o Executivo Federal, e, pois, com maior razão os Estados, cujo regime tem por fulcro os arts. 1º e 25 da CF.

E vai-se ao cúmulo da ingenuidade — ou arrogância? — invocando e reproduzindo (como se estivessem dando valor a isso) o § 2º do art. 17 desse regulamento federal, para referir-se a "normas" do Conselho Monetário Nacional como obstáculo ao exercício da autonomia estadual!

Basta, portanto, esse começo de argumentação para ver-se a fragilidade da "oposição" da União.

Prossegue, porém, a referida "nota", mencionando os Decretos-leis 2.445/88 e 2.449/88. Ora, esses decretos-leis foram julgados inconstitucionais pelo STF nove meses antes da expedição da referida nota. O que a doutrina já há muitos anos sustentava — a nulidade desses decretos — foi dito pelo Supremo, com sua incontrastável autoridade de Corte Constitucional (RE 148.754 e RE 161.474-9).

Não podia a Administração ignorar tão solenes e claras manifestações do STF. A invocação de diplomas normativos declarados inconstitucionais — pelo plenário do STF, de modo irrecorrível — serve, assim, para deixar demonstrada a absoluta improcedência e insanidade da argumentação da Administração Federal, no caso.

Curioso que a "nota" invoca ata do TCU em que autoriza o Banco do Brasil a descontar do Fundo de Participação dos Estados percentuais previstos no Decreto regulamentar 71.618/72. Com base nesse *relevante* dado normativo, a "nota" (item 8) culmina por concluir que "desde a entrada em vigor do Decreto n. 71.618/72 parece definida como obrigatória a participação dos Estados (...) independente da expedição da norma legislativa referida no art. 8º da Lei Complementar n. 8/70".

Desse trecho se vê que a inversão da pirâmide normativa, que se propõe, não se circunscreve a pretender que o decreto federal se sobreponha à lei e à Constituição estadual, mas vai ao ponto de sustentar que ele, por si próprio, tem mais valia que a própria lei complementar, que se torna írrita e irrelevante (aos olhos da "nota") em face da "ata do TCU" e da decisão do Banco do Brasil!

Esse argumento pode ser encarado como expressão de ingenuidade ou mera ignorância. Assim se deve considerar a resposta dada pelo jovem analfabeto que, voltando para casa, após o primeiro dia do serviço militar, responde à pergunta da sua modesta progenitora: "a farda do Exército Brasileiro é verde-oliva, porque o sargento assim determinou".

Não se desculpa, porém, um pronunciamento oficial, sobre questão tão relevante, tocante a um dos princípios básicos do sistema constitucional, como é a Federação.

Não estranha, diante de tamanha subversão, que a "nota" em estudo chegue a afirmar que o art. 8º da Lei Complementar 8/70 "permitiu aos Estados (...) editarem normas complementares" da legislação do PASEP.

Tão descabelada é a argumentação da "nota" da SRF, que a ausência de argumentos jurídicos por ela revelada dispensa o Estado de expor suas razões.

Diz esse infeliz pronunciamento que a razão jurídica do dever do Estado de contribuir está no Decreto 71.668/72 (leia-se a transcrição da nota, na consulta, letra "e"). Com isso, propõe que se ignore a Constituição Federal, a Lei Complementar 8/70, a Constituição estadual etc., fazendo dos padrões inexoravelmente internos do Ministério da Fazenda a regra, mais que máxima, única do universo jurídico. Tanto que a esse mero decreto regulamentar atribui a força jurídica de dispensar ("independente", diz a "nota") a própria lei complementar que veio regulamentar. Se isso não é subversão, então não há situação a que o termo se aplique.

Subseqüentemente (letra "f" da consulta), diz a "nota" que a lei complementar só "permitiu" aos Estados editarem normas complementares a ela. Ora, nenhuma lei complementar permite nem deixa de "permitir" qualquer coisa aos Estados. Os estatutos básicos destes têm fundamento no art. 25 da CF, e não em regras internas do serviço público federal. A afirmação só tem, uma vez mais, a utilidade de evidenciar a ausência de razão da União, no caso.

Em seqüência (letra "g"), afirma a "nota" — como grande obstáculo à lei estadual — que seus argumentos não deixam dúvida quanto à "inexistência de delegação de competência" aos Estados para continuarem ou não como participantes do PASEP. Ou o subscritor deste parecer, lendo a curiosa "nota", não sabe o que significa "competência", e menos ainda "delegação"— no que será acompanhado por todo bacharel que a leia — ou ela é reconhecimento e proclamação solene da irremissível insustentabilidade da posição da União.

Diante de tanta confusão e ingenuidade — para evitar qualificações menos lisonjeiras — se pode ver que a invocação de lições doutrinárias, extraídas de outros pronunciamentos jurídicos, pela "nota" em exame não merece a atenção de quem queira seriamente considerar o tema. Pelo contrário, quem trabalha com o Direito — conhecendo-o e, por isso, atuando com reverente respeito por seu conteúdo e significação — sente-se chocado pelo modo irreverente como ele é tratado na referida "nota".

Enfim, da leitura desse documento, que traduz o pensamento da Administração Federal, só se extrai uma conclusão útil — pondo-se de parte o desgosto de ver-se com que leveza se invocam princípios, categorias e normas, além de manifestações judiciais — e aproveitável: a União não tem argumento para opor-se à decisão do Estado do Paraná, traduzida em sua Lei 10.533/93.

2. *Insuscetibilidade de disciplina por decreto-lei*

O Supremo foi categórico no afirmar que a matéria era absolutamente insuscetível de disciplina por decreto-lei, no regime constitucional anterior.

No RE 161.474-9, o Min. Pertence invocou antecedente do próprio STF (RE 148.754) e reiterou a decisão. No caso, foram explicitamente repelidos os Decretos-leis 2.445 e 2.449, porque foram os diplomas invocados pelas partes. Mas o fundamento — expresso na ementa dos dois acórdãos (de Plenário) e em votos explícitos — foi mais amplo. Destarte, *nenhum decreto-lei pode ser invocado nessa matéria*. O STF não o tolerará.

A razão de decidir — exposta nas ementas dos acórdãos mencionados — foi que dita contribuição "não se compreenderia no âmbito material de finanças públicas" e, por isso, "não poderia a sua disciplina legal ter sido alterada por decretos-leis"...

Não podia, portanto, a União pretender opor-se à decisão do Estado invocando — como o fez na "nota" da SRF — decretos-leis, explicitamente declarados nulos pelo STF.

Até porque, no regime anterior, o PASEP, como o PIS, era um Programa não integrado nas finanças públicas. Portanto "privado", a que se adere voluntariamente e, por isso mesmo, do qual se sai, também, voluntariamente.

3. *Fundamento constitucional da contribuição dos Estados ao PASEP*

A razão pela qual a Lei Complementar 8/70, no seu art. 8º, previu a necessidade de lei estadual para obrigar o Estado a contribuir para o PASEP estava no preceito constitucional então vigente, homólogo ao da atual, assim redigido (art. 149, parágrafo único): "Os Estados (...) poderão instituir contribuição, cobrada de seus servidores, para o custeio, em benefício destes, de sistema de previdência e assistência social".

Evidentemente, este dispositivo nada tem a ver com "participação nos lucros e na atividade das empresas", nem pode assimilar-se às contribuições de que trata o *caput* do art. 149 da CF.

Podendo o Estado ter sistema de previdência e assistência próprio e, portanto, instituir contribuição — inclusive com participação financeira de seus cofres e das entidades de sua Administração indireta —, podia destinar recursos públicos a essa finalidade. Daí nada obstar a que aderisse voluntariamente a um "Programa" público com a mesma finalidade. Para tanto, bastava a edição de lei própria, específica, criando o dever de desembolso, quantificando-o e dando-lhe tal destinação. Foi o que fez o Estado do Paraná, expedindo a Lei 6.278/72.

Ora, não há, não pode haver — a União não foi capaz de argumentar consistentemente em sentido contrário —, obstáculo jurídico a que o Estado, usando legitimamente de sua autonomia, revogue aquela lei e dê destinação diversa, embora similar, a esses recursos.

4. *Adesão voluntária das pessoas constitucionais*

A despeito dos equívocos, erros grosseiros, simplificações despropositadas e generalizações abusivas das Leis 7 e 8, consideradas no seu conjunto, uma elementar prudência teve o legislador ao estabelecer a prescrição do art. 8º da Lei Complementar 8/70, que rezava: "Art. 8º. A aplicação do disposto nesta Lei Complementar aos Estados e Municípios, às entidades de sua Administração indireta e fundações, bem como a seus servidores, *dependerá de norma legislativa estadual ou municipal*".

É que o legislador deu-se conta de que o (falso e despropositado) argumento de que o PIS era instrumento de "participação dos empregados no lucro das empresas" não era invocável diante de Estados e Municípios, que não são empresas e não têm lucro.

Portanto, mesmo pondo de lado os demais graves erros jurídicos que essas duas infelizes manifestações legislativas ostentam — que não estavam ao alcance da percepção dos economistas que as inventaram —, não se atreveu o legislador a impor aos intérpretes pressupostos tão esdrúxulos e absurdos: daí a "prudência" de requerer-se a *adesão voluntária* de Estados e Municípios, mediante atos legislativos seus, como condição de validade do preceituado na Lei Complementar 8/70.

5. *Fundamento da obrigação de Estados e Municípios*

Basta isso para ver-se que Estados e Municípios encontram fundamento jurídico para a obrigação de contribuir para o PASEP exclusivamente na *sua* vontade, livre e autônoma expressada na sua própria lei.

Deveras, só o legislador estadual pode impor ao Estado o dever de destinar parcela de seu orçamento e dos recursos de suas criaturas administrativas a uma finalidade não qualificável constitucionalmente como de interesse público estadual.

Só dessa consideração, sobre o preceito do art. 8º da Lei Complementar 8/70 — abstração feita dos demais sólidos argumentos constitucionais aventados em outros tópicos deste estudo — já se pode concluir que o fundamento jurídico único da contribuição do Estado para o PASEP está na sua lei.

Daí que, revogada esta, desapareçam a obrigação e seu fundamento.

Não era, portanto, a Lei Complementar 8/70 que constrangia o Estado do Paraná, mas sim a Lei estadual 6.278/72.

Retirada esta lei, desapareceu o dever jurídico. A persistência da lei federal não altera esse quadro, exatamente porque não é ela o fundamento do dever jurídico.

Em suma: o Estado pagou porque quis. Pagou porque sua lei o determinou. Pagou por sua vontade. Contribuiu voluntariamente para o PASEP.

Revogada essa *sua* manifestação de vontade, traduzida na *sua* lei, não mais deve pagar. A lei federal não tem — de acordo com a Constituição — o condão jurídico de criar para o Estado dever de desembolso financeiro. Obstam-no o princípio federal (art. 1º da CF) e a estrita disciplina das finanças públicas. Nem podiam os interessados invocar princípios tributários, porque:

a) ou a contribuição para o PASEP é imposto, e esbarra na imunidade recíproca das pessoas públicas (art. 150, VI); ou

b) é contribuição verdadeira (art. 149), e só pode ser devida por privados, já que as contribuições dos servidores estaduais caem no regime estrito do prescrito no parágrafo único do art. 149.

Essas hipóteses, porém, excluídas desde a decisão do STF, em Plenário, declarando que a contribuição para o PIS não configurava tributo no regime constitucional anterior (RE 161.479-9, *DJU* 8.10.93), sendo óbvio que não dirá o contrário relativamente ao PASEP.

6. *Fusão PIS-PASEP*

A Lei Complementar 7/70 criou o PIS; a Lei Complementar 8/70 criou o PASEP. Contribuem para o PIS as empresas; para o PASEP, a área pública.

O Fundo do PIS ("Programa de Integração") comporta contas individuais para cada empregado, nas quais serão depositadas importâncias conforme os critérios da Lei Complementar 7/70, legislação posterior e normas regulamentares. Designou-se (art. 7º) aos créditos dos empregados do setor privado de "participação do empregado no Fundo".

Sustentou-se que esse sistema implementava o preceito constitucional da Carta de 1967/1969, que previa a participação dos empregados no lucro das empresas (v. nosso estudo in *Estudos e Pareceres de Direito Tributário*, v. 2/55 e ss.).

As entidades administrativas (diretas e indiretas), segundo a Lei Complementar 8/70, contribuem para o PASEP. Este Fundo é integrado por "importâncias creditadas" no Banco do Brasil (art. 5º), que mantém "contas individualizadas para cada servidor".

A Lei Complementar 17/83 preocupou-se com o tratamento isonômico entre empresas estatais e privadas (art. 3º), evidentemente no caso de exploração, por aquelas, de atividade econômica (art. 173 da CF).

Em 1975 deu se grande passo no sentido de harmonizar reciprocamente os dois programas (PIS e PASEP). A Lei Complementar 19/74 veio prever que eles seriam, de então em diante, "aplicados de forma unificada" (art. 1º).

Em 1975, a Lei Complementar 26 dispôs sobre a unificação, a partir de 1976, dos dois Fundos, mantidos os "critérios de participação" (art. 2º).

7. *Observações*

Esses Fundos começaram eivados de contradições, vícios jurídicos e deformações, os quais importa, para este estudo, sublinhar:

a) Não se distinguiu — como já o impunha a Carta Constitucional de 1967/1969 — estatais prestadoras de serviço público daquelas exploradoras de atividade econômica (imposição do preceito constitucional do art. 173 da CF).

b) Não se distinguiu adequadamente o setor público do privado, a despeito da nitidez das diferenças entre os regimes jurídicos de cada qual.

A unificação da gestão, por obra da Lei Complementar 19/74, já agredira os princípios informadores das finanças públicas (dinheiros dos Estados e Municípios só podem ser aplicados em finalidades constitucionalmente qualificadas como estaduais e municipais).

A unificação total dos Fundos acentuou essa afronta (Lei Complementar 26), cristalizando uma confusão que o sistema constitucional (anterior e atual) não tolera.

Tudo isso agravou-se muito com a fusão dos Fundos PIS-PASEP, dado que o fundamento do primeiro era a participação dos operários nos lucros das empresas, que nada tem a ver com os orçamentos dos Estados e Municípios.

Se esse fundamento já era "forçado", artificial e despropositado para as empresas privadas, sua extensão à área pública foi um abuso flagrante, uma agressão à mínima racionalidade do sistema.

O único argumento que poderia ainda "salvar" esse descabelado despautério era a adesão voluntária de Estados e Municípios. Se, agora, se negar essa possibilidade, destrói-se radicalmente a Federação, a autonomia municipal e a sistemática do tratamento constitucional das finanças públicas.

Não pode o Judiciário querer "salvar" essa invenção tecnocrática do regime autoritário com sacrifício dos princípios básicos de ordenação e organização do sistema financeiro público.

O tratamento dado pelo STF ao PIS será consentâneo com o que dará ao PASEP. O paralelismo entre as duas leis (ns. 7 e 8) é irrecusável. Daí que, no regime anterior a 1988, eram contribuições não-tributárias, a que os Estados e Municípios aderiam livremente, mediante leis próprias.

No sistema da Constituição de 1988 são tributos, da espécie contribuição, só devidos pelos privados e pelas empresas estaduais e municipais equiparadas — em seu regime jurídico — aos privados, *ex vi* do art. 173 da CF.

Não exigíveis, portanto — PIS e PASEP — das pessoas administrativas (da categorização magistral de Ruy Cirne Lima): União, Estados, Municípios, autarquias e entidades da Administração indireta delegadas de serviço público. Estas entidades só podem contribuir para o Fundo PIS-PASEP mediante deliberação livre e autônoma do legislador que sobre elas tem poder normativo.

8. *Decisões circunscritas ao regime anterior (PIS não era tributo)*

Nos seus dois pronunciamentos mais recentes sobre o PIS, o STF foi enfático ao afirmar que o PIS não era tributo *no regime anterior*. A Corte insistiu em sublinhar que essa afirmação cingia-se aos tempos da Carta de 1967/1969 (RE 148.754-RJ e RE 161.474-9-BA). E timbrou em deixar esclarecido que assim o decidia para manter coerência com a jurisprudência da própria Corte, ao tempo da Carta de 1967/1969, tendo em vista a segurança jurídica.

Foi bem explícito o Relator para o acórdão, Min. Rezek: "... natureza tributária não revestia, *ao tempo considerado*, essa contribuição" (RE 148.784).

Daí o agregar: "Fiel, assim, à jurisprudência do Supremo (...) o meu voto pára nesse ponto".

Não segue adiante. Fica aí. "Pára nesse ponto". Não se pronuncia sobre o regime da Constituição de 1988. Até porque a questão a ser decidida concernia ao período anterior.

Parece evidente que, se o Min. Rezek ou a Corte mantivessem tal convicção à luz do sistema inaugurado em 1988, a redação teria sido diversa, menos cuidada, menos cautelosa, mais ampla. Teria dito duma vez que o PIS persiste não sendo tributo.

Idêntica é a postura do Min. Pertence, que diz, como Relator, no RE 161.474-9: "(...) a fundamentação com a qual me alinhei à maioria (...): a de a contribuição para o PIS ser insuscetível de disciplina por decreto-lei, *à luz do art. 55, II, da Carta de 1969* (...)".

Circunscreve o argumento a esse tempo. Não o estende ao tempo atual. Evita pronunciar-se sobre o tema à luz da Constituição vigente. Tanto é deliberada sua postura, nisso, que agrega: "(...) uma vez que, *no regime constitucional pretérito*, nem caracterizava tributo, desde a EC 8/77 — segundo se firmara na jurisprudência da Casa —, nem de outro modo se poderia compreender no âmbito conceitual das finanças públicas" (RE 161.474).

Já, ao votar no RE 148.754, decidira "em coerência com a jurisprudência", em nome da segurança jurídica. Não, certamente, por aderir à tese, no seu mérito.

E enfatizara o Min. Pertence: "Claro, a preocupação de segurança jurídica não há de impedir mudanças na jurisprudência".

Deixou escancaradamente abertas as portas para exercício de sua liberdade de decisão em casos ulteriores, já de aplicação da Constituição de 1988.

E, para não deixar dúvida, foi explícito, esclarecendo que a lide era enfrentada "*à luz da Carta decaída*".

Subseqüentemente — e em coerência com essa circunscrição temporal que impôs a seu pronunciamento —, faz abstração dos "argumentos ponderabilíssimos" do Min. Velloso, declarando não animar-se à "revisão póstuma de uma jurisprudência formada *sob o regime anterior* (...)".

Daí que o voto do Min. Pertence tenha sido proferido "por homenagem à jurisprudência consolidada sob o regime à luz do qual se há de examinar a questão".

Dos acórdãos proferidos em junho (RE 148.754) e setembro de 1993 (RE 161.4740) extrai-se que:

a) as decisões do STF são firmes e claras no circunscrever seu âmbito temporal ao regime anterior à Constituição de 1988;

b) afirmam que a contribuição para o PIS não era tributo;

c) que nem sequer integrava as "finanças públicas";

d) que assim se orientou a Corte por consideração às exigências do princípio da segurança jurídica.

Concluiu-se, da consideração dos termos desse debate, que o Supremo reservase para pronunciar-se sobre o PIS diante da Constituição de 1988 oportunamente; e percebe-se que — já havendo dois votos explícitos nesse sentido, os dos Mins. Velloso e Galvão — a clara inclinação da maioria é afirmar seu caráter tributário.

Foi o que inferi, com segurança e clareza, da leitura dos votos dos Ministros aqui citados, nesses dois momentosos julgamentos.

Pelos demais pronunciamentos recentes do STF no pertinente a diversas contribuições, conclui o intérprete pela — mais que possibilidade plena — probabilidade de que todas elas, inclusive as destinadas ao PIS e ao PASEP, sejam consideradas tributo, no regime da Constituição de 1988.

Ora, no que toca ao PASEP, fica claro que tal contribuição não poderá ser entendida como obrigatória para Estados e Municípios, diante da clara precisão do parágrafo único do art. 149. Por isso, se a lei estadual retirar a adesão do Estado, esta (contribuição) passa a ser inexigível.

9. *"Finanças públicas". Conceito e regime*

A matéria não se compreende no âmbito das finanças públicas. Disse-o — traduzindo o pensamento predominante no STF — o Min. Rezek: "nisso o Supremo não viu (...) natureza de finanças públicas" (voto no RE 148.754, 24.6.93).

No julgamento do RE 161.474-9, o Relator, Min. Pertence, repisa o asserto: "(...) nem de outro modo se poderia compreender no âmbito conceitual das finanças públicas".

A afirmação, com o apoio da maioria, foi para a ementa: "(...) e também porque (...) aquela contribuição não se compreenderia no âmbito material das finanças públicas (...)".

O fundamento ou razão de decidir do STF nos julgamentos do RE 148.754 e 161.474 foi, explicitamente, a circunstância de a contribuição para o PIS não se compreender no âmbito das finanças públicas.

Deveras, diz a ementa do acórdão proferido no RE 161.474: "Segundo a jurisprudência consolidada do STF, sob o regime constitucional pretérito, e desde a EC 8/77, as contribuições sociais, como a destinada ao PIS, deixaram de caracterizar tributo; por isso e também porque, a outro título, aquela contribuição social *não se compreenderia no âmbito material das finanças públicas*, não poderia a sua disciplina legal ter sido alterada por decretos-leis pretensamente fundados no art. 55, II, da Carta de 1969".

No voto do Relator, Min. Pertence, lê-se: "(...) *nem* de outro modo se poderia compreender no *âmbito conceitual das finanças públicas*".

Reiterou, aí, sua posição — secundada pela maioria da Corte — adotada ao votar no RE 148.754, onde afirmou: "(...) *não* vejo como compreender a disciplina dessa contribuição social na *esfera material das finanças públicas*. Para ser "finanças públicas", ela teria de ser tributo, porque, obviamente, *não se trata de receita derivada*".

Nisso, acompanhou e deu formulação substancialmente semelhante à adotada pelo Min. Rezek, ao votar (como Relator para o acórdão) no RE 148.754: "Parto, pois, da premissa de que *natureza tributária não revestia*, ao tempo considerado, essa contribuição".

E expõe tese que — por rara que possa soar aos ouvidos dos estudiosos de direito constitucional tributário — mereceu o abono da maioria do Plenário da Corte: "O fato de o Estado tomar das pessoas determinada soma em dinheiro, e de o fazer compulsivamente, por força de lei, *não* é bastante para conferir *natureza tributária* a tal fenômeno".

E terminou o Min. Rezek por expressar o que entendia ser o PIS, ao tempo do regime constitucional anterior: "Não se pode integrar a espécie quando não se integra o gênero. Dinheiros recolhidos *não* para ter *ingresso no tesouro público*, mas para, nos cofres de uma instituição autônoma, se mesclarem com dinheiros vindos do erário e resultarem afinal na formação do patrimônio do trabalhador, nisso *o Supremo não viu natureza tributária*, como, de resto, *não* viu natureza de *finanças públicas*. Não estamos, aqui, diante *de receita*".

Isso leva o jurisdicionado a indagar: se não se trata de finanças públicas, então de que se cuida? De finanças privadas? Parece que sim: o PIS é um "acervo patrimonial dos trabalhadores", como disse o próprio STF (RE 148.754).

Unificados que foram o PIS e o PASEP — no regime anterior à Constituição de 1988 —, tivemos a destinação, pelo Estado, de recursos financeiros públicos a um programa de "finanças privadas" em benefício de trabalhadores e servidores.

Ora, isso só era possível para os Estados mediante adesão voluntária, o que se fez mediante lei estadual. No instante em que o Estado decide dissociar-se dum programa de "finanças privadas", nenhum argumento jurídico servirá de suporte à objeção a essa decisão.

Se não se trata de tributo — e nem sequer de matéria de finanças públicas —, o Estado só adere voluntariamente. Do mesmo modo, voluntariamente retira sua adesão.

Assim, se o STF mantiver, aplicando-a ao período posterior a 1988, essa orientação, com base nela pode o Estado retirarse inobjetavelmente, sem possibilidade de *nenhuma resistência de quem quer que seja.*

Se o STF — como se espera — disser que, a partir da Constituição de 1988, isso é uma contribuição voluntária, então, obviamente, não é obrigatória para Estados, porque estes, em matéria de "custeio, em benefício destes" (servidores estaduais), "de sistemas de previdência e assistência social", estão sob o regime do art. 149, parágrafo único, da CF, o que exclui toda e qualquer outra contribuição, especialmente se heterônoma.

10. Condicionamento constitucional da despesa pública

O Estado só pode realizar despesa com base em lei válida que o autorize ou obrigue. Lei com esse conteúdo deverá ser sempre consentânea com a Constituição. Ou lei própria (estadual) fixando objetos de aplicação, de interesse estadual, ou, excepcionalmente, lei não-estadual, apoiada na Constituição, criando taxa ou contribuição (tributos não cobertos pela imunidade) ou prescrevendo, em matéria que lhe seja pertinente, deveres ou obrigações gerais, realizadores de princípios jurídicos constitucionalmente prestigiados (dever de indenizar, de pagar salário mínimo etc.).

A regra é que toda despesa seja prevista em lei material do próprio Estado. A exceção é que a despesa tenha por suporte lei não-estadual. De todo modo, nenhum centavo pode sair dos cofres públicos sem autorização legal. Mesmo quando o Estado paga aluguéres ou resgata empréstimo, o faz com base em contratos apoiados em lei própria que os autoriza. Se contribui para entidades caritativas ou beneficentes, ou se doa dinheiro a clubes esportivos ou culturais, o faz com permissão da sua lei.

Ilegal será toda saída de dinheiro dos cofres públicos sem amparo em lei. A mais nobre das causas não justifica despesa ilegal. A Administração só "paga" o que a lei ordena ou autoriza, sob as penas do crime de responsabilidade do governador e seus auxiliares.

E estas leis materiais são operacionalmente compendiadas, por sua tradução numérica (quantitativa) na lei orçamentária, que condiciona, adicionalmente, a validade dos atos de despesa, *sob* responsabilidade administrativa, patrimonial e penal dos agentes públicos gestores desses dinheiros.

Pelas mesmas sólidas razões jurídicas de base constitucional, o Estado — titular de direito público subjetivo a uma parcela do Fundo de Participação dos Estados — só pode autorizar a União a apropriar-se, no todo ou em parte, de seu direito mediante lei. Ora, no caso, a lei que implicitamente o autorizava — mediante adesão ao "Programa" do PASEP — foi revogada, constituindo abuso e flagrante violação da Constituição Federal a União persistir retendo as cotas do Estado do Paraná.

11. Aplicação dos recursos em programas federais

É evidente que o Estado pode participar de programas federais, contribuindo para os "fundos" financeiros e contábeis que os suportam. Para que isso ocorra, entretanto, são condições constitucionalmente exigidas:

a) lei federal apoiada na Constituição o prevê; ou

b) o Estado adere voluntariamente.

Ora, no caso — resolvendo a União criar um programa de benefícios para servidores públicos —, exatamente por não poder compelir os Estados a apoiá-la, previu sua adesão (Lei Complementar 8/70, art. 8º). É que nenhum amparo constitucional teria a União para coagir os Estados. Se tivesse, criaria uma obrigação compulsória, irresistível, como o fez, relativamente às empresas privadas, mediante o PIS.

Daí o "convite" (art. 8º da Lei Complementar 8/70) à espontânea integração dos Estados e Municípios no "Programa" do PASEP.

Disso resulta que tanto a Constituição (então vigente, da mesma forma que a atual) como a lei complementar respeitaram a autonomia do Estado, que, assim, editou sua lei livremente, autonomamente, integrando-se no PASEP.

Assim como livremente entrou nesse sistema, pode, agora, livremente, dele sair, por obra exclusiva de sua vontade autônoma e livre.

Por mais desgosto que terceiros tenham com isso, devem respeitar a liberdade constitucional do Estado e curvar-se, reverentes e respeitosos, às suas decisões, sejam quais forem as conseqüências.

Tentar impedi-lo ou constrangê-lo agride a autonomia estadual (arts. 1º e 25 da CF) e viola a Constituição.

12. Resposta essencial

A solução da singela questão posta na consulta está na resposta à questão: como pode o Estado fazer-se devedor de dinheiro?

A resposta não é difícil: ou porque (a) é contribuinte, com base em lei (consentânea com a Constituição, portanto observada a imunidade a impostos); ou porque (b) deve indenizar, em razão de (b-1) dano a terceiros ou (b-2) desapropriação, ou porque (c) livremente obrigou-se, em relação obrigacional prevista por lei do próprio Estado. Não há outra possibilidade.

Ora, no caso, como é de excluir-se a hipótese "b", fiquemos no exame das demais.

a) Hipótese "a" — Suponha-se que o STF mantenha — diante do regime constitucional instaurado em 1988 — sua firme e decidida jurisprudência.

A sigla PASEP não se refere a taxa. O STF excluiu sua qualidade de tributo, peremptoriamente (RE 148.754 e 161.474). Logo, não é imposto, nem taxa, nem contribuição tributária (nenhuma das constitucionalmente contempladas — art. 149). Sendo forçoso acatar a decisão do STF — por mais despropositada que soe —, fica descartada a hipótese "a". Se o PASEP não é tributo, não pode ser devido a esse título.

b) Hipótese "b" — Suponha-se que o STF venha a dizer que, no regime de 1988, a contribuição para o PASEP é tributo. Descartada a hipótese de taxa (sumamente improvável, até porque jamais se cogitou de tal despropósito), será imposto ou contribuição. Se considerada "imposto", não será obrigatório para o Estado, *ex vi* do art. 150, VI (imunidade a impostos).

Resta a contribuição, com base no art. 149. Ora, este tem um parágrafo explícito prevendo que Estados e Municípios terão contribuição própria, baseada em lei própria, para os próprios servidores, e que exclui a possibilidade de ainda terem que pagar contribuição a um programa com base em lei federal.

c) Hipótese "c" — Resta examinar a hipótese "c": contribuição voluntária para um Programa socialmente relevante, como é a formação do patrimônio dos servidores públicos.

Deveras, é nessa categoria que se insere, para o Estado, a contribuição para o PASEP. Criado o "Fundo" pela Lei Complementar 8, resolveu o Estado a ele aderir. E manifestou sua vontade editando lei (estadual) que destinou recursos orçamentários seus e obrigou suas entidades da Administração indireta a também lhe destinarem dinheiros.

Não era o Estado obrigado a fazê-lo. Nem a Carta Constitucional da época o permitiu (como a atual), nem a própria Lei Complementar 8 o prescreveu.

Pelo contrário, esta (Lei Complementar 8) previu a adesão voluntária do Estado (art. 8º). E nem poderia constrangê-lo.

Se tivesse criado tributo, de natureza de contribuição, esta não poderia ser coativamente exigida. Mas não foi o que fez. Declarou-o recentemente o STF: o PASEP (unificado ao PIS) não era tributo. Nem sequer integrava as finanças públicas (RE 148.754 e RE 161.474) no regime da Carta de 1967/1969.

Mas o próprio legislador federal — que criou o Fundo PASEP, obrigando a União e as entidades federais a para ele contribuir, assim como os privados — deixou claro, expresso, explícito e inquestionável que Estados e Municípios não eram abrangidos pela sua obrigatoriedade. E não eram exatamente porque — não se tratando de tributo exigível a eles — não podia ser coativamente cobrado.

Foi tão inquestionável a convicção do legislador federal, que a deixou explícita no preceito do art. 8º da Lei Complementar 8/70. Tão evidente era a correção dessa postura, que Estados e Municípios editaram lei impondo-se tal obrigatoriedade.

Ora, assim como, mediante lei, livremente (voluntariamente) aderiram ao "Programa", pelo mesmo modo de expressão podem manifestar vontade igualmente livre de deixarem de contribuir.

13. Conclusão

Por todas estas singelas — mas sólidas — razões, é correta, jurídica e incensurável a Lei 10.533/93, do Estado do Paraná, editada no pleno exercício de sua autonomia. *Qui suo iure utitur, neminem ledit.* Terceiros, inclusive a União, só o que podem, diante dessa decisão solene do Estado, é respeitar reverentemente seus efeitos, como forma de demonstração de respeito à própria Constituição Federal.

14. Respostas às questões

Em face do exposto, assim se responde às questões da consulta:

1. É legítima, constitucional e correta a Lei estadual 10.533/93, do Paraná.

2. O fundamento único e exclusivo da Lei estadual 6.278/72 — pela qual o Paraná aderiu ao PASEP — foi a Constituição estadual, expressão de sua autonomia como Estado Federado.

3. A razão jurídica pela qual o Estado do Paraná era contribuinte do PASEP estava na Lei 6.278/72. Nenhuma outra norma jurídica válida no sistema brasileiro então vigente (assim como no atual) poderia obrigar o Estado a contribuir financeiramente para um "programa" alheio (federal, municipal, de outro Estado, ou privado).

4. A União não tem legítimo interesse para opor-se à Lei 10.533/93. Gostando ou não, deve acatá-la, curvar-se à autonomia do Estado e aceitar seus efeitos.

5. Não pode a União descontar parte do Fundo de Participação dos Estados, por isso. Cometerá abuso, ato ilícito. Os funcionários federais — inclusive Ministro de Estado — que o fizerem estarão desrespeitando a Lei Complementar 8/70 e a própria Constituição Federal.

É o parecer.

São Paulo, 18 de julho de 1994.

ACUMULAÇÃO DE APOSENTADORIA COM VENCIMENTOS

CELSO ANTÔNIO BANDEIRA DE MELLO
Professor Titular da Faculdade de Direito da PUC/SP

CONSULTA

Magistrados federais submetem-nos acórdão do STF relativo ao tema da cumulação de aposentadoria com vencimentos, formulando a seguinte consulta: "Em face da Constituição brasileira de 1988, por força de sua letra ou de seu espírito, procede considerar proibida a acumulação de proventos com vencimentos, excetuados os casos em que, correlatamente, seria permitida a acumulação de cargos?".

À indagação respondo nos termos que seguem.

PARECER

1. A Constituição brasileira de 1988, desenganadamente, *não* proíbe aos servidores públicos acumulação de proventos de aposentadoria com vencimentos de cargo, isto é, com a importância paga a título de contraprestação da atividade funcional presentemente exercida.

Como se sabe, a Lei Magna, no que concerne ao tema de acumulações, estabelece, em sua parte permanente:

— No art. 37, XVI, dispõe que: "é vedada a *acumulação remunerada de cargos públicos*, exceto, quando houver compatibilidade de horários: a) de dois cargos de professor; b) de um cargo de professor com outro técnico ou científico; c) a de dois cargos privativos de médico".

— No art. 37, XVII, estatui: "a proibição de acumular estende-se a empregos e funções e abrange autarquias, empresas públicas, sociedades de economia mista e fundações mantidas pelo Poder Público".

Sabe-se, finalmente, que, por força do art. 95, parágrafo único, do art. 128, II, "d", respectivamente, magistrados e membros do Ministério Público podem acumular o exercício dos próprios cargos com uma função de magistério.

2. Debalde procurar-se-á na Lei Magna *qualquer dispositivo* cuja dicção estabeleça, sugira, insinue ou fomente, mesmo que de modo velado ou tênue, a suposição de que a acumulação de proventos com vencimentos seja vedada. Com ressalva dos casos em que, correlatamente, seria permitido o cúmulo de cargos.

Donde, a matéria, compreensivelmente, não suscitou dúvida alguma no espírito dos qualificados juristas que versaram doutrinariamente o assunto. Antes, *expressamente confirmam* estes que, *em face da Constituição de 1988*, é perfeitamente possível cumulação de proventos com vencimentos, independentemente da natureza dos cargos ora e dantes ocupados. Assim, são claros e explícitos a respeito: José Afonso da Silva (*Curso de Direito Constitucional Positivo*, 6ª ed., Ed. RT, 1990, p. 576), Sérgio de Andréa Ferreira (*Comentários à Constituição*, 1ª ed. v. 3º/194-201, arts. 37-43, Freitas Bastos, 1991, notadamente p. 200, letra "d"), Hely Lopes Meirelles (*Direito Administrativo*, 15ª ed., 1990, por ele mesmo atualizada em face da Constituição de 1988, p. 376), Adílson Abreu Dallari (*Regime Constitucional dos Servidores Públicos*, 2ª ed., Ed. RT, 1990 pp. 76-79), Maria Sylvia Zanella di Pietro (*Direito Administrativo*, 5ª ed., Atlas, 1994, pp. 371-373), Lucia Valle Figueiredo (*Curso de Direito Administrativo*, Malheiros Editores, 1994, pp. 367-369), Diógenes Gasparini (*Direito Administrativo*, 3ª ed., Saraiva, 1993, p. 132) e Celso Ribeiro Bastos (*Curso de Direito Administrativo*, Saraiva, 1994, pp. 295-297). Acresça-se, a final e sublinhadamente, que o ilustre estudioso Corsíndio Monteiro da Silva, certamente o maior especialista brasileiro no tema de "acumulação", em trabalho publicado em janeiro de 1989, portanto dois meses depois de promulgado o Texto Constitucional, expendera, com sua incontestável autoridade, entendimento neste mesmo sentido (*O Regime de Acumulação de Cargos na Constituição de 1988 e as idéias de Ruy*, Brasília, Gráfica e Editora Regional, 1989), com o qual coincidiriam experientes doutrinadores, conforme acima registrado.

Uma vez que tal conclusão sempre se nos afigurou claríssima, ao tratar da matéria em obra monográfica sobre servidores públicos, não dedicamos mais que umas poucas linhas para sustentação deste mesmo ponto de vista (*Regime Constitucional dos Servidores Públicos da Administração Direta e Indireta*, 1ª ed., 1ª tiragem, Ed. RT, 1990, pp. 89-90).

Demais disto, ao que saibamos, até o presente, intelecção diversa está praticamente órfã de apoio expendido *em obra doutrinária*.

3. Aduza-se, ainda, que manifestações administrativas dos órgãos acreditados do Executivo, bem como de tribunais no exercício de função administrativa (valendo como exemplo a do Plenário do TRF, 3ª R., de 28.10.93, proferida no processo 93.030.84093-3), tanto quanto de acórdãos quer do STJ quer do TJSP, vêm seguindo idêntica, tranqüila e pacífica orientação. Registre-se, outrossim, que a Constituição do Estado do Rio de Janeiro é, até mesmo, expressa neste sentido, inibindo, pois, que o legislador ordinário fluminense disponha de maneira diversa — o que poderia fazer, diga-se de passagem, se não houvesse sido barrado por tal interdição.

Bem por isto, à sombra desta orientação, constituíram-se e se consolidaram inúmeras situações pessoais, confortadas tanto pela mansidão da inteligência doutrinária como, e sobretudo, pela autoridade dos órgãos competentes que firmaram dita exegese, cuja confirmação, aliás, nos casos raros em que foi contendida, se fazia sem maior bulha em sede jurisdicional.

4. Assim, a matéria não teria por que despertar qualquer polêmica, não fora pelo fato — motivador da presente consulta — de haver o STF proferido surpreendente acórdão no qual subverte inteiramente o *status quo*, sendo de salientar que seu Relator, o Min. Carlos Mário Velloso, é, notoriamente, jurista de escol, constitucionalista de indisputável valor e ao qual tributamos, assim como em inúmeras outras ocasiões, não apenas um antigo e profundo apreço pessoal, mas também o considerável respeito científico de que é justamente credor.

Acresce que o referido acórdão beneficiou-se de ampla maioria, contestada apenas pelo voto erudito, brilhante e independente, com sói ser, do Min. Marco Aurélio, o qual outras vezes já se tem apresentado como paladino solitário das melhores teses, sempre defendidas com mérito exemplar.

É bem de ver, então, que o assunto não mais pode ser enfocado — nem mesmo em linha meramente doutrinária, acaso descompromissada com o que entenda o Judiciário — sem que se tome em aturada conta a argumentação desenvolvida, em profundo e meditado voto, por um publicista do peso do Min. Carlos Mário Velloso, assim como as razões não menos ponderosas, colacionadas em contrário pelo eminente Min. Marco Aurélio de Melo em prol da tese que nos parecia e parece ser a que recebe, no plano constitucional, induvidoso conforto normativo.

5. Em apertada síntese, mas com reverente preocupação de fidelidade ao exposto no robusto voto do doutíssimo Relator, assim se podem resumir os pontos que lhe embasaram o pensamento.

a) A inexistência de menção à acumulação de proventos não pode ser utilizada como argumento em prol de sua permissão, vez que a mesma inexistência não foi impediente a que se admitisse tal vedação na Constituição de 1891 (art. 73), na de 1937 (art. 159) e na de 1946 (art. 185). Antes, as Constituições que se referiam expressamente à situação do aposentado fizeram-no para, em caráter de excepcionalidade, mencionar as hipóteses em que admitira acumulação de proventos, o que demonstra sua consonância com a regra genérica que proibia a acumulação de cargos.

b) A jurisprudência do STF, interpretando norma constitucional — art. 185 da CF de 1946 — igual à que está inscrita no art. 37, XVI, da CF de 1988, era no sentido de que a acumulação de proventos e vencimentos somente é permitida quando se trate de cargos legalmente acumuláveis na atividade.

c) O elemento histórico aponta no mesmo sentido restritivo. As acumulações são originariamente fruto do "validismo" palaciano e desde o Império, assim como, ao depois, na República, têm-se feito tentativas, embora nem sempre exitosas, de combater as acumulações remuneradas, sendo este o objetivo perseguido: o de proscrever o duplo ganho, salvo para as exceções previstas.

d) O fato de a acumulação de cargos vir expressa na Constituição de 1988 não significa que seja implícita a permissão para acumular proventos. Antes, tal permissão é que teria de ser expressa, pois na vedação expressa de acumulação de cargos está implícita a de acumular proventos, pois estes decorrem sempre de um cargo exercido na atividade. É que os servidores aposentados não deixam de ser servidores; são servidores inativos. Vencimentos e proventos, respectivamente de ativos e inativos, constituem remuneração decorrente do exercício, atual ou passado, de cargo público. Uma vez que é vedada a acumulação remunerada de cargos públicos, está vedada a acumulação remunerada decorrente do exercício de cargos públicos.

e) A própria Constituição mantém o aposentado — cujo vínculo com o serviço público não se extingue em decorrência da jubilação — umbilicalmente ligado ao cargo em que se deu a inatividade, pois o aquinhoa com todos os benefícios e vantagens a ele atribuídos após a aposentadoria (aumento correspondente ao dos vencimentos, ainda que fruto de transformação ou reclassificação), no que se revela uma equiparação que não pode deixar de refletir-se em equiparação para fins de inteligência do art. 37, XVI, tanto mais porque o Texto Constitucional em vigor, diversamente dos anteriores, atribuiu ao aposentado direitos e vantagens que somente aos funcionários da ativa correspondiam. Assim, não se deve dar importância à ausência do termo "proventos" na disposição constitucional em apreço, pois o tratamento deferido aos aposentados, consoante dito, e o sentido e objetivos da Lei Magna implicam elementos influentes na intepretação do preceito em causa.

f) Por último, a regra interpretativa que determina exegese restritiva das disposições que instituem exceções às regras gerais não tem o relevo que se lhe quer atribuir, pois, na espécie, a finalidade da norma suplanta tudo, embargando interpretação que impeça a ampla realização de seus objetivos, com o que há de ser reconhecida vedação à acumulação de proventos com vencimentos, ressalvados os casos em que também seria lícita a acumulação na atividade.

6. Data maxima venia, esta cópia de argumentos não é suficiente para validar a tese, conquanto defendida com grande brilho e convicção, de resto atestada pela conduta pessoal do eminente e doutíssimo Relator, o qual, tendo tido oportunidade de beneficiar-se pessoalmente da tese oposta, como registra em seu voto, desdenhou fazê-lo para não se pôr em contradita com o ponto de vista jurídico que já mantinha sobre a questão.

Os argumentos colacionados, embora impressionantes, não apresentam consistência equivalente.

Desde logo, a intelecção jurisprudencial transacta, relativa a Textos Constitucionais precedentes, trazida como abonadora da tese perante a Constituição de 1988, *venia concessa*, ainda que fosse mansa e pacífica — e não o era — careceria de préstimo para a situação atual. É que se formou em vista de Documentos Magnos que apresentavam *significativas diferenças* em relação ao Texto vigente, não apenas por seus conteúdos, mas também pelas respectivas contextualidades históricas.

7. Cumpre, pois, desde logo, comparar a situação normativa e as soluções jurisprudenciais do passado com a que corresponde ao Texto atual e ao tempo presente.

No que concerne à Constituição de 1891, adverte-se, *prima facie*, que a situação era inteiramente dissímil da que resulta da Constituição de 1988. À época, o acúmulo de proventos com vencimentos evidentemente teria de ser repelido. Isto pela simplicíssima razão de que sob a regência daquele Diploma *só existia aposentação por motivo de invalidez*. É óbvio que alguém reconhecido como impossibilitado de trabalhar, por inválido, não tinha sequer condições para vir a ocupar legitimamente um cargo na ativa, donde falecer-lhe o mínimo indispensável para postular o recebimento dos correspondentes vencimentos, de par com os proventos de aposentação.

Com efeito, o art. 73 daquela CF estatuía: "Os cargos públicos civis, ou militares, são accessíveis a todos os brazileiros, observadas as condições de capacidade especial, que a lei estatuir, sendo vedadas as acumulações remuneradas". Ocorre que seu art. 75 dispunha: "A aposentadoria *só pode ser dada aos funccionários públicos em caso de invalidez* no serviço da Nação". Vejam-se, em confirmação, os acórdãos de 2.12.07, de 29.4.08, de 28.1.09, de 27.5.14, de 19.8.14 e de 14.11.14, mencionados por José Affonso Mendonça de Azevedo (*Constituição Federal Interpretada pelo Supremo Tribunal Federal*, Typografia da Revista do Supremo Tribunal, 1925, p. 475).

Eis por que Pedro Lessa, em acórdão proferido em 27.7.14, pôde dizer, com inegável procedência: "Se o legislador (referia-se ao constituinte de 1891) (...) proibiu ao indivíduo válido acumular o exercício de dois cargos remunerados, como havia de tolerar que *o inválido*, o incapaz de trabalhar, o inapto para o exercício de funções públicas, além de perceber a sua aposentadoria, ainda receba vencimentos pelo exercício *ilegal* de um cargo que não podia ocupar?" (grifo nosso).

Existia, ademais, proibição infraconstitucional expressa de que aposentados viessem a ser providos em cargo público (v. Carlos Maximiliano, *Commentários à Constituição Brasileira*, 3ª ed., 1929, p. 824). Fora estabelecida já em 1888 e, ao depois, pela Lei (decreto legislativo) 117, de 4.1.1892, que foi o regramento geral das aposentadorias (dela excluídos os regidos por leis especiais, "como magistrados, professores e militares de terra e de mar", cf. Viveiros de Castro, in *Tratado de Sciencia da Administração e Direito Administrativo*, 2ª ed., Jacintho Ribeiro dos Santos Livreiro-Editor, 1912, p. 546).

É bem de ver, pois, que a discussão sobre tal tipo de cumulação só poderia propor-se seriamente em relação aos que já estavam aposentados quando da sobrevinda da Constituição de 1891. Daí a seguinte averbação de Alcides Cruz: "Póde o funccionario publico aposentado do serviço da União exercer algum cargo remunerado, estadual? Sim, se a aposentação foi concedida antes de ter sido promulgada a Constituição da República, mas se ella teve lugar na vigencia da dita Constituição, não póde. A aceitação do cargo ou commissão estadual é um reconhecimento ou confissão implícita da validade do funccionario. Em tal caso a União pode promover a nulidade da aposentadoria" (*Direito Administrativo Brasileiro*, 2ª ed., Francisco Alves, 1914, p. 104).

Note-se que, conforme notícia de Aristides Mílton (*A Constituição do Brazil*, 2ª ed., Imprensa Nacional, 1898, p. 441), "a Lei 44-B, de 2.6.1892, estabelecia que os direitos adquiridos por empregados inamovíveis ou vitalícios, e por aposentados na conformidade das leis ordinárias, anteriores à Constituição, continuam garantidos em sua plenitude".

Sem embargo, a clareza e o sentido do art. 75 eram e tinham de ser o combate a um "validismo" palaciano, o que bem se depreende das expressões de acórdão do STF de 1.8.1896, transcritas pelo citado Aristides Mílton, segundo cujos termos: "O intuito deste artigo foi regular as aposentadorias abusivamente *requeridas* por empregados públicos, e facilmente *concedidas* pelo Poder competente em benefício de quem, uma vez aposentado, ia exercer outros empregos, recebendo do Thesouro vencimentos, sem o correspondente serviço" (grifos do original) (ob. cit., p. 442).

Nota-se, então, claramente, que a intelecção que se dava à matéria sob o foco da Constituição de 1891, por força de seus dispositivos e mesmo de normação infraconstitucional, não é em nada e por nada prestante para abonar idêntica exegese na atualidade, ante a visceral diferença de regimes e de contexto.

8. Acresce que, tal como se passou depois, *com a Carta de 1937 e com a Constituição de 1946* e ao contrário do que ocorre com a vigente Constituição de 1988 — na qual o concurso público é obrigatório como inelutável condição de ingresso a *quaisquer* cargos públicos, ressalvados apenas os cargos em comissão —, nas Constituições referidas inexistia esta enérgica exigência. Assim, já por isto, *seja ao tempo da Constituição de 1891*, *seja ao tempo da Carta de 1937 ou da Constituição de 1946*, havia ensejo para que prosperasse o argumento de que conviria interpretar a vedação de acúmulos com desatada latitude, pois se tratava de oferecer combate a um "validismo" de origem palaciana. Tal argumento, entretanto, carece de qualquer sentido perante o Texto de 1988, que adota irrestritamente o sistema do mérito comprovado para o acesso a cargos públicos.

Como falar-se em "validismo" quando a titulação em cargo advém de disputa pública e exclui deliberadamente a outorga dele como um favor? Destarte, já por isto é incotejável a situação dos titulares de cargos, perante diplomas passados, com os servidores públicos civis em face do Texto atual.

Vê-se, pois, ser impróprio comparar situações reguladas por Diplomas fundamentalmente distintos, ainda quando a linguagem de um de seus artigos (o relativo a acumulações) possua similitude. Donde, o "histórico" a que alude o acórdão — e que, segundo a ilação que extraiu, valeria como demonstrativo do intento de proibir acumulações de qualquer natureza, inclusive as de proventos — nenhum proveito traz para abonar a exegese proposta ao Texto de 1988, pois estaria a cotejar situações distintas.

9. Aliás, se o elemento histórico se devesse recorrer para interpretar o ponto em causa, buscando em tempo próximo, isto é, na mesma conjuntura temporal, o intento visível e demonstrável de quem produziu a norma *sub examine*, ter-se-ia, neste elemento histórico, *acachapante demonstração contrária ao entendimento do acórdão*. Isto é: a ser dado relevo a tal fator, resultaria incontendivelmente avalizada a exegese de que no Diploma atual é perfeitamente legítimo o acúmulo de proventos com vencimentos. Com efeito, os anais da Constituinte, como bem o exibiu o Min. Marco Aurélio em seu voto vencido, demonstram que *o intento de proibir acúmulo de proventos foi explicitamente repelido pelos constituintes*. Estes, acolhendo emenda do senador Nélson Carneiro, rechaçaram o dispositivo, oriundo das comissões temáticas, que estabelecia dita proibição e lhe regulava as exceções. Nisto, pois, manifestaram com clareza, através de seus votos, expressa repulsa à introdução da vedação em causa.

10. Sobretudo, cumpre ter presente que as interpretações jurídicas, e assim também as jurisprudenciais, estão vinculadas tanto à dicção dos textos, cujas variações, ainda que pequenas, conduzem, como é natural, a resultados diversos, mas também à totalidade do quadro normativo em que estes se encartam. Mais que isto, releva notar que sofrem poderoso influxo da época e do ambiente social e político vigentes.

A exatidão da assertiva bem se estampa no fato de que, à exceção do MS 8.866, aliás proferido quando a Constituição de 1946 já havia sido sangrada pelo golpe militar de 1.4.64, *nenhum acórdão referido no voto do eminente Relator em abono da tese que sufragou foi proferido sob a vigência da Constituição de 1946*, mas sob o império da Carta de 1967 (na qual o acúmulo de proventos e vencimentos era vedado, com exceção dos casos nela previstos). Com efeito, em todos os acórdãos mencionados (ressalvado o MS 8.866) tratava-se, sempre, de interpretar dispositivo de Constituição passada para aplicá-lo a situações solutas judicialmente já ao tempo do novo Documento Constitucional.

A intelecção oposta — de que era possível acumular proventos de uma aposentadoria com vencimentos de um cargo na ativa — *era, ao que parece, a prevalecente durante a vigência da Constituição de 1946*, como se vê no RE 34.054, de *27.8.57*, e, dentre os acórdãos referidos por Maria Sylvia Zanella di Pietro em tal sentido, os que foram proferidos antes do advento da Carta de 1967 (ob. cit., p. 372), a saber: decisão do Plenário no RMS 15.519-GB, de 5.5.66 (*RTJ* 40/657), e da 1ª Turma no RMS 15.485-GB, de 8.8.66 (*RTJ* 40/104). Releva notar que *o último acórdão do STF durante o regime da Constituição de 1946 decidiu pela constitucionalidade da acumulação de proventos com vencimentos* (RMS 16.009-DF, 3ª T., rel. Min. Hermes Lima, 9.3.67).

A tendência para mudar tais interpretações surge, apenas, depois da Carta de 1967, na qual a acumulação de proventos com vencimentos veio a ser vedada, com ressalva das hipóteses expressas. Não há duvidar que as interpretações jurídicas em geral, e entre elas as jurisprudenciais, retratam, inevitavelmente, um dado período de vida de um país. Deveras, conquanto devam manter-se afinadas com os objetivos a que os textos interpretandos se reportam, tais objetivos são encarados ao lume do tempo em que suas exegeses se efetuam, assim como dos fatores que, então, as condicionam. Daí o perigo de transportar interpretações próprias de uma certa época para outra, extrapolando os limites históricos nas quais se continham. É sabido e ressabido que as mudanças interpretativas ao longo do tempo, *mesmo quando procedidas perante textos idênticos*, cumprem precisamente a função que delas se espera: dar o sentido atual de disposições antigas. Daí ser muitas vezes duvidoso, e outras impróprio, como no caso presente, trazer à baila jurisprudência velha para solver intelecção de dispositivos análogos encartados em textos novos.

Por derradeiro, cumpre salientar que também não se poderia atribuir demasiada importância a interpretações passadas, fossem elas quais fossem, porque o fato de haverem se direcionado em tal ou qual sentido não é, em si mesmo, demonstrativo de que eram corretas ontem, e menos ainda de que o sejam hoje. O que interessa ao exegeta é colher perante um texto *atual* a inteligência que *atualmente* lhe cabe ser dada ante o diploma vigente.

Ademais, em análise fria e técnica, sob o regime da Constituição de 1946 — abstração feita do impacto que a carta de 1967 certamente trouxe ao espírito do exegeta no exercício jurisdicional — não hesitamos em dizer que era francamente abusiva a intelecção de que estava proibido o acúmulo de proventos com vencimentos. Com efeito, se este entendimento já não fosse embargável por inexistir tal regra na Constituição, sê-lo-ia pela impossibilidade de atribuir-lhe a índole de *ditame de caráter geral*, colhido simplesmente a partir da norma que interditava o acúmulo de cargos. É que, no diploma em apreço, houve específico tratamento obstativo de acúmulo de proventos com vencimentos *quando a Constituição desejou estabelecê-lo*. Ou seja: quando quis instituir tal óbice, fê-lo sem rebuços, expressamente.

Com efeito, o art. 185, § 5º, vedava *aos servidores militares* a percepção conjunta de proventos com remuneração de cargo permanente ou temporário. Não haveria imaginar, então, que o Texto Magno, havendo tido a cautela de prover sobre a matéria em relação a uns, pretendeu o mesmo em relação a outros (embora omisso quanto a estes), fiado em que intérprete, para desenfronhar este intento não professado às claras (pois mantido em deliberado e esotérico hermetismo), construiria por si próprio igual proibição, graças ao expediente de extrair das palavras "acumulação remunerada *de cargos*" (referidas no art. 185) âmbito extensivo suficiente para também abrigar hipóteses em que o servidor *não estivesse acumulando cargos*.

11. Ante o exposto, não há como considerar demonstrada a irrelevância da omissão constitucional no que concerne ao cúmulo de proventos com vencimentos, *sub color* de que, ao tempo de Constituições passadas, mesmo à falta de regra obstativa expressa, pode prosperar intelecção impeditiva. Com efeito, a linguagem dos específicos dispositivos atinentes ao tema de cumulação podia ter — e tinha — pronunciadas semelhanças com a do Texto atual. Sem embargo, estavam encartados em contextos normativos constitucionais e históricos distintos, os quais ensejavam o meneio de argumentos não extrapoláveis para o sistema instaurado na Constituição vigente (art. 75 da CF de 1891, art. 182, § 5º, da CF de 1946, além da inexistência, tanto nelas como na Carta de 1937, de regra universalizando a obrigação de concursos públicos). De outro lado, o elemento histórico, como visto, não carreia, procedentemente, subsídios para a acolhida, no presente, da tese abonada no acórdão; pelo contrário, o histórico da elaboração do Texto de 1988 concorre inadversavelmente para infirmá-la.

12. Caberia também questionar-se, como registra o acórdão em reforço da tese que adotou, o fato de alguns Documentos Constitucionais anteriores estabelecerem expressamente os casos de acumulação permitida de vencimentos com proventos (de 1934, art. 172, § 4º; de 1967, art. 97, § 3º; e de 1969, art. 99, § 4º) induz o entendimento de que a vedação se constituía na regra geral (deduzível da simples proibição de acumulação de cargos), valendo as liberações como exceção.

Não padece a menor dúvida de que, *nas referidas Constituições*, a interdição de acúmulo de proventos com vencimentos veio a se constituir na regra geral. Entretanto, assumiu tal caráter *precisamente em razão dos dispositivos que especificaram as hipóteses restritas de acúmulo permitido*. Não por outro motivo. É que o fato de assim haverem disposto não traz consigo qualquer postulação lógica de que a acumulação de proventos com vencimentos já estivesse contida na regra obstativa de acúmulo de cargos.

Deveras, na interdição de acúmulo remunerado de cargos nada existe que predique racionalmente interdição de acúmulo de proventos com vencimentos, pois quem recebe proventos *só os recebe pelo fato de não estar ocupando cargo*. Ora, este fato — o de não estar ocupando cargo — é, precisamente, *situação antinômica à pressuposta na regra obstativa do acúmulo remunerado de cargos*. Assim, é gratuito presumir que a enumeração de acumulações permitidas (de vencimentos com proventos) seja derrogação de uma hipotética regra geral em sentido contrário. Inversamente, se faltasse o dispositivo enumerador dos casos de acumulação permitida de proventos, haver-se-ia de entendê-lo livre de limitações. É o que a seguir se demonstra.

A enunciação constitucional ou legal taxativa de condutas facultadas ao administrado constitui-se, em si mesmo, *em declarada confissão de que se quis delimitar o campo do permitido, restringindo-o* — e não que o almejado foi excepcionar o proibido. Com efeito, é notório — e, por isto, são dispensáveis maiores considerações — que, no Estado de Direito, o que não estiver proibido ao cidadão está, *ipso facto*, permitido; situação, aliás, precisamente inversa da que ocorre com a Administração Pública, para quem o que não estiver permitido está, *ipso facto*, proibido.

Logo, a dicção limitadora dos casos de acumulação de proventos estabelecida em outros Diplomas Constitucionais (Constituição de 1934, Cartas de 1967 e de 1969) vale, precisamente, como demonstrativo de que os Textos em causa necessitaram excepcionar a permissão genérica embutida no princípio de que o não proibido é permitido aos cidadãos. Assim, a enumeração que delas constou jamais concorreria para supedanear a tese contrária; antes — e pelo contrário —, conspira contra ela, confirmando que a mera interdição de acúmulo remunerado de cargos é insuficiente para abarcar a hipótese de percepção de proventos em concomitância com vencimentos.

13. Vistos os aspectos atinentes a períodos transactos, cumpre, já agora, examinar o tema ao lume de argumentos de outra ordem.

A Constituição de 1988, tal como foi promulgada e vige (portanto, posta de lado qualquer opinião sobre a *conveniência* do tratamento que deu ao tema da acumulação), estabelece, simplesmente, que: *"é vedada a acumulação remunerada de cargos públicos*, exceto, (...)".

Não há, aí, palavra alguma sobre acumulação de proventos.

Para considerá-los inclusos no âmbito da proibição do citado artigo não basta o reconhecimento de que aposentados ainda mantêm um liame com o serviço público ou a referência ao fato de que recebem dos cofres públicos por haverem exercido cargo público, ou mesmo a remissão ao modo como a Constituição dimensionou o valor atribuível aos proventos (correlacionando-os com o que o servidor perceberia se ainda estivesse na ativa). Nada disto altera a dicção constitucional ou revela um intuito diverso daquele que se colhe de suas palavras, tal como expressadas.

Deveras, certamente é exato que os servidores aposentados também são servidores públicos — servidores inativos. É igualmente certo que a Constituição atual lhes confere proventos dimensionados com base no que perceberiam se ainda estivessem na ativa. É correto, outrossim, que os aposentados percebem proventos porque *exerceram* cargos públicos. O que não é exato é que os recebam à conta da *acumulação remunerada de cargos públicos*, pois nenhuma das circunstâncias aludidas implica predicação lógica de tal conclusão.

14. Com efeito, quem exerceu um cargo e não mais o exerce, por estar aposentado dele, não pode estar acumulando tal cargo (do qual já está desligado) com algum outro. Acumulação de cargos *é a titularização simultânea de mais de um cargo*. Logo, *acumulação remunerada de cargos* é a percepção de retribuição pelo exercício simultâneo de mais de um cargo. Não estando em causa a titulação de dois cargos simultaneamente, é impossível estar em causa a acumulação remunerada de cargos.

De outro lado, é impróprio considerar que na acumulação de proventos com vencimentos há, de todo modo, remuneração acumulada *proveniente do exercício de cargos* (no presente e no passado). Não colheria esta exegese pela simples razão de que proventos *não são remuneração do* ***exercício*** *de cargo*. Aliás, não são *sequer remuneração de cargo* e muito menos, pois, do exercício dele (presente ou passado).

15. Não há negar que o direito do aposentado à percepção de proventos resulta de haver ele, no pretérito, desfrutado da qualidade de titular de cargo público, mas daí não se segue que sua paga seja *remuneração do cargo exercido*. Não é. Tem natureza diversa.

O servidor ativo, sim, percebe remuneração em razão de seu vínculo *com o cargo ou função*. Distinta é a situação do aposentado, pois a aposentadoria provoca precisamente *a cessação da relação entre o servidor e o cargo* (embora não a relação entre ele e o serviço público), o que, desde logo, desautoriza supor que os proventos tenham *natureza* equivalente à de *remuneração do cargo que exerceu*.

Deveras, não é exato que o aposentado permaneça umbilicalmente ligado ao cargo ou que se lhe paguem proventos porque sobrevive uma vinculação entre ambos. Basta lembrar que, se vier ulteriormente a ser extinto o cargo que o aposentado ocupara (ou a extinção incidir sobre a classe, espécie ou natureza que lhe correspondiam), *nem por isto se extinguirá seu direito à percepção dos proventos*. Registre-se, ainda, que, nas aposentadorias sem completude de tempo de serviço integral (salvo os casos de invalidez em serviço ou por moléstias indicadas em lei), o aposentado não percebe, na inativa, a remuneração correspondente ao cargo que ocupou na ativa.

16. Antes da aposentação, o vínculo entre o Estado e o servidor faz-se *através do cargo ou função*; daí que o servidor da ativa é remunerado pelo correspondente exercício. Porém, depois da aposentadoria, o vínculo *não mais se faz por esta via* — que *deixa de existir como meio de interligação das partes* —, visto que o jubilado é desligado do referido liame; cessa sua relação com o cargo (aliás, só por isto é que o cargo se vaga e outro pode ser nele provido). Assim, não havendo mais cogitar de ligação do servidor com o cargo, pois suas relações com o Estado não mais se processam por via dele, não há, também, supedâneo jurídico algum para considerar-se que proventos do inativo sejam remuneração de cargo exercido.

Assim como são distintos os títulos jurídicos pelos quais servidores ativos e servidores inativos se correlacionam com o Estado, também são correlatamente distintos os títulos de percepção, respectivamente, de vencimentos e proventos. Enquanto os primeiros são atrelados ao desempenho de cargo, os proventos não, visto que a aposentação suprime tal liame. Ou seja: *o que o aposentado percebe não tem **juridicamente** a natureza de pagamento, na inativa, da retribuição de **um dado cargo*** (*ainda que reclassificado ou transformado*).

17. Em suma: o servidor, uma vez aposentado, não mais percebe em razão de cargo público, mas em razão de um direito que se lhe reconhece constitucionalmente de ser assistido após a completude de seu tempo de serviço ou por haver irrompido alguma das causas determinantes de jubilação. Donde, de modo algum podem ser parificados os pagamentos percebidos à conta do exercício de cargo e à conta de proventos, para tomar estes últimos como fator componente de eventual acumulação de remuneração de cargos. Em relação a proventos descabe, pois, falar-se em acumulação remunerada de cargo público.

18. As considerações precedentes não brigam com a assertiva, perfeitamente exata, de que mesmo depois da aposentação persistem vínculos entre o servidor e o Estado. Persistem, sim, *mas com mutação de natureza*. Não cessa o liame entre ele e o Estado; entretanto, induvidosamente cessa — e é o que *importa para o tema* — a vinculação entre o servidor e o cargo. Por isto, o que o inativo recebe não poderia, mesmo, ser a remuneração do cargo que exerceu.

O fato de a Constituição haver pretendido conferir ao aposentado proventos quantificados de maneira a assegurar-lhe a mesma dignidade econômica que lhe corresponderia se ainda estivesse na ativa não transmuda a natureza do que lhe foi deferido. Significa, tão-só, aquilo mesmo que a Lei Magna dispôs, e não prova além disto. Conferir ao inativo um *quantum* mensal equivalente ao que recebe seu correspectivo da ativa é apenas a adoção de um critério havido pelo constituinte como justo, isto é, como idôneo para valorizar o passado do inativo. Daí não se segue, contudo, que haja nisto uma remuneração de cargo. Portanto, não há por que extravasar o sentido da disposição e atribuir-lhe a virtualidade de projetar-se influentemente na exegese de artigo que cogita de assunto diverso: o art. 37, XVI, relativo ao acúmulo de cargos.

19. Por derradeiro, estando em pauta, como está, nada mais que um problema de interpretação — a ser soluto, pois, de acordo com os cânones hermenêuticos que presidem as exegeses normativas em geral — é impossível deixar-se de atribuir importância ao princípio segundo o qual as proibições se interpretam estritamente. Nesta consonância, então, não se pode atribuir a uma norma que simplesmente proíbe acumulação remunerada de cargos um alcance suplementar para fins de proibir também a acumulação de proventos com a de vencimentos.

Tal conclusão, de resto, é particularmente visível na matéria *sub examine* porque, como argutamente salientou o Min. Marco Aurélio, depreende-se da Constituição vigente, de um lado, uma deliberação clara no que concerne à consciente delimitação do âmbito das proibições de acumular e respectivas exceções e, de outro lado, um reconhecimento, também consciente, do caráter restrito conferido ao 37, XVI — atinente à acumulação de cargos. É que, como ponderou em seu voto, o art. 37, XVII, extensivo da proibição de acumular a cargos, funções e empregos em autarquias e outras entidades, revela que o campo abrangido pela regra do inciso XVI, por si mesmo, não possuía amplitude para abrigar senão o que resultava imediatamente de sua dicção. Assim, se o propósito constitucional fosse o de compreender outras limitações — qual a do acúmulo de proventos —, haveriam sido igualmente instituídas, e não o foram, diversamente do que ocorreu em relação aos colhidos pela regra do inciso XVII. Isto se confirma pela minúcia com que foi tratado o tema de acumulação. É o que a Lei Magna, assim como havia delimitado o que desejara incluir nos acúmulos proibidos, ocupou-se, nas "Disposições Transitórias", de excluir situações intercorrentes que reputou oportuno absorver da vedação que as colheria, tudo a demonstrar a amplitude dos cuidados que dispensou ao assunto.

Confirma-se, destarte, que a Constituição externou com largueza seus desígnios na matéria e que, determinadamente, conferiu à disposição constante do art. 37, XVI, um âmbito restrito, isto é, não extrapolável para outras situações não contidas em sua própria linguagem.

20. Não há contestar que o preceito exegético segundo o qual as proibições hão de ser interpretadas restritamente — isto é, sem aduzir à regra geral de liberdade mais onerações que as externadas — tem seus limites e que descaberia atribuir-lhe força suficiente para obstaculizar a prevalência da finalidade abrigada na norma interpretanda.

Ocorre que, *in casu*, não é demonstrável que a finalidade da norma seja a de alcançar a hipótese de acúmulo de proventos com vencimentos. Antes, vê-se que tudo concorre para entender que o objetivo da regra foi o de vedar tão-só a acumulação remunerada de cargos; não, pois, de cargos e proventos.

Com efeito, interpretar é desvendar um pensamento, um sentido que reside no próprio texto objeto de interpretação. Daí por que o exegeta tem de cifrar-se a ele, acautelando-se contra a tentação de embutir inconscientemente na regra o fruto de suas próprias noções de conveniência ou de justiça, por aplausíveis que sejam elas. Contra este perigo advertiu Carlos Maximiliano, o príncipe de nossos mestres de exegese, ao dizer: "Em todo caso, o hermeneuta *usa*, mas não *abusa* da sua liberdade ampla de interpretar os textos" (2ª ed., Porto Alegre, Livraria do Globo, 1933, p. 169).

Com efeito: "Não se deve ficar aquém, nem passar além do escopo referido; o espírito da norma há de ser entendido de modo que o preceito atinja completamente o objetivo para o qual a mesma foi feita, *porém dentro da letra dos dispositivos*" (ob. cit., p. 171 — o grifo é nosso).

É que: "Cumpre evitar não só o demasiado apego à letra dos dispositivos, como também o excesso contrário, o de *forçar a exegese* e deste modo encaixar na regra escrita, graças à fantasia do hermeneuta, as teses pelas quais se apaixonou, de sorte que vislumbra no texto idéias apenas existentes no próprio cérebro, ou no sentir individual, desvairado por ojerizas e pendores, entusiasmos e preconceitos" (ob. cit., p. 118).

21. Ora bem, perante uma regra que estabelece ser proibida a *acumulação remunerada de cargos* e que se encarta em diploma no qual o tratamento do tema foi feito com cuidados reveladores da atribuição de um sentido bem determinado à norma em questão, é impossível aduzir ao preceituado o desatado alcance de vedar o acúmulo de proventos. Não haveria como fazê-lo sem desprender-se da regra interpretanda e sem incorrer, pois, na oportuna crítica de Carlos Maximiliano.

Intelecção deste jaez pode representar o fruto de uma aspiração do exegeta, o desejo de que a matéria houvesse recebido tratamento constitucional mais restritivo; contudo, não confere com a dicção do Diploma. Procedimento desta ordem é sobremodo vitando e mereceu a seguinte censura de Black, em seu monumental trabalho sobre interpretação das leis: "When an act is expressed in clear and concise terms, and *the sense is manifest and leads to nothing absurd, there can be no reason not to adopt the sense which is naturally presents*. To go elsewhere in search of conjectures, in order to find a diferent meaning, *is not so much to interpret the statute as to elude it"* (*Handbook on the Construction and Interpretation of the Laws*, West Publishing Co., 1896, p. 37 — grifos nossos).

Estas averbações ele as comprova serem confirmadas pela Suprema Corte dos Estados Unidos trazendo à colação os casos Vattel, Law of Nat., Bk. 2, c. 17, & 263; Jackson *v.* Lewis, 17 Johns. 475; People *v.* New York Cent. R. Co., 13 N.Y. 78 e a seguinte passagem no caso Colehan *v.* Cooke, Willes, 393: "When the words of an act are doubtful and uncertain, it was proper to inquire what was the intent of the legislature; but is very dangerous for judges to launch out too far in searching into the intent of the legislature *when they have expressed themselves in clear and plain words"* (ob. e loc. cits — grifos nossos).

Realmente, a linguagem vertida em um texto normativo há de ser presumida, desde logo, como idônea para exprimir o que nela se pretendeu. É o que bem disse o mesmo autorizado mestre referindo-se à busca do sentido normativo, da finalidade, abrigada no texto:

"This meaning and intention must be sought first of all in the language of the statute itself. For it must be presumed that the means employed by the legislature to express its will are adequate to the purpose and do express that will correctly.

"If the language of the statute is plain and free form ambiguity, and express a single, definite, and sensible meaning *is conclusively presumed to be the meaning which the legislature intended to convey"* (o grifo é nosso) — pp. 35-36).

A liberdade do intérprete não o autoriza a construir opções de significado dentro do texto quando nele mesmo não estejam abertas portas para tanto. Também aqui calham à fiveleta expressões do iluminado jurista: "If the language of the statute is ambiguous, or lacks precision, or is fairly susceptible of two or more interpretations, the intended meaning of it must be sought by the aid of all pertinent and admissible considerations. But here, as before, the object of the search is the meaning and intention of the legislature, and the court *is not at liberty*, merely because it has a choice between two constructions, *to substitute for the will of legislature its own ideas as to the justice, expediency, or policy of the law"* (p. 36 — grifos nossos).

Portanto, *não é interpretação teleológica*, mas demasia do intérprete — conquanto revestida das aparências formais da "interpretação" —, atribuir à lei uma finalidade que não possa ser extraída da *própria linguagem dela ou da totalidade normativa onde ela se encarte*, para fins de dar como integradas implicitamente em um texto legal proposições que não foram por ele enunciadas, com a intenção de restringir ou dilargar o alcance daquilo que na lei esteja dito. Procedimento desta ordem contende com a lei, viola sua integridade e implica substituição do legislador pelo pretendido hermeneuta.

22. Com efeito: interpretar é desvendar um pensamento *alheio*. E este se capta na busca do sentido mais natural e espontâneo das palavras utilizadas na regra examinanda, precavendo-se contra interpretações acrobáticas, malabarismos hermenêuticos, pois, ainda e sempre na trilha da Suprema Corte americana (McCluskey *v.* Cromwell, 11 N.Y. 593, 601), citada por Black: "Statutes and contracts should be read and understood according to the natural and most obvious import of the language, *without resorting to subtle and forced construction for the purpose of either limiting or extending their operation* (...) The object of interpretation is to bring sense out of the words used, *not to bring a sense into them"* (ob. cit., p. 37 — os grifos são nossos).

As considerações até aqui feitas não significam, de modo algum, privilegiar uma interpretação meramente gramatical sobre a interpretação teleológica. Esta última, em rigor, é a única que mereceu tal nome. Boamente se reconhece que interpretação gramatical não é sequer interpretação, mas apenas o ponto de partida para efetuá-la.

Significam apenas que ao intérprete não é dado, em nome de objetivos acaso prezáveis, construir uma alternativa de tratamento a determinada matéria quando o texto interpretando — embora considerado não apenas na unidade da regra examinanda, mas também na totalidade em que se aloja — revela ter produzido uma determinada solução plausível, mesmo que não seja o que o exegeta considera ideal.

23. Interpretar teleologicamente não é, pois, inserir na regra de Direito o *próprio juízo* — por mais sensato que seja — sobre a finalidade que "conviria" fosse por ela perseguida. Interpretar é trazer a lume o *propósito já cristalizado em regra que objetivamente existe*, para o efeito de desvelar o conteúdo que nela mesma reside. Não é, então, compor, para a lei, segundo os critérios pessoais de quem a examina, uma finalidade que se reputa prezável ou mais prezável do que a que está vertida no preceito examinando.

Eis, pois, em que difere a interpretação gramatical da teleológica. Na primeira, a dicção normativa é dada como suficiente e, pois, preponderante em relação ao que se poderia identificar como a finalidade *extraível da linguagem* em que se vazou seu comando, já que a perquirição sobre o objetivo da regra é considerada prescindenda. Na interpretação teleológica, o escopo reconhecível *na própria dicção da regra*, isto é, o espírito que a anima, ou que anima a *integridade do texto no qual esta se aloja*, é que é tomado como preponderante, de tal sorte que prevalece ou completa a literalidade da lei, desde que não a afronte desnecessariamente, não contenda com o sentido dela, pois apenas se propõe a captar-lhe a tônica e reconhecer-lhe o âmbito de abrangência.

24. Assim, no caso em tela, seria desbordar do campo da interpretação teleológica pretender que esteja proibida a acumulação de proventos com vencimentos de cargo perante norma que — em dicção simples, clara e concisa, reconhecível segundo o sentido espontâneo e natural das palavras — limita-se a interditar "acumulação remunerada de *cargos públicos*" e que se encarta no bojo de um *texto* no qual (a) o tema voltou a ser tratado no dispositivo seguinte, com o objetivo claro de alargar e completar o tratamento dado no preceptivo imediatamente anterior, sem estender as novas vedações à hipótese de proventos de aposentadoria; (b) e que não contém, em qualquer outro dispositivo, indicações claras de que pretendeu abarcar na proibição estabelecida a hipótese de proventos.

O que se vem de afirmar resulta ainda mais visível ante a circunstância de que, para supedanear dita interdição, não estabelecida na dicção da regra, é preciso recorrer a construções sutis e acrobáticas, produzir ilações oblíquas que, justamente por relevarem a necessidade de uma argúcia e agilidade mental admiráveis, exibem o caráter cerebrino, forçado, artificial, da conclusão; ou seja, a improcedência da exegese.

Cumpre, finalmente, sublinhar a importância das observações do Min. Marco Aurélio, na sustentação do voto vencido, quando alertou para o fato de que não se pode, ao lume de uma dicção clara e objetiva, que se limita a vedar o acúmulo remunerado de cargos, alargar o âmbito desta proibição, em face de um Texto Magno no qual está insculpido o princípio fundamental de que "ninguém será obrigado a fazer ou deixar de fazer alguma coisa senão em virtude de lei", de par tanto com a liberdade no exercício de qualquer trabalho, ofício ou profissão, atendidas as qualificações exigidas por lei, quanto com a previsão da acessibilidade aos cargos públicos dos que preencham os requisitos estabelecidos em lei.

Com efeito, inexistindo dispositivo constitucional ou lei que proíbam ao aposentado disputar tais cargos sob pena de perder a aposentação, não seria possível construir artificialmente impedientes à cumulação de proventos com vencimentos — natural consectário do acesso ao cargo subseqüentemente a uma aposentadoria.

Em suma: é inadmissível inserir em uma regra de direito — sobreposse em regra que estabelece proibições, mormente constitucionais — idéias, intenções, *que nela se encontram enunciadas*, quando:

a) inexistem no dispositivo interpretando ou no texto em que este se encarta outras regras ou expressões que supeditem a inclusão destas idéias não enunciadas pelo legislador (constituinte, no caso), tanto mais quando ter-lhe-ia sido natural e fácil fazê-lo, se acaso tivesse tal intento;

b) falece uma razão sólida, inconfutável, capaz de servir de calço ao intérprete para agregar à dicção do legislador proposições novas, presumidas como se estivessem abrigadas implicitamente em enunciado cuja dicção, a toda evidência, semanticamente não as contém.

25. Tudo quanto se disse, cumpre esclarecê-lo, em nada interfere com a possibilidade de sobrevir lei interditando a cumulação de proventos com vencimentos, fora das hipóteses em que está permitida a cumulação de cargos.

É que o fato de a Constituição não haver vedado tal cúmulo não significa que o tenha assegurado. Da Constituição não decorre impediente ao sobredito cúmulo, mas dela também não resulta empeço a que venha a ser futuramente instituído, conforme já dantes havíamos averbado (ob. e loc. cits.)

Se esta é a melhor solução (como, de resto, também cremos que, *de lege ferenda*, o seja), cumpre ao legislador estabelecê-la, mas no plano interpretativo da Constituição não há como encontrá-la, salvo extrapolando os limites da regra interpretanda.

26. Isto tudo posto e considerado, à indagação da consulta respondo:

Não há na Constituição Federal de 1988 vedação à acumulação de proventos com vencimentos, situação que pode ocorrer independentemente da natureza do cargo da ativa ou daquele dantes ocupado.

É o meu parecer.

São Paulo, 9 de fevereiro de 1995.

COMPETÊNCIA PARA A FIXAÇÃO DO VALOR DAS ANUIDADES — Profissões regulamentadas

ADÍLSON ABREU DALLARI
Professor Titular de Direito Administrativo
da Faculdade de Direito da PUC/SP

Consulta — Parecer: 1. Evolução legislativa. 2. Manifestações técnicas. 3. Considerações doutrinárias. 4. Conclusão.

CONSULTA

Em face da Lei 6.994, de 26.2.82, pela Lei 8.906, de 4.7.94 (Estatuto da OAB), passou a haver uma controvérsia sobre a competência para fixação de valores de anuidades e taxas.

Este Conselho Regional, baseado no parecer de seu Assessor Jurídico, Dr. Rubens Ferreira, convocou Assembléia-Geral, que não acatou os parâmetros apresentados pelo Conselho Federal de Odontologia.

O assunto encontra-se pendente, ameaçando o Conselho Federal de Odontologia cobrar a diferença dos valores. E mais, convocando reunião em setembro, para fixar as anuidades e taxas para 1996.

A fim de podermos dirimir a questão, usando uma norma defensável, solicitamos seu abalizado parecer a respeito.

Em anexo, apresentamos, para seu conhecimento:

1) Parecer Conjur-38/94, do Conselho Federal de Odontologia;

2) Parecer Conjur-41/94, do Conselho Federal de Odontologia;

3) Parecer Conjur-42/94, do Conselho Federal de Odontologia;

4) Parecer Projur-107/94, do Conselho Federal de Odontologia;

5) Parecer da Consultoria Jurídica do Conselho Regional de Odontologia;

6) Parecer do Dr. Diogo de Figueiredo Moreira Neto, por solicitação do Conselho Federal de Odontologia;

7) Nota Técnica CISET/CAORI 22/94 e despacho aprobatório do Secretário de Controle Interno do Ministério do Trabalho.

Em síntese, deseja este Conselho Regional saber se está ou não legalmente habilitado a fixar as anuidades e taxas para os profissionais sujeitos à sua jurisdição.

PARECER

1. Evolução legislativa

A questão em exame deve ser analisada a partir da edição da Lei 4.324, de 14.4.64, que "institui o Conselho Federal e os Conselhos Regionais de Odontologia". A ementa dessa lei é significativa: não se instituiu um único Conselho, mas, sim, vários.

Seu art. 2º dá a esse conjunto uma estrutura *sui generis*, na medida em que cada Conselho Regional é "dotado de personalidade jurídica de direito público, com autonomia administrativa e financeira", mas todos eles, e mais o Conselho Federal, "constituem em seu conjunto uma autarquia". Trata-se, portanto de uma "federação", instituto jurídico que concilia a unidade do conjunto com a autonomia das partes componentes, tendo como pressuposto a distribuição de competências entre o todo e as partes.

Ao distribuir as competências, definindo as atribuições do Conselho Federal e dos Conselhos Regionais, a Lei 4.324/64 concentrou nestes últimos as atividades operacionais, de controle do exercício profissional, de relacionamento direto com os profissionais da Odontologia, reservando ao ente federal o relacionamento não com os profissionais, mas, sim, com os Conselhos Regionais.

Esse método ou essa política de distribuição de competências fica muito evidente no tocante às anuidades devidas pelos profissionais. O Conselho Federal não cobra anuidade dos profissionais, mas, sim, recebe "um-terço das anuidades cobradas pelos Conselhos Regionais". Os arts. 2º, 4º e 8º da Lei 4.324/64, que estão inquestionavelmente em vigor, deixam perfeitamente claro que o Conselho Federal nunca teve competência para fixar anuidades.

Tal competência era expressamente consignada aos Conselhos Regionais, e com um importantíssimo detalhe: não cabia à Diretoria de cada Conselho Regional fixar as anuidades; conforme os arts. 19 e 20 da Lei 4.324/64, a competência para "fixar ou alterar as taxas e contribuições cobradas pelo Conselho pelos serviços praticados" era diretamente atribuída aos cirurgiões-dentistas inscritos, reunidos em Assembléia-Geral.

Fica perfeitamente claro, portanto, que não existia um isolado dispositivo disciplinando a questão das anuidades, mas, sim, havia toda uma sistemática a respeito desse assunto, que tinha como pontos fundamentais a estrutura federativa do Conselho Federal, a autonomia dos Conselhos Regionais e o princípio democrático no relacionamento com os inscritos em cada específico Conselho Regional.

Esse era o panorama, quando foi editada a lei 6.994, de 26.5.82, que, especificamente: "Dispõe sobre a fixação do valor das anuidades e taxas devidas aos órgãos fiscalizadores do exercício profissional". Note-se, pois, de imediato, que essa lei cuidou somente disso; não interferiu na estrutura e funcionamento de qualquer entidade de controle do exercício profissional. Não afetou o geral; cuidou apenas e tão-somente de uma única particularidade.

Típico instrumento da Ditadura, que contava com um Legislativo dócil e obediente (amoldado por uma legislação eleitoral e partidária casuística e pela cassação do mandato de eventuais recalcitrantes), essa lei absolutamente extravagante centralizou a competência para fixar anuidades na Diretoria do órgão federal de cada entidade de controle do exercício profissional, sendo que tal competência era meramente declaratória, dado que os valores que poderiam ser fixados já figuravam na própria lei, disfarçadamente indicados como limites máximos.

Em síntese, o objetivo da Lei 6.994/82 era submeter todas as entidades de controle do exercício profissional à tutela do Ministério do Trabalho, que era aquinhoado (art. 4º) com 70% do saldo disponível anual do orçamento de cada entidade por ele tutelada.

Registre-se, apenas, que a Ordem dos Advogados do Brasil nunca cumpriu essa lei, por reputá-la flagrantemente inconstitucional, com base em diversos pareceres dos mais renomados juristas brasileiros. Este registro é feito apenas para salientar que se poderia questionar a eficácia jurídica dessa lei por inteiro, inclusive de seu art. 6º, que, ao revogar as disposições em contrário, teria revogado a competência dos Conselhos Regionais de Odontologia para fixar os valores das anuidades de seus inscritos. Não é o caso de se estender aqui sobre esse tema, mas, numa eventual disputa judicial, seria inteiramente pertinente o questionamento da constitucionalidade da indigitada lei, pois, uma vez reconhecida e declarada sua incompatibilidade com o sistema jurídico então vigente, a questão agora em debate desapareceria.

A famigerada Lei 6.994/82 foi expressamente revogada pelo art. 87 da Lei 8.906, de 4.7.94, que "dispõe sobre o Estatuto da Advocacia e da Ordem dos Advogados do Brasil — OAB". Tratando-se da revogação expressa, não se põe a questão de se saber se a lei nova revogou ou não as disposições em contrário: a Lei 6.994/82 está expulsa do cenário jurídico nacional.

Tendo desaparecido o mandamento legal uniformizador e centralizador, é preciso examinar como fica a questão da fixação de anuidades em cada entidade de controle do exercício profissional.

O presente estudo restringe-se ao exame da situação jurídica desse tema na área da Odontologia.

2. *Manifestações técnicas*

A questão da competência para a fixação do valor das anuidades e das taxas a serem pagas pelos cirurgiões-dentistas já foi objeto de diversos exames.

Em 8.11.94 (Parecer Conjur-38/94), com uma singeleza franciscana, o Conselho Federal, considerando revogadas as normas da Lei 4.324/64 e da Lei 6.994/82 que expressa e especificamente cuidavam do assunto, entendeu haver-se configurado um vazio legal, que deveria ser preenchido por alguma outra norma que indicasse a competência para a fixação das anuidades. Tal norma seria o art. 4º da Lei 4.324/67, que dá ao Conselho Federal poderes para promover quaisquer diligências ou verificações relativas aos Conselhos Regionais, para conhecer e resolver dúvidas suscitadas pelos Conselhos Regionais e para aprovar o orçamento anual desses Conselhos.

Ainda que se louve o esforço desenvolvido para solucionar a questão, é de se lastimar que a busca tenha-se limitado à literalidade das normas, sem adentrar o território mais rico dos fundamentos, dos princípios, dos valores e da interpretação sistemática.

Como não poderia deixar de acontecer, tal entendimento, absolutamente desprovido de fundamentação jurídica, foi rechaçado pelo Conselho Regional de Odontologia de São Paulo, em substancioso e muito bem-fundamentado parecer subscrito por seu orientador jurídico, o Dr. Rubens Ferreira.

Em seu estudo, datado de 22.11.94, o ilustre advogado rememorou as origens e os motivos da edição da Lei 6.994/82, para destacar seu caráter absolutamente aberrante e excepcional, e, lembrando que antes dela os diversos Conselhos Regionais fixavam diferentes valores para as respectivas jurisdições, afirmou que a Lei 8.906/94 revogou a legislação da Ditadura para restaurar a autonomia dos Conselhos Regionais.

Afastando-se da discussão sobre a repristinação ou não do específico dispositivo que dispunha sobre a forma de fixação das anuidades, o Dr. Rubens Ferreira foi mais longe, atendo-se à natureza da Assembléia-Geral, para afirmar, textualmente:

"Assim, embora possam não estar repristinadas as formalidades previstas no art. 20, item III, da Lei 4.324, é inequívoco que à Assembléia-Geral de cada Conselho Regional compete votar as anuidades, porque ela é o órgão soberano de cada Conselho e jamais poderá ser substituída por uma Plenária conjunta de Presidentes de Conselhos e Conselheiros Federais, como forma de representação indireta ao desamparo de qualquer disposição legal, depois da revogação da Lei 6.994.

"Cabe sempre distinguir entre *leges* e *jura*. Embora revogado o item III do art. 20 da Lei 4.323, pela Lei 6.994, e não restabelecido pela revogação desta, continuou de pé o sistema de princípios e regras definidas na Lei 4.324, em seu conjunto, e que não foram revogados. A soberania das Assembléias persiste bem como a autonomia dos Conselhos".

Em 2.12.94 o Conselho Federal tentou rebater os argumentos do Conselho Regional, mas o fez de maneira desastrosa, confundindo competência com interesse e atentando contra a mais elementar lógica. Com efeito, sustentou-se que o Conselho Federal tinha competência para a fixação do valor porque era destinatário de um-terço do arrecadado, e que a subtração do poder de fixar o valor das anuidades não afetava a autonomia administrativa e financeira dos Conselhos Regionais.

Ora, obviamente, ter interesse indireto não resolve o problema da competência e, se resolvesse, a conclusão teria que ser outra, pois o interesse dos Conselhos Regionais é direto e muito maior, dado que lhes pertencem dois-terços do que cada um deles arrecadar. Além disso, é inegável que qualquer subtração é uma diminuição; não faz sentido dizer que alguém foi privado de algo mas não perdeu coisa alguma. Até o advento da lei excepcional da Ditadura, os Conselhos Regionais sempre fixaram a anuidade de seus inscritos. Retirado do mundo jurídico o instrumento que possibilitava uma agressão à autonomia dos Conselhos Regionais e à soberania das Assembléias-Gerais, não é possível que as coisas permaneçam inalteradas.

Outras manifestações do Conselho Federal apenas repetiram os antigos argumentos, sem nada acrescentar.

Percebendo a fragilidade de suas posições jurídicas, o Conselho Federal foi buscar apoio na opinião técnica, sempre respeitável, do eminente mestre Diogo de Figueiredo Moreira Neto, que, entretanto, neste caso, não se houve com o costumeiro acerto, por ter partido de uma premissa equivocada.

Com efeito, a base do entendimento que foi desenvolvido por esse notável professor está na afirmação de que o Conselho Federal de Odontologia é uma única autarquia, sendo que os Conselhos Regionais são meras partes componentes dessa autarquia, como se fossem meros órgãos, meros segmentos, desprovidos de personalidade jurídica e de autonomia administrativa e financeira.

Ocorre que o art. 2º da Lei 4.324/64 diz coisa muito diferente, valendo a pena transcrevê-lo: "O Conselho Federal e os Conselhos Regionais de Odontologia ora instituídos constituem em seu conjunto uma autarquia, sendo cada um deles dotado de personalidade jurídica de direito público, com autonomia administrativa e financeira, e têm por finalidade a supervisão da ética profissional em toda a República, cabendo-lhes zelar e trabalhar pelo perfeito desempenho ético da Odontologia e pelo prestígio e bom conceito da profissão e dos que a exercem legalmente".

Está dito que *o conjunto* dos Conselhos Federal e Regionais é que se constitui numa autarquia. Não está dito que o Conselho Federal seja a autarquia única. Ao contrário, está dito que os Conselhos Regionais não são meros órgãos (segmentos desprovidos de personalidade e de vida própria), mas, sim, que são entidades dotadas de "personalidade jurídica de direito público, com autonomia administrativa e financeira".

Assim sendo, todos os argumentos expendidos a favor da autarquia Conselho

Federal também se aplicam a cada uma das autarquias Conselhos Regionais, pois é o conjunto de todos esses Conselhos que forma uma autarquia de base federativa, conciliando o todo e as partes.

Mais especificamente, entendeu o consagrado jurista que a Lei 6.994/82 fez desaparecer do mundo jurídico o disposto no art. 20, III, da Lei 4.324/64, que tratava da forma de fixação das anuidades e taxas pelas Assembléias-Gerais dos Conselhos Regionais, mas, no seu entender, isso não causou um vazio jurídico, pois o Conselho Federal, por ser uma autarquia, teria poderes implícitos para fixar as anuidades e taxas. São suas palavras: "O poder implícito de estabelecer o valor das anuidades é, pois, derivado da lei que instituiu a autarquia exercente do poder de polícia das profissões e, sem dúvida, se concentra em seu órgão máximo, o Conselho Federal, salvo se houver norma explícita que o transfira, *ainda uma segunda vez*, para os Conselhos Regionais".

Existem três evidentes falhas nessa afirmação supratranscrita: 1ª) não existe uma autarquia, mas, sim, várias entidades dotadas de personalidade jurídica de direito público e autonomia administrativa e financeira, cujo *conjunto* forma uma autarquia federativa; 2ª) na estrutura federativa não existe órgão máximo, ainda que a própria lei use essa expressão, pois não há hierarquia nem subordinação, mas, sim, competências específicas, inclusive a competência para o exercício da tutela administrativa, que não se confunde com o poder hierárquico; e 3ª) não cabe falar em uma segunda transferência de competências aos Conselhos Regionais, pois não há transferência alguma, na medida em que sua autonomia administrativa e financeira, *com os poderes inerentes ao seu exercício*, já consta do texto original da lei instituidora de todos os Conselhos.

Para rematar, diga-se, de uma vez por todas, que quem efetivamente exerce a polícia administrativa do exercício profissional são os Conselhos Regionais, e não o Federal. Se, como entende Diogo de Figueiredo Moreira Neto, a anuidade se configura como uma taxa pelo exercício do poder de polícia administrativa, quem deve fixar o seu valor e arrecadá-la é quem exerce essa atividade. Além disso, como a taxa deve estar necessariamente proporcionada ao trabalho despendido pela administração e à capacidade econômica dos contribuintes, não é constitucionalmente possível haver uma fixação de valor uniforme, pois cada Conselho Regional despende um esforço diferente e atua em um meio econômico diferente. *Data maxima venia*, em que pese ao respeito, à estima pessoal e ao acatamento sempre dado ao ilustre parecerista, seu parecer não convence, pois a tese da competência implícita leva à conclusão de que a fixação do valor das anuidades é atribuição dos Conselhos Regionais.

Uma última opinião técnica foi dada pelo Ministério do Trabalho (Parecer CISET/CAORI 022/94). Esse órgão apenas recomenda a simples conversão, para os valores atuais, dos antigos valores fixados com base na Lei 6.994/82, mas não resolve nem pretende resolver os problemas de competência, dizendo, de maneira muito sensata, o seguinte: "Quanto à questão do vazio legal advindo da revogação dessa lei, retorna-se à situação vigente anteriormente à lei, onde cada Conselho apresenta uma situação específica quanto a ter ou não competência para fixar os valores".

Realmente, as especificidades de cada lei instituidora de cada entidade de fiscalização do exercício profissional não permitem uma opinião universal. Cada caso é um caso. Na área da Odontologia o problema é um falso problema, pois não é possível haver dúvidas.

3. *Considerações doutrinárias*

A natureza jurídica da entidade legalmente incumbida do controle do exercício profissional da Odontologia é a de autarquia federativa, nos mesmos moldes da OAB.

O art. 1º da Lei 4.215, de 27.4.63, que era o antigo Estatuto da OAB, dizia, expressamente, que essa entidade tinha "forma federativa". A Lei 6.994/82 nunca foi cumprida pela OAB porque, dentre outras coisas, violava essa forma federativa, que é absolutamente fundamental, assumindo a força e a positividade de verdadeiro princípio jurídico.

São órgãos da OAB tanto o Conselho Federal quanto os Conselhos Seccionais, todos eles dotados de personalidade jurídica.

Na área da Odontologia, o art. 2º da Lei 4.324/64 não menciona expressamente a forma federativa, mas estrutura a entidade fiscalizadora de maneira a lhe dar uma forma federativa, na medida em que atribui personalidade jurídica e autonomia a todos os Conselhos.

Há apenas um problema de terminologia, pois a expressão "Conselho Federal" é equívoca, dado que identifica, ao mesmo tempo, o todo resultante do *conjunto* e um dos integrantes desse conjunto.

Suponha-se que a lei tivesse usado a expressão "Ordem dos Cirurgiões-Dentistas" para identificar o todo resultante do conjunto. Essa autarquia teria, como de fato tem, um Conselho Federal e os Conselhos Regionais. Infelizmente, a Lei 4.324/64, por um defeito de redação, diz que o Conselho Federal de Odontologia é formado pelo Conselho Federal de Odontologia e pelos Conselhos Regionais de Odontologia. De qualquer maneira, com ou sem defeito de redação, é indiscutível que a entidade tem forma federativa.

Toda e qualquer interpretação deve partir sempre do princípio federativo, pois foi este, sem qualquer possibilidade da menor dúvida, que inspirou a distribuição de competências entre os Conselhos Federal e Regionais de Odontologia.

Isto permaneceu indisputado até o advento da Lei 6.994/82, que foi editada exatamente para estabelecer uma exceção. Revogada a lei criadora de exceção, obviamente devem desaparecer seus efeitos, restaurando-se em sua plenitude o princípio federativo.

A Lei 4.324/64, que permanece indubitavelmente em vigor, tem uma fisionomia e revela uma inspiração claramente descentralizadora e democrática. Tais valores é que devem orientar a interpretação das normas isoladas e preencher eventuais lacunas normativas.

O falso problema em debate decorreu de uma leitura apressada e acrítica da Lei de Introdução ao Código Civil, cujo art. 2º, com seus parágrafos, precisa ser transcrito:

"Art. 2º. Não se destinando à vigência temporária, a lei terá vigor até que outra a modifique ou revogue.

"§ 1º. A lei posterior revoga a anterior quando expressamente o declare, quando seja com ela incompatível ou quando regule inteiramente a matéria de que tratava a lei anterior.

"§ 2º. A lei nova, que estabeleça disposições gerais ou especiais a par das já existentes, não revoga nem modifica a lei anterior.

"§ 3º. Salvo disposição em contrário, a lei revogada não se restaura por ter a lei revogadora perdido a vigência."

Em primeiro lugar, dadas as circunstâncias do momento em que foi elaborada, pode-se afirmar que a Lei 6.994/82 era lei de vigência temporária, destinada a socorrer uma situação emergencial (as taxas abusivas que os Conselhos de Farmácia estavam cobrando dos laboratórios), sabendo-se de antemão que, por sua irremissível incompatibilidade com os valores permanentes da ordem jurídica brasileira, ela seria revogada tão logo se restaurasse a normalidade institucional. Ela era, sim, temporária, mas por prazo indeterminado.

Observa-se, além disso, que o art. 6º da Lei 6.994/82 não revogou expressamente dispositivo algum. Apenas se valeu da infeliz fórmula "revogam-se as disposições em contrário".

Isso não permite e não autoriza afirmar, de maneira categórica e incontroversa, que o art. 20, III, da Lei 4.324/64 tenha sido revogado, pois essa fórmula genérica nunca foi fonte de certezas, mas, sim, sempre de insegurança jurídica, conforme assinala com muito vigor Marcus Cláudio Acquaviva, em seu *Dicionário Jurídico Brasileiro,* 7ª ed., Ed. Jurídica Brasileira, 1995, p. 1.247):

"Ora, isto pode levar a dúvidas e perplexidades imensas! Se uma nova lei é incompatível com as que lhe precederam, quem, senão o legislador, teria obrigação de declinar, expressamente, os diplomas tornados sem efeito? Não foi sem razão que Émile Giraud afirmou que 'existe um artigo fatídico, fonte eterna de complicações e enganos, debaixo de cuja capa protetora o autor da lei se esconde com a desfaçatez de Pilatos. É o 'revogam-se as disposições em contrário': Realmente, em nosso direito positivo, poucos são os estatutos que não venham viciados de uma redação imperfeita e da maliciosa conclusão 'revogam-se as disposições em contrário'" *In causa venenum*!

"O próprio legislador que tem a paternidade da lei nova é aquele que, em razão do próprio ofício, pode saber e revelar quais as leis revogadas pela lei nova. Entretanto, não o faz. Por quê? Filangieri, citado por Antão de Morais, no-lo revela; por um destino fatal, a marcha da legislação é semelhante à do homem que corre sempre para a frente, sem olhar para trás um só instante. O legislador teme as conseqüências de ser leal para com a nação. Se for muito positivo, pode manter o que está vivo e reviver o que morreu. Acovardado ante esse apuro, cobre-se com a fórmula vaga e imprecisa, deixando ao intérprete e ao juiz a tarefa que era dele: dizer o que vigora e o que já não vige. A conseqüência é o que a todo instante se vê: tremendas disputas para saber se esta ou aquela disposição continua ou não em vigor."

O problema está em que nem sempre a lei nova revoga a anterior, conforme expressamente ressalva o § 2º supratranscrito. Para que a revogação aconteça é preciso que seja expressa ou que haja absoluta incompatibilidade entre o artigo e o novo texto. Isto, entretanto, nem sempre acontece.

Maria Helena Diniz faz uma advertência preliminar à p. 71 de sua recente *Lei de Introdução ao Código Civil Brasileiro Interpretada* (Saraiva, 1994), invocando a autoridade de Alf Ross:

"O critério *lex posterior derogat legi priori* significa que, de duas normas do mesmo nível ou escalão, a última prevalece sobre a anterior.

"Ensina-nos Alf Ross que, indubitavelmente, trata-se de um princípio jurídico fundamental, mesmo que não seja expresso em norma positiva. O legislador pode revogar lei anterior, criando uma nova lei com ela incompatível, que ocupará seu lugar. Mas não se pode, continua ele, elevar esse princípio à categoria de axioma absoluto, porque a existência demonstra que pode ser deixado de lado se contrariar certas considerações."

Entre tais considerações estão as que se aplicam ao caso em exame, e que são expostas à p. 73.

"A disposição especial não revoga a geral, nem a geral revoga a especial, senão quando a ela se referir, alterando-a explícita ou implicitamente. Para que haja revogação será preciso que a disposição nova, geral ou especial, modifique expressa ou insitamente a antiga, dispondo sobre a mesma matéria diversamente. Logo, lei nova geral revoga a geral anterior, se com ela conflitar. A norma geral não revoga a especial, nem a nova especial revoga a geral, podendo com ela coexistir (*lex posterior generalis non derogat speciali*, *legi speciali per generalem non abrogatur*), exceto se disciplinar de modo diverso a matéria normada, ou se a revogar expressamente (*lex specialis derogat legi generali*).

"Observa, a esse respeito, Paulo de Lacerda que: 'A revogação tácita dar-se-á apenas no caso da disposição especial se referir ao assunto de outra lei, alterando-a implicitamente. A falta de referência clara à própria disposição geral, ou ao seu assunto, desautoriza a suposição da revogação por incompatibilidade dentre as duas leis, já que o sistema da legislação era regular o assunto dos dois pontos de vista diferentes, mirando cada qual o seu objetivo próprio, um restrito e especial, e outro amplo e geral. Ora, o fato do legislador alterar somente o modo de regular o assunto quanto ao objetivo restrito e especial, silenciando acerca de modo estabelecido de regular o assunto quanto ao objetivo mais amplo e geral, significa bem que ele persiste no ânimo de manter esses dois pontos de vista diversos relativos ao assunto, reformando somente a regras que tocam a um deles e, pois, deixando intactas as que ao outro respeitam'."

No caso em exame, é absolutamente fora de qualquer dúvida que a Lei 6.994/82 não tratou, genericamente, de competências, nem de Conselhos Regionais, nem de suas Assembléias-Gerais. Cuidou tão-somente da fixação de valores de anuidades e taxas. Afetou somente um dos assuntos inerentes ao Conselho Regional de Odontologia e à sua Assembléia-Geral.

Vale dizer que a orientação geral no sentido do respeito e acatamento aos princípios federativo, da descentralização e democrático permaneceu em vigor, com uma pequena mas grave lesão. Nenhum desses princípios, enquanto princípio, foi infirmado.

O que se pretende dizer é que a infame lei da Ditadura não afetou a estrutura fundamental do *conjunto* dos Conselhos de Odontologia: o Federal relaciona-se com os Regionais; e os Regionais relacionam-se diretamente com os cirurgiões-dentistas inscritos nas respectivas jurisdições, observando sempre a soberania da Assembléia-Geral. Isso nunca foi revogado, pois jamais existiu disposição geral em contrário. Não tendo havido revogação, não há que se falar em repristinação.

Mesmo que se admita a revogação implícita do disposto no inciso III do art. 20, não é despropositado falar de sua repristinação implícita ou por decorrência.

Quando a Lei de Introdução, no § 3º do art. 2º, fala em "disposição em contrário" como condição da repristinação, ela não se refere a disposição específica em contrário, sendo perfeitamente admissível que essa disposição em contrário se encontre em uma regra geral, abrangente da situação específica objeto da revogação.

Ademais, a disciplina estabelecida pela Lei de Introdução tinha como pressuposto um sistema normativo coerente e articulado, o que não ocorre no caso, em que o tratamento da matéria pertinente a todas as entidades de controle do exercício profissional foi modificado no texto da lei que trata especificamente de uma única dessas entidades.

Releva notar, entretanto, que essa lei específica não deixou no ar, sem disciplina, a questão da competência para fixar as anuidades e outras taxas ou contribuições. O art. 58, IX, da Lei 8.906/94 confere aos Conselhos Regionais "privativamente" essa competência. Isso revela claramente a orientação do legislador com relação ao assunto, autorizando cogitar-se de uma repristinação implícita das normas anteriormente existentes.

De todo modo, uma coisa é indisputável: não existe regra alguma, nem específica, nem genérica, conferindo competência ao Conselho Federal. Muito ao contrário, o que se tem é uma inequívoca, expressa e vigorosa manifestação legislativa retirando do Conselho Federal a competência para fixar anuidades. Um mínimo de acatamento à vontade da lei conduz inafastavelmente à exclusão do Conselho Federal.

Assim sendo, considerando que a vontade legal manifesta é no sentido de retirar do Conselho Federal essa situação, e não havendo alternativa (pois alguém tem que fixar as anuidades), resta apenas, por exclusão, entender que cabe aos Conselhos Regionais (dotados de autonomia administrativa e financeira) exercer essa competência, conforme indicam a razoabilidade e o simples bom senso.

Mais que isso. Se lacuna houver, ela não pode ser preenchida de maneira atentatória aos princípios fundamentais da Constituição Federal, conforme entendimento unânime da doutrina.

Desde o século XIII, com a *Magna Charta*, se entende que somente é legítimo o tributo quando fixado com a anuência dos contribuintes. Esse entendimento foi revigorado no século XVIII, com a afirmação da regra *no taxation without representation*. No Brasil, ao longo de nossa conturbada história constitucional, isso sempre foi obedecido. Para impor pagamentos é preciso ter legitimidade.

No caso em exame, convém invocar o alargamento do princípio democrático contido no parágrafo único do art. 1º da CF, reafirmando o princípio representativo e consagrando o princípio participativo.

A única conduta compatível com tais princípios é a fixação do valor das anuidades pelos próprios inscritos em cada Conselho Regional, reunidos em Assembléia-Geral.

Resta, porém, invocar um último e definitivo argumento, retirado da mesma fonte que serviu de base para invocar a suposta lacuna normativa. É a mesma Lei de Introdução ao Código Civil Brasileiro, em seu art. 4º, que confere *status* de fontes do Direito à analogia, aos costumes e aos princípios gerais de Direito.

No caso em exame, tem-se uma analogia perfeita, dado que, além da similitude de situações fáticas, existe também uma identidade de valores.

Quem trata dessa matéria com formidável maestria é a consagrada Maria Helena Diniz, em seu já referido *Lei de Introdução ao Código Civil Interpretada* (Saraiva, 1994, pp. 107-109), onde, depois de dizer o que é a analogia, discorre sobre seus requisitos:

"Para integrar a lacuna, o juiz recorre, preliminarmente, à analogia, que consiste em aplicar, a um caso não contemplado de modo direto ou específico por uma norma jurídica, uma norma prevista para uma hipótese distinta, mas semelhante ao caso não contemplado.

"É a analogia um procedimento quase lógico, que envolve duas fases: 'a constatação (empírica), por comparação, de que há uma semelhança entre fatos-tipos diferentes e um juízo de valor que mostra a relevância das semelhanças sobre as diferenças, tendo em vista uma decisão jurídica procurada'.

"Percebe-se que o problema da aplicação analógica não está na averiguação das notas comuns entre o fato-tipo e o não previsto, mas sim em verificar se essa coincidência sobreleva, em termos valorativos, de maneira a justificar plenamente um tratamento jurídico idêntico para os fatos ora em exame (*AJ* 30/156, 51/87, 53/156; *RF* 128/998; *RT* 131/569, 209/262, 433/178, 446/154, 635/263.

"A analogia é tão-somente um processo revelador de normas implícitas.

"O fundamento da analogia encontra-se na igualdade jurídica, já que o processo analógico constitui um raciocínio 'baseado em razões relevantes de similitude', fundando-se na identidade de razão que é o elemento justificador da aplicabilidade da norma a casos não previstos, mas substancialmente semelhantes, sem, contudo, ter por objetivo perscrutar o exato significado da norma, partindo, tão-só, do pressuposto de que a questão *sub judice*, apesar de não se enquadrar no dispositivo legal, deve cair sob sua égide por semelhança de razão.

"É necessário, portanto, que, além da semelhança entre o caso previsto e o não regulado, haja a mesma razão, para que o caso não contemplado seja decidido de igual modo. Daí o célebre adágio romano: *ubi eadem legis ratio, ibi eadem dispositio*."

Diante disso, não se pode recusar a aplicação analógica do disposto no já referido art. 58, IX, da Lei 8.906, de 4.7.94, que disciplina o funcionamento da OAB, que também é uma autarquia federativa.

Se lacuna normativa houver, ela já estará preenchida pela analogia.

4. *Conclusão*

Em face do exposto, considerando a inaceitabilidade das opiniões divergentes, considerando os argumentos contidos no bem-lançado parecer do Dr. Rubens Ferreira e considerando tudo quanto foi acima exposto, respondendo direta e objetivamente ao que foi perguntado, cabe apenas dizer que o Conselho Regional de Odontologia está legalmente habilitado a fixar o valor das anuidades e taxas para os profissionais sujeitos à sua jurisdição.

O Conselho Federal, após a revogação expressa na Lei 6.994/82, ficou totalmente desprovido de competência para fixar o valor das anuidades e taxas, pois a Lei 4.324/64 nunca lhe conferiu tal atribuição.

Os princípios da Constituição Federal, os princípios informadores da estruturação das entidades de controle profissional da Odontologia e o sentido da evolução das disposições normativas apontam para uma única e inconfundível direção: a competência do Conselho Regional de Odontologia para fixar o valor dos encargos financeiros dos profissionais nele inscritos.

São Paulo, 19 de setembro de 1995.

CONCURSO PÚBLICO — COMPETÊNCIA DO MINISTÉRIO PÚBLICO PARA DEFENDER DIREITOS INDIVIDUAIS HOMOGÊNEOS — INCONSTITUCIONALIDADE DE REQUISITOS ESTABELECIDOS PELO EDITAL SEM PREVISÃO LEGAL

VALMIR PONTES FILHO
Professor da Faculdade de Direito da Universidade Federal do Ceará

PARECER

A consulta é formulada a respeito de matéria versada nos autos da ação civil pública promovida pelo Ministério Público Federal — na espécie representado pelo DD. Procurador da República, Dr. Oscar Costa Filho — contra a União Federal (Ministério do Trabalho, Secretaria-Geral de Administração, Coordenação-Geral de Recursos Humanos), visando ao afastamento da incidência "(...) da cláusula inserta no item 3.6, do Edital n. 01/94", que deflagrou concurso público para provimento do cargo de *Fiscal do Trabalho*, em face de "(...) a restrição aposta na regra impugnada não guardar engate lógico em nenhuma norma legal" (trecho da petição inicial, item 01).

Como referido na peça exordial mencionada, "(...) a limitação de inscrições (imposta pela cláusula supramencionada) às formaturas discriminadas em dispositivo do Edital n. 01/94, ora impugnada — 'ser portador de diploma de curso superior em: Administração, Direito, Ciências Econômicas ou Ciências Contábeis ou Atuariais' —, sobre não ter previsão legal, entra em rota de colisão com regra de Direito, com eficácia de lei em vigência na ordem jurídica".

De efeito, a norma editalícia, deflagradora do processo público de seleção para o preenchimento de cargos públicos de Fiscal do Trabalho, exigiu, como condição para a inscrição no certame, que os candidatos fossem portadores dos diplomas de conclusão de um dos cursos superiores indicados (Administração, Direito, Ciências Econômicas ou Ciências Contábeis ou Atuariais). Resta saber se a exigência tem validade, é dizer, se poderia ser feita à luz da ordem jurídico-constitucional em vigor.

Para o adequado exame do tema posto sob análise, cuido de pôr a lume, antes mesmo de penetrar em seu âmago ou mérito, questão preliminar, atinente ao cabimento do remédio eleito (ação civil pública) para dirimir em juízo a controvérsia. Em pelo menos dois momentos, o brilhante defensor da União, professor Zainito Holanda Braga, insistiu na tese de que o interesse defendido pelo Ministério Público — qual o dos prováveis interessados em participar do concurso público já objeto de referência, que não é de uma determinada e individualizada pessoa, mas de um conjunto indeterminado delas — não estaria entre os tuteláveis pelo mencionado instrumento.

Faço-o — mesmo que a vôo de pássaro — para, inicialmente, lembrar que, passada a chamada fase "autonomista" do direito processual, o processo moderno não é mais visto como mero instrumento técnico para o exercício da jurisdição (Ada Pellegrini Grinover), possuindo não apenas escopos jurídicos, mas também políticos e sociais (Dinamarco). Sob tal concepção — em que se ressalta a instrumentalidade e a efetividade do processo — é que a Constituição de 1988 ampliou os estreitos limites da legitimação ordinária prevista no art. 6º do CPC, quer atribuindo legitimidade às entidades associativas para representar seus filiados judicial ou extrajudicialmente (CF, art. 5º, XXI), quer prevendo a figura do mandado de segurança coletivo (CF, art. 5º, LXX).

Do mesmo modo ampliou a *Lex Magna* o objeto da ação civil pública, antes utilizável apenas quanto a questões ligadas ao meio ambiente, ao consumidor e a bens e direitos de valor artístico, estético, histórico, turístico e paisagístico. Vislumbra-se, realmente, o dilargamento, no art. 129, III, da CF: "Art. 129. São funções institucionais do Ministério Público: (...) III — promover o inquérito civil e a ação civil pública, para a proteção do patrimônio público e social, do meio ambiente e de outros interesses difusos ou coletivos".

Vale notar, de início, que o próprio *nomen juris* constitucionalmente eleito já suscitou pronunciamentos doutrinários conflitantes, como o da já citada Ada Grinover. A eminente juspublicista de São Paulo, em tese apresentada ao XII Congresso Nacional de Procuradores do Estado (Salvador, 1986), "(...) aponta impropriedade na denominação 'ação civil pública'. Sustenta ela que nem a titularidade da ação é deferida *exclusivamente* a órgãos públicos, nem é objeto do processo a tutela do interesse público. A crítica tem procedência e, também a nosso ver, melhor seria designá-la de ação coletiva. Sem embargo, a Lei 7.347/85 utilizou aquela denominação criticada, a praxe judiciária já a tem consagrado e a nova Constituição a chancelou" (Luís Roberto Barroso, *O Direito Constitucional e a Efetividade de suas Normas*, 2ª ed., Renovar, 1993, p. 137, rodapé).

Sob tal inspiração, é perfeitamente legítimo ter-se dita ação (coletiva, ou civil pública) como apta a ser veículo da proteção de qualquer direito — inclusive os difusos ou coletivos — que transcenda à esfera jurídica meramente individual. A melhor e mais moderna doutrina agasalha, procedentemente, a idéia da existência de uma nova categoria de *direitos* transindividuais, além dos difusos e coletivos: a dos direitos homogêneos, definidos pela Lei 8.078, de 11.9.90 (Código do Consumidor, art. 81, III), como aqueles de *origem comum*. É de Rodolfo de Camargo Mancuso a oportuna e coerente observação de que os interesses individuais homogêneos "(...) apresentam uniformidade pela circunstância de que seus titulares encontram-se, em certas situações, enquadrados em certos segmentos sociais que lhes conferem adesão ou aglutinação suficiente para destacá-los da massa de indivíduos isoladamente considerados" (In *Comentários ao Código de Proteção ao Consumidor*, Saraiva, 1991, p. 179).

É exatamente isso o que, no caso sob exame, une o conjunto de pessoas que se encontra impossibilitado de ter acesso a concurso público em razão da exigência sabidamente não constante de lei. Com efeito, trata-se de um considerável grupo de profissionais prejudicado simultaneamente por um só fato, qual a inadmissível restrição contida no edital do concurso público para provimento do cargo de Fiscal do Trabalho.

Não diverge, quanto a isso, o insuperável Hely Lopes Meirelles, cuja precisa lição há de ser transcrita: "Cabe indicar, inicialmente, a existência de um certo parentesco entre o mandado de segurança, a ação popular e a ação civil pública, por serem remédios especiais, de natureza e origem constitucional, que se destacam e se dissociam da técnica e até da filosofia tradicionais do processo civil clássico. Essa analogia entre os três institutos é, ao mesmo tempo, técnica e filosófica, por se caracterizarem, todos eles, pelo fato de serem instrumentos de conteúdo mais denso, refletindo o aprimoramento do Estado de Direito; com alguma vinculação histórica com o *habeas corpus* e destinando-se à proteção do indivíduo contra o Poder Público, no caso do mandado de segurança, ou para a defesa da sociedade, ou dos seus membros, em casos especiais que justificam um procedimento mais rápido e a legitimidade extraordinária, como ocorre nas hipóteses das ilegalidades que ensejam a lesão do patrimônio público, justificando a propositura da ação popular *e da defesa dos interesses difusos, coletivos e homogêneos individuais, no caso da ação civil pública*" (*Mandado de Segurança*, 15ª ed., Malheiros Editores, 1994, p. 140).

Querer-se, pois, restringir o seu uso sob o pálido argumento de que só serviria a ação civil pública para proteção do que classicamente se entende por "interesse difuso ou coletivo" é negar-lhe a própria essência e destinação, enquanto instrumento "avançado da tutela jurisdicional" (Hely, ob. cit., p. 142). Em feliz passagem, a notável administrativista Lucia Valle Figueiredo, lembrando observação feita pelo professor Geraldo Ataliba, "(...) ao referir que o Juiz pode sufocar o direito material pelos tecnicismos processuais", de igual modo põe em destaque a importância da "vestimenta processual". Mas finaliza por dizer que também vem a ser importante "(...) o *alargamento dessa vestimenta*, aquela vista larga, aquela abertura que se deve ter para a compreensão dos institutos do direito processual. *Sobretudo dos que se ligam às garantias fundamentais, individuais ou coletivas*" (in *Curso de Direito Administrativo*, 2ª ed., Malheiros Editores, 1994, p. 276). Enfim, é de se ter como incontestável o argumento segundo o qual restou sensivelmente ampliado o âmbito dos interesses protegidos pela ação em referência. Como emprego da expressão "e de outros interesses difusos ou coletivos", a enumeração deixou de ser taxativa, para tornar-se apenas exemplificativa.

Quanto à legitimidade do Ministério Público para defender, em juízo, interesses metaindividuais, transindividuais ou individuais homogêneos, dúvida também não há de pairar. Considere-se, inicialmente, com Norberto Bobbio, que "as normas jurídicas nunca existem isoladamente, mas sempre em um contexto de normas com relações particulares entre si" (*Teoria do Ordenamento Jurídico*, Polis, p. 19), não se podendo cogitar senão de uma atividade hermenêutica que prestigie o método *sistemático*. Desse modo, ao lado do art. 129, III, convivem outros comandos normativos, de estatura constitucional ou infraconstitucional, que, por estarem intrinsecamente relacionados com a matéria e entre si, devem ser trazidos à colação, como forma de tornar possível a realização da pertinente e dantes mencionada interpretação sistêmica.

Não obstante o art. 129, III, da CF não se reportar diretamente à tutela dos direitos individuais homogêneos como sendo atribuição do Ministério Público, o art. 21 da Lei 7.347/85, com redação dada pelo art. 117 da Lei 8.078/90, faculta a atuação do Ministério Público, no pertinente à proteção dos interesses discriminados no Título III do Código de Defesa do Consumidor, dentre os quais aqueles de natureza individual homogênea. Há de se concluir, portanto, que é *in totum* descabida e ilógica qualquer tentativa de restringir a tutela destes interesses apenas quando se tratar de defesa de direitos do consumidor.

Convém salientar que ao Ministério Público foi conferida legitimidade para propor ação coletiva para a defesa de direitos transindividuais. Muito embora essa legitimação não esteja no art. 129, III, da CF, é possível a lei ordinária cometer outras atribuições ao Ministério Público, desde que compatíveis com suas finalidades institucionais. Ademais, corroborando o entendimento supra-esposado, traz-se à lume o art. 129, IX, da CF, *in verbis*: "Art. 129. São funções institucionais do Ministério Público: (...) IX — *exercer outras funções que lhe forem conferidas, desde que compatíveis com sua finalidade*, sendo-lhe vedada a representação judicial e a consultoria jurídica a entidades públicas".

Ora, a função conferida ao Ministério Público pela Lei 7.347, qual seja, a de dar proteção a direitos individuais homogêneos, é perfeitamente compatível com a sua finalidade de defensor da sociedade e fiscal da ordem jurídica. De fato, é decorrência do atual Texto Supremo a atribuição ao *Parquet* de funções da mais alta relevância, tornando-se uma instituição multifacetária e essencial à efetivação dos princípios inerentes a um Estado Democrático de Direito.

Seguindo a presente linha de raciocínio, convém citar, com a propriedade que lhe é peculiar, a lição de Cretella Jr.: "A Constituição de 1988, art. 129, IX, é clara ao dizer que o Ministério Público poderá exercer outras funções que lhe forem conferidas, desde que compatíveis com sua finalidade. *Tanto a Constituição como as leis ordinárias procuraram ampliar a proteção*, nunca restringi-la, quanto aos necessitados, na busca da efetivação dos meios à proteção jurisdicional sobre seus legítimos direitos" (in *Comentários à Constituição*, v. IV/330, Forense Universitária).

Outro aspecto que importa referir é que, negando-se ao Ministério Público a legitimação ativa para estes casos, está-se relegando ao abandono o princípio da economia processual. Em verdade, a utilização da via da ação pública tem o condão de evitar o ajuizamento de um sem-número de ações individuais com o mesmo objeto, abarrotando o já tão sobrecarregado aparelho judiciário.

Não pode ficar deslembrado, enfim, o fato de que se impõe ao intérprete extrair das normas interpretação que dê aos preceitos constitucionais a maior carga possível de eficácia e efetividade, deixando de lado as que produzam efeito restritivo.

Superado este problema, que é de ordem preliminar, volto-me, agora, ao exame de sua substância.

Como é sabido, nem todas as normas da Constituição — tida como regra suprema e fundamentante do sistema jurídico — produzem eficácia de imediato. Demandam regulamentação posterior, que torne exercitável o direito nelas assegurado, e por isso são chamadas "de *eficácia contida*". Outras, entretanto — e aqui me desobrigarei de referir todas as espécies de classificação que se tornou clássica, formulada por José Afonso da Silva — se mostram de eficácia *restringível* (para adotar a terminologia muitíssimo adequada de Carlos Brito e Celso Bastos). Estas últimas contêm dada prescrição, normalmente conferidora de direitos ou prerrogativas, mas admitem sua restrição por regras posteriores, de natureza infraconstitucional. Em magnífico trabalho escrito a quatro mãos, os dois constitucionalistas atrás citados, referindo-se às por eles denominadas "normas constitucionais restringíveis", assim se expressaram: "Não importa, no caso, o grau eficacial máximo da norma restringível, antes de operada a restrição. O que interessa é a vocação da norma para aceitar uma nova vontade modeladora, de nível legislativo inferior (...). De outro passo, ainda a propósito das normas restringíveis, é forçoso reconhecer que elas só existem na medida em que qualificadas pelo Texto Constitucional, explicitamente. Em outras palavras, para que sobrevenha a legislação restritiva, faz-se necessária uma expressa autorização constitucional" (*Interpretação e Aplicabilidade das Normas Constitucionais*, Saraiva, 1982, pp. 52-53).

Obrigatório é observar, a restrição, ou constrição, do mandamento constitucional só é possível porque é a própria *Lex Magna* a admiti-lo de modo expresso (não se admitindo a implicitude, neste caso). De outra forma, a regra subconstitucional que pretendesse operar a restrição seria irremediavelmente inválida para o Direito

Pois bem. É este exatamente o tipo de norma que se vê no art. 37, I, da CF (de 1988), segundo o qual: "Os cargos, empregos e funções públicas são acessíveis aos brasileiros *que preencham os requisitos estabelecidos em lei*". Oferece a *Lei Maior*, à evidência, a garantia de *acessibilidade* de todos os cargos, empregos e funções públicas, mas, de outra sorte, admite que a lei estabeleça requisitos específicos para esse acesso. A respeito, é conveniente reproduzir a sempre respeitada lição de José Afonso da Silva: "(...) a Constituição ressalva, quanto à escolha e exercício de ofício e profissão, que ela fica sujeita à observância das 'qualificações profissionais que a lei exigir' (...). No respeitante à investidura e exercício em cargos, empregos e funções públicas, igualmente depende de preenchimento de *requisitos estabelecidos em **lei***, mas esta será federal, estadual ou municipal, conforme se trate de função pública federal, estadual ou municipal" (*Curso de Direito Constitucional Positivo*, 9ª ed., Malheiros Editores, 1993, p. 234).

Importa ressaltar, portanto, que só a *lei* — manifestação da vontade estatal que se opera por meio de instrumento normativo oriundo do Congresso — é hábil para especificar e instituir tais *requisitos* para a investidura em cargos públicos, vedado ao *decreto* — que é regra infralegal — fazê-lo. De efeito, se o decreto (regulamentador da lei) há de a ela (lei) ser *Fiel* — *ex vi* do disposto no art. 84, IV, da Constituição da República —, decididamente, não pode ele, sob pena de invalidade, criar encargos e instituir requisitos que a lei não criou nem instituiu. Nesse sentido a sempre respeitada doutrina de Hely Lopes Meirelles, para quem: "(...) no Estado de São Paulo, o Poder Judiciário continua a entender, com mais acerto, em nossa opinião, que os requisitos para o ingresso em cargos públicos *somente podem ser estabelecidos em lei* (cf., dentre outros, os seguintes acórdãos do TASP: *RDA* 68/134, 69/119, 111/143)" (*Direito Administrativo Brasileiro*, 18ª ed., Malheiros Editores, 1993, p. 373, rodapé).

De igual modo precisa é a lição de Diógenes Gasparini, a respeito do tema: "Para o acesso a cargo, emprego ou função não basta ser brasileiro. O interessado há, ainda, que satisfazer aos requisitos estabelecidos *em lei*, consoante reza a parte final do referido inciso. A *lei* responsável pela instituição desses requisitos é a de entidade política titular do cargo, emprego ou função pública que se deseja preencher, dada a autonomia que se lhes assegura nessa matéria" (*Direito Administrativo*, 3ª ed., Saraiva, 1993, p. 128).

Demais disso — como bem observa Gasparini —, "(...) a lei em apreço é de *iniciativa exclusiva do Chefe do Poder Executivo* (art. 61, § 1º, II, "c", da CF), em relação aos cargos, empregados e funções desse Poder" (ob. cit., p. 126).

Sente-se este parecerista em excelente companhia, posto ter encontrado em Adílson Abreu Dallari, administrativista de escol, a seguinte e irreprochável doutrina: "A primeira observação a fazer diz respeito à indiscutível classificação da norma do inciso I do art. 37 como norma de eficácia contida ou restringível. José Afonso da Silva se utiliza exatamente desse dispositivo para exemplificar essa espécie de norma dizendo que, 'em casos como esse, o direito conferido *não fica na dependência da lei futura*: *as restrições ao exercício desse direito é que dependem de legisla-*

ção. Se a contenção, por lei restritiva, não ocorre, a norma será de aplicabilidade imediata e expansiva'. O problema está em se saber as condições admissíveis pelo sistema constitucional. Um ponto, pelo menos parece pacífico: *somente a lei, em sentido estrito, pode fixar requisitos; ou seja, nem o regulamento, nem o edital do concurso podem validamente fixar condições restritivas da participação de brasileiros"* (*Regime Constitucional dos Servidos Públicos*, 2ª ed., Ed. RT, 1990, pp. 30-31).

Em que pese ao extraordinário esforço desenvolvido pelo nobre signatário do instrumento recursal — a quem rendo minhas particulares e devidas homenagens —, este se mostrou debalde. Explica-se: em contradita à tese aqui esposada, nele se pretendeu demonstrar que o edital do concurso público em referência estabeleceu os requisitos já indicados com base em decreto (o de n. 72.493, de 19.7.73), o qual, em seu art. 10, "d", especificou as "qualificações essenciais" para o provimento de cargos de Inspetor do Trabalho.

Por duas razões não se há de aceitar o argumento: a uma, porque essa norma regulamentar (*infralegal*, portanto) não cuidava de disciplinar o ingresso no cargo de Fiscal do Trabalho, tendo sido, inclusive, implicitamente revogado pelo Decreto 1.445, de 13.2.76, o qual findou por incluir este cargo (o de Fiscal do Trabalho) no rol das "atividades de nível superior"; a duas, pela simples e inegável razão de que aquela norma regulamentadora (o Decreto 72.493/73) *não foi recepcionada, como regra válida, pelo vigente sistema constitucional*.

Fácil explicar-se: o comando da *Lei Suprema* em vigor é o de que somente *a lei, stricto sensu*, pode instituir requisitos à investidura em cargos públicos, indispensável é ter-se como válidos aqueles que hajam sido fixados com fulcro em mero decreto, editado em data anterior à entrada em vigor da Constituição. A norma regulamentar, pois, *perdeu seu antigo fundamento de validade*, dela não havendo mais que se falar. Esse decreto (de n. 72.493/93), a rigor, jamais valeu, mesmo tendo sido editado sob a égide da Constituição Federal de 1969. Segundo o ensinamento de José Celso de Mello Filho, "(...) apenas a lei em sentido formal (ato normativo emanado do Poder Legislativo) pode estabelecer requisitos que condicionem ingresso no serviço público. As restrições e exigências que emanem de ato administrativo de caráter infralegal *revestem-se de inconstitucionalidade"* (*Constituição Federal Anotada*, 2ª ed., Saraiva, 1986, pp. 302-303).

Ressai daí, translúcida, a noção de que, se um decreto, ainda que editado *hoje*, não poderia fazer as vezes da lei e impor restrições à garantia constitucional de acessibilidade aos cargos públicos. *Muito menos se há de aceitar que decreto anterior à Constituição seja hábil para tanto*! Como dantes ressaltado, *enquanto a lei não reduzir* (para utilizar a linguagem de Michel Temer) *ou restringir a norma constitucional, esta é a de eficácia plena*. O que não há de querer o exegeta da *Lex Magna* é admitir que esta tenha a sua aplicabilidade diminuída por via de mero regulamento, ou que (como diria, jocosa e argutamente, Geraldo Ataliba) "sargentos fossem capazes de discutir ordens de generais".

Isso tudo é de fácil apreensão, mais ainda quando se sabe que um edital de concurso — como ato administrativo que é — deve subordinar-se ao império da *estrita legalidade*. Em função desse princípio, à Administração não se confere a prerrogativa de agir no campo da mera *licitude* (é dizer, na esfera do que não é proibido pela lei, como o fazem, com freqüência, os particulares); ao reverso, a ela só é dado atuar quando obrigada ou expressamente autorizada pela *lei*. Cabe, neste lanço, fazer uso dos insuperáveis ensinamentos do saudoso Seabra Fagundes: "Todas as atividades da Administração

Pública são limitadas pela subordinação à ordem jurídica, ou seja, à legalidade. O procedimento administrativo não tem existência jurídica se lhe falta, como fonte primária, um texto de lei. Mas não basta que tenha sempre por fonte a lei. É preciso, ainda, que se exerça segundo a orientação dela e dentro dos limites nela traçados (...). *Essa integral submissão da Administração Pública à lei constitui o chamado **princípio da legalidade** aceito universalmente, e é uma conseqüência do sistema de legislação escrita e da própria natureza da função administrativa* (...) Por outro lado, sendo a função administrativa, que constitui o objeto das atividades da Administração Pública, essencialmente realizadora do Direito, não se pode compreender seja exercida *sem que haja texto legal autorizando-a ou além dos limites deste*" (*O Controle dos Atos Administrativos pelo Poder Judiciário*, 6ª ed., Saraiva, 1984, pp. 80-81).

Para que se pudesse ter como válidas as exigências do edital retrocitado, seria imprescindível tê-lo, por sua vez, como fundamento em um decreto (o n. 72.493/73). Mas aí se estaria nulificando a prescrição constitucional contida no art. 37, I, e, conseqüentemente, admitindo a existência de ato administrativo sem fundamento *legal*. Disso resultaria, enfim, inegável ofensa ao princípio da legalidade. E acutilar um princípio — diz bem Roque Antônio Carrazza — "(...) é como destruir os mourões de uma ponte, fato que, por certo, provocará seu desabamento. Já, lanhar uma regra corresponde a comprometer uma grade desta mesma ponte que, apesar de danificada, continuará de pé" (*Curso de Direito Constitucional Tributário*, 3ª ed., Ed. RT, 1991, p. 31). Definitivamente, pois, não é possível enxergar sustentáculo jurídico nem no edital, nem no decreto objeto de exame.

De igual forma merece repulsa o argumento — que me perece, *data venia*, dotado de cadavérica palidez — segundo o qual seria inaceitável a idéia de que o acesso ao cargo de Fiscal do Trabalho, à falta de restrições, poderia ser preenchido livremente, por qualquer portador de curso de nível superior. Assim mesmo o será, até que se edite *lei* capaz de impor reduções à eficácia do comando constitucional. É claro que a lei, quando editada (ou seja, quando estabelecer os requisitos para o acesso ao cargo), haverá necessariamente de guardar mesura a um outro princípio: o da *razoabilidade*. Por força dele, o diploma legal não poderia instituir requisitos ilógicos, descompromissados com a formação profissional do candidato, a natureza do cargo e a correlação que haverá de existir entre uma e outra. A própria função (administrativa, ainda quando discricionária, não pode ser incongruente, ou, como afirma o mestre Celso Antônio Bandeira de Mello, "(...) não se poderia supor que a lei encampa, avaliza previamente, condutas insensatas, nem caberia admitir que a finalidade legal se cumpre quando a Administração adota medida discrepante do razoável" (*Curso de Direito Administrativo*, 5ª ed., Malheiros Editores, 1994, p. 27).

À luz de todo o exposto, cabe a conclusão de que, à falta de *norma legal* que dê sustentáculo à disposição da regra editalícia — e tendo-se em conta *não terem sido* os Decretos 72.493/73 e 88.355/83 (este último apenas alterador da redação do art. 10 daquele) *recepcionados pela Constituição de 1988* (e, por isso, hoje inexistem para o Direito), *desprezadas haverão de ser as exigências contidas no item 3.6 do Edital 01/94, de início aludido.*

Assim, parece-me imperiosa, necessária e adequada à ordem jurídica a confirmação, pela instância superior, da sábia e r. sentença de primeiro grau, que deu pela procedência da ação civil pública promovida pelo Ministério Público Federal.

Fortaleza, 27 de março de 1995.

ESTUDOS & COMENTÁRIOS

CRIAÇÃO DE ESTADOS-MEMBROS NA CONSTITUIÇÃO FEDERAL

RÉGIS DE OLIVEIRA
Professor Titular de Direito Econômico e Financeiro
da Faculdade de Direito da USP

1. Criação de Estados nas Cartas republicanas. 2. Lei Complementar e a criação de novos Estados. 3. Função da lei complementar prevista no artigo 18, § 3º, da Constituição Federal. 4. Dúvidas. 5. Plebiscito depende de lei.

A Constituição Federal inclui entre as competências do Congresso Nacional, com sanção do Presidente da República, dispor sobre a "incorporação, subdivisão ou desmembramento de áreas de Territórios ou Estados, ouvidas as respectivas Assembléias Legislativas" (art. 48, VI). O § 3º do art. 18 estabelece que "os Estados podem incorporar-se entre si, subdividir-se ou desmembrar-se para se anexarem a outros, ou formarem novos Estados ou Territórios Federais, mediante aprovação da população diretamente interessada, através de plebiscito, e do Congresso Nacional, por lei complementar".

No confronto desses dois dispositivos, busca-se saber: a) a função da lei complementar prevista no art. 18, § 3º; b) se se trata da norma sugerida no art. 48, VI; c) o momento em que o Congresso Nacional deve ouvir as Assembléias Legislativas, para expedir o ato legislativo criando o novo Estado.

1. *Criação de Estados nas Cartas republicanas*

Excetuando-se as de 1967/1969, que praticamente descontitucionalizaram a matéria, remetendo-a para lei complementar, nossas Constituições republicanas sempre se preocuparam com a criação de novas unidades federadas. Todas fixaram os critérios genericamente exigidos.

A Constituição de 1891 previa que os Estados poderiam incorporar-se entre si, subdividir-se ou desmembrar-se, para se anexar a outros, ou formar novos Estados, mediante aquiescência das respectivas Assembléias Legislativas, em duas sessões anuais sucessivas e aprovação do Congresso Nacional (art. 4º). A de 1934 manteve-se nessa mesma linha, com duas alterações: 1) as Assembléias Legislativas deveriam pronunciar-se "em duas legislaturas sucessivas"; 2) a aprovação final pelo Congresso Nacional seria por lei federal (art. 14). Com isso, ficou expressa a possibilidade de o Presidente da República vetar a iniciativa. A anterior era omissa quanto ao ato de aprovação congressual, autorizando-o, assim, através de decreto legislativo, que independe de sanção. A de 1937 voltou ao texto da de 1891, mas deu poderes ao Presidente da República para submeter o ato do Congresso Nacional "ao plebiscito das populações interessadas" (art. 5º e parágrafo único). A de 1946 dispunha que "os Estados podem incorporar-se entre si, subdividir-se ou desmembrar-se para se anexarem a outros ou formarem novos Estados, mediante voto das respectivas Assembléias, plebiscito das populações diretamente interessadas e aprovação do Congresso Nacional" (art. 2º). A de 1967 transferiu a matéria para lei complementar: "A criação de novos Estados e Territórios dependerá de lei complementar" (art. 3º). A EC 1, de 17.10.69, nada mudou.

O art. 44, VI, da Carta de 1967/1969 conferia ao Congresso Nacional competência para "aprovar a incorporação ou desmembramento de áreas de Estados ou Territórios". Com exceção das de 1891 e 1937, que o fizeram apenas ao disporem sobre a criação de novas unidades federadas (arts. 3º e 5º, respectivamente), as demais hospedaram regra semelhante no capítulo do Poder Legislativo. Tanto a de 1934 (art. 39, n. 4) como a de 1946 (art. 66, VI) definiram como sendo de competência privativa do Congresso aprovar as resoluções dos órgãos legislativos estaduais sobre alterações territoriais. O ato criador, portanto, seria de iniciativa estadual, cabendo ao Legislativo Federal apenas confirmá-lo.

A de 1988 é a que deu maior destaque ao assunto. Além dos arts. 18, § 3º, e 48, VI, há outros que cuidam dele. Como os arts. 234 e 235. O primeiro vedando à União, direta ou indiretamente, assumir encargos referentes a despesas com pessoal inativo ou a amortizações da dívida interna ou externa, em virtude da criação de Estado. O art. 235 contém normas relativas à estruturação dos Poderes e disciplina administrativa, do Estado, inclusive sobre o limite de comprometimento da receita com pagamento de pessoal.

2. *Lei Complementar e a criação de novos Estados*

Sob a vigência da Carta anterior, em razão do laconismo de seu art. 3º, polemizou-se muito sobre qual a finalidade da lei complementar ali prevista: dispor genérica e abstratamente sobre a matéria, ou instituir diretamente o novo Estado?

A Lei Complementar 20, de 1.1.74, fez as duas coisas e, ainda, encerrou a controvérsia. Estabeleceu regras gerais, dispôs sobre o caso específico da fusão dos Estados do Rio de Janeiro e da Guanabara e confirmou que a criação de outras unidades federadas deveria ser feita por lei complementar (art. 3º).

Num primeiro plano, procura-se saber, hoje: a) Qual a função da lei complementar prevista no art. 18, § 3º? b) A lei prevista no art. 48, VI, é a mesma exigida pelo art. 18, § 3º?

Pinto Ferreira dá notícia de duas posições doutrinárias acerca do papel da lei complementar na criação de novos Estados: 1) Geraldo Ataliba atribui-lhe caráter genérico, fixando os critérios gerais condicionadores do processo; 2) Miguel Reale confere-lhe dupla função: a) instaura diretamente o novo Estado; b) funciona como seu estatuto provisório (*Comentários à Constituição Brasileira*, v. 1º/434, Saraiva, 1989, arts. 1-21).

Nos seus comentários ao art. 18, § 3º, da atual Carta, Pinto Ferreira aproxima-se de Miguel Reale. Define a criação de novo Estado como um "procedimento constitucional complexo", cujo ato final é a promulgação da Carta Política da unidade nascente, sendo a lei complementar o ato legislativo que dá origem, vigendo até o advento de sua Constituição (ob. cit., idem).

3. *Função da lei complementar prevista no artigo 18, § 3º, da Constituição Federal*

A rigor, não há divergência doutrinária quanto à função instituidora da lei complementar prevista no § 3º do art. 18. Sem cogitar de norma genérica anterior, José Afonso da Silva é conclusivo ao afirmar que, depois do plebiscito e do pronunciamento da Assembléia ou Assembléias Legislativas (tratando-se de incorporação ou de desmembramento para anexação, deve ser ouvido o órgão legislativo de todos os Estados envolvidos), o processo segue "para o Congresso Nacional, para decisão mediante lei complementar" (*Curso de Direito Constitucional Positivo*, 8ª ed., Malheiros Editores, 1992, p. 414).

Também não se questiona, em sede doutrinária, a relação entre a lei complementar prevista no art. 18 e o inciso VI do art. 48. Manoel Gonçalves Ferreira Filho, que igualmente atribui à lei complementar uma função instituidora, compatibiliza os dois dispositivos. Conclui que a solução é a mesma da Carta de 1946, que impunha, para qualquer alteração territorial, consulta à população e aprovação pelo Congresso Nacional. Com uma diferença: a ratificação congressual será via lei complementar, passível de veto presidencial. Diferente, assim, do que se entendia sob a vigência da Carta de 1946, quando a matéria, por estar entre as competências exclusivas do Congresso Nacional, poderia ser veiculada por decreto legislativo, insuscetível de veto (*Comentários à Constituição de 1988*, v. I, Saraiva, arts. 1-43, 8.412-3). Walter Ceneviva concorda, ao dizer que, após o plebiscito e a aquiescência das "respectivas Assembléias Legislativas (art. 48, VI)", o Congresso Nacional pode, "através de lei complementar, determinar o implemento da subdivisão ou do desmembramento do Estado" (*Direito Constitucional Brasileiro*, Saraiva, 1989, p. 108).

4. *Dúvidas*

Fica a dúvida, porém, quanto à desarmonia entre a parte final do art. 48, VI, e o § 3º do art. 18. No primeiro, a Constituição atribui ao Congresso Nacional poderes para dispor sobre a incorporação, subdivisão ou desmembramento de Estados, "ouvidas as respectivas Assembléias Legislativas". O art. 18 não fez referência a isso.

De regra, os autores tendem a simplificar a questão. Na opinião de Raul Machado Horta, ao acrescentar "ouvidas as respectivas Assembléias Legislativas", na parte final do inciso VI do art. 48, o constituinte apenas corrigiu a omissão do art. 18, § 3º (in *Antologia Luso-Brasileira de Direito Constitucional*, coord. Paulo Lopo Saraiva, Livraria e Editora Brasília Jurídica, 1992, p. 340). Manoel Gonçalves Ferreira atribui à má técnica legislativa o emprego do termo "ouvidas" no inciso VI do art. 48, o que dá um "caráter meramente opinativo" à manifestação das Assembléias.

Falta consenso quanto ao momento dessa audiência às Assembléias Legislativas. Wolgran Junqueira Ferreira registra a "colidência" entre os dois dispositivos no tocante ao ponto acima focalizado, mas conforma-se com este roteiro: primeiro, ouve-se a população diretamente interessada, através de plebiscito; aprovado este, o processo é submetido ao Congresso Nacional, que só então ouvirá as Casas Legislativas, expedindo depois a lei instituidora do novo Estado (*Comentários à Constituição de 1988*, Julex Livros, 1988, pp. 526-527). Para José Afonso da Silva, o procedimento é este, pela ordem: a) plebiscito; b) pronunciamento da Assembléia ou Assembléias; c) remessa do expediente ao Congresso Nacional; d) edição da lei complementar, se for o caso (o plebiscito e a manifestação das Assembléias não a tornam obrigatória — ob. cit., p. 414).

O assunto desperta outras dúvidas: Qual população deve ser ouvida através de plebiscito? A do Estado inteiro, ou apenas a da área a ser constituída em novo Estado? A Constituição não esclarece, nem há precedentes históricos que sirvam de baliza.

O § 3º do art. 18 da Lei Básica fala apenas em "população diretamente interessada".

O STF já enfrentou esse problema em 1985, ao deliberar sobre a Repr. Inconst. 1.269-RJ, relativamente à lei que criou o Município de Arraial do Cabo. Na época, a expressão constava da Lei Complementar 1, de 1967, e não do Texto Constitucional.

Na ocasião, embora a lei se referisse a "populações diretamente interessadas" — tal como consta hoje do § 4º do art. 18, relativo à criação de Municípios — , o STF entendeu que o plebiscito deveria envolver exclusivamente a população da área desmembrada, conforme a tese defendida pelo Min. Néri da Silveira, relator da matéria.

O mesmo entendimento prevaleceu recentemente, no julgamento da ADInconst. 733-5-MG, referente à emancipação de Municípios mineiros, relatada pelo Min. Sepúlveda Pertence (*DJU* 16.6.95).

Inobstante a Constituição, no tocante aos Municípios, use a expressão no plural (art. 18, § 4º), a Corte concluiu que "diretamente interessada no objetivo da consulta popular é apenas a população da área desmembranda".

No seu voto, escreveu o Min. Sepúlveda Pertence que dá maior relevo "à utilização, no plural, de 'populações diretamente interessadas' para delimitar o universo da população, a título de participação no plebiscito".

Argumenta, com apoio no professor José Nilo de Castro, que, se, para criação de Estados, a Constituição contenta-se, "literalmente, com a consulta à população diretamente interessada (art. 18, § 3º) — assim, no singular", seria difícil "conceber-se que se tenha querido exigir, para o desmembramento de um Município, mais do que se exige para a divisão de um Estado-Membro".

Nesse caso, não há como negar que ambas as populações têm que ser consultadas, para não avançar no terceiro ponto de mérito desta ação direta, que é a hipótese de diversos Distritos, de diversas localidades sem autonomia, que se pretendem fundir num Município único.

No caso dos Municípios, o Min. Marco Aurélio entendeu, no mesmo julgamento, que a consulta deve abranger "as populações das áreas envolvidas, e não apenas a população da área a ser desmembrada". No mesmo sentido o voto do Min. Carlos Velloso, que, também divergindo do Relator, releva a diferença dos textos dos §§ 3º e 4º do art. 18 da CF. Registra o Ministro: "Verifica-se, portanto, que a Constituição deu tratamento diferenciado à criação de Estados e à criação de Municípios. É que, no tocante à criação de Municípios, a Constituição deixa expresso que hão de ser preservadas 'a continuidade e a unidade histórico-cultural do ambiente urbano'. Daí a necessidade de ser consultada a população de todo o Município, e não apenas a população da área a ser desmembrada. Bem por isso a Constituição deixou expresso, no § 4º do art. 18, que a consulta, mediante plebiscito, seria feita 'às populações diretamente interessadas', e não, como fez, referentemente a esta no singular, já no § 4º, lemos 'populações'".

Conclusão: no STF parece pacificado o entendimento, *a contrario sensu*, de que a expressão "população diretamente interessada", constante do art. 3º, atinge somente a da área do Estado nascente.

Na doutrina, porém, há quem relute em chegar a essa conclusão.

O professor Raul Machado Horta, por exemplo, observa que a norma autoriza duas interpretações: "É irrecusável que a alteração territorial do Estado Federado, afetando sua posição no Estado Federal, interessa à população de todo o Estado, nela se identificando, neste caso, a 'população diretamente interessada'. Por outro lado, o desmembramento, ou a subdivisão do Estado, para criar outro, provindo de reivindicação declarada pela área que aspira o desmembramento ou a subdivisão, permite localizar na população reivindicante a 'população diretamente interessada'" (ob. cit., p. 34). No mesmo sentido José Afonso da Silva, que , aliás, distingue as diferentes hipóteses de alteração territorial, para efeito de plebiscito. Segundo entende, tratando-se de incorporação, "população diretamente interessada" será a de cada um dos Estados envolvidos; no caso de subdivisão, a dos Estados todos; e, no de desmembramento, a parte do Estado que quer separar-se (ob. cit., pp. 413-414).

De todo modo, o precedente do Supremo, embora tenha tido como alvo o § 4º, e não somente o § 3º, do art. 18, desfaz as especulações doutrinárias quanto ao alcance da consulta plebiscitária na hipótese de desmembramento de Estados. Com base nele pode-se concluir, por simetria, que o plebiscito deve envolver apenas a população da área desmembranda.

Mas esse é só um dos pontos da questão. O problema envolve outros aspectos, já assinalados, que indicam a conveniência de uma lei disciplinando genericamente o assunto.

Assim, concluir que a lei complementar prevista no § 3º do art. 18 é uma lei específica, destinada a criar diretamente o Estado, não afasta o entendimento de que o art. 48, VI, refere-se a uma norma genérica, regulando abstratamente a matéria.

O texto constitucional autoriza esse entendimento. A começar pelo próprio art. 18, cujo § 4º condiciona a "criação, incorporação, fusão e o desmembramento dos Municípios" aos "requisitos previstos em lei complementar estadual". Mais: o art. 30, IV, ao autorizar os Municípios a "criar, organizar e suprimir Distritos", ressalva "observada a legislação estadual".

A criação de regiões de desenvolvimento depende, igualmente, de lei regulando abstratamente o assunto (art. 43, § 1º). Não parece lógico que se exija uma lei ampla, genérica, para criar Municípios, Distritos e Regiões de desenvolvimento e se a dispense para a criação de Estados. *Data venia*, não faz sentido.

Ademais, em diferentes oportunidades, a Constituição usa o verbo "dispor", como está no inciso VI do art. 48. Sempre trazendo a idéia de um regramento genérico. Por exemplo: "A lei disporá sobre a iniciativa popular no processo legislativo estadual" (art. 26, § 4º); "A lei disporá sobre a organização administrativa e judiciária dos Territórios" (art. 33); "A lei disporá sobre a aposentadoria em cargos ou empregos temporários" (art. 40, § 2º); "A lei disporá sobre a organização, o funcionamento e a competência da Justiça Militar" (art. 124, parágrafo único) etc.

Não se pretende, com isso, interpretar a norma constitucional com base numa única palavra. Até porque, como leciona Geraldo Ataliba, "interpretação literal é mero pressuposto de interpretação. As palavras devem ser colocadas no contexto normativo em que estão inseridas" (*RDP* 98/103 e ss., abril - junho/91).

No caso, o apego ao termo decorre do próprio contexto e de seu uso nos textos constitucionais. Do uso, pela razão já exposta; do contexto, especialmente ao art. 12 do "Ato das Disposições Constitucionais Transitórias". Diz esse dispositivo: "Será criada, dentro de 90 dias da promulgação da Constituição, Comissão de Estudos Territoriais, com 10 membros indicados pelo Congresso Nacional e 5 pelo Poder Executivo, com a finalidade de apresentar estudos sobre o território nacional e anteprojetos relativos a novas unidades territoriais, notadamente na Amazônia Legal e em áreas pendentes de solução". O § 1º acrescenta: "No prazo de 1 ano, a Comissão submeterá ao Congresso Nacional os resultados de seus estudos para, nos termos da Constituição, serem apreciados nos 12 meses subseqüentes, extinguindo-se logo após".

Custa crer que esses estudos devessem ser apreciados pelo Congresso Nacional para nada. Aliás, como ensina Black, lembrado por Meirelles Teixeira, em matéria constitucional "não é permitido desobedecer, ou interpretar um dispositivo de modo a negar-lhe aplicações (...)" (*Curso de Direito Constitucional*, 1ª ed., atualizada por Maria Garcia, Forense Universitária, 1991, pp. 274-275). O art. 12 das "Disposições Transitórias" só faz sentido se conjugado com o art. 48, VI.

Por tudo isso, é fácil concluir que a criação de novas unidades federadas requer duas normas distintas: uma instituindo diretamente o Estado, e que, a teor do art. 18, § 3º, será uma lei complementar; outra disciplinando genérica e abstratamente o assunto, autorizada pelo art. 48, VI, e indispensável, em face das inúmeras dúvidas que a matéria encerra. Óbvio que esse disciplinamento terá que ser feito através de lei ordinária, por não estar reservado à lei complementar.

Ao contrário do que sustenta o ilustre Relator, o fato de a norma instituidora da nova unidade federada ser uma lei complementar e a genérica ser uma lei ordinária não constitui "inversão da ordem hierárquica normativa". Primeiro porque atuarão em esferas diferentes: a lei complementar que criar o Estado não poderá conter normas genéricas, por não ser isso atribuição sua, assim como a lei ordinária não poderá instituir diretamente o Estado, por estar essa questão reservada à lei complementar, como dispõe o art. 18, § 3º, da CF. A rigor, conforme entendimento hoje dominante, não há hierarquia entre lei complementar e lei ordinária. Nesse sentido a lição de Michel Temer: "Não há hierarquia alguma entre lei complementar e lei ordinária. O que há são âmbitos materiais diversos atribuídos pela Constituição a cada qual dessas espécies normativas" (*Elementos de Direito Constitucional*, 6ª ed., Ed. RT, 1989, pp. 149-150). Celso Ribeiro Bastos assinala que "não existe hierarquia entre as espécies normativas elencadas no art. 59 da CF. Com exceção das emendas constitucionais, todas as demais espécies se situam no mesmo plano. A lei complementar não é superior à lei ordinária, nem esta é superior à lei delegada, e assim por diante". No seu entender, tudo se resume à questão de competência: "(...) cada espécie tem seu campo próprio de atuação, não havendo que se falar em hierarquia" (*Curso de Direito Constitucional*, 11ª ed., Saraiva, 1989, p. 307). Geraldo Ataliba confirma que, fora das hipóteses que a Constituição expressamente lhe reserva, a lei complementar "nada mais é do que lei ordinária". Afirma que a característica da lei complementar "decorre da impossibilidade de as demais normas disciplinarem suas matérias específicas (...)".

O que distingue a lei complementar da ordinária, além do *quorum* de aprovação, é o conteúdo ou a matéria disciplinada. Quando o constituinte entendeu relevante a questão e quis dificultar sua alteração, exigiu lei complementar.

Daí por que não há hierarquia. Os conteúdos são diferentes. A matéria prevista, em face de ser disciplinada por lei complementar, não o pode ser por lei ordinária, e vice-versa. Se for ela disposta em lei ordinária, ela é inconstitucional, porque a Constituição exige *quorum* qualificado para aprovação.

Mas há confronto, porque o assunto é diferente. O âmbito de disposição da lei complementar não pode ser invadido pela ordinária. E o contrário é verdadeiro.

Desse modo, a coexistência das duas normas, no caso, não constitui qualquer absurdo, posto que cada uma é restrita a um campo determinado. Quando o constituinte exige lei complementar é porque valorizou a matéria em pauta; não por ser esta superior à lei ordinária.

5. *Plebiscito depende de lei*

De qualquer modo, a convocação de plebiscito no momento encontra um óbice: o art. 14, I, da CF, que o consagra, juntamente com o referendo e a iniciativa popular (incisos II e III), e subordina seu exercício aos "termos da lei". Não temos essa lei.

Fora a hipótese do art. 2º do "Ato das Disposições Constitucionais Transitórias", o texto constitucional autoriza o TSE a expedir as normas regulamentadoras da consulta plebiscitária ali prevista (§ 3º). No texto permanente não há essa ressalva. Diz que será exercido "nos termos da lei".

O art. 49, XV, só permite ao Congresso autorizar referendo e convocar plebiscito! Enquanto não estiver regulamentado, não poderá ser convocado. Especialmente para as duas únicas hipóteses que a Constituição expressamente prevê.

Na lição de José Afonso da Silva, há diferentes categorias de normas constitucionais: a) normas de eficácia plena; b) normas constitucionais de eficácia contida; c) normas constitucionais de eficácia limitada. As de eficácia plena independem de qualquer regulamentação infraconstitucional, tendo aplicabilidade imediata; as de eficácia contida são também aplicáveis imediatamente, mas pode ter seu alcance restringido pelo legislador ordinário. São, por isso, classificadas por Michel Temer como normas de "eficácia redutível ou restringível"; as de eficácia limitada seriam aquelas cuja implementação depende de norma infraconstitucional regulamentadora (*apud* Michel Temer, *Elementos de Direito Constitucional*, 6ª ed., Ed. RT, pp. 26-27). A do art. 14, referente ao plebiscito, ao referendo e à iniciativa popular, está entre as últimas.

Um detalhe: quanto à iniciativa popular, a própria Constituição prevê os requisitos para seu exercício (art. 61,§ 2º). Independeria de regulamentação, conforme José Afonso da Silva (ob. cit., p. 460). Outros, contudo, entendem que mesmo ela dependeria de regulação. Pinto Ferreira, por exemplo, considera que todos os institutos previstos nos incisos I a III do art. 14 dependem de lei (ob. cit., p. 299).

A inviabilidade de plebiscito por falta de lei reguladora foi brilhantemente exposta pelo deputado Michel Temer, quando relator de recurso interposto pelo deputado Israel Pinheiro Filho relativamente ao Projeto de Decreto Legislativo 27, de 1988, sobre a realização de plebiscito para a criação do Estado do Triângulo.

Em voto em separado, afirma o deputado: "O plebiscito autorizador do desmembramento ou formação de novos Estados (CF, art. 18, § 3º) é uma espécie daquele genericamente previsto no art. 14, inciso I, já aludido. É, este, norma constitucional de eficácia limitada. Depende de legislação integrativa para alcançar eficácia plena. Este é o significado de dispositivo constitucional que remete à lei regulação de certos institutos.

"A lei reguladora não irá, no caso, instituir o plebiscito; irá, contudo, dispor sobre a forma e prazos, o meio e o modo da consulta popular.

"O *caput* do art. 14 enuncia, na verdade, dois preceitos: a) define de que maneira se exerce genericamente a soberania popular, dizendo ser por meio de sufrágio universal e pelo voto direto e secreto com valor igual para todos; e b) estabelece que a soberania popular também será exercida mediante plebiscito, referendo e iniciativa popular, nos termos da lei. Seria inócuo o art. 14 na parte referente à lei reguladora se pudéssemos realizar plebiscito independente dela. Qual seria o conteúdo da expressão 'nos termos da lei', se efetivássemos plebiscito, referendo e iniciativa popular independente de lei?" (*DCN*, Seção I, 30.3.89, p. 1.535).

A falta dessa lei, portanto, inviabiliza a consulta plebiscitária em debate.

Além desse obstáculo e em face de todo o exposto, a criação de novos Estados carece de norma disciplinadora, a fim de que fiquem dissipadas as dúvidas que o texto constitucional não desfaz, especialmente no tocante à audiência às Assembléias Legislativas — o momento, a forma como deve ser procedida, por exemplo —, bem como à população a ser ouvida nas diferentes hipóteses de alteração territorial previstas no art. 18, § 3º.

A relevância da matéria não permite tratamento improvisado, ao sabor das circunstâncias ou conveniências políticas. A ausência de um disciplinamento amplo, genérico, pode conduzir à *babelização* do processo para a criação de novos Estados, mediante a mutilação do território das atuais unidades da Federação.

Vale repetir, a propósito, a advertência do ex-Ministro Oswaldo Trigueiro, do STF, em artigo sobre a "Evolução do regime federal brasileiro": "O federalismo brasileiro sempre foi conceituado, pela doutrina estrangeira, como tanto artificial, embora na fase inicial ele apresentasse caracterização jurídica que satisfazia aos pressupostos do Estado Federativo. Já agora, porém, não se pode esperar que se reconheça a autenticidade de uma Federação em que os Estados-Membros podem sofrer mutilações territoriais, ou mesmo desaparecer, mediante incorporação ou fusão, com a mesma facilidade com que se cria ou extingue a mais insignificante entidade municipal" (in *Antologia Luso-Brasileira de Direito Constitucional*, Livraria e Editora Brasília Jurídica, 1992, pp. 308-309).

Em suma, meu voto é no sentido de ser imprescindível a edição de lei genérica a dispor sobre qualquer alteração territorial, *data venia* do digno Relator.

ESTUDOS & COMENTÁRIOS

A PRIVATIZAÇÃO DAS EMPRESAS ESTATAIS, À LUZ DA CONSTITUIÇÃO

CARLOS AYRES BRITTO

Professor de Direito Constitucional
da Faculdade de Direito da Universidade Federal de Sergipe
— Conselheiro Federal e Membro da Comissão de Direito Constitucional da OAB

1. Privatização de empresa estatal, e não de atividade pública. 2. Privatização de empresa estatal de atividade econômica, e não de empresa estatal de serviço público. 3. Base constitucional da privatização de empresa estatal. 4. Necessidade de lei específica para a privatização. 5. Submissão do processo de privatização aos princípios constitucionais vinculantes da Administração Pública. 6. Submissão do ato final da privatização aos "princípios gerais da atividade econômica". 7. Considerações finais.

1. *Privatização de empresa estatal, e não de atividade pública*

1.1 A primeira idéia que nos ocorre sobre o tema da privatização das empresas estatais é precisamente esta: não há privatização de atividade pública, própria do Estado, mas simplesmente privatização de empresa estatal.

1.2 Não há privatização de atividade pública, própria do Estado, porque a privatização não transforma uma atividade pública em atividade privada. A privatização apenas seqüencia uma atividade juridicamente privada que o Estado explorava de forma econômica. A atividade já era de natureza jurídica privada e, pela retirada do seu prestador governamental, vai prosseguir com a mesma ontologia; só que, agora, sob o domínio ou o controle acionário de pessoas não mais integrantes da Administração Pública, mas do setor privado.

1.3 Por via de conseqüência, a privatização não é mais que uma troca de bastões entre proprietários-controladores de unidades empresariais, tendo por objeto uma atividade que já era econômica desde o início. O Estado deixa de ser proprietário-controlador de unidade econômica, substituído que fica por empresa(s) ou empresário(s) do setor privado, no mesmo ramo de negócio. Logo, a privatização pode ser conceituada como transferência do domínio público de uma empresa para o domínio privado dessa mesma empresa, em caráter, naturalmente, oneroso ou negocial.

1.4 Assim é que o tema deve ser compreendido, neste início de investigação, porque o Estado, ao virar empresário, não torna pública nenhuma das atividades econômicas que venha a desempenhar. Se tornasse, aí, sim, a privatização ganharia o sentido de *despublicização* de atividade. Mas, como o que era econômico permanece econômico, e como, sobremais, toda atividade econômica é própria dos particulares (constitucionalmente privada que é), segue-se que a privatização não passa, mesmo, de um fenômeno de *sucessão empresarial*.

1.5 Para que não reste dúvida sobre a natureza jurídico-privada dos fatos constitutivos do universo econômico, mesmo quando protagonizados por empresa estatal, transcrevemos os seguintes dispositivos da *Lex Maxima*:

"É assegurado a todos o livre exercício de qualquer atividade econômica, independentemente de autorização de órgãos públicos, salvo nos casos previstos em lei" (parágrafo único do art. 170).[1]

"Ressalvados os casos previstos nesta Constituição, a exploração direta de atividade econômica pelo Estado só será permitida quando necessária aos imperativos da segurança nacional ou a relevante interesse coletivo, conforme definidos em lei" (art. 173, *caput*).

"A empresa pública, a sociedade de economia mista e outras entidades que explorem atividade econômica sujeitam-se ao regime jurídico próprio das empresas privadas, inclusive quanto às obrigações trabalhistas e tributárias" (§ 1º do art. 173).

1.6 Daqui resulta que, se privatizar é transferir, por negócio, a propriedade ou o controle dominial de uma unidade empresarial do setor público para o setor privado, a liquidação pura e simples de uma empresa estatal não é privatização. É *desativação*, apenas, no sentido de desocupação de um espaço até então ocupado pelo Estado. Sai o Poder Público do cenário produtivo, estanca-se a atividade econômica por ele anteriormente agenciada, sem que se dê a mencionada troca de bastões. De sucessividade empresarial já não se cuida.

Em síntese, pois, não há que se confundir *senhorio de atividade* com *senhorio de empresa*. A atividade econômica é sempre titularizada pelo setor privado, embora admita, excepcionalmente, protagonização estatal. Já, a unidade empresarial, em si, tanto pode ser de titularidade estatal quanto privada.

2. *Privatização de empresa estatal de atividade econômica, e não de empresa estatal de serviço público*

2.1 Entenda-se, porém, que, se o Estado-empresário não publiciza a atividade econômica que venha a explorar, pode vir a prestar um serviço público sob forma econômica. Vale dizer, o Estado bem pode tocar, sob organização empresarial (econômica, portanto), um dado serviço público.

2.2 Com efeito, o Estatuto Supremo da República Federativa diz que compete à União Federal *explorar*, diretamente, ou por interposta pessoa, os serviços públicos que ele próprio indica nos incisos XI, XII e na parte inicial do inciso XXIII do seu (dele) art. 21. Tal "exploração" é vocábulo de sentido nitidamente econômico, mas sem que signifique transmutação de um serviço público em atividade econômica. O serviço continua público, sua prestação se faz ao abrigo das regras de direito público, com uma diferença: *ao invés de financiado pela imposição de tributos a toda a coletividade, é remunerado diretamente pelos usuários dele.*

2.3 É nessa remuneração direta pelos usuários, chamada de *preço público* ou *tarifa*, que reside o meio econômico de prestação de um serviço tipicamente estatal. Mas isto somente é possível, acrescente-se, porque o serviço público típico (energia elétrica, telefone, transporte coletivo,

1. A remissão à lei não é para subtrair aos particulares o exercício de atividade econômica, mas, tão-somente, para submeter algumas delas à expressa e prévia autorização do Poder Público.

água encanada, gás liquefeito de petróleo etc.) já é naturalmente portador de conteúdo econômico; ou seja, a utilidade em que ele se transfunde é daquelas que se prestam para um consumo rigorosamente individualizado, porque específico, divisível, e, assim, financeiramente mensurável em sua (dele) fruição *per capita*.[2]

2.4 Mas isso não é privatização. Mesmo nas situações em que a União recorre a interposta pessoa empresarial (só necessariamente estatal para a prestação dos "serviços telefônicos, telegráficos, de transmissão de dados e demais serviços públicos de telecomunicações", além dos "serviços e instalações nucleares de qualquer natureza"), ainda assim a titularidade do serviço não muda de mãos. A empresa intercalar apenas se investe no *exercício* da atividade pública, permanecendo o senhorio dessa atividade (não confundir com senhorio ou titularidade, insista-se) com a União.

2.5 Essa inviabilidade jurídica de transpasse do senhorio da atividade pública para a unidade empresarial que venha a exercê-la decorre, ainda uma vez, da vontade objetiva da Constituição. Ela própria, Constituição, deixou explícito que os serviços públicos elencados pelo art. 21 são próprios da União, *pois a ela* ***competem***. O que é passível de transpasse é tão-somente o exercício sob forma empresarial, se a União assim preferir, conforme ainda há pouco anotado.

2. Daí Celso Antônio Bandeira de Mello considerar tal elemento material como indispensável à definição do serviço público, ao lado do elemento formal, que é seu regime jurídico próprio. Confira-se: "Serviço público é toda atividade de oferecimento de utilidade ou comodidade material fruível diretamente pelos administrados, prestado pelo Estado ou por quem lhe faça as vezes, sob um regime de direito público — portanto consagrador de prerrogativas de supremacia e de restrições especiais — instituído pelo Estado em favor dos interesses que houver definido como próprios do sistema normativo" (*Curso de Direito Administrativo*, 5ª ed., Malheiros Editores, 1994).

2.6 Que fique assentado, portanto, que os serviços públicos são *imprivatizáveis*, naquele sentido que vimos dando à privatização: uma mera sucessão de proprietários ou sócios controladores de empresa estatal. Tanto este juízo é procedente, que a nossa Carta de outubro retomou a matéria do art. 21 para dizer, na cabeça do art. 175, que: "Incumbe ao Poder Público, na forma da lei, diretamente ou sob regime de concessão ou permissão, sempre através de licitação, a prestação dos serviços públicos". E a remissão à lei, neste lanço, não é para traduzir que a ela compete indicar o que seja, ou não seja serviço público. Mas, isto, sim, que à lei compete falar se a prestação de um dado serviço público se fará "diretamente" pela pessoa estatal que o titularize, ou, então, por "concessão ou permissão" a uma terceira pessoa jurídica.

2.7 Deveras, o papel da lei, no particular, cinge-se à valoração política da conveniência de se centralizar ou não no Estado a prestação do serviço público. Se à lei fosse permitida a qualificação em si de uma atividade como serviço público, aí, sim, bastaria que, pela desqualificação igualmente legal, o serviço passasse ao instantâneo domínio da iniciativa privada. Mas assim não ocorre, porque a sistemática constitucional reside em que *somente a própria Lei Maior pode caracterizar uma área de movimentação humana como constitutiva de atividade pública*. O que sobra ou remanesce da indicação constitucional já é atividade privada, aberta à exploração econômica. Dizer o contrário é nulificar a regra constitucional que deixa aos particulares o senhorio das atividades econômicas, pois bastaria ao legislador comum ir ampliando a esfera das atividades públicas para estreitar, mais e mais, a esfera daqueloutras. Seria a postura irracional do dar com uma das mãos e tomar com a outra, tão veementemente negada por Ruy Barbosa, pois o hábito do cachimbo faz a boca torta...

3. *Base constitucional da privatização de empresa estatal*

3.1 Diga-se, agora, que o nosso Código Supremo não contém normação expressa quanto à privatização. Mas é de todo evidente que existe nele a regra tácita de que a autorização para o Estado optar pela criação de uma unidade administrativa de fins econômicos (esta, sim, expressa) *incorpora o poder da desistência*. Quem, num primeiro momento, pode escolher entre organizar-se empresarialmente ou ficar à margem das formas jurídicas de organização para fins econômicos pode, num segundo instante, escolher entre continuar à testa da sua empresa ou repassá-la para terceiros, ou, ainda, simplesmente desativá-la. Não há viagem sem volta no círculo das opções estatais sobre a matéria.

3.2 Dito de outra forma, o sujeito jurídico "Estado" não nasce com suas empresas. Ele nasce é com seus órgãos elementares, que são os formadores do Poder Legislativo, do Poder Executivo e do Poder Judiciário. As empresas advirão a ele, ou deixarão de advir, por opção dele. Não delas. Mas por uma modalidade de opção que tem previsibilidade na própria Constituição. Que previsibilidade? *Um tipo de atividade econômica que, numa situação concreta, se apresente ao Poder Legislativo como "necessária aos imperativos da segurança nacional ou a relevante interesse coletivo*", pois assim é que está insculpido na moldura do art. 173, cabeça, da *Carta-cidadã* de 1988.

3.3 Pois bem, se a instituição de uma empresa estatal para fins econômicos só se justifica perante aquela situação concreta de previsibilidade constitucional, é claro que, ante o eventual esgotamento desse estado material de coisas, fica o Poder Público obrigado a bater em retirada. O compromisso dele é com o interesse público retratado no pressuposto originariamente motivador da criação da empresa, *e não com a empresa mesma*. O Poder Legislativo que qualifica um dado empreendimento produtivo como necessário aos imperativos da segurança nacional, ou a relevante interesse coletivo, pode vir a desqualificar esse mesmo empreendimento, frente a um novo estado factual de coisas. Tudo, naturalmente, sob lei de iniciativa do Poder Executivo.

3.4 Nesta seqüência de raciocínio, a nova situação fática de esvaimento do interesse público habilita o Estado a optar entre a desativação de sua unidade empresarial e a privatização. É o fenômeno da *desafetação* de uma atividade ao interesse público, tão presa ao mencionado pressuposto constitucional quanto a própria *afetação*. O não-verbal da Constituição, na hipótese, reside nestes dois preceitos: onde vai qualquer dos dois específicos pressupostos de criação de uma empresa estatal, vai o interesse público; onde cessa qualquer desses dois específicos pressupostos, cessa o interesse público.

4. *Necessidade de lei específica para a privatização*

4.1 Passando ao enfrentamento deste novo segmento temático, temos como certo que a obtenção do conhecimento científico há de resultar do mesmo método de investigação que deduz da norma expressa ... a norma inexpressa; que dizer, o modo pelo qual se dá o encarte de uma empresa estatal no aparelho de Estado ... é o modo pelo qual se dá o respectivo desencarte. A *ratio juris* da primeira proposição não é diferente da segunda, devendo o intérprete acolher a regra tácita da simetria das formas, que é uma espécie de "lei de retorno".

4.2 Com efeito, esse método *discursivo* bem se presta para fundamentar o juízo de que a privatização é matéria cuja operacionalização depende de lei, porquanto de lei também depende a operacionalização reversa: criação de empresa estatal. É a Constituição mesma que exige lei formal para a introjeção de unidade econômica personalizada no aparelho de Estado, consoante a seguinte voz de comando: "Art. 37. (...) XIX — somente por lei específica poderão ser criadas empresa pública, sociedade de economia mista, autarquia ou fundação pública".

4.3 Mais até do que lei, como visto, de "lei específica" é que depende a procriação formal de unidade empresarial do Estado. E lei específica é a lei de máxima concentração material, porque *monofinalista* ou de um só conteúdo fático. A matéria que lhe serve de recheio é única, tópica, pontual, *casuísta mesmo*, de sorte a não comportar assuntos correlatos. O que se intenta, com isso, é evitar aquela dispersividade temática que dificulta a análise técnica e desconcentra as atenções políticas do Congresso Nacional e da Nação como um todo.

4.4 A Magna Carta assim o quis, e nesse querer sentou praça, pois volta a falar de casuísmo no inciso imediato (n. XX do art. 37), ainda a propósito de agenciamento estatal de atividade econômica. Sua textura vernacular foi esta: "depende de autorização legislativa, *em cada caso*, a criação de subsidiárias das unidades mencionadas no inciso anterior, assim como a participação de qualquer delas em empresa privada" (sem o destaque morfológico).

4.5 Não é tudo, porque ainda assim exigente de lei monofinalista é o art. 173, cabeça (já transcrito), ao rezar que os imperativos da segurança nacional ou o relevante interesse coletivo, justificadores da exploração de atividade econômica pelo Estado, dependem de definição *legal*. E é lógico que a definição legal é daquelas que somente se fazem caso a caso, ante a faticidade de uma quadra histórica ou situação espácio-temporal concreta. Não dá para dizer, fora das coordenadas do aqui e do agora, que tipo de atividade econômica é necessária à densificação dos imperativos da segurança nacional, ou de interesse coletivo relevante. O que ontem não se encaixava na concepção de segurança nacional ou relevante interesse coletivo, hoje pode fazê-lo. O que até hoje se encaixava, amanhã poderá perder a silhueta.

4.6 Ora, pelo princípio da simetria das formas ou lei do retorno, é também casuisticamente que o Congresso Nacional pode autorizar o transpasse da titularidade empresarial a que vimos chamando de privatização. Afetação e desafetação passam por necessária avaliação política pontual, como por avaliação política pontual passam as outras matérias que a Constituição submete a esse modo mais concentrado de o Poder Legislativo atuar, que é a lei *específica* (a tal respeito, nada mais ilustrativo que o § 6º do art. 150 do Texto Magno, pelo seu caráter de norma interpretativa quanto ao sentido de exclusividade temática das leis alcunhadas de "específicas").

4.7 Não podia ser diferente, porque desentranhar do aparelho de Estado uma unidade administrativa personalizada é deliberação que produz efeitos díspares e de grande importância no Estado mesmo e na ordem jurídica por inteiro. Não se desestatiza por qualquer "da-cá-essa-palha", bastando lembrar que, pela privatização, os servidores da empresa repassada para a iniciativa privada deixarão de ser servidores públicos (*lato sensu*). Mais: em relação a tal empresa, o Congresso Nacional e o Tribunal de Contas abdicarão do seu poder de fiscalizar e controlar atos de administração financeira, orçamentária e patrimonial; algum órgão da Administração direta perderá a competência a que os administrativistas chamam de "tutela administrativa"; a cidadania privar-se-á da ação popular para evitar lesões patrimoniais e velar pela moralidade administrativa; a lei orçamentária anual ver-se-á desfalcada daquela parcela de recursos que, gerada pela unidade descartada, fazia parte do "orçamento fiscal" e do "orçamento de investimento" da respectiva organização política central. Enfim, as instituições financeiras oficiais já não terão a garantia de receber todas "as disponibilidades de caixa" (palavras do art. 164, § 3º, da Lei das Leis), para tristeza delas, naturalmente, e grande contentamento por parte dos bancos privados...

4.8 Em síntese, optar pela protagonização estatal de atividade econômica, tanto quanto optar pela privatização, é ato deliberativo que exige cuidadosa valoração de todo um quadro factual *personalizado* — digamos assim —, e daí a absoluta necessidade de uma lei para cada decisão a tomar. "O vento que venta lá é o mesmo que venta aqui", e exatamente por isso é que não se pode falar, em rigor, *nem de um programa de estatização, nem de um programa de privatização*. Uma e outra modalidade de decisão estatal são vocacionadas para o atacado, quando a sistemática da Constituição, em matéria de empresa estatal, é pela decisão ao nível do varejo. Incompatibilidade absoluta.[3]

5. *Submissão do processo de privatização aos princípios constitucionais vinculantes da Administração Pública*

5.1 Não se pense, todavia, que privatizar é escapar de todo à *longa manus* dos princípios constitucionais vigorantes para a Administração Pública. O escape se dá, é verdade, após o transpasse dominial que não apresentar mácula constitucional. Mas, durante o processamento desse repasse de senhorio da empresa estatal, todos os princípios da Constituição aplicáveis aos órgãos e entidades estatais são pleno-operantes.

5.2 Esta nova proposição é assimilável de plano quando se considera que, até a formalização do transbordo da empresa estatal para o setor privado, ela permanece como unidade administrativa personalizada do Estado. Ainda não perdeu a qualidade de parcela da Administração Pública, e, por isso, permanece reverente aos princípios constitucionais que vinculam todos os órgãos e entidades dessa mesma Administração.

5.3. Assim é que, ao nível das iniciativas do Estado-Administração, deve ele observar os princípios da legalidade, impessoalidade, moralidade e publicidade, que são, nos termos do art. 37 da CF, os que mantêm com os órgãos e entidades administrativos um vínculo funcional mais imediato. Tudo começa com a proposta de lei específica para a desestatização e prossegue sob a égide dos demais princípios, até a consumação da transferência dominial.

5.4 Já, ao nível da iniciativa dos órgãos oficiais de controle da Administração, tanto quanto da iniciativa dos administrados, também são acionáveis todos os mecanismos que a Lei Maior põe à disposição de ambas as categorias de controladores. Dentre esses mecanismos, sobressaem-se, naturalmente, as auditorias e inspeções, a tomada de contas, os pedidos de informações e certidões, a ação popular e até o mandado de segurança individual ou coletivo (seja para forçar a Administração a cumprir as etapas do devido processo legal, seja para a defesa de direitos ou interesses dos servidores da empresa em vias de desestatização).

5.5 Em conclusão: como privatizar implica um procedimento administrativo, todo ele a cargo da entidade-*mater* da empresa estatal, a regra a observar é aquela comum a toda conduta oficial de realiza-

3. Observação que nos autoriza a criticar duplamente a Lei federal 8.031, de 12.4.90, que, sobre instituir o "Programa Nacional de Desestatização", deixou de consagrar a técnica da decidibilidade congressual por lei específica.

ção da função administrativa; quer dizer, a regra a observar é uma conduta que se inicia pela observância dos princípios da legalidade e da publicidade — que são de verificação objetiva — e termina pelos princípios da impessoalidade e da moralidade — que são de verificação subjetiva. É o que se poderia chamar de *visibilidade controlada do poder, pois, numa República democrática, nada deve ocorrer no espaço da informalidade, do segredo ou da insindicabilidade, porque, afinal, administrar é atividade de quem é gestor de coisa alheia, e não senhor de coisa própria, como lapidarmente ensinava Ruy Cirne Lima.*

6. *Submissão do ato final da privatização aos "princípios gerais da atividade econômica"*

6.1 Na trilha destes enunciados, calha acrescentar que a privatização não tem outro objetivo que não o de ofertar aos agentes econômicos privados uma unidade produtiva que já não interessa diretamente ao Estado, mas que ainda tem uma função social a cumprir. Se a empresa estatal a negociar não tivesse função social a cumprir, já agora por intermédio do setor privado, é claro que ela não seria objeto de privatização, mas de liquidação ou desativação, pura e simples.

6.2 Pois bem, no plano da formalização do ato final do transpasse dominial da unidade empresarial do Estado para o setor privado, há outros vínculos funcionais diretos entre a organização central do Estado (promotora da desestatização em concreto) e a Constituição Federal. São os vínculos enfeixados no Capítulo I do Título VII da Lei Maior, este sob a denominação "Da Ordem Econômica e Financeira", e aquele, "Dos Princípios Gerais da Atividade Econômica".

6.3. A Administração, seja qual for a sua espécie, seja qual for a modalidade de competência que venha a atuar, está presa à cogência desses "princípios gerais da atividade econômica", expressionais de uma das modalidades de interesse público, que é a modalidade econômica. Há interesse público econômico na liberdade de iniciativa que a Lei Maior consagrou, tanto quanto nas três formas de atuação estatal no setor: a monopolização, a competição com os agentes econômicos privados e a postura normativo-reguladora.

6.4 Se é nesse Capítulo I do Título VII que a Lei Maior impõe a toda a ordem econômica um explícito *fundamento* (valorização do trabalho humano e da livre iniciativa), seguido de um *fim* específico (assegurar a todos existência digna, conforme os ditames da justiça social) e de *princípios* igualmente expressos (soberania nacional, propriedade privada, função social da propriedade, livre concorrência, defesa do consumidor, defesa do meio ambiente, redução das desigualdades regionais e sociais, busca do pleno emprego, tratamento favorecido para as empresas brasileiras de capital nacional de pequeno porte), tudo conforme os dizeres do art. 170, salta à evidência que *na concreção de todas essas normas é que se homizia o mencionado interesse público econômico.*

6.5 É sob a ótica dessa proposição de que a Lei Maior criou um específico interesse público econômico (produtivo, portanto) que se passa a compreender o óbvio: todos os direitos aos particulares e os poderes ao Estado, naquele capítulo outorgados, o foram debaixo daquela trinca de normas informadoras de toda a ordem econômica; ou seja, foram direitos e poderes a que correspondem deveres para com a plena realização das três categorias de realidade constitucional (fundamento, fim e princípios), que são *deveres de conteúdo econômico.*

6.6 Ora, se há deveres do conteúdo econômico para os particulares e o Estado, fácil é concluir pela necessidade de o ato final da privatização obedecer a cláusulas editalícias que assegurem, por exemplo, a não-oligopolização do ramo de negócio ofertado ao setor privado, sabido que a oligopolização contamina a pureza do princípio econômico da *livre concorrência* e agride virulentamente o princípio igualmente econômico da *defesa do consumidor*. Mais: deve-se conferir preferência a arrematantes múltiplos, na perspectiva da democratização da propriedade dos meios de produção, sabido que a ampliação do número de proprietários opera como elemento redutor de *distâncias sociais*, que é outro princípio econômico explicitado pelo art. 170 da *Lei Máxima*.

6.7 Enfim, a idéia de que se alimenta este segmento especulativo é a de que muitos exemplos de adequação aos princípios gerais da atividade econômica se apresentam como obrigatórios na materialidade de transferência dominial a que vimos rotulando de privatização. Por isso que, a título de remate, lembramos que o novo grupo empresarial privado não pode escapar ao dever de seqüenciar o específico regime de trabalho que a empresa arrematada mantinha com os respectivos empregados. Estes gozavam de direitos funcionais de selo constitucional, como o da não-despedida arbitrária ou sem justa causa, debaixo da proposição de que "quem não é livre para admitir, não o é para demitir" (Celso Antônio Bandeira de Mello), e não é pela despublicização da empresa a que pertenciam que vão decair da constitucionalidade daqueles direitos. De mais além, se a privatização termina sendo uma reverência à *iniciativa privada* enquanto fundamento da ordem econômica, ao Estado é proibido irreverenciar o outro fundamento dessa mesma ordem, que é a *valorização do trabalho humano*. Logo, privatizar não é sinônimo de descarte massivo de mão-de-obra assalariada, que a tanto se opõem o *fundamento* da valorização do trabalho humano e o *princípio* da busca do pleno emprego.

7. *Considerações finais*

7.1 Após todas estas coordenadas mentais, concluímos o presente estudo com a retomada um pouco mais detida da noção daquilo que nos parece a pedra-de-toque do empresariamento e do desempresariamento estatal de atividade econômica. E tudo começa por aqui: para exercer o poder que lhe confere o art. 173, *caput,* que é o poder de se tornar empresário de atividade econômica amplamente franqueada à iniciativa privada (logo, não monopolizada pelo próprio Estado), o Poder Público tem que valorar tal atividade como concretamente necessária aos imperativos da segurança nacional ou a relevante interesse coletivo. Ao reverso, para "tirar o seu time de campo", o Estado tem que *revalorar* a mesma atividade para desqualificá-la como necessária àqueles imperativos da segurança nacional ou à realização de um interesse público relevante.

7.2 Neste passo, é de se abrir um parênteses para enfatizar que a União se constitui na única pessoa federada apta a dizer que atividade econômica se faz ou deixa de se fazer imprescindível aos imperativos da segurança nacional, uma vez que segurança nacional é matéria da competência exclusiva da pessoa jurídica central da Federação. Quanto à definição da ocorrência ou não de atividade econômica necessária à realização do interesse público relevante, a competência é de toda e qualquer pessoa federada, inclusive da própria União, cada qual no âmbito territorial de atuação que lhe é próprio.

7.3 Como uma coisa puxa outra, também é de se realçar que uma pessoa federada não pode privatizar empresa que lhe não pertença, ainda que recorrendo às vias desapropriatórias, pois a decisão de criar ou extinguir unidade administrativa empresarial faz parte daquelas competências que se integram na autonomia político-administrativa que a Constituição assegura a cada qual dessas unidades federativas (art. 18, *caput*). Afirmar o contrário seria negar a imperatividade do inciso XIX do art. 37 da nossa Lei Maior, que outra coisa não é senão a confirmação de que cada pessoa político-territorial goza da autonomia para compor sua Administração indireta com as autarquias, fundações, empresas públicas e sociedades de economia mista que bem lhe aprouver, desde que a deliberação estatal se dê com a observância do pressuposto formal da promulgação de lei específica.

7.4 Muito bem. Fechando o parênteses e retomando a idéia de que são dois os pressupostos materiais de criação de empresa estatal (segurança nacional imperativa e relevante interesse coletivo), temos a acrescentar que a atividade econômica necessária à efetivação de qualquer desses dois pressupostos materiais é aquela que, num dado momento histórico-cultural, assim venha a ser valorada por lei específica do Congresso Nacional. Lei que é aprovada sob a natural avaliação de que tal atividade produtiva se apresenta como insuscetível de pleno e eficaz desempenho pelos agentes econômicos privados (parágrafo único do art. 170).

7.5 Convém dizer de outra forma. Os imperativos da segurança nacional ou o relevante interesse coletivo, aqui, são de realizabilidade por um caminho econômico de necessário palmilho. É preciso o desempenho de uma certa atividade econômica para colocá-la a serviço de um dos dois (ou de ambos) pressupostos materiais de índole constitucional. Mas é preciso ainda, insista-se, colocá-la sob empresariamento direto do Estado, por se tratar de atividade insuscetível de plena concreção pela força dos empresários privados, agindo estes sob a competência meramente "normativa e reguladora" do Poder Público.

7.6 É esse tipo especialíssimo de atividade produtiva que, empiricamente, vai receber a valoração da indispensabilidade de que fala o *caput* do artigo constitucional de n. 173. As outras atividades econômicas habituais já rimam com a segurança nacional e o interesse público, pois tudo que se passa no cumprimento de um dever ou no exercício de um direito constitucional de conteúdo econômico promove aqueles dois valores, ou, pelo menos, não os contraria. Mas a segurança que se faz *imperativa* e o interesse coletivo que se faz *relevante* são transbordantes do cumprimento daquele dever ou do exercício daquele direito *normal*, num momento histórico *anormal* (anormal, no sentido de extrapolante do comum ao cotidiano do mercado e da ação meramente normativa e reguladora do Estado).

7.7 Trata-se, por conseguinte, da premente necessidade de o Estado assumir um papel que não lhe é próprio, mas excepcional, como o de transcender sua dimensão normativa e reguladora para passar a competir com a iniciativa privada no panorama das empreitadas econômicas. Nada mais que isso.

7.8 Pois é justamente o *argumentum a contrario* que vai servir de fundamento jurídico para a privatização. Somente quando aquela mesma atividade econômica decai da sua aptidão para responder de modo único aos dois multi-referidos valores, ou a um deles, é que ela deixa de ser objeto de protagonização estatal. Fica nivelada "por baixo", em situação de paridade funcional com as demais atividades do mercado, o que exige, como tantas vezes dito, *revaloração casuística, por lei identicamente casuística*. Logo, bem diferente das privatizações já concretizadas, no Brasil, a partir do Governo Collor, e por nenhum modo compatível com a idéia de que uma pessoa político-territorial possa desapropriar ou simplesmente extinguir empresa que lhe não pertença.

Aracaju, agosto de 1994.

ESTUDOS & COMENTÁRIOS

A ORDEM ECONÔMICA NA CONSTITUIÇÃO

MIGUEL REALE JÚNIOR
E
DAVID TEIXEIRA DE AZEVEDO

1. Interpretação autêntica da ordem econômica. 2. Interpretação sistemática da ordem econômica. 3. A defesa do consumidor. 4. Conclusão.

1. *Interpretação autêntica da ordem econômica*

A autonomia do indivíduo e da sociedade frente ao Estado é uma das idéias mestras da Constituição de 1988.

Constata-se esta diretriz nos mais diversos âmbitos, objeto da normatização constitucional, patente na abolição de formas de tutela do cidadão por meio do Estado.

Destaque cabe à matéria relativa à atividade intelectual ou artística, arts. 5º, IX, e 220 da CF, que rezam:

Art. 5º, IX: "é livre a expressão da atividade intelectual, artística, científica e de comunicação, independentemente de censura ou licença".

"Art. 220. A manifestação do pensamento, a criação, a expressão e a informação, sob qualquer forma, processo ou veículo não sofrerão qualquer restrição, observado o disposto nesta Constituição.

"§ 1º. (...)

"§ 2º. É vedada toda e qualquer censura de natureza política, ideológica e artística.

"(...)

"§ 6º. A publicação de veículo impresso de comunicação independe de licença de autoridade."

O direito de ser informado é, portanto, assegurado a todos, sem censura, e o direito de publicar jornal ou revista independe de licença.

Quanto à formação de associações, deixa-se clara a independência frente ao Estado, pois, além de se mencionar a liberdade de associação (art. 5º, XVII, da CF), proíbe-se qualquer intervenção na sua atividade: Art. 5º, XVIII: "a criação de associação e, na forma da lei, a de cooperativas *independem de autorização, sendo vedada interferência estatal em seu funcionamento*" (grifo nosso).

É manifesto o contraste entre a vinculação anterior dos sindicatos ao Estado, segundo o modelo idealizado no Estado Novo, e a autonomia sindical consagrada no art. 8º da CF: "Art. 8º. É livre a associação profissional ou sindical, observado o seguinte: I — a lei não poderá exigir autorização do Estado para a fundação de sindicato, ressalvado o registro no órgão competente, vedadas ao Poder Público a interferência e a intervenção na organização sindical".

O fortalecimento das entidades da sociedade civil é outro dado patente, que revela o fim precípuo de consagrar a autonomia frente ao Estado, pois se atribui legitimidade a organização sindical, entidade de classe ou associação para impetrar mandado de segurança coletivo em defesa dos interesses de seus membros ou associados (art. 5º, LXX, "b", da CF)

As entidades associativas, quando expressamente autorizadas, têm legitimidade para representar seus filiados judicial ou extrajudicialmente (art. 5º, XXI, da CF).

Por fim, outorga-se à sociedade, por meio de confederações sindicais ou de entidades de classe de âmbito nacional, a condição de guardiã da ordem constitucional, dando-se a estas instituições a legitimidade ativa para propor ação direta de inconstitucionalidade perante o STF (art. 203, IX, da CF).

O Estado intervém na economia, segundo o art. 174 da CF, como agente normativo e regulador, exercendo, na forma da lei, as funções de fiscalização, incentivo e planejamento, sendo este determinante para o setor público e indicativo para o setor privado.

Como se vê, a intervenção se faz, tão-só, por lei, sendo o planejamento apenas indicativo para o setor privado.

Esta atuação do Estado como agente normativo ou regulador é de ser concretizada com respeito aos princípios que regem a ordem econômica, fundada na valorização do trabalho humano e na livre iniciativa, visando a assegurar a todos uma existência digna, conforme os ditames da justiça social (art. 170 da CF).

Cumpre, para bem compreender o significado do art. 170 da CF, verificar qual a evolução da matéria na Assembléia Nacional Constituinte.

Na Subcomissão de Princípios Gerais da Atividade Econômica e na VI Comissão — Da Ordem Econômica, instituiu-se que: "Art. 1º. A ordem econômica, fundada na livre iniciativa e na valorização do trabalho humano, tem por fim assegurar a todos existência digna, conforme os ditames da justiça social e os seguintes princípios: I - soberania nacional; II - propriedade privada; III - função social da propriedade; IV - livre concorrência; V - defesa do consumidor; VI - defesa do meio ambiente; VII - redução das desigualdades regionais e sociais".

Este dispositivo veio a constituir o art. 306 do Anteprojeto de Constituição, como resultado da justaposição dos anteprojetos oriundos das Comissões Temáticas.

Na consolidação feita pelo Relator e publicada em julho de 1987, o primeiro artigo da ordem econômica constituía o art. 300, de redação idêntica à acima transcrita.

Oferecidas emendas, em junho de 1987, o Relator rejeitou aquelas que pretendiam alterar susbstancialmente os princípios constantes do Anteprojeto oriundo da Subcomissão e da Comissão Temática.

A emenda do constituinte Ismael Wanderley (Emenda 1 DO60-78-8; v. 1 das emendas, agosto/88, p. 634) que suprimia os incisos II (propriedade privada) e IV (livre concorrência), obteve do Relator constituinte Bernardo Cabral o seguinte parecer:

"A Emenda, ao propor a substituição do dispositivo contido no Projeto de Constituição, amplia o papel do Estado na sociedade em detrimento de outras formas organizadas de produção. Quebra, desta forma, a harmonia que deve haver entre os mais diferentes agentes produtivos.

"O dispositivo, como apresentado, equipara-se aos já elaborados pelo Relator da Subcomissão de Princípios Gerais e pelo Relator da Comissão da Ordem Econômica, ambos rejeitados quando da votação dos respectivos anteprojetos, indicando que não merece o acatamento da maioria dos constituintes.

"Somos, portanto, pela rejeição."

Do Projeto de Constituição, 1º substitutivo do Relator, constou, então, a seguinte redação como primeiro artigo do título relativo à ordem econômica, sob nova numeração: "Art. 225. A ordem econômica, fundada na valorização do trabalho humano e na livre iniciativa, tem por fim assegurar a todos existência digna, conforme os ditames da justiça social, observados os seguintes princípios: I - soberania nacional; II - propriedade privada; III - função social da propriedade; IV - livre concorrência; V - defesa do consumidor; VI - defesa do meio ambiente; VII - redução das desigualdades regionais e sociais; VIII - busca de pleno emprego; IX - tratamento favorecido para as empresas nacionais e de pequeno porte".

Ao apresentar, em setembro de 1987, o seu 2º substitutivo, o ilustre Relator Bernardo Cabral fazia a seguinte ponderação: "E a realização plena do ideal de justiça social, com uma nítida definição do papel e da presença do Estado, foi o núcleo inspirador das disposições alusivas às ordens econômica, financeira e social. Cabem aqui algumas ênfases: a) adotou-se *um delicado balanceamento dos instrumentos de intervenção do Estado,* na ordem econômica, necessariamente *submetida a elevada principiologia"* (grifei).

No art. 191 do 2º substitutivo, setembro de 1987, repetia o Relator o mesmo texto do primeiro substitutivo de agosto de 1987, acima lembrado.

Como bem observa o Relator, adotou-se um delicado balanceamento dos instrumentos de intervenção, pois se deu precedência à valorização do trabalho humano, seguida da livre iniciativa. Acrescentaram-se ao que denomina o Relator "elevada principiologia" os princípios do "pleno emprego" e do "tratamento favorecido para as empresas nacionais e de pequeno porte".

A estes princípios constantes dos incisos I a V subsumiu-se toda a ordem econômica.

Na Comissão de Sistematização, o art. 191 e seus incisos do 2º substitutivo do Relator não sofreram qualquer alteração. Aprovado em sua totalidade, passou a constituir o art. 199 do Projeto de Constituição-A.

Este projeto foi, então, submetido ao Plenário da Constituinte. O Projeto do *Centrão* fazia retornar o texto oriundo da Comissão Temática, antecedendo a livre iniciativa à valorização do trabalho humano. Prevaleceu, no entanto, o texto da Comissão de Sistematização, sendo, ademais, rejeitadas as emendas e destaques que pretendiam modificar ou suprimir integral ou parcialmente o disposto no art. 191 e em seus incisos.

No Projeto de Constituição-B, fruto da aprovação do Plenário, reproduzia-se, portanto, o texto ofertado pelo Relator Bernardo Cabral já no seu primeiro substitutivo, de agosto de 1987, e mantido no segundo substitutivo, na Comissão de Sistematização e no Plenário, passando, em nova renumeração, a ser o art. 176.

No segundo turno, houve emendas supressivas do termo "livre iniciativa", constante do *caput*, e do termo "propriedade privada", constante do inciso II. Ambas as emendas supressivas não obtiveram êxito.

Quanto ao inciso IV, referente à livre concorrência, inexistiu emenda supressiva.

Havendo nova renumeração, os fundamentos, fins e princípios da ordem econômica vêm estatuídos no art. 170 da CF.

2. *Interpretação sistemática da ordem econômica*

Deve-se, como alerta Perelman, conciliar a interpretação dinâmica com a interpretação estática, que se esforça por revelar a vontade do legislador "L'interprétation juridique", *in Archives de Philosophie du Droit* 17/31, 1972.

A reconstrução da elaboração da norma é, sem dúvida, uma das fontes da interpretação (J. Wroblewski, "L'interprétation en Droit: théorie et ideólogie", in *Archives* cit., p. 64), sendo certo que é possível pela visão histórica compreender as alternativas existentes e as razões da decisão legislativa haver-se orientado em um sentido e não em outro, ou seja, "descobrem-se os motivos da lei" e "investiga-se o subsolo" no qual ela se desenvolve e forma, no dizer preciso de Engisch (*Introdução ao Pensamento Jurídico*, trad. de J. Batista Machado, Lisboa, 1964, p. 139).

A perquirição dos trabalhos preparatórios elucida a vontade do legislador, porém cumpre, ademais, colher "o significado objetivo da norma tal como se acha no ordenamento"(G. Galloni, *La Interpretazione della Legge*, Milão, 1955, p. 207).

Importa somar à interpretação estática a interpretação sistemática.

O significado do art. 170 da CF exige, para ser esclarecido, que se atente aos fundamentos da República do Brasil estatuídos no art. 1º da CF.

De fato, no art. 1º da CF instituiu-se que a República tem por fundamento: "(...) IV- os valores sociais do trabalho e da livre iniciativa".

Estes fundamentos do Estado brasileiro são repetidos, como não poderia deixar de ser, no art. 170, *caput,* pois específicos da ordem econômica.

Na Constituição anterior, como analisa Marco Aurélio Greco, a livre iniciativa é um princípio, e não um direito, um meio a ser utilizado na ação econômica ("Notas para uma sistematização do Estado na ordem econômica", in *RDP* 49-50/276, 1979). Na nova Constituição, com o fundamento da organização política e da ordem econômica, a livre iniciativa é um direito.

Destarte, se a livre iniciativa era um dos princípios da ordem econômica nas Constituições anteriores, apenas um meio, no entanto, é na nova Constituição, alçada à condição de fundamento da organização estatal e, mais precipuamente, da ordem econômica, sendo, portando, pedra basilar, tal como a valorização do trabalho humano.

Na verdade, a valorização do trabalho humano e a livre iniciativa são manifestações da pessoa humana, pois o trabalho é uma expressão do homem, a ser dignificado não só no aspecto econômico, mas moral, e que cumpre ser mencionado antes da livre iniciativa, precedência, essa, valorativa, mas também lógica, pois iniciativa quer dizer atividade, sendo que todo trabalho é atividade... "No trabalho está a liberdade" (Bagolini, *O Trabalho na Democracia*, trad. de J. da Silva Passos, Brasília, 1981, p.34).

A livre iniciativa é um modo de expressão do trabalho.

O trabalho é de ser, portanto, valorizado em todas as suas formas e dimensões. A liberdade de iniciativa é corolário da valorização do trabalho, do trabalho livre em uma sociedade livre e pluralista, como a que se pretende instaurar, segundo as diretrizes da Constituição de 1988.

A liberdade de iniciativa significa que, sensível às alternativas oferecidas, pode-se decidir o que fazer e como fazer enquanto agente da economia, independentemente de determinação, respeitados os limites decorrentes do objetivo de promover a existência digna para todos e a justiça social.

A liberdade de iniciativa vem a ser, destarte, um valor básico, que informa o Estado brasileiro como Estado Democrático de Direito, e em especial a ordem econômica.

A livre iniciativa, no dizer de Miguel Reale, "não é senão a projeção da liberdade individual no plano da produção, circulação e distribuição de riquezas (...) liberdade de fins e meios informa o princípio da livre iniciativa" (artigo no jornal *Folha de S. Paulo* de 19.10.88, p. 3, "Inconstitucionalidade dos congelamentos").

A livre iniciativa significa, portanto, livre eleição da atividade e dos meios de que se deve lançar mão na consecução da ação econômica.

Ao Estado cabe, então, com definitiva clareza, mais do que se depreendia da Constituição de 1967 e da EC 1/69, não reprimir ou tolher a liberdade de iniciativa, não inibir a ação dos particulares como agentes econômicos por meio de intervenções desestimulantes.

Se é indubitável, então, que deve haver liberdade de ação, cabe indagar: quais os princípios a que cumpre se atrelar esta ação e quais os limites que a própria ordem constitucional impõe?

Dentre os princípios enumerados nos incisos do art. 170, elucidam a primeira parte da pergunta os princípios da:

— propriedade privada;

— função social da propriedade;

— livre concorrência;

— defesa do consumidor.

A propriedade privada tem, na hipótese do art. 170 da CF, significado específico, pois, já consagrada como direito individual, vem, na ordem econômica, a designar que os meios da ação livremente escolhidos são do particular, bem como os seus resultados.

E ter a propriedade dos meios econômicos é perseguir lucros (Eros Grau, "Intervenção estatal na economia", in *RDP* 67/308, 1983).

A função e a disponibilidade da propriedade, contudo, não mais se põem sob o ângulo individualista. A plenitude do direito de propriedade cedeu lugar a uma relatividade, pois a propriedade deve exercer uma função social. Direito subjetivo e função social, como diz Rosah Russomano, não se contrapõem, harmonizam-se ("Função social da propriedade", in *RDP* 75/165, 1985).

A propriedade deve atender, portanto, ao interesse individual e ao interesse coletivo, sendo que este último é satisfeito se o uso da propriedade é "idôneo a promover um melhoramento geral das condições sociais" (Stefana Rodota, verbete "Proprietà", no *Novissimo Digesto Italiano*, v. XIV/ 137).

Na esteira das lições de Celso A. Bandeira de Mello, verifica-se, efetivamente, que direito subjetivo e função social se harmonizam ("Novos aspectos da função social da propriedade", in *RDP* 84/39 e ss., 1987.

A propriedade exerce uma função social se realiza um fim economicamente útil, produtivo e em benefício do proprietário e de terceiros, mormente os que com o trabalho intervêm no processo de utilização dos meios econômicos.

A otimização no uso dos recursos disponíveis, como uma das funções de interesse social da propriedade, é destacada por Celso A. Bandeira de Mello, o que importa promover o desenvolvimento econômico, a ser apenas alcançado pela obtenção do lucro, que constitui o necessário estímulo à ação econômica e à possibilidade de reinvestimento, viabilizando crescimento e melhoria da produção ou da prestação de serviço, modernização, criação de empregos etc.

O lucro, aliás, em uma perspectiva social e não individualista, é de ser perseguido como meio de fornecer melhor qualidade de vida ao trabalhador, dando-se-lhe participação nos resultados. Realiza-se, então, por intermédio do lucro, a justiça distributiva, e, *ipso facto*, valoriza-se o trabalho.

À propriedade cumpre, todavia, ter um destino útil, deve ser racionalmente aproveitada, sob pena de ser desapropriada em função do interesse social, seja a propriedade rural ou urbana.

É mister tornar utilmente aproveitada a propriedade, fazendo, também, com que seja um direito exercido pela maioria dos cidadãos.

Promove-se o acesso à propriedade, garantindo-lhe uma função social, pelos instrumentos da reforma agrária e da reforma urbana (v. Rosah Russomano, ob. cit., e Celso A. Bandeira de Mello, ob. cit.).

Examinados, mesmo em *vol d'oiseaux*, os princípios da propriedade e da sua função social, cumpre atentar para o princípio da livre concorrência.

Pela primeira vez em texto constitucional estabelece-se a livre concorrência como princípio, aliás acolhido sem maiores discussões na Assembléia Constituinte.

Reconhece-se, portanto, que a livre concorrência é um modo de se desenrolar a atividade econômica, alçada à categoria de princípio, ao lado da propriedade privada e da sua função social.

A livre concorrência significa que a atividade econômica, baseada na livre iniciativa, deve desenvolver-se segundo as leis do mercado, sem outros limites que não os estabelecidos na própria Constituição, como meio de impedir que a concorrência se transforme em abuso, em falta de correção, em deslealdade, em ganância.

Roger Le Moal esclarece que:

"Concurrent, du Latin *concurrere*, signifie 'courir avec' ou 'accourir ensemble' et la concurrence aparait comme une situation de convergence d'un certain nombre de personnes qui visent un même objectif, qui aspirent a un même avantage. Cette situation est alors proche de l'entente ou de la collusion (du Latin *cum ludere*) signifiant 'jouer ensemble'.

"Plus communément encore, la concurrence est une situation de rivalité, de compétition, de lutte, de conflite et toujours d'antagonisme" (*Droit de Concurrence, Introduction,* 1979, p.2).

Na concorrência há uma pluralidade de atores, que visam a atrair compradores por meio de expedientes lícitos, como melhoria da qualidade do produto, benefícios, *marketing*, estabelecendo-se uma rivalidade, que exige esforço para permanecer no mercado.

Há um interesse geral, no entanto, em que se fixem limites, em proteção aos concorrentes e aos consumidores, havendo, de conseguinte, uma interação de interesses privados e interesses gerais (Roger Le Moal, ob. cit., p. 16).

Esta fixação de limites, todavia, não significa a imposição de igualdade. Pelo contrário, a desigualdade das empresas, dos agentes econômicos, é a característica de uma ordem econômica fundada na livre iniciativa, e que se processa por meio da livre concorrência.

A rivalidade consiste na busca de ser melhor que o outro, e, portanto, só há rivalidade onde ocorre a desigualdade, desigualdade que se consolida na vantagem sobre o concorrente.

A rivalidade é o cerne da livre concorrência. Como diz Roger Le Moal, a igualdade exclui a rivalidade e, portanto, a livre concorrência.

Há desigualdade porque os homens são desiguais, havendo diferenças decorrentes da organização, do afinco ao trabalho, do arrojo, do estudo, da capacidade dos dirigentes e dos empregados, do melhor *marketing*, da tecnologia desenvolvida etc. Todos podem participar da concorrência, mas cada um o fará a seu modo.

A desigualdade é inafastável em regime de livre iniciativa, e gera a rivalidade, a livre concorrência.

São fatores da concorrência o preço, o produto, o *marketing*, todos componentes essenciais à conquista do mercado, à atração dos consumidores.

Se há riscos decorrentes da livre concorrência que devem ser evitados, com medidas que adiante serão examinadas, é certo, contudo, que apresenta vantagens, como bem salienta Mario Rotondi (*Diritto Industriale*, 5ª ed., Pádua, 1965, p. 446).

A primeira vantagem que assinala Rotondi está em assegurar a todos os produtores uma compensação social.

Vale lembrar, em síntese, as demais vantagens:

a) Assegura a normal retribuição de cada um dos fatores da produção, posto que os capitais serão investidos só nas empresas que ofereçam maiores compensações, e, em contrapartida, a mão-de-obra afluirá para esse campo.

Verifica-se, portanto, que a livre concorrência não é contraditória com a função social da propriedade, favorecendo que a propriedade busque ser útil e promovendo compensação ao trabalho necessário a vencer a competição.

b) Equilíbrio entre produção e consumo, eliminando a produção antieconômica de mercadorias em quantidade superior às necessidades.

c) Incita a uma produção mais racional, promovendo o desenvolvimento técnico, que possibilita a diminuição do custo de produção.

d) Melhora a qualidade do produto, beneficiando o consumidor.

Em uma economia de preços controlados não há livre concorrência. Em uma economia sem controles, por outro lado, desfaz-se a concorrência, pois o mais forte destrói os demais concorrentes e estabelece-se o monopólio.

A livre concorrência, portanto, só sobrevive em uma economia sem igualdade, de preços livres, mas que tenha como contrapeso outros princípios de interesse geral, tais como a defesa do consumidor, a sua saúde, a sua segurança, a fidelidade do produto e das informações e especialmente a repressão à publicidade enganosa, ao abuso do poder econômico e ao aumento arbitrário dos lucros.

Dessa forma, promove-se a proteção dos concorrentes contra a deslealdade, a falta de correção, beneficiando-se, *ipso facto*, os consumidores.

Assim, responde-se à segunda parte da pergunta acima feita, relativa aos limites impostos pela própria Constituição aos fundamentos e princípios que informam a ordem econômica.

3. *A defesa do consumidor*

A defesa do consumidor compreende os seguintes direitos: direito ao consumo, ou seja, a não sonegação de produtos necessários e preços não abusivos, que permitam uma compensação normal; garantia contra produtos ou serviços que possam ser nocivos à vida ou à saúde; opção entre vários produtos e serviços com qualidade satisfatória e preços competitivos; conhecimento dos dados sobre produtos ou serviços, para uma decisão consciente; direito de ser ouvido, devendo ser levado em conta o interesse do consumidor no planejamento de política econômica; reparação pelos danos; educação para o consumo; defesa do equilíbrio ecológico.

Dessa forma, a livre concorrência, com limites do aumento arbitrário de lucros, da concorrência desleal, que leva ao desvio de clientela e à publicidade enganosa, do abuso do poder econômico, é instrumento de defesa do consumidor ao estabelecer preços competitivos e promover a melhoria da qualidade do produto (*Curadoria de Proteção ao Consumidor*, José Geraldo Brito Filomeno, São Paulo, 1983, pp. 6-9).

O art. 173 da CF especifica a prioridade da exploração econômica pelos particulares, exceto nos casos e hipóteses que explicita, e nos §§ 4º e 5º estatuem-se os contrapesos necessários a que a livre iniciativa, a propriedade privada, a livre concorrência, não ofendam o interesse geral.

Destarte, o princípio é o da livre concorrência. O limite imprescindível a que se respeite a função social da propriedade vem esclarecido não mais como um princípio, e sim como uma conseqüência do princípio, ou seja, o disposto no art.173 § 4º: "A lei reprimirá o abuso do poder econômico que vise à dominação dos mercados, à eliminação da concorrência e ao aumento arbitrário dos lucros".

E a legislação relativa à repressão ao abuso do poder econômico e ao aumento arbitrário dos lucros já existe, consubstanciada na Lei 4.317, que criou o CADE, no Decreto-lei 1.060, nas Leis Delegadas 4 e 5, de 1962, na Lei de Economia Popular e na tipificação dos crimes contra a propriedade industrial, nos quais se destaca o crime de concorrência desleal.

Como diz Fernando Albino de Oliveira, esta legislação "visa exatamente à proteção da livre concorrência. Onde não existe essa liberdade de concorrer fica difícil identificar situações de abuso do poder econômico, pois este poder econômico já se encontra controlado pelo próprio Estado" ("Notas sobre a disciplina jurídica dos preços", in *RDP* 49-50/293).

Adotou-se, portanto, na nova Constituição, principiologia diversa da Constituição de 1967 e da EC 1/69: o princípio, repita-se, é a livre concorrência, e o instrumento de proteção dos concorrentes e do interesse geral, a repressão ao abuso do poder econômico e ao aumento arbitrário do lucro, a defesa do consumidor.

A ação estatal, dessa forma, obrigatoriamente só pode ser *a posteriori*. A fixação prévia de preços ofende a Constituição de 1988 nos seus fundamentos e nos princípios que informam a ordem econômica.

Não poderia o Conselho Interministerial de Preços ter agido como se não tivesse havido substancial alteração constitucional relativa aos fundamentos e princípios informadores da ordem econômica.

A todos, e mormente ao Poder Público, cumpre adequar suas atribuições à nova Constituição, e em especial quando a adequação impõe-se pela aplicação imediata dos fundamentos da própria organização estatal e dos fundamentos e princípios da própria ordem econômica.

A legislação pertinente ao CIP, como qualquer outra anterior à nova Constituição, deve ser interpretada à luz dos novos preceitos constitucionais. Muitas leis, pelo princípio da recepção, perduram válidas, pois não confrontam com a nova Constituição: "A Constituição, por si só, não prejudica a vigência das leis (...) desde que não conflitante com o texto constitucional" (*RTJ* 71/289-293).

Assim sendo, grande parte da legislação relativa ao CIP permanece válida e eficaz, a saber, o Decreto-lei 808, de 4.9.69, pois este dita que cabe ao órgão fixar a política nacional de preços. Não os preços, e sim a política de preços.

Cumpre, então, ao CIP relevante papel de controlador de obediência aos critérios estabelecidos e de fiscalizador de não se incorrer no abuso do poder econômico e de não se promover o aumento arbitrário dos lucros, ações a serem devidamente reprimidas.

Fundamental, portanto, elaborar critérios de preços a serem claramente informados aos diversos segmentos da economia, fiscalizando-se, de outra parte, os atos que atinjam a livre concorrência em prejuízo dos concorrentes e do interesse geral.

No artigo publicado na *Folha de S. Paulo*, já citado, Miguel Reale pondera:

"(...) a insubsistência de leis que subordinem de antemão a fixação dos preços das mercadorias a prévia aprovação de órgãos administrativos, não raro segundo critérios rudimentários e secretos.

"Esse controle somente pode ser *a posteriori*."

4. *Conclusão*

Pode-se concluir que a ordem econômica não se amolda nem ao figurino liberal nem ao dirigismo estatal, mas adota uma orientação moderna, adequada à social democracia, ou seja, economia de mercado socialmente controlada.

A livre concorrência tem por conseqüência o contrapeso da repressão ao abuso do poder econômico e ao aumento arbitrário de lucros, bem como a defesa do consumidor.

Há, portanto, um sistema coerente, combinando-se o valor da iniciativa privada, regida pela livre concorrência, com a defesa dos consumidores, estatuindo-se a inversão do ônus da prova da lesão ao consumidor e a necessária repressão administrativa e penal ao abuso do poder econômico e ao aumento arbitrário de lucros. Liberdade e responsabilidade devem ser os vetores indicativos de uma economia dinâmica, aberta à modernização, na qual se corre risco e se exorciza o cartorialismo propiciador de vantagens.

Urgentemente, por via de projeto de lei, devem ser criadas figuras penais que incriminem a lesão ao consumidor, o abuso do poder econômico e o aumento arbitrário dos lucros, concedendo-se, em contrapartida, liberdade ao mercado.

NOTA BREVE SOBRE O EFEITO VINCULANTE

SÉRGIO SÉRVULO DA CUNHA
Advogado

1. Conceitos preliminares. 2. O que é interpretação. 3. A jurisprudência. 4. O Poder Judiciário. 5. Força obrigatória (efeito vinculante) das decisões judiciais. 6. Passado e futuro do Supremo Tribunal Federal. 7. Efeito vinculante das decisões do Supremo Tribunal Federal.

1. *Conceitos preliminares*

No sistema jurídico brasileiro, a primeira (e, em certo sentido, a única) fonte do Direito é a lei.

Lei é preceito geral e abstrato, emanado do órgão constituído, com esse objetivo, pelo povo.

A força obrigatória (por outra: o efeito vinculante) da lei tem fundamento ético e político. Nasce da presunção de que o Poder Legislativo, como representante do povo, elabora as normas mais adequadas (justas) em benefício da integralidade desse povo. A lei, modernamente, não obriga porque provém da autoridade, mas porque a autoridade provém da lei.

Ocorrendo o fato previsto abstratamente na lei, ela incide automaticamente. Entretanto, pode acontecer de não ser obedecido o preceito, caso em que os prejudicados, os interessados, ou os encarregados de guardá-lo, podem exigir seu cumprimento.

É o Poder Judiciário que, provocado, realiza a mediação entre o preceito abstrato da lei e sua aplicação ao caso concreto, na hipótese de descumprimento, divergência ou conflito.

Essa não é uma tarefa automática. A sentença não é um produto mecânico da lei. Ao desempenhar sua função, precisa o Judiciário:

a) distinguir, dentre as leis existentes, qual ou quais contemplam, abstratamente, aquele fato determinado; ou seja, identificar a lei que incidiu;

b) examinar o fato concreto, para verificar se ele corresponde, efetivamente, àquela determinada previsão legal;

c) avaliar o exato sentido e alcance da lei em face daquele fato concreto (ou seja, interpretar a lei).

2. *O que é interpretação*

Segundo uma opinião ingênua, a lei prescinde de interpretação. A apreensão do seu sentido (sua compreensão) seria imediata.

Uma nuança algo mais elaborada dessa opinião ingênua afirma que *in claris cessat interpretatio*: sendo claro o texto da lei, dispensaria interpretação. Entretanto, como saber se algo é claro? A afirmação de que um texto é claro supõe sua interpretação (sua compreensão), dentro do respectivo contexto. Aplicar a lei é aplicar todo o Direito, o qual, segundo Pontes de Miranda, "é mais do que a lei". Diríamos: na lei, mais do que a lei em si mesma, está todo o Direito.

Esse equívoco sobre a prescindibilidade da interpretação contém pressupostos e projeções ideológicos. Justiniano quis impedir todo comentário ao seu *Corpus Juris*, e o mesmo pretendeu Napoleão com respeito ao seu Código Civil; a lei portuguesa de 18.8.1769, sob o nome de "Boa Razão", estabelecia limites à opinião dos doutores, e o Código prussiano de 1794 proibiu aos juízes a interpretação. As compleições autoritárias acreditam ser possível moldar o tempo, constrangendo-o nos limites estreitos de seus enunciados de vontade; buscam a identificação entre a lei física (que incide sempre, independentemente de aplicação) e a norma jurídica. A ser assim, a norma se transformaria em mandado; os cidadãos, em súditos; e o homem, em robô. Porque, mesmo na obediência a uma ordem, existe a mediação da legalidade, da consciência e da liberdade.

"Por mais que o intérprete se esforce por permanecer fiel ao seu 'texto', ele será sempre, por assim dizer, forçado a ser livre; porque não há texto musical ou poético, nem tampouco legislativo, que não deixe espaço para variações e nuances, para a criatividade interpretativa" (Mauro Cappeletti, *Juízes Legisladores?*, Porto Alegre, Sérgio Fabris Ed., 1993, p. 22).

Por isso, onde se instituiu um Poder Judiciário independente do Executivo, não prosperaram as tentativas, deste, de constranger a liberdade interpretativa, mesmo que fosse através de medidas relativamente suaves, como regras de interpretação incorporadas aos textos legais — também sujeitas a interpretação — ou a edição de leis interpretativas.

"Nem a regra é jamais tão inequívoca e exatamente precisa, que não fossem possíveis dúvidas sobre sua aplicabilidade a este ou aquele caso determinado" — diz Karl Larenz — "nem existe na lei (ou no *corpus juris*), a par de cada caso que acontece, uma regra que lhe possa fazer jus. Sabemos o que faz o juiz, em tais casos: interpreta a regra, restringindo-a ou estendendo-a; encontra uma nova regra, que resulta do nexo de sentido da ordem jurídica, das idéias básicas da lei ou de uma decisão precedente, dos critérios de valor já reconhecidos na ordem jurídica ou na consciência geral" (*Metodologia da Ciência do Direito*, 2ª ed., Lisboa, Fundação Caloreste Gulbenkian, 1969).

3. *A jurisprudência*

Daí que, a par do ordenamento jurídico considerado em si mesmo (o conjunto das normas jurídicas), vai-se formando um outro corpo, contendo o repertório das decisões judiciais proferidas com base nesse ordenamento.

Cada uma dessas decisões costuma ser resumida numa ementa, que é, tal como a lei, também um enunciado geral e abstrato, apenas com um nível de generalidade inferior, pois referido a um caso particular de abrangência da lei, um subconjunto do conjunto abrangido hipoteticamente pela lei.

No sistema jurídico brasileiro, à parte algumas exceções,[1] as decisões judiciais não possuem força obrigatória (ou efeito vinculante) a não ser com relação às partes envolvidas no processo. Seu efeito não é universal, ou em relação a todos (*erga omnes*), como acontece com a lei. Assim, um juiz pode recusar a interpretação dada

1. Merecem exame separado a ação direta de inconstitucionalidade, a ação declaratória de constitucionalidade e as ações coletivas.

à lei, em outro processo, por outro juiz ou tribunal, mesmo que se trate do STF.

Entretanto, é grande o prestígio das decisões dos tribunais, que costumam ser acompanhadas pelas instâncias inferiores, ou seja, pela sua natural autoridade — sobretudo quando reiteradas —, seja porque todas as decisões das instâncias inferiores são reformáveis, mediante recurso, pelas superiores.

A jurisprudência é um produto coletivo. Toda lei nova é como um sapato novo que vai-se amoldando ao pé através das variadas interpretações — disparatadas umas, parciais outras — que recebe. Esse é um processo de descoberta através do qual, em cotejo com a multiplicidade dos fatos, vai-se desdobrando a potencialidade normativa da lei, alcança uma certa sedimentação, e tenderia à cristalização, não fosse a inteligência da lei tão mutável quanto a própria realidade.

O enunciado legal em sua rigidez, a flexibilidade de suas infinitas aplicações e a condensação através dos enunciados jurisprudenciais compõem um sistema em que as exigências da liberdade individual se harmonizam com a função decisional do Direito.

Somente em sentido formal se pode dizer que a lei existe a partir de sua promulgação. É no jogo social, nesse processo cultural de construção, que ela adquire vida.

Parece correta a asserção de Gadamer: "Todo juízo sobre algo pensado em sua individualidade concreta — que é o que exigem de nós as situações de atuação em que nos encontramos — é em sentido estrito um juízo sobre um caso especial. Isso significa que o julgamento do caso não aplica meramente o parâmetro geral, segundo aquele que julga, mas que contribui por si mesmo para derteminar, completar e corrigir aquele parâmetro" (*Verdad y Método*, Salamanca, Ed. Sígueme, 1993, p. 72).

A jurisprudência não é, pois, a decisão isolada de um tribunal: é uma espécie de consolidação do saber difuso, um certo consenso interpretativo, progressivo e inacabado do ordenamento.

4. O Poder Judiciário

"Todo o poder emana do povo, que o exerce por meio de representantes eleitos ou diretamente" — é o que diz a Constituição brasileira (art. 1º, parágrafo único).

Se os juízes não são eleitos, de onde advém sua legitimidade?

O princípio da maioria é tributo que pagamos à nossa imperfeição; mas entre a edição da lei (produto procedimentado da maioria) e sua aplicação ao caso concreto, na hipótese de descumprimento, medeia a intervenção aristocrática do Judiciário.

O Judiciário não representa o povo. Resulta de uma concepção ideal: a de que, não estando ligado a nenhum interesse, lhe será mais fácil aplicar imparcialmente a lei, segundo os critérios da justiça.

São, pois, diversos os princípios que presidem à gênese desses dois Poderes, que acabam se conjugando no processo de criação do Direito. O Legislativo, guardadas suas limitações constitucionais, atua segundo interesses e critérios políticos, ou seja, com uma quase absoluta discricionariedade. O juiz, ao decidir, está vinculado à norma elaborada pelo Legislativo. É dessa subordinação que nasce sua legitimidade formal. Bem se aperceberam disso países da *common law*; ali, os juízes têm poder discricionário, que lhes permite, ao decidir, criar a própria norma. Mas, em regra, são eleitos pelo povo.

Impossível haver Judiciário genuíno que não seja independente. O magistrado, qualquer que seja o seu grau, não é funcionário público, mas agente político, que, no exercício da função jurisdicional, age subordinado apenas à lei. Inexiste subordinação entre o juiz de primeira instância e o tribunal a que esteja administrativamente vinculado. A expressão "tribunal superior" explica-se apenas processualmente, na medida em que lhe cabe apreciar recursos interpostos contra decisão do "tribunal inferior". Mas não pode, aquele, interferir previamente no desempenho jurisdicional deste, a não ser pelo poder persuasivo de sua jurisprudência.

Dessa independência, e dos valores que visa a defender, decorrem as chamadas garantias da Magistratura, prerrogativas postas a serviço do jurisdicionado. O juiz não pode ser removido, contra sua vontade, de posto onde se encontra. No Estado Democrático de Direito não há juiz *ad hoc*, ou tribunal de exceção (v. CF, art. 5º, XXXVII). Quem decide os pleitos não é um delegado do poder, mas um "juiz natural", previamente situado segundo as normas de competência e de organização judiciária; a impessoalidade do juiz natural reflete o caráter abstrato da lei, na busca da isonomia.

O juiz não atua *ex officio* (sem ser provocado), nem pode escolher as causas que vai julgar. Em suma: não pode arrastar o cidadão à sua jurisdição. Julga apenas as causas que lhe são distribuídas, segundo as normas prévias e gerais de competência e de organização judiciária. A garantia do juiz natural impede que se estabeleça, entre o magistrado e o cidadão, um vínculo invisível de arbítrio.

5. *Força obrigatória* (*efeito vinculante*) *das decisões judiciais*

5.1 A coisa julgada, proclama um velho ditado, faz do branco, preto, e do quadrado, redondo. Os profissionais do Direito têm a consciência de que as decisões judiciais podem violentar a realidade. Sabem também, entretanto, que as controvérsias não se podem perpetuar: é preciso pôr-lhes um termo, em determinado momento, mediante uma decisão irrecorrível.

Os efeitos dessa decisão, porém, são circunscritos àqueles que puderam expor suas razões em juízo, fazer provas, debater o Direito e os fatos e recorrer das decisões contrárias. "Aos litigantes, em processo judicial ou administrativo, e aos acusados em geral são assegurados o contraditório e a ampla defesa, com os meios e recursos a ela inerentes" (CF, art. 5º, LV).

É impossível, em face desse direito fundamental, proferir-se decisão judicial cuja execução alcance quem não foi litigante, quem não teve a oportunidade de se defender, fazer prova, expor suas razões, discutir o fato e o Direito.

A força obrigatória (efeito vinculante) das decisões judiciais, o alcance executório da coisa julgada, restringe-se, portanto, aos que foram parte no respectivo processo. Mesmo porque "a lei não excluirá da apreciação do Poder Judiciário lesão ou ameaça a direito" (CF, art. 5º, XXXV).

5.2 Já ocorreu, porém, a experiência de se conceder às decisões dos tribunais um outro tipo de efeito vinculante, equivalente ao da força obrigatória da lei.

É, por exemplo, o que faziam em Portugal os "assentos" da Casa da Suplicação, conforme disposição das Ordenações Manuelinas e das Ordenações Filipinas, que vigoraram no Brasil mesmo após a Independência. O Decreto 2.684, de 23.10.1875, dava força de lei, no Império, aos assentos da Casa de Suplicação de Lisboa, e competência ao Supremo Tribunal de Justiça para tomar outros (v. Antonio Joaquim Ribas, *Consolidação das Leis do Processo Civil*, 3ª ed., Jacintho Ribeiro dos Santos Ed., 1915, pp. 104, 303 e 305). O Decreto 6.142, de 10.3.1876, regulava o modo pelo qual deviam ser tomados os assentos do Supremo Tribunal de Justiça.

Os assentos persistem, hoje, em Portugal, fixados ao cabo de procedimentos para uniformização da jurisprudência. José de Oliveira Ascensão (*O Direito — Introdução e Teoria Geral*, 7ª ed., Coimbra, Livraria Almedina, 1993, p. 306), considera também como "fontes do Direito em Portugal os acórdãos com força obrigatória geral. Em três lugares são estes previstos pela Constituição: no art. 281-1-*a*, referente à fiscalização abstrata da inconstitucionalidade ou da ilegalidade pelo Tribunal Constitucional; no art. 281-3, referente à mesma matéria, mas agora no pressuposto de uma mesma norma ter sido já declarada inconstitucional ou ilegal em três casos concretos; e no art. 122-1-*g*, que a todos ultrapassava em generalidade, ao mandar publicar no jornal oficial as decisões do Tribunal Constitucional, bem como as dos outros tribunais a que a lei confira força obrigatória geral".

Para Canotilho, "os assentos autenticamente interpretativos das normas legais são hoje inconstitucionais, porque são verdadeira *legislatio*, violando o princípio da tipicidade das leis" (*Direito Constitucional*, 4ª ed., Coimbra, Livraria Almedina, 1986, p. 727). O professor A. Castanheira Neves dedicou a essa matéria uma obra primorosa — *O Instituto dos Assentos e a Função Jurídica dos Supremos Tribunais*, Coimbra Ed., 1983. Sustenta, aí, que os assentos possuem as notas materiais e formais das disposições legislativas (p. 398), sendo anômala, e contrária a princípios constitucionais, essa função do Supremo Tribunal Federal (p. 407). Isso deflui, em parte, da exigência da "não politização da Justiça, como condição capital do Estado de Direito e para que os tribunais possam ser o jurídico 'contrapoder do político'. Tem, pois, decerto razão Arndt (*Gesetzrecht und Richterrecht*) quando afirma que a "legislação judicial" mais não é afinal do que arbítrio" (p. 619).

Houve duas tentativas frustradas de ressuscitar a figura dos assentos no Brasil. A primeira, com o anteprojeto de uma Lei Geral de Aplicação das Normas Jurídicas, elaborado por Haroldo Valladão em 1961,[2] e a segunda, em 1964, com o Anteprojeto de Código de Processo Civil redigido por Alfredo Buzaid.[3]

Victor Nunes Leal refere essas tentativas, e as repele, ao justificar a criação da Súmula de Jurisprudência do STF.

"O método que o STF incorporou na Súmula — para documentar, de modo formal, e simplificar seus julgamentos — refletia uma posição equilibrada, isto é, sem qualquer excesso. Como tive ocasião de observar, de público, em Belo Horizonte, em 12.8.64, a Súmula realizou o ideal do meio-termo, quanto à estabilidade da jurisprudência (...), ela ficou entre a dureza implacável dos antigos assentos da Casa da Suplicação 'para a inteligência geral e perpétua da lei' e a virtual inoperância dos prejulgados. É um instrumento flexível, que simplifica o trabalho da Justiça em todos os graus mas evita a petrificação, porque a Súmula regula o procedimento pelo qual pode ser modificada (...). Apenas exige, para ser alterada, mais aprofundado esforço dos advogados e juízes. Deverão eles procurar argumentos novos, ou aspectos inexplorados nos velhos argumentos, ou realçar as modificações operadas na própria realidade social e econômica. Com essa precaução, a Súmula substitui a loteria judiciária das maiorias ocasionais pela perseverança esclarecida dos autênticos profissionais do Direito" ("Passado e futuro da Súmula do STF", *RDA* 145/10).

Essa posição de Víctor Nunes Leal é relembrada no acórdão proferido pelo Ple-

2. "Art. 7º — O Supremo Tribunal Federal, no exercício das atribuições que lhe confere o art. 101, III, "d", da Constituição Federal, uma vez fixada a interpretação da lei federal pelo Tribunal Pleno, em três acórdãos, por maioria absoluta (C.F., art. 200), torna-la-á pública, na forma e nos termos determinados no Regimento, em resolução que os tribunais e os juízes deverão observar enquanto não modificada segundo o mesmo processo, ou por disposição constitucional ou legal superveniente".

3. Arts. 516 a 520: possibilidade que o STF ou qualquer dos Tribunais de Justiça, em processo para uniformização de jurisprudência, possam fixar a interpretação da norma jurídica, baixando em seguida assento, com força de lei, a contar de 45 dias após sua publicação.

no do STF ao apreciar, em 19.2.92, o pedido de medida cautelar na ADInconst 594 (*RTJ* 151/20), principalmente nos votos dos eminentes Mins. Carlos Velloso e Sepúlveda Pertence. A propósito da natureza da Súmula, discorreu-se nesse acórdão sobre o efeito vinculante das decisões judiciais, seja na forma de assentos, de prejulgados ou de representações interpretativas. O primeiro desses Ministros enfatiza: "A Súmula, que não obriga e que, por isso, não é ato normativo, realiza o ideal do meio-termo acima indicado, que o seu criador imaginou", e refere passagem da já mencionada conferência proferida em Belo Horizonte. "Firmar a jurisprudência de modo rígido não seria um bem, nem mesmo viável; a vida não pára, nem cessa a criação legislativa e doutrinária do Direito".

O Min. Sepúlveda Pertence, por sua vez, lembra que, na República, "o primeiro texto positivo a emprestar força normativa geral à interpretação judicial da lei foi o do art. 902, § 1º, da CLT, que fazia compulsório para os Tribunais Regionais e as Juntas o respeito aos prejulgados do TST. Significativamente, a norma fora editada sob a Carta do Estado Novo, infensa à ortodoxia do dogma da separação dos Poderes e ao corolário da indelegabilidade da competência de um a outro deles". E acrescenta: "O momento mais inequívoco de outorga de força normativa a uma decisão judiciária ocorreu, no entanto, por via da outorgada EC 7/77, com o instituto da representação do Procurador-Geral da República ao STF para interpretação em tese de leis ou atos normativos federais ou estaduais. Cuidava-se — pude afirmar certa feita (proc. PGR-2.460/87, em *Pareceres do Procurador-Geral da República, 1985-1987,* ed. 1988, p. 547) — de medida através da qual, rompendo as linhas demarcatórias da distinção entre as funções estatais, confia-se ao STF tarefa que, substancialmente, é menos de jurisdição do que legislativa (...), nela não se concretiza, como é próprio da sentença judicial, a norma individual de um caso concreto, mas norma geral — seja, embora, a título de interpretação de disposição legal preexistente — para reger compulsoriamente a solução de casos futuros, vinculando à sua observância (...) todos os demais órgãos da jurisdição".

5.3 O princípio da separação dos Poderes (CF de 1988, art. 2º, art. 60, § 4º, III; Ordenação de 1967-1969, art. 6º, art. 10, VIII, "c") reclama um aprofundamento doutrinário. É perigoso para a democracia que sua aplicação permaneça, como até aqui, ao sabor das subjetividades, bem como das tendências hegemônicas de um ou outro dos Poderes. Três exemplos dessas tendências:

a) É inconstitucional, em face do princípio da separação, harmonia e independência dos Poderes, a prática das medidas provisórias, que usurpa competência constitucional do Legislativo e o subordina ao Executivo. Como o Judiciário não julga práticas, mas tópicos — elementos das práticas — deveria ter fechado a porta pela qual se insinua essa prática: a reiteração abusiva da medida provisória. Como reclamar depois que a Constituição é analítica, se o Judiciário não tem a coragem de dar vida aos seus princípios?

b) O que parece minúcia incabível em texto constitucional (os tribunais devem observar, na redação de seus regimentos, as normas de processo e garantias processuais das partes — art. 96, I, "a") precisou ser ali colocado em face da incontinência do Judiciário.

c) O elastério ilícito da imunidade parlamentar (CF, art. 53) mediante lei concessiva de anistia, por crime eleitoral, a membros do próprio Legislativo.

Entretanto — não obstante os argumentos em contrário, entre eles o de Castanheira Neves, na obra acima referida —, não me parece haver invasão de competência normativa originária quando o Judiciário explicita norma legal, ainda que o enunciado explicitador ganhe força obrigatória. Parece clara a analogia com os regulamentos, feitos pelo Executivo "para fiel execução das leis", e que possuem força obrigatória geral. Aliás, isso já é, em parte, o que acontece hoje no controle difuso de constitucionalidade, com o concurso do Senado (v. CF, art. 52, X).

5.4 Assim, para justificar a concessão, às decisões de nossos Tribunais, de força obrigatória geral (efeito vinculante), é desnecessário aludir ao sistema dos precedentes (*stare decisis*), vigente nos países de *common law*. Aí, as decisões judiciais baseiam-se em decisões judiciais anteriores. Para conhecer e praticar o Direito norte-americano, por exemplo, é necessário — antes de conhecer normas, como aqui — conhecer a infinidade de decisões tomadas nos casos paradigmáticos (*leading cases*).

Não foi à toa que o Juiz Holmes proferiu sua frase célebre: "as predições do que os tribunais farão efetivamente é o que eu chamo Direito". O sistema de precedentes, de visibilidade e certeza mínimas, é uma teia de arabescos técnicos, que torna impossível o conhecimento do Direito pelo leigo, e alarga a faixa de imprevisibilidade das decisões.

A produção judicial do Direito — observada sob o ponto de vista evolutivo — corresponde à fase histórica da democracia direta, ou da República popular. Em Roma, o termo "magistrado" se aplicava à autoridade administrativa eleita pelo povo, e encarregada também de aplicar a lei. Foi o Império que trouxe as codificações, o enrijecimento das estruturas, o sistema de dizer o direito, no caso concreto, a partir do *dictum* autoritário.

Hoje, nos países de *common law*, nota-se movimentação semelhante, na direção do sistema da fonte legal. É cada vez maior, aí, a importância do *statutory law*, e busca-se mesmo, para o Direito, uma *staturory basis*.

Seria difícil afirmar, peremptoriamente, que o sistema dos precedentes seja regressivo com relação ao sistema da fonte legal, e que seu movimento na direção deste obedece a uma lei social de evolução do Direito, atuando já agora no contexto da sociedade de massas, e segundo os parâmetros do constitucionalismo, que busca reconciliar o Direito com a democracia.

O importante, agora, parece assinalar que as diferenças substanciais entre o nosso e aquele sistema inibem o implante, aqui, da decisão judicial originariamente normativa. E registrar que as mudanças observadas no sistema dos precedentes talvez decorram, em grande parte, das mesmas forças que atuam hoje, no Brasil, em favor do efeito vinculante: as forças concentradoras do poder.

Pois o resultado do efeito vinculante seria a concentração de poder nas cúpulas, ao invés de sua difusão por todo o corpo judiciário.

6. *Passado e futuro do Supremo Tribunal Federal*

6.1 Em 12.8.64, falando aos rotarianos mineiros, o Min. Víctor Nunes Leal queixava-se da pletora de processos no STF, cerca de 7.000 decisões por ano: "podemos ter uma idéia do aumento do serviço quando observamos que, em 1950, foram julgados 3.511" (Atualidade do Supremo Tribunal, *RDPC* 5/71, Saraiva, 1966).

Objetivando um sistema de "liberdade garantida", e não de "liberdade tolerada", instalava o eixo da reflexão sobre o futuro da Corte Suprema: "Antes de se pensar em reduzir a nossa competência, devemos esgotar as possibilidades de organizar, adequadamente, o nosso trabalho".

Referindo-se ao poder de que dispõe a Suprema Corte norte-americana de só julgar os casos que entenda relevantes, apresentava uma outra fórmula, mais adequada à nossa realidade: "Não temos a prerrogativa de escolher os casos de relevância jurídica, mas poderíamos alcançar, indiretamente, resultados comparáveis. Bastaria simplificar o exame dos processos rotineiros, não mediante vaga alusão à nossa jurisprudência, mas com precisa indicação dos precedentes em que a matéria foi mais amplamente apreciada. (...) Firmar a jurisprudência, de modo rígido, não seria um bem, nem mesmo seria viável. A vida não pára, nem cessa a criação legislativa e doutrinária do Direito".

Esse objetivo alcançou-se com a edição pelo Plenário do STF, a partir de 13.12.63, das Súmulas de sua Jurisprudência, enunciados sintetizando as decisões em casos semelhantes, e que poderiam ser cancelados ou revistos pelo próprio Plenário (v. arts. 102 e 103 do Regimento Interno do STF). Até hoje foram editadas 621 Súmulas, das quais vieram a ser canceladas 6 e revogadas formalmente 4, embora muitas tenham sido revogadas pela legislação superveniente, e várias superadas pela jurisprudência do STJ, que, a partir de sua criação (1988), passou a apreciar matéria anteriormente entregue à competência do Supremo.

6.2 Decorridos alguns anos, entretanto, e em pleno ciclo autoritário, o Supremo enveredaria por caminho que repugnava ao criador da Súmula.

A "Emenda Constitucional 1/69" — Carta outorgada por Junta Militar — permitiu-lhe indicar, em seu Regimento Interno, as causas que escolhesse admitir pela via do recurso extraordinário, conforme sua natureza, espécie ou valor pecuniário.

"Vem então — relata o Min. Sepúlveda Pertence ("Competência recursal do Supremo Tribunal Federal", *RDP* 93/188, jan-mar/90) — a longa história das restrições regimentais, das várias emendas regimentais, que mudam a técnica, começam com rol de exclusão de causas, pela natureza, pelo seu valor — este, um capítulo realmente lamentável na história do Tribunal em matéria de recurso extraordinário, onde o relevo é a tese —, selecionar as causas pelo seu valor, que não funciona sequer como forma de seleção econômica, porque muitas vezes a causa de pequeno valor é causa de grande valor econômico".

A "Emenda Constitucional 7, de abril de 1977", acrescentou àquelas notas do art. 119, parágrafo único, da Carta (natureza, espécie, valor pecuniário), a "relevância da questão federal".

Essa "Emenda Constitucional 7", institucionalizando uma reforma do Judiciário inspirada em trabalho de uma comissão especial de Ministros do STF (Os Mins. Thompson Flores, Xavier de Albuquerque e Rodrigues de Alckmin), foi o famigerado "pacote de abril", para cuja edição, pelo General Geisel, foi necessário fechar o Congresso.

Nascia, a partir daí, a "argüição de relevância", um procedimento paralelo ao recurso extraordinário, objetivando sua admissão. Para apreciar as argüições de relevância reunia-se o Conselho do STF em sessão secreta.

O grande advogado Theotonio Negrão, devoto da minúcia, teve a pachorra de radiografar a sessão do Conselho do STF no dia 12.8.87: "começou às 17,30 e 'julgou' 419 argüições de relevância. Se a sessão terminou às 19 horas e não teve interrupção, cada argüição foi, em média, julgada em 12 segundos e 88 centésimos de segundo. Experimente ler o número da argüição, o nome do relator e as partes: (...) fiz a experiência, cronometrando: deu 9 segundos e 8 décimos".

A argüição de relevância nasceu no mesmo berço de dois outros instrumentos autoritários: a avocatória e a "representação para interpretação de lei ou ato normativo federal ou estadual".

Mediante a avocatória, entregava-se ao Supremo a faculdade de atrair, para seu julgamento, causas processadas perante quaisquer juízes ou tribunais. De um só jato, feria-se a independência da Magistratura, o princípio do juiz natural e a garantia dos jurisdicionados. O pacote de abril transformava o Supremo em tribunal de exceção, que, para prevenir "imediato perigo de grave lesão à ordem, à saúde, à segurança ou às finanças públicas", e a pedido do Procurador-Geral da República, poderia suspender os efeitos de qualquer decisão judicial proferida no País, e avocar o respectivo processo. Consagrava-se, com essa medida, a completa subversão do sistema judiciário brasileiro.

Quanto à "representação interpretativa", a Emenda Regimental 7 (*DJU* 28.8.78) traça-lhe os contornos e finalidade. Veja-se seu art. 9º: "A partir da data da publicação da emenda do acórdão no *Diário Oficial da União*, a *interpretação nele fixada terá força vinculante*, implicando sua não-observância negativa de vigência do texto interpretado".

Assim, a partir da EC 7, de abril/77, combinada com a Emenda 7, de agosto/78, ao Regimento Interno do STF, passaram a ter *efeito vinculante* as decisões dessa Corte proferidas em processos de natureza não-contenciosa (sem partes, contraditório ou defesa), iniciados mediante representação do Procurador-Geral da República. "A eficácia que a Corte, no primitivo tratamento regimental do instituto, emprestou à solução da representação interpretativa, foi inequivocamente a de um ato normativo geral, e não o de uma decisão judicial ou de uma simples súmula de sua jurisprudência preexistente" (Min. Sepúlveda Pertence, *RTJ* 151/35).

6.3 Já, a Constituição de 1988 foi sábia. Ao invés de manter essas medidas, restritivas do acesso à jurisdição e do controle difuso da constitucionalidade, praticamente bipartiu o STF. Criou a seu lado o Superior Tribunal de Justiça, com no mínimo 33 Ministros , a quem entregou grande parte da anterior competência do Supremo; este ficou transformado — ou, pelo menos, posto no caminho de se transformar — numa Corte Constitucional, destinada a exercer apenas o controle de constitucionalidade, seja ao modo concentrado (mediante a ação direta de inconstitucionalidade), seja ao modo difuso (através do recurso extraordinário).

Num primeiro momento, após a Constituição de 1988, caiu o número de processos distribuídos no STF (de 18.674, em 1988, para 6.622, em 1989). Isso, certamente, devido à indefinição das novas regras e ao desvio de parte de sua competência para o STJ. Mas voltou a subir, em seguida: 16.777 em 1990, 19.349 em 1991, 27.656 em 1992, 27.205 em 1993, 25.813 em 1994. Em entrevista publicada na *Folha de S.Paulo*, em 11.9.94, o Min. Sepúlveda Pertence explicava esse fenômeno: "A abertura para as demandas coletivas e a amplitude do controle direto da constitucionalidade das leis despertaram uma grande esperança e praticamente uma descoberta do Judiciário, como agente não apenas de decisão dos interesses clássicos, mas de demandas coletivas e conflitos políticos. Mas veio a fase do refluxo, quando se percebeu que a máquina era incapaz de atender à explosão da demanda".

A alternativa que se põe, assim, parece estar entre reprimir a demanda (crescente devido à abertura democrática) ou reformar a máquina. A escolha está entre o sistema de "liberdade garantida", preconizado pelo Min. Víctor Nunes Leal, e o sistema da liberdade meramente tolerada.

Se preferirmos reformar a máquina, a primeira intervenção consiste em transferir, para o STJ (cuja composição é de *no mínimo* 33 Ministros) matéria de natureza extraconstitucional ou não estritamente constitucional, que restou na competência do Supremo. Assim, por exemplo, toda ela, ou boa parte, da referida nos arts. 101, I, "g", "h" e "i", e 102, II, "a", da CF. Em estudo publicado na *RDA* 183/2 (jan.-mar./91), queixava-se o Min. Luiz Octávio Gallotti: "A atribuição da competência originária para o julgamento de *habeas corpus* (art. 102, I, "i", da CF) quando o coator seja tribunal diretamente sujeito à sua jurisdição e esta categoria compreende, além dos Tribunais Superiores, todos os Regionais Federais, bem como os estaduais de Justiça, de Alçada e de Justiça Militar — ocupa, hoje, em média, quase duas horas do tempo das sessões de cada uma das Turmas. Foram em número de 349 os pedidos de *habeas corpus* julgados, no primeiro semestre de 1991, pelo STF. Consiste, assim, em considerável desvio da missão precípua de controle constitucional". Em 1993, o STF recebeu cerca de 1.000 ações desse tipo. "Os Ministros propõem que os recursos só cheguem ao STF nas hipóteses em que o réu for derrotado no STF" (*Folha de S. Paulo*, 2.1.94).

A segunda e maior intervenção consiste na criação das "súmulas administrativas", simétricas às súmulas do STF.

Parte considerável (de 70% a 80% ou mais) dos processos julgados pelos nossos Tribunais Superiores e pelos Tribunais Regionais Federais envolve interesse do Poder Público, e, em dose maior, da União.

Pode-se afirmar, sem receio de erro, que, hoje, no Brasil, é o próprio Estado que entope os tribunais. Isso decorre de certas anomalias costumeiras no exercício da função pública (a indústria da inconstitucionalidade, o calote institucionalizado) e de alguns fatores justificáveis, como a indisponibilidade do interesse público em juízo, que impede a realização de acordo e obriga a Administração a utilizar todos os recursos possíveis. Daí advém a repetitividade inócua da maior parte desses recursos — de que tanto se queixa, com razão, a Magistratura —, assim como os dilemas de consciência que afligem advogados da União e procuradores autárquicos, especialmente do INSS, obrigados a interpor recursos meramente protelatórios, retardando o pagamento, pelo Estado, de prestações de natureza alimentar.

A existência das Súmulas do STF dissuade particulares de recorrer, mas não tem a mesma eficiência com respeito à atuação do Estado em juízo.

Recentemente, o Ministro da Previdência e Assistência Social baixou a Portaria 2.054, de 22.5.95, determinando à sua Procuradoria-Geral que desista de todos os recursos pendentes em que se esteja discutindo exclusivamente matéria de direito relativa à interpretação dos §§ 5º e 6º do art. 201 da CF, a cujo respeito o Supremo firmou interpretação reiterada e unânime.

Na mesma linha o Decreto presidencial 1.601, de 23.8.95, com duplo objetivo: a) dispensando a Procuradoria-Geral da Fazenda Nacional de interpor recurso quando a decisão versar, no mérito, sobre determinadas matérias, que enumera; b) autorizando o Procurador-Geral da Fazenda Nacional a declarar, mediante parecer fundamentado, aprovado pelo Ministro da Fazenda, outras matérias em relação às quais é de ser dispensada a interposição de recursos em face da jurisprudência reiterada e uniforme do STF e do STJ.

Uma terceira intervenção possível — esta, independentemente de se revogar o disposto na alínea "p" do art. 102, I, da CF — consistiria em se evitar apreciar pedidos de medida cautelar em ações diretas de inconstitucionalidade, apreciando-se desde logo o mérito.

A adoção dessas providências tornaria dispensável outra intervenção, consistente no aumento do número de Ministros do STF, que, não obstante algumas desvantagens, talvez se torne necessária no futuro.

7. *Efeito vinculante das decisões do Supremo Tribunal Federal*

7.1 É possível visualizar, desde já, alguns dos resultados, caso se prefira a alternativa da "liberdade tolerada", mediante a repressão da demanda através da força obrigatória de algumas das decisões do Supremo, nos casos e ao modo que venha a ser especificado:

a) As decisões em matéria constitucional — portanto, interpretativas da Constituição — não terão força de lei ordinária, mas força de norma constitucional.

b) Causas decididas em única ou última instância de modo contrário à Constituição admitem, hoje, recurso extraordinário. O mesmo virá a acontecer (admissibilidade de recurso extraordinário) nas causas cuja decisão contrarie a norma judicial-constitucional.

Entretanto, do mesmo modo como a existência da Constituição não evita, de per si, decisões contrárias à Constituição, a existência de normas judiciais-constitucionais não evitará, de per si, que juízes decidam contra elas, o que provocará recursos interpostos contra essas decisões.

O chamado "efeito vinculante", portanto, do ponto de vista processual, não faz mais do que fazem, hoje, as Súmulas: restringe o universo interpretativo aberto às partes e juízes, que ficam referenciados por aquela interpretação superior e prévia. A diferença praticamente relevante entre a Súmula e o efeito vinculante reside, pois, no caráter político deste.

O efeito vinculante funciona plenamente — como bem se tinham apercebido os autores do "pacote de abril" — quando acoplado à avocatória. Esta sinaliza previamente a todo o corpo da Magistratura: o juiz divergente poderá ser privado da sua jurisdição. Completa-se, assim, o cerco mecânico do Judiciário, em que todo o corpo se transforma em obediente instrumento da cúpula.

Durante a XII Conferência Nacional da OAB, realizada em Porto Alegre em outubro/88, o Dr. Roberto A. O. Santos advertia: "O problema político consistirá em que, para a defesa e execução da nova Carta, estamos mantendo um modelo de organização do Judiciário que funcionou adequadamente no regime anterior, de Estado autocrático e prepotente, que obtinha fácil apoio na Justiça (e no Congresso) para usurpar esferas de poder que a sociedade não lhe conferira. Como tal modelo não é neutro em relação a seus resultados, teme-se que as instituições judiciárias de novo se tornem palco de capitulações políticas decisivas que resultem na inviabilização da democracia no País" ("Burocracia judiciária e democracia", *Anais da XII Conferência da OAB*).

No dia 25.1.95, a *Folha de S. Paulo* publicava artigo do Ministro da Justiça, Nelson Jobim, propondo a adoção, a par do "efeito vinculante de todas as decisões do STF em matéria constitucional", de uma outra "inovação", o "incidente de inconstitucionalidade, que permitirá provocar o STF de forma qualificada sobre tema constitucional, quando se configurar controvérsia relevante nas instâncias ordinárias e houver perigo de grave lesão à ordem ou à segurança públicas".

Segundo nossa experiência judiciária, haveria perigo de grave lesão à ordem (e às finanças públicas, nos termos do "pacote de abril") numa decisão que concedesse 147% de reajuste a aposentados, ou que forrasse alguém contra o confisco de sua poupança.

O fato é que, se adotadas essas duas providências — e dado que a "representação interpretativa" foi recriada pela EC 3 na forma da modernosa ação declaratória de constitucionalidade — teríamos restaurado o tripé de abril. Porque o bonito nome "incidente de inconstitucionalidade" encobre nada mais, nada menos, que a avocatória.

7.2 A avocatória é instrumento de Direito Administrativo. Com ela, a autoridade competente pode saltar etapas do processo administrativo, chamando desde logo para si matéria que dependesse de diligência, parecer ou decisão de um subordinado. Condição da avocatória, como se vê, é que exista subordinação hierárquica entre quem avoca e aquele em cuja alçada esteja a questão.

Com o "pacote de abril" de 1977, o General Geisel incumbiu ao STF o julgamento das "causas processadas perante quaisquer juízos ou tribunais, cuja avocação deferir, a pedido do Procurador-Geral da República, quando decorrer imediato perigo de grave lesão à ordem, à saúde, à segurança ou às finanças públicas, para que se suspendam os efeitos de decisão proferida e para que o conhecimento integral da lide lhe seja devolvido".

Mesmo no contexto de uma Carta outorgada, essa avocatória judicial tinha contornos estranhos, ofensivos a princípios cardeais da administração da justiça. O Poder Judiciário é exercido por juízes singulares e por tribunais. Mas, à parte os casos de competência originária destes, exerce-se propriamente pelos juízes. O juiz é agente político no qual se concentra a soberania: entre ele e tribunal de sua circunscrição inexiste subordinação ou vínculo hierárquico. E como, de regra, as partes não são obrigadas a recorrer, pode-se dizer que no juiz singular reside a garantia constitucional da prestação jurisdicional. A possibilidade de recorrer, levando seu pleito a um tribunal, é reforço dessa garantia, que os tribunais exercem subsidiariamente. No juiz singular a cuja presença comparecem as partes, diante do qual se produzem as provas e se deduzem as razões dos litigantes, é que o Estado Democrático de Direito, segundo a ordem constitucional brasileira, depositou a garantia de conhecimento do litígio, e realização do direito material. Normalmente, o litígio pode extinguir-se na primeira instância, ou perante o tribunal competente para julgar o respectivo recurso. Qualquer recurso ulterior é recurso extraordinário, de tal sorte que o STJ e o STF ao apreciá-lo, têm em conta menos o direito subjetivo das partes do que a custódia do ordenamento jurídico.

Estes os pontos em que a avocatória agride princípios estruturais da administração da justiça. Primeiro, subtrai competência ao juiz singular, agente político independente; desse ponto de vista, a avocatória é medida excepcional. Segundo, subtrai ao cidadão o direito de ser julgado pelo juiz natural, no juízo de sua circunscrição, onde, em regra, tem domicílio, acesso à defesa e às provas; subtrai também a esse cidadão o direito ao duplo grau de jurisdição, isto é, o direito de ver a decisão do juiz singular contrastada por outro órgão judicial; sob esse aspecto, a avocatória é anômala. Terceiro, ela entrega imediatamente o conhecimento do litígio a uma Corte habituada a decidir apenas sobre direito em tese e a julgar somente nos estritos limites de recurso extraordinário; sob esse ponto de vista, a avocatória é totalitária, pois entrega ao imperial avocador uma competência universal, que não está incluída previamente em nenhum dos itens da sua competência material comum (v. a enumeração da competência do STF no art. 102 da CF). Por último, a avocatória ofende o princípio da racionalidade objetiva; em nosso sistema judiciário apenas o jurado, no júri popular, está dispensado de fornecer as razões de seu veredicto; elas podem, assim, ser de ordem puramente subjetiva. Fora daí, qualquer juiz ou tribunal, em nosso sistema judiciário, deve revelar as razões de sua decisão, motivadamente, segundo a ordem de conseqüência legal. Ainda quando as circunstâncias que indicam "imediato perigo de grave lesão à ordem, à saúde, à segurança ou às finanças públicas" fossem mensuráveis objetivamente, e segundo normas preestabelecidas, obviamente a decisão da qual não caiba qualquer recurso — esse o caso da avocatória — estaria, na prática, dispensada de motivação cabal.

Durante o processo constituinte, a OAB propôs extirpar a avocatória do nosso sistema judiciário, o que se fez mediante iniciativa do deputado Michel Temer. Não se tratava de mero preconceito, tampouco de desconfiança com relação aos

Tribunais Superiores. Tanto assim que, por empenho da própria OAB, incluiu-se na competência do STF e do STJ a reclamação "para a preservação de sua competência e garantia da autoridade de suas decisões" (cf. arts. 102, I, "l", e 105, I, "f", da CF). Temos, na reclamação, instrumento democrático de controle judicial em caso de usurpação de competência por parte de juiz singular ou tribunal. Alguém diria que essa reclamação não basta para coibir abusos do juiz singular. Para quem pensa dessa forma, parece intolerável o abuso praticado, por juiz singular, contra interesse do governo, embora já não aconteça o mesmo quando se trata de abuso contra a cidadania.

Acresce que, para corrigir abusos do juiz singular, o direito pretoriano já consagrou hoje, largamente, o mandado de segurança contra decisão judicial. Trata-se de medida que está ao alcance tanto da cidadania quanto da autoridade pública.

Se é assim, se já temos medida judicial objetiva, sistemática, coerente e satisfatória, para a proteção do interesse público na eventualidade de dano irreparável, por que criar-se a avocatória?

A avocatória permite que, em causas de qualquer natureza (civil, tributária, criminal, eleitoral etc.), um órgão de poder, por ato de império, suprima as instâncias comuns, ordinárias, e, invocando razões de Estado, se auto-institua discricionariamente, e caso a caso, como instância única e irrecorrível de julgamento. Isso, que representa a suma do arbítrio, corresponde a encartar um ato institucional dentro da própria Constituição. Menos autocrático era o Tribunal de Segurança Nacional, que tinha pautas genéricas e pré-definidas de competência.

7.3 Encerrando:

A solução para o acúmulo de processos no STF não se encontra na outorga de efeito vinculante a suas decisões.

É possível aliviar-se a pauta do Supremo com medidas de outra natureza, sem ofensa ao nosso sistema jurisdicional, às garantias dos jurisdicionados e ao equilíbrio dos Poderes.

Dentre as providências alternativas acima sugeridas, ressalta a das súmulas administrativas. Mas há providência mais simples e expedita do que essa, que seria permitir-se aos advogados da União e aos procuradores autárquicos, mediante preceito legal, deixar de recorrer sempre que, no recurso, deva rediscutir-se exclusivamente matéria já sumulada.

Isso equivaleria, na prática, a tornar vinculantes as decisões do Supremo, porque os advogados deixariam, invariavelmente, de recorrer contra a Súmula, só o fazendo quando vislumbrassem a possibilidade de derrubá-la. Isso não constrange, não ofende a liberdade de juízes e advogados; tampouco restringe o acesso das partes à Justiça; nem expõe a risco o interesse público, porque só se deixaria de recorrer contra decisão sumulada.

Parece, assim, de todo razoável que se acrescente, onde couber:

Art. (...) Os procuradores da Administração direta, indireta ou fundacional de qualquer dos Poderes da União, Estados, Distrito Federal, Territórios e Municípios podem deixar de interpor recurso para os Tribunais Superiores, nos processos em que oficiem, sempre que o mesmo deva exclusivamente rediscutir tese já sumulada por um desses tribunais.

Santos, 2 de outubro de 1995.

CONFERÊNCIAS & DEBATES

CONSTITUCIONALIZAÇÃO SIMBÓLICA E DESCONSTITUCIONALIZAÇÃO FÁTICA: MUDANÇA SIMBÓLICA DA CONSTITUIÇÃO E PERMANÊNCIA DAS ESTRUTURAS REAIS DE PODER*

MARCELO NEVES
Professor Titular da Faculdade de Direito do Recife
— Universidade Federal de Pernambuco

1. Permanência e mudança da Constituição na teoria constitucional corrente. 2. Concretização desconstitucionalizante do texto constitucional como manutenção das estruturas reais de poder. 3. "Constitucionalização" como mudança simbólica da Constituição. 4. Ponderações finais. Bibliografia.

1. *Permanência e mudança da Constituição na teoria constitucional corrente*

A discussão corrente em torno da permanência e mudança das Constituições tem como ponto de partida o modelo das "Constituições normativas", definidas como aquelas que regulam relevantemente as relações reais de poder. Nesse sentido, aponta-se para um núcleo permanente das Constituições, do qual elas retiram sua própria identidade. Entretanto, enfatiza-se a possibilidade de mutações constitucionais. A respeito dessas, pode-se verificar duas espécies básicas: mudanças da normatividade constitucional decorrentes diretamente de alterações do texto constitucional; mudanças do sentido normativo da Constituição em face do processo de concretização ou realização constitucional.

A mudança da Constituição que resulta diretamente da modificação do texto constitucional pode ocorrer de acordo com o procedimento estabelecido na própria Constituição ou resultar de ruptura com o ordenamento jurídico constitucional. No primeiro caso, a mutação jurídica da Constituição é denominada freqüentemente de reforma constitucional. Alguns autores procuram classificar as reformas em emen-

* Trabalho apresentado à XV Conferência Nacional da OAB, realizada em Foz do Iguaçu, de 4 a 8.9.94.

da e revisão: as primeiras seriam mais específicas; as últimas teriam uma pretensão de atingir mais genericamente o texto constitucional (cf. Jacques, 1983:515; Menezes, 1972:226s.). Porém, não há univocidade no uso de tais expressões no direito constitucional positivo (cf. Horta, 1992:21ss.; Pinto Ferreira, 1983:116s.). A rigor, cabe, sim, uma distinção entre a reforma constitucional, como mutação jurídico-positiva, e as mutações fáticas ou meramente políticas da Constituição. Produz-se, então, um novo texto constitucional sem vínculo consistente com a normatividade que decorria do anterior, sobretudo sem qualquer base em procedimentos jurídicos preestabelecidos. Normalmente, a doutrina constitucional reduz tal situação ao poder constituinte revolucionário — do qual vai distinguir o poder constituinte fundacional (cf. Vanossi, 1975:136s.), que, na verdade, assume características revolucionárias quando implica uma ruptura com a ordem jurídico-política colonial imposta pela metrópole. Contudo, além da mutação constitucional de fato que resulta de uma ruptura radial com o conteúdo da ordem jurídica anterior, há também a possibilidade de poder constituinte resultante de processo de transição política, sem respeitar o procedimento de alteração constitucional previsto no sistema anterior. No caso de revolução, além de realizar-se em desconformidade com o procedimento de mutação constitucional preestabelecido, há uma ruptura radical e brusca com o conteúdo da ordem jurídica anterior. Na hipótese do poder constituinte (originário) de transição política, também não se atua conforme os procedimentos preestabelecidos, mas há acordos políticos entre agentes da antiga e nova ordem em torno do conteúdo da futura Constituição; há, então, continuidade política e descontinuidade jurídica.

Quanto às mutações constitucionais que resultam da transformação do sentido normativo do texto constitucional no processo de sua concretização, pode-se distinguir duas possibilidades: mudanças decorrentes da interpretação-aplicação constitucional; alterações resultantes da *práxis* política independentemente de atividade hermenêutica em face do texto constitucional.

É indiscutível que o sentido normativo do texto constitucional modifica-se profundamente pela variação interpretativa (cf. em perspectivas as mais diversas, Kelsen, 1960:348s. — tr.br., 1974:465ss.; Smend, 1968:236; Erlich, 1967:295; Ross, 1971:111s. e 130; Pontes de Miranda, 1972:99; Carbonier, 1972:150-152). A hermenêutica tem sublinhado que o intérprete, ao construir o sentido normativo de textos jurídicos, fica condicionado pelo contexto histórico-social em que os mesmos são aplicados (cf. Gadamer, 1990:330ss.). Tal variação semântica de sentido no tempo e no espaço é indissociável dos condicionamentos pragmáticos, ou seja, dos interesses, expectativas e valores envolvidos no momento da interpretação-aplicação (Neves, 1988:127ss.; Edelman, 1967:141). E isso não só com relação aos órgãos oficiais de interpretação-aplicação jurídica ("intérpretes em sentido estrito"), mas também ao público, enquanto dirige suas expectativas ao texto constitucional (Häberle, 1980). Daí por que se torna insustentável a "doutrina originalista" radical nos Estados Unidos da América, que defende um retorno ao sentido que os membros da Convenção de Filadélfia atribuíam ao texto constitucional de 1787 (a respeito, cf. Rakove, 1990). É sobretudo no sistema norte-americano que se verifica o quanto se destaca a mutação constitucional decorrente da atividade jurisprudencial. Mas também no sistema eurocontinental explicita-se cada vez mais o papel de construção e reconstrução constitucional desempenhado pelos tribunais constitucionais.

A mudança da Constituição no processo de sua concretização ou realização resulta também da *práxis* constitucional não vinculada à atividade de interpretação-aplicação normativa. A maneira como se desenvolvem concretamente as relações básicas de poder, como atuam os órgãos estatais supremos, como se relacionam os cidadãos com o Estado e entre si, pode implicar transformações constitucionais relevantes. É possível tanto que isso resulte em mutações de sentido normativo do texto da Constituição ou no preenchimento de "lacunas constitucionais", quanto no surgimento de uma normatividade constitucional marginal em face do texto constitucional ou no desuso em relação a certos dispositivos da Constituição. Além do mais, essa forma de transformação constitucional é típica das Constituições costumeiras, não intermediadas por texto constitucional.

2. *Concretização desconstitucionalizante do texto constitucional como manutenção das estruturas reais de poder*

Quando tratamos dos modos de mudança da Constituição nos termos da teoria constitucional corrente, partimos das "Constituições normativas", pressupomos "a força normativa da Constituição" (Hesse, 1984), entendida como a orientação das expectativas e o direcionamento das condutas na esfera pública de acordo com o modelo normativo constitucional. No caso das "Constituições nominalistas", nas quais há um hiato radical entre texto e realidade constitucionais (cf. Loewenstein, 1975:151-57, 1956:222-25; Neves, 1992a:91ss., 1994:95-99), exige-se uma avaliação mais cuidadosa do problema de sua mutação. De um lado, a deturpação do texto constitucional no processo de concretização, sem base em critérios normativos generalizáveis, torna discutível a aplicação da semântica de "mudança da Constituição". Nessas situações, cabe falar de desconstitucionalização fática ou concretização desconstitucionalizante. Por outro lado, o problema passa a ser mais complexo quando consideramos a função hipertroficamente simbólica das mutações do texto constitucional. A "mudança da Constituição" torna-se, então, *topos* de constitucionalização simbólica.

A desconstitucionalização a que nos referimos aqui não é aquela que vem sendo discutida no âmbito do debate mais amplo sobre desjuridificação (cf. Voigt, 1983). Não se trata da redução das matérias e relações constitucionalizáveis, ou seja, reguláveis por normas constitucionais. Esse é um problema típico dos países centrais, onde as "Constituições normativas" levaram a uma juridificação radical da esfera pública (cf. Voigt, 1980; Habermas, 1982:522ss., Werle, 1982), possibilitando o surgimento de contratendências desconstitucionalizantes ou desjuridificantes. A questão da desconstitucionalização fática nos países periféricos com "Constituições nominalistas" diz respeito à degradação semântica do texto constitucional no processo de sua concretização. Em tal contexto, não surge, de maneira generalizada, uma relação consistente da atividade de interpretação-aplicação constitucional e da *práxis* política dos órgãos estatais e cidadãos com o modelo normativo do texto constitucional. Não se pode falar, então, de "generalização congruente de expectativas normativas" (Luhmann, 1987:94-106) estruturada e operacionalizada com base no texto constitucional. Não está presente, portanto, uma esfera pública pluralista constitucionalmente integrada. A concretização normativo-jurídica do texto constitucional é bloqueada (não simplesmente condicionada) de forma permanente e generalizada por injunções econômicas, políticas, familiares, de boas relações etc., implicando a própria quebra de autonomia operacional do sistema jurídico e uma miscelânea social autodestrutiva e heterodestrutiva dos códigos jurídico, econômico, político, "relacional" etc. A desconstitucionalização significa, pois, a desjuridificação pela fragilidade do código jurídico na sua incapacidade de generalização congruente e a falta de autonomia/identidade consistente de uma esfera de juridicidade (Neves, 1993).

Aqui caberia referência à teoria normativo-estruturante de Müller (1984, 1989, 1990a, 1990b, 1994; cf. Canotilho, 1991:208ss. e 221ss.). Observa-se, no âmbito desse paradigma teórico, que não só a "norma de decisão" (norma individual) mas também a "norma jurídica" (norma geral) é construída no processo de concretização. O texto constitucional apresenta-se, por um lado, como "o mais importante dado de entrada" desse processo (Müller, 1990b:20; cf. ibidem, 127 e 129; Jeand'Heur, 1989:22). Por outro lado, a decisão concretizante deve ser reconduzível consistentemente ao texto, embora possa apresentar conteúdos os mais variáveis (Müller, 1994:134). Quando ocorre, porém, concretização desconstitucionalizante, não há uma relação consistente entre texto e atividades concretizantes. O texto constitucional é uma referência distante dos agentes estatais e cidadãos, cuja práxis desenvolve-se freqüentemente à margem do modelo textual de Constituição.

À perspectiva predominantemente semântica de Müller cabe acrescentar a concepção eminentemente pragmática da Häberle (1980) a respeito da interpretação constitucional. Além dos intérpretes em sentido estrito (agentes técnico-jurídicos de interpretação-aplicação constitucional), Häberle inclui toda a esfera pública no processo de interpretação da Constituição: "Nos processos de interpretação da Constituição, estão potencialmente envolvidos todos os órgãos estatais, todas as potências públicas, todos os cidadãos e grupos" (1980:79s.). A força normativa da Constituição estaria assegurada quando a esfera pública pluralista fosse integrada no processo de concretização constitucional. Nessa perspectiva, os interesses e valores do público, os mais divergentes, devem ser levados em consideração pelo intérprete em sentido estrito. Em linguagem sistêmica, pode-se dizer que os procedimentos oficiais de interpretação-aplicação jurídica apresentam-se, então, como mecanismos seletivos das diversas expectativas do público em torno do texto constitucional. Tal seletividade teria uma função estabilizadora e congruentemente generalizante das expectativas normativas constitucionais. Porém, na hipótese de concretização desconstitucionalizante, não está presente, em primeiro lugar, uma esfera pública pluralista. As relações excludentes de subintegração e sobreintegração na sociedade, especialmente no sistema jurídico, impedem a construção de uma esfera pública pluralista formada de cidadãos como indivíduos integrados igualitariamente, do ponto de vista jurídico, na sociedade (cf. Neves, 1992a:94ss. e 155ss., 1992b). O agir e o vivenciar normativos do subcidadão e do sobrecidadão fazem implodir a própria Constituição como modelo jurídico-político da esfera pública. Nesse contexto, a referência à esfera pública deve ser ponderada pela observação de que se trata de uma "esfera pública restrita" a certos grupos e organizações. Ao problema da insuficiente construção da esfera pública nos casos de concretização desconstitucionalizante vincula-se a deficiência de seletividade adequada por parte dos procedimentos oficiais de interpretação-aplicação constitucional diante das expectativas políticas de indivíduos e grupos. Não só essas expectativas são, em ampla medida, constitucionalmente marginais ou destrutivas, como também os procedimentos atuam, com freqüência, no sentido da distorção casuística do sentido normativo do texto constitucional. Tal situação não significa desconstrução do texto constitucional no sentido pós-moderno, mas antes uma prática destrutiva dos seus possíveis sentidos normativos.

A concretização desconstitucionalizante não deve ser lida com base na dicotomia clássica "Constituição formal *versus* Constituição material". Os bloqueios políticos, econômicos e "relacionais" do processo de concretização normativo-jurídica do texto constitucional não implicam, então, congruente generalização de expectativas normativas em torno das relações políticas fundamentais. Há uma tendência particularista e difusa, impedindo a própria construção de constitucionalidade jurídica material, que exigiria critérios normativos generalizáveis. E isso significa, como já observamos acima, uma miscelânea autodestrutiva e heterodestrutiva de códigos de comportamento, atingindo a própria autonomia/identidade da(s) esfera(s) de juridicidade. Desconstitucionalização fática apresenta-se, portanto, como forma principal de desjuridificação no processo concretizador.

A concretização desconstitucionalizante nos âmbitos das "Constituições nominalistas" dos países periféricos, destacando-se o Brasil, atua no sentido da manutenção do *status quo* social. Serve à permanência das estruturas reais de poder, em desacordo com o modelo textual de Constituição, cuja efetivação relevante importaria profundas transformações sociais. Em contraposição aos indícios de mudança expressos no texto constitucional, impõem-se relações reais de poder com pretensão de eternizarem-se, embora desestruturadas e desestruturantes do Estado como instituição. Indaga-se, então, qual o sentido da elaboração de textos constitucionais em tais circunstâncias.

3. *"Constitucionalização" como mudança simbólica da Constituição*

O problema da mutação freqüente dos textos constitucionais sem uma relevante repercussão normativo-jurídica nas relações de poder complica-se quando introduzimos a discussão sobre constitucionalização simbólica (Neves, 1994, 1992a:61-65 e 104-106). A concretização desconstitucionalizante é um requisito imprescindível da constitucionalização simbólica. Mas esta distingue-se especialmente pelo seu significado positivo: a função hipertroficamente político-ideológica do modelo textual de Constituição.

A discussão em torno de constitucionalização simbólica desenvolve-se a partir do debate sobre legislação simbólica (Kindermann, 1988, 1989; Noll, 1981; Hegenbarth, 1981). A própria ambigüidade dos termos "símbolo", "simbólico" e "simbolismo" já dificulta uma delimitação semântica dessa expressão (Neves, 1994:11ss.). Talvez se possa vislumbrar uma analogia com a concepção de simbolismo freudiana, na medida em que nela se distingue entre significado latente e significado manifesto (cf. Freud, 1969:159-177, 1972:345-394), e afirma-se que na legislação simbólica a sua função latente prevalece sobre a manifesta (cf. Aubert, 1967).

Entretanto, a questão da legislação simbólica está usualmente relacionada com a distinção entre variáveis instrumentais, expressivas e simbólicas no âmbito das ciências sociais. As funções instrumentais implicariam uma relação de meio-fim, a tentativa consciente de alcançar resultados objetivos mediante a ação. Na atitude expressiva, há uma confusão entre o agir e a satisfação da respectiva necessidade. Enquanto a ação instrumental constitui-se em "veículo de conflito", o agir expressivo é "veículo de catarse" (Gusfield, 1986:179). Afastando-se de outros autores que abordaram o problema da política simbólica, Gusfield distinguiu o simbólico não apenas do instrumental, mas também do expressivo (1986:77ss.). Em contraposição à atitude expressiva e semelhante à ação instrumental, a postura simbólica não é caracterizada pela imediatidade da satisfação das respectivas necessidades e se relaciona com o problema da solução de conflitos de interesses (1986:183). Contudo, diferentemente das variáveis instrumentais, a atitude simbólica não é orientada conforme uma relação linear de meio-fim e, por outro lado, não se caracteriza por uma conexão direta e manifesta entre significante e significado, distinguindo-se por seu sentido mediato e latente (1967:176s.). Como bem observou Gusfield, "a distinção entre ação instrumental e simbólica é, em muitos aspectos, similar à diferença entre discurso denotativo e conotativo" (1986:170). Na denotação há uma conexão relativamente clara entre expressão e conteúdo; na ação instrumental, similarmente, um direcionamento da conduta para fins fixos. Na conotação a linguagem é mais ambígua; o agir simbólico é conotativo na medida em que ele adquire um sentido mediato e impreciso que se acrescenta ao seu significado imediato e manifesto (1986:170; 1967:177), e prevalece em relação ao mesmo.

Evidentemente, a distinção entre função instrumental, expressiva e simbólica só é possível analiticamente; na prática dos sistemas sociais estão sempre presentes essas três variáveis. Porém, quando se afirma que um plexo de ação tem função simbólica, instrumental ou expressiva, quer-se referir à predominância de uma dessas variáveis, nunca de sua exclusividade. Assim é que "legislação simbólica" aponta para o predomínio, ou mesmo hipertrofia, no que se refere ao sistema jurídico, da função simbólica da atividade legiferante e do seu produto, a lei, sobretudo em detrimento da função jurídico-instrumental.

Não se trata, aqui, das concepções da política simbólica (Edelman, 1967; 1977) ou do Direito como simbolismo (Arnold, 1935:esp. 33ss., ou 1971), que reduzem, respectivamente, a análise de todo e qualquer sistema político ou jurídico à sua "eficácia simbólica". Embora Direito e Política tenham sempre uma dimensão simbólica, há variáveis instrumentais relevantes em ambos os sistemas. A própria força normativa da legislação depende de uma combinação de variáveis instrumentais e simbólicas. E todo sistema jurídico funciona com base em ambas as variáveis. O problema surge quando há efeitos hipertroficamente simbólicos da legislação, em detrimento de sua eficácia instrumental-normativa.

Enquanto a legislação simbólica atinge apenas setores específicos do sistema jurídico, a constitucionalização simbólica, pela maior amplitude do âmbito material e pessoal de vigência do direito constitucional, atinge o núcleo do sistema jurídico, comprometendo toda a sua estrutura operacional e a sua própria autonomia/identidade. Aqui não se desconhece que também as "Constituições normativas" desempenham função simbólica, como bem enfatizaram Burdeau (1962:398; cf. também Massing, 1989) e Edelman (1967:18s.), amparados, respectivamente, na experiência constitucional européia e norte-americana; tampouco que a distinção entre "Constituição normativa" e "Constituição simbólica" é relativa, tratando-se "antes de dois pontos extremos de uma escala do que de uma dicotomia" (Bryde, 1982:27). Porém, a função simbólica das "Constituições normativas" está vinculada à sua relevância jurídico-instrumental, isto é, a um amplo grau de concretização normativa generalizada das disposições constitucionais. Além de servir de expressão simbólica da "consistência", "liberdade", "igualdade", "participação" etc. como elementos caracterizadores da ordem política fundada na Constituição, é inegável que as "Constituições normativas" implicam juridicamente um grau elevado de direção da conduta em interferência intersubjetiva e de orientação das expectativas de comportamento. Às respectivas disposições constitucionais correspondem, numa amplitude maior ou menor, mas sempre de forma socialmente relevante, "expectativas normativas congruentemente generalizadas". O "simbólico" e o "instrumental" interagem reciprocamente para possibilitar a concretização das normas constitucionais. A Constituição funciona realmente como instância reflexiva de um sistema jurídico vigente e eficaz.

Já, no caso da constitucionalização simbólica, à atividade constituinte e à emissão do texto constitucional não se segue uma normatividade jurídica generalizada, uma abrangente concretização normativa do texto constitucional. Assim como já afirmamos em relação à legislação simbólica, o elemento de distinção é também a hipertrofia da dimensão simbólica em detrimento da realização jurídico-instrumental dos dispositivos constitucionais. Portanto, o sentido positivo da constitucionalização simbólica está vinculado à sua característica negativa, já considerada no item anterior (cf. Villegas, 1991:120, com relação à experiência colombiana). Sua definição engloba esses dois momentos: de um lado, sua função não é direcionar as condutas e orientar expectativas conforme as determinações jurídicas das respectivas disposições constitucionais; mas, por outro lado, ela responde a exigências e objetivos políticos concretos. "Isso pode ser a reverência retórica diante de determinados valores (democracia, paz). Pode tratar-se também de propaganda perante o estrangeiro" (Bryde, 1982:28).

Nós nos encontramos, aqui, na esfera do ideológico no sentido de Habermas (1987:246 — tr. br., 1980:115): "O que chamamos ideologia são exatamente as ilusões dotadas do poder das convicções comuns". Mas não se trata de ideologia como deformação de uma verdade essencial. Em caso de constitucionalização simbólica, o problema ideológico consiste em que se transmite um modelo cuja realização só seria possível sob condições sociais totalmente diversas. Dessa maneira, perde-se transparência em relação ao fato de que a situação social correspondente ao modelo constitucional simbólico só poderia tornar-se realidade mediante uma profunda transformação da sociedade. Ou o figurino constitucional atua como *ideal*, que através dos "donos do poder" e sem prejuízo para os grupos privilegiados deverá ser realizado, desenvolvendo-se, então, a fórmula retórica da "boa intenção" do legislador constituinte e dos governantes em geral (cf. Schindler, 1967:66s.).

O "constitucionalismo aparente" (Grimm, 1989:634 ou 1991:13) implica, nessas condições, uma representação ilusória em relação à realidade constitucional, servindo antes para imunizar o sistema político contra outras alternativas. Através dele, não apenas podem permanecer inalterados os problemas e relações que seriam normatizados com base nas respectivas disposições constitucionais (Bryde, 1982:28s.), mas também ser obstruído o caminho das mudanças sociais em direção ao proclamado Estado Constitucional (cabe advertir, porém, que mesmo as Constituições normativas não podem resolver diretamente os problemas sociais, mas apenas influenciar-lhes imediatamente a solução — Grimm, 1989:638 ou 1991:19. Ao discurso do poder pertence, então, a invocação permanente do documento constitucional como estrutura normativa garantidora dos direitos fundamentais (civis, políticos e sociais), da "divisão" de Poderes e da eleição democrática, e o recurso retórico a essas instituições como conquistas do Estado-Governo e provas da existência da democracia no país. A fórmula ideologicamente carregada "sociedade democrática" é utilizada pelos governantes (em sentido amplo) *com* "Constituições simbólicas" tão regularmente como pelos seus colegas *sob* "Constituições normativas", supondo-se que se trata da mesma realidade constitucional. Daí decorre uma deturpação pragmática da linguagem constitucional, que, se, por um lado, diminui a tensão social e obstrui os caminhos para a transformação da sociedade, imunizando o sistema contra outras alternativas, pode, por outro lado, conduzir, nos casos extremos, à desconfiança pública no sistema político e nos agentes estatais. Nesse sentido, a própria função ideológica da constitucionalização simbólica tem os seus limites, podendo inverter-se, contraditoriamente, a situação, no sentido de uma tomada de consciência da discrepância entre ação política e discurso constitucionalista.

Não se confunde o problema da constitucionalização simbólica com a ineficácia de alguns dispositivos específicos do diploma constitucional, mesmo que, nesse caso, a ausência de concretização normativa esteja relacionada com a função simbólica. É sempre possível a existência de disposições constitucionais com efeito simplesmente simbólico, sem que daí decorra o comprometimento do sistema constitucional em suas linhas fundamentais. Falamos de constitucionalização simbólica quando o problema do funcionamento hipertroficamente político-ideológico da atividade e do texto constitucionais atinge as vigas mestras do sistema jurídico constitucional. Isso ocorre quando as instituições constitucionais básicas — os direitos fundamentais (civis, políticos e sociais), a "separação" de Poderes e a eleição democrática — não encontram ressonância generalizada na práxis dos órgãos estatais, nem na conduta e expectativas da população. Mas é sobretudo no que diz respeito ao princípio da igualdade perante a lei, que implica a generalização do código 'lícito/ilícito', ou seja, a inclusão de toda a população no sistema jurídico, que se caracterizará de forma mais clara a constitucionalização simbólica. Pode-se afirmar que, ao contrário da generalização do Direito que decorreria do princípio da igualdade, proclamado simbólico-ideologicamente na Constituição, a "realidade constitucional" é então particularista, inclusive no que concerne à prática dos órgãos estatais. Ao texto constitucional simbolicamente includente contrapõe-se a "realidade constitucional" excludente. Os direitos fundamentais, a "separação de Poderes", a eleição democrática e a igualdade perante a lei, institutos previstos abrangentemente na linguagem constitucional, são deturpados na práxis do processo concretizador, principalmente com respeito à generalização, na medida em que se submetem a uma filtragem por critérios particularistas de natureza política, econômica etc. Nesse contexto só caberia falar de normatividade restrita e, portanto, excludente, particularista, em suma, contrária à normatividade generalizada e includente proclamada no texto constitucional. Mas as "instituições jurídicas" consagradas no texto constitucional permanecem relevantes como referências simbólicas do discurso do poder.

Por fim, quero advertir que não se confunde, aqui, o simbólico com o ideológico. Inegavelmente, o simbólico da legislação pode ter um papel relevante na tomada de consciência e, portanto, efeitos "emancipatórios". Lefort aponta para a relevância das declarações "legais" dos "direitos do homem" no Estado de Direito Democrático, cuja função simbólica teria contribuído para a conquista e ampliação desses direitos (1981:67ss. e 82-tr. br., 1987:56ss. e 68). Mas, no caso da constitucionalização simbólica, principalmente enquanto constitucionalização-álibi (Neves, 1994:92ss., cf. Kindermann, 1989), ocorre antes uma interseção entre simbólico e ideológico do que um processo crítico de conscientização dos direitos, na medida mesmo em que se imuniza o sistema político contra outras possibilidades e transfere-se a solução dos problemas para um futuro remoto.

A compreensão da constitucionalização simbólica como álibi em favor dos agentes políticos dominantes e em detrimento da concretização constitucional encontra respaldo nas observações de Bryde (1982:29) a respeito da experiência africana: as "Constituições simbólicas", em oposição às "normativas", fundamentam-se sobretudo nas "pretensões (correspondentes a necessidades internas ou externas) da elite dirigente pela representação simbólica de sua ordem estatal". Delas não decorre qualquer modificação real no processo de poder. No mínimo, há um adiamento retórico da realização do modelo constitucional para um futuro remoto, como se isso fosse possível sem transformações radicais nas relações de poder e na estrutura social.

4. *Ponderações finais*

A análise no sentido de que a constitucionalização simbólica implica mudança de(o) texto constitucional sem correspondente alteração das estruturas reais subjacentes, servindo mesmo como mecanismo construtivo de ilusões, pode conduzir a interpretações simplistas de que seriam totalmente vãs as tentativas de transformações sociais intermediadas por mutações de(o) documento constitucional. Entretanto, a função hipertroficamente simbólica do texto constitucional não se refere apenas à retórica "legitimadora" dos governantes (em sentido amplo). Também no discurso político dos críticos do sistema de dominação, a invocação aos valores proclamados no texto constitucional desempenha relevante papel simbólico. Por exemplo, a retórica político-social dos "direitos humanos", paradoxalmente, é tanto mais intensa quanto menor o grau de concretização normativa do texto constitucional.

A constitucionalização simbólica, embora relevante no jogo político, não se segue, principalmente na estrutura excludente da sociedade brasileira, "lealdade das massas", que pressuporia um Estado de bem-estar eficiente (cf. Neves, 1994:107ss.). Contraditoriamente, na medida em que se ampliam extremamente a falta de concretização normativa do documento constitucional e, simultaneamente, o discurso constitucionalista do poder, intensifica-se o grau de desconfiança do Estado. A autoridade pública cai em descrédito. A inconsistência da "ordem constitucional" desgasta o próprio discurso constitucionalista dos críticos do sistema de dominação. Desmascarada a farsa constitucionalista, segue-se o cinismo das elites e a apatia do público. Tal situação pode levar à estagnação política. É possível que, como reação, recorra-se ao "realismo constitucional" ou "idealismo objetivo", em contraposição ao "idealismo utópico" existente (cf. Vianna, 1939:esp. 7ss. e 303ss.; Reale, 1983:67; Torres, 1978:160ss.). Mas, como ensinaram as experiências de "constitucionalismo instrumental" de 1937 e 1964, o recurso a essa semântica autoritária não implicará, seguramente, a "reconciliação do Estado com a realidade nacional", mas, antes, a *identificação* excludente do sistema jurídico estatal com as "ideologias" e interesses dos detentores eventuais do poder. Nesse caso, serão impostas "regras-do-silêncio" ditatoriais, negando-se a possibilidade de críticas generalizadas ao sistema de poder, típica da constitucionalização simbólica.

É principalmente por isso que não se deve interpretar a constitucionalização simbólica como um jogo de soma zero na luta política pela ampliação ou restrição da cidadania, equiparando-a ao "instrumentalismo constitucional" das experiências autocráticas (em sentido diverso, Loewenstein, 1956:224). Enquanto não estão presentes "regras-do-silêncio" democráticas nem ditatoriais (Neves, 1992a:106s., 1994:110ss.; cf. Holmes, 1988), o contexto da constitucionalização simbólica proporciona o surgimento de movimentos e organizações sociais envolvidos criticamente na realização dos valores proclamados solenemente no texto constitucional e, portanto, integrados na luta política pela ampliação da cidadania. Assim sendo, é possível a construção de uma esfera pública pluralista que, embora restrita, tenha capacidade de articular-se com êxito através dos procedimentos previstos no texto constitucional. Não se pode excluir a possibilidade, porém, de que a realização dos valores democráticos expressos no documento constitucional pressuponha um momento de ruptura com a ordem do poder estabelecida. E isso torna-se tanto mais provável na medida em que os procedimentos democráticos previstos no texto constitucional são deturpados no processo concretizador, não se operacionalizando como mecanismos de legitimação do Estado.

Bibliografia

ARNOLD, Thurman W. (1935). *The Symbols of Government*. New Haven, Yale University Press (5ª impressão, 1948)

ARNOLD, Thurman W. (1971). "El derecho como simbolismo". In: Vilhelm Aubert (org.). *Sociologia del Derecho*. Trad. esp. de J.V. Roberts, Caracas, Tiempo Nuevo.

AUBERT, Vilhelm (1967). "Einige soziale Funktionen der Gesetzgebung". In: Ernst E. Hirsch e Manfred Rehbinder (orgs.). "Studien und Materialien zur Rechtssoziologie". Suplemento (Beiheft) 11 da *Kölner Zeitschrift für Soziologie und Sozialpsychologie,* Köln/Opladen, Westdeutscher Verlag. (pp. 284-309).

BRYDE, Brun-Otto (1982). *Verfassungsentwicklung: Stabilität und Dynamik im Verfassungsrecht der Bundesrepublik Deutschland.* Baden-Baden, Nomos.

BURDEAU, Georges (1962). "Zur Auflösung des Verfassungsbegriffs". In: *Der Staat 1*. Berlin, Duncker & Humblot. (pp. 389-404).

CANOTILHOI, J.J. Gomes (1991). *Direito Constitucional*, 5ª ed. Coimbra, Almedina.

CARBONNIER, Jean (1972). *Sociologie Juridique*. Paris, Armand Colin.

EDELMAN, Murray (1967). *The Symbolic Uses of Politics*. Urbana/Chicago/Londres, University of Illinois Press.

EDELMAN, Murray (1977). *Political Language: Words that Succeed and Policies that Fail.* New York/San Francisco/London, Academic Press.

EHRLICH, Eugen (1967). *Grundlegung der Soziologie des Rechts*. 3ª ed. Berlin, Duncker & Humblot (reimpressão inalterada da 1ª ed. de 1913).

FREUD, Sigmund (1969). "Vorlesungen zur Einführung in die Psychoanalyse" [1916-17 (1915-17]. In: *Freud-Studienausgabe.* v. I. Frankfurt am Main, Fischer. (pp. 33-445).

FREUD, Sigmund (1972). "Die Traumdeutung" (1900). In: *Freud-Studienausgabe*. v. II. Frankfurt am Main, Fischer.

GADAMER, Hans-Georg (1990). *Wahrheit und Mehtode: Grundzüge einer philosophischen Hermeneutik*. 6ª ed. Tübingen, Mohr (1ª ed.: 1960).

GRIMM, Dieter (1989). "Verfassung". In: *Staatslexikon: Recht — Wirtschaft — Gesellschaft.* Org. pela Görres-Gesellschaft. 7ª ed., 5 v., Freiburg/Basel/Wien, Herder. (colunas 633-643).

GRIMM, Dieter (1991). *Die Zukunft der Verfassung.* Frankfurt am Main, Suhrkamp.

GUSFIELD, Joseph R. (1967). "Moral passage: the symbolic process in public designations of deviance". In: *Social Problems*. v. 15, n. 2. Detroit, Michigan, Society for the Study of Social Problems (pp. 173-188).

GUSFIELD, Joseph R. (1986). *Symbolic Crusade: Status Politics and the American Temperance Movement.* 2ª ed. Urbana e Chicago, University of Illinois Press (1ª ed.: 1963).

HÄBERLE, Peter (1980). "Die offene Gesellschaft der Verfassungsinterpreten: Ein Beitrag zur pluralistischen und 'prozessualen' Verfassungsinterpretation". In: Idem, *Die Verfassung des Pluralismus: Studien zur Verfassungstheorie der offenen Gesellschaft.* Königstein/Ts., Athenäum (pp. 79-105) (primeiro in: *JZ* 1975, pp. 297-305).

HABERMAS, Jürgen (1982). *Theorie des Kommunikativen Handelns.* 2ª ed., v. 2. Frankfurt am Main, Suhrkamp.

HABERMAS, Jürgen (1987). "Hannah Arendts Begriff der Macht". In: J. Habermas, *Philosophisch-politische Profile.* Frankfurt am Main, Suhrkamp (pp. 228-248). Trad. bras. (1980): "O conceito do poder de Hannah Arendt". In: Habermas. *Sociologia.* São Paulo, Ática (pp. 100-118).

HEGENBARTH, Rainer (1981). "Symbolische und instrumentelle Funktionen moderner Gesetze". In: *Zeitschrift für Rechtspolitik* 14. München/Frankfurt, Beck. (pp. 202-204).

HESSE, Konrad (1984). "Die normative Kraft der Verfassung". In: Idem, *Ausgewählte Schriften.* Org. por P. Häberle e A. Hollerbach. Heidelberg, Müller (pp. 3-18).

HOLMES, Stephen (1988). "Gag rules or the politics of omission". In: Jon Elster e R. Slagstad (orgs.). *Constitutionalism and Democracy (Studies in Rationality and Social Change).* Cambridge, Cambridge University Press. (pp. 19-58).

HORTA, Raul Machado (1992). "Permanência e mudança na Constituição". Conferência proferida no III Fórum Nacional de Direito Constitucional, Belo Horizonte, 23.4.92, 31 pp. (repro.).

JACQUES, Paulino (1983). *Curso de Direito Constitucional.* 9ª ed., Rio de Janeiro, Forense (1ª ed.: 1956).

JEAND'HEUR, Bernd (1989). "Gemeinsame Probleme der Sprach- und Rechtswissenschaft aus der Sicht der Strukturierenden Rechtslehre". In: Friedrich Müller (org.), 1989:17-26.

KELSEN, Hans (1960). *Reine Rechtslehre.* 2ª ed. Wien, Franz Deuticke (reimpressão inalterada — 1983); trad. por. (1974): *Teoria Pura do Direito.* 3ª ed. Coimbra, Arménio Amado.

KINDERMANN, Harald (1988). "Symbolische Gesetzgebung". In: Dieter Grimm e Werner Maihofer (orgs.). *Gesetzgebungstheorie und Rechtspolitik (Jahrbuch für Rechtssoziologie und Rechtstheorie 13).* Opladen, Westdeutscher Verlag. (pp. 222-245).

KINDERMANN, Harald (1989). "Alibigesetzgebung als symbolische Gesetzgebung". In: Rüdiger Voigt (org.). *Symbole der Politik, Politik der Symbole.* Opladen, Leske + Budrich. (pp. 257-273).

LEFORT, Claude (1981). "Droits de l'homme et politique". In: Idem, *L'Invention Démocratique: les Limites de la Domination Totalitaire.* Paris, Fayard. (pp. 45-83); trad. bras. (1987): "Direitos do homem e política". In: *A invenção Democrática: os Limites do Totalistarismo.* 2ª ed. São Paulo, Brasiliense. (pp. 37-69).

LOEWENSTEIN, Karl (1956). "Gedanken über den Wert von Verfassungen in unserem revolutionären Zeitalter". In: Arnold J. Zurcher (org.). *Verfassungen nach dem zweiten Weltkrieg,* trad. alemã de Ebba Vockrodt. Meisenheim am Glan, Hain. (pp. 210-246).

LOEWENSTEIN, Karl (1975). *Verfassungslehre.* 3ª ed., Trad. alemã de Rüdiger Boerner, Tübingen, Mohr.

LUHMANN, Niklas (1987). *Rechtssoziologie.* 3ª ed. Opladen, Westdeutscher Verlag.

MASSING, Otwin (1989). "Identität als Mythopoem. Zur politischen Symbolisierungsfunktion verfassungsgerichtlicher Spruchweisheiten". In: Rüdiger Voigt (org.). *Politik der Symbole, Symbole der Politik.* Opladen, Leske + Budrich. (pp. 235-256).

MENEZES, Aderson de (1972). *Teoria Geral do Estado.* Rio de Janeiro/São Paulo, Forense.

MÜLLER, Friedrich (1984). *Strukturierende Rechtslehre.* Berlin, Duncker & Humblot.

MÜLLER, Friedrich (org.) (1989). *Untersuchungen zur Rechtslinguistik: Interdisziplinäre Studien zu praktischer Semantik und strukturierender Rechtslehre in Grundfragen der juristischen Methodik.* Berlin, Duncker & Humblot.

MÜLLER, Friedrich (1990a). *Die Positivität der Grundrechte: Fragen einer praktischen Grundrechtsdogmatik.* 2ª ed. Berlin, Duncker & Humblot

MÜLLER, Friedrich (1990b). *Essais zur Theorie von Recht und Verfassung.* Org. por Ralph Christensen. Berlin, Duncker & Humblot.

MÜLLER, Friedrich (1994). "Juristische Methodik — Ein Gespräch im Umkreis der Rechtstheorie". Entrevista concedida a Jan Möller. In: *Verwaltungsrundschau* 4. Stuttgart, Kohlhammer. (pp. 133-136).

NEVES, Marcelo (1988). *Teoria da Inconstitucionalidade das Leis.* São Paulo, Saraiva.

NEVES, Marcelo (1992a). *Verfassung und Positivität des Rechts in der peripheren Moderne: Eine theoretische Betrachtung und eine Interpretation des Falls Brasilien.* Berlin, Duncker & Humblot.

NEVES, Marcelo (1992b). "Entre subintegração e sobreintegração: a cidadania inexistente". In: *Revista Acadêmica* (da Faculdade de Direito do Recife). LXXV. Recife, Universidade Federal de Pernambuco. (pp. 77-103).

NEVES, Marcelo (1993). "Do pluralismo jurídico à miscelânea social: o problema da falta de identidade da(s) esfera(s) de juridicidade na modernidade periférica e suas implicações na América Latina", Trabalho apresentado ao II Encontro Internacional de Direito Alternativo. Florianópolis-SC, 29.9 a 2.10.93, 30 pp. (repro.)

NEVES, Marcelo (1994). *A Constitucionalização Simbólica.* Guarulhos-SP, Editora Acadêmica.

NOLL, Peter (1981). "Symbolische Gesetzgebung". In: *Zeitschrift für Schweizerisches Recht* (nova série) 100. Basel, Helbing & Lichtenhahn (pp. 347-364).

PINTO FERREIRA, Luiz (1983). *Princípios Gerais do Direito Constitucional Moderno.* 6ª ed., v. 1. São Paulo, Saraiva.

PONTES DE MIRANDA, F.C. (1972). *Sistema de Ciência Positiva do Dirieto.* 2ª ed., t. 1: "Introdução à Ciência do Direito". Rio de Janeiro, Borsói.

RAKOVE, Jack N. (ed.) (1990). *Interpreting the Constitution: the Debate over Original Intent.* Boston, Northeastern University Press.

REALE, Miguel (1983). "Momentos decisivos do constitucionalismo brasileiro". In: *Revista de Informação Legislativa* 77. Ano 20. Brasília, Senado Federal (pp. 57-68).

ROSS, Alf (1971). Lógica de las Normas. Trad. esp. de José Hierro. Madrid, Technos.

SCHINDLER, Dietrich (1967). *Verfassungsrecht und soziale Struktur.* 4ª ed. Zürich, Schulthess.

SMEND, Rudolf (1968). "Verfassung und Verfassungsrecht" (1928). In: Idem. *Staatsrechtliche Abhandlungen und andere Aufsätze.* 2ª ed. Berlin, Dunker & Humblot (pp. 119-276).

TORRES, Alberto (1978). *A Organização Nacional: Primeira Parte, A Constituição.* 3ª ed. São Paulo, Nacional (1ª ed.: 1914).

VANOSSI, Jorge Reinaldo A. (1975). *Teoria Constitucional I — Poder Constituyente: Fundacio-*

nal; Revolucionário; Reformador. Buenos Aires, Depalma.

VIANNA, Oliveira (1939). *O Idealismo da Constituição.* 2ª ed. São Paulo/Rio de Janeiro/Recife/Porto Alegre, Nacional.

VILLEGAS, Maurício García (1991). "La Constitución e su eficacia simbólica". In: *Revista Universidad de Antioquia* LX, n. 225. Medellin, Universidad de Antioquia. (pp. 4-21).

VOIGT, Rüdiger (org.) (1980). *Verrechtlichung: Analysen zu Funktion und Wirkung von Parlamentalisierung. Bürokratisierung und Justizialisierung sozialer, politischer und ökonomischer Prozesse.* Königstein, Athenäum.

VOIGT, Rüdiger (org.) (1983). *Gegentendenzen zur Verrechtlichung (Jahrbuch für Rechtssoziologie und Rechtstheorie 9).* Opladen, Westdeutscher Verlag.

WERLE, Raymund (1982). "Aspekte der Verrechtlichung". In: *Zeitschrift für Rechtssoziologie* 3. Opladen, Westdeutscher Verlag. (pp. 2-13).

ASPECTOS SOBRE USUCAPIÃO NA ILHA DE SANTA CATARINA*

ANA CLÁUDIA ALLET AGUIAR
Mestre em Direito pela Universidade Federal de Santa Catarina — Procuradora do Estado de Santa Catarina

O tema "Questão fundiária nas ilhas costeiras" foi abordado em dissertação de Mestrado, apresentada por esta autora no Curso de Pós-Graduação em Direito da Universidade Federal de Santa Catarina, em dezembro/93. À época, percebeu-se que a importância do tema era inegável. Os advogados, atuantes na região, geralmente defrontavam-se com a problemática da dominialidade da Ilha pela União, além do conflito de competência existente entre a Justiça Estadual e a Justiça Federal para dirimir ações de usucapião na Ilha. A escassez de estudos sobre esta matéria tornou o trabalho mais interessante, constituindo, pois, uma contribuição ao profissional do Direito e à própria comunidade.

Com as pesquisas, pôde-se constatar que a estrutura fundiária da Ilha de Santa Catarina envolve as seguintes situações:

Num primeiro momento, particulares com título de propriedade definido; a seguir, vêem-se posseiros ocupando irregularmente bens públicos; há casos de terras públicas aplicadas ao uso público; de terras devolutas sem destinação especial; de outra parte, possuidores de glebas , sem título de propriedade, e outros tentando obter, através do Judiciário, a regularização de sua posse ou o seu título dominial. É sobre a tentativa de regularização da posse, através do usucapião, que se discorrerá nesta oportunidade.

O doutrinador civilista Orlando Gomes[1] diz, numa de suas obras, que o conhecimento da evolução histórica é pressuposto necessário a fim de que se possa estudar juridicamente a propriedade. Por isso, inicia-se esse relato em 1500, quando as terras do Brasil, por conquista do Rei de Portugal, caracterizavam-se por serem públicas, por pertencerem à Coroa Portuguesa.

Não tardou muito para Portugal começar a desmembrar sua Colônia, concedendo e doando seus bens a particulares, na intenção de explorar economicamente as suas terras e protegê-las do avanço de estrangeiros. Com esse objetivo, foram introduzidos em nosso País institutos de ori-

* Texto apresentado no painel "A questão fundiária nas ilhas costeiras", ocorrido durante a Jornada Brasileira sobre Temas da Justiça Federal, realizada em Florianópolis (SC), de 1 a 3.6.95. Novas informações foram incluídas em notas de rodapé, no sentido de complementar o trabalho.

1. *Direitos Reais,* Rio de Janeiro, Forense, 1969, p. 112.

gem ibérica, como as sesmarias, as capitanias hereditárias e os governos gerais, regimes, esses, responsáveis pela transferência das terras públicas aos particulares. O domínio real português sobre as terras da Colônia permaneceu até a Independência, em 1822, quando o patrimônio foi transferido para o Império.

A história da Ilha de Santa Catarina tem início com a primeira expedição de portugueses em 1514. Durante o sistema de capitanias hereditárias, as terras litorâneas do nosso Estado foram concedidas ao donatário Pero Lopes de Souza. Em 1678, Francisco Dias Velho, que havia recebido sesmarias, fundou a póvoa Nossa Senhora do Desterro, hoje Florianópolis. A Ilha também foi sede da Ouvidoria de Santa Catarina, em 1749, transformando-se em sede da província com o Governo Imperial.[2]

Nesse período, muitos casos de concessões de terras públicas a particulares foram registrados. A aquisição era obtida através de registros paroquiais e de requerimento ao Comissariado-Geral de Terras Públicas. Referidos documentos podem ser localizados, hoje, no Arquivo Público do Estado.[3]

Assim, conclui-se que a formação da propriedade privada na Ilha de Santa Catarina tem origem nos bens pertencentes à Coroa Portuguesa, que foram doados durante quatro séculos pelos regimes de capitanias hereditárias, de governos gerais, de sesmarias, da Lei de Terras de 1850 e de outros fatores como o negócio jurídico, o regime de posse e o usucapião.

Com o tempo, a valorização da posse veio permitir ao lavrador sem recursos adquirir o domínio das terras que cultivava para a sua subsistência e de sua família. Por meio do usucapião — instrumento jurídico — é que a posse se transforma em direito.

Há alguns anos, porém, os possuidores de glebas na Ilha vêm encontrando obstáculos para a regularização de sua posse. Em 1975, a Procuradoria Regional da Fazenda Nacional em Santa Catarina adotou, apoiada na Carta Federal de 1967, o parecer da lavra do procurador Dr. Lauro Linhares, que estendeu a dominialidade da União sobre os imóveis situados na Ilha, se por qualquer título legítimo não pertencessem ao Estado, Município ou terceiros.

Com base nesse estudo e tendo em vista que os bens públicos da União são, por disposição legal e sumular,[4] insuscetíveis de aquisição por usucapião, os procuradores da Fazenda Nacional e da Procuradoria da República passaram a ingressar nas ações de usucapião ajuizadas por ocupantes de glebas da Ilha, que pretendiam adquirir o domínio dos terrenos. Os procuradores alegam que a Justiça Comum não é competente para resolver tais conflitos, requerendo a remessa dos autos à Justiça Federal, única para apreciar as causas em que a União for interessada.

O ingresso da União nesses processos trouxe conseqüências como a paralisação, até 1985, de 800 ações de usucapião, por-

2. Mais informações acerca da evolução histórica da Ilha são encontradas nas obras de: Osvaldo Rodrigues Cabral, *História de Santa Catarina*, 3ª ed., Florianópolis, Lunardelli, 1987; Evaldo Pauli, *A Fundação de Florianópolis,* Florianópolis, Universidade do Desenvolvimento do Estado de Santa Catarina, 1973; Víctor Antônio Peluso Jr., "A criação da Capitania da Ilha de Santa Catarina", *Revista do Instituto Histórico e Geográfico de Santa Catarina*, Florianópolis, pp. 107-124, 1944, 1ª fase; e, ainda, Nazareno José de Campos, *Terras Comunais da Ilha de Santa Catarina,* Florianópolis, Universidade Federal de Santa Catarina, 1991.

3. Para mais dados, v.: Iaponam Soares (Org.), *Arquivos & Documentos em Santa Catarina*, Florianópolis, Secretaria da Justiça, Arquivo Público do Estado, 1985.

4. Conforme art. 200 do Decreto-lei 9.760, de 5.9.46, que estabelece: "Os bens imóveis da União, seja qual for a sua natureza, não são sujeitos à usucapião". E Súmula 340, de 13.12.63, do STF: "Desde a vigência do Código Civil, os bens dominicais, como os demais bens púbicos, não podem ser adquiridos por usucapião".

que foi declarada a incompetência da 2ª Vara Cível da Capital para o julgamento desse tipo de demanda, bem como a suspensão de financiamentos junto ao Sistema Financeiro da Habitação[5] e a dificuldade na venda de terrenos por posseiros da Ilha, em razão das implicações que a transmissão de direitos possessórios geralmente desperta.

A Constituição de 1967, seguramente em razão da época em que foi editada — quando se tornou importante legislar sobre a segurança externa e interna do País —, incluiu entre os bens pertencentes à União as ilhas oceânicas. Essa expressão levantou polêmica na literatura jurídica. Doutrinadores pátrios dividiram-se ao opinar: de uma parte, o domínio da União sobre as ilhas marítimas; de outra, o direito adquirido dos Estados, dos Municípios e de terceiros sobre as ilhas, tendo em vista a sua ocupação.

Em 1985, o STF manifestou-se. Ao tratar de um caso de usucapião em Ilhabela, ilha costeira situada no litoral do Estado de São Paulo, o Min. Francisco Rezek deixou consignado que Florianópolis não se encontrava entre as ilhas oceânicas, descartando, assim, qualquer hipótese de domínio da União sobre a ilha. Do referido julgado, extrai-se que Florianópolis está incluída entre as ilhas costeiras, porque resulta do relevo continental ou da plataforma submarina.[6]

A Carta Federal de 1988 reafirma o domínio da União sobre as ilhas oceânicas, já estabelecido em 1967, incluindo, no entanto, as ilhas costeiras, conforme determina seu art. 20, IV:

"Art. 20. São bens da União (...): IV — as ilhas fluviais e lacustres nas zonas limítrofes com outros países; as praias marítimas, as ilhas oceânicas e as costeiras, excluídas, destas, as áreas referidas no art. 26, II".

O art. 26, II, da CF, ao complementar o art. 20, faz a seguinte ressalva: "Art. 26. Incluem-se entre os bens dos Estados: (...) II — as áreas, nas ilhas oceânicas e costeiras, que estiverem no seu domínio, excluídas aquelas sob o domínio da União, Municípios ou terceiros".

O TJSC, até recentemente, apreciou os casos de usucapião intentados por particulares, afirmando a competência da Justiça Estadual em julgar tais processos. Para o Tribunal, o ingresso da União nas demandas somente poderia ser admitido se esta assumisse uma posição definida no feito, como ré, opoente ou assistente, não bastando alegar que o imóvel se localiza em ilha costeira, propriedade da União.[7]

Nesse passo, tendo em vista a relevância da matéria constitucional em discussão, torna-se imprescindível um estudo conjunto das normas do art. 20, IV, combinado com o art. 26, II, em confronto com as normas correspondentes das Constituições anteriores. Sobressaem, então, os princípios constitucionais do direito adquirido e do direito de propriedade, no tocante às terras devolutas incorporadas ao Estado, por força do art. 64 da CF de 1891. Assim, é lógico afirmar, sem que haja argumentos contrários, que, sob o domínio do Estado se encontram as terras devolutas localizadas tanto no Continente como na Ilha, com exceção, é certo, dos terrenos de marinha e das terras devolutas indispensáveis à defesa das fronteiras, fortificações e construções militares, das vias férreas de comunicação e à preservação ambiental, como previsto no art. 20, II e VII, da CF de 1988.

5. "STF decide que a Ilha de Santa Catarina pertence aos seus donos", *Jornal de Santa Catarina*, Florianópolis, 1.7.85.

6. Brasil, STF, RE 101.037-SP, União Federal e Lincoln Feliciano da Silva (espólio de), rel. Min. Francisco Rezek, 6.3.85, *RTJ* 113/1.279-1.288, Brasília, set./85.

7. Nesse sentido são os acórdãos proferidos no AI 7.515, da Capital, j. 27.4.93, rel. Des. Amaral e Silva, e na Ap. cível 39.010, da Capital, j. 9.6.92, rel. Des. Rubem Córdova.

Do raciocínio do art. 26, II, da Carta vigente, observa-se que dos bens dos Estados estão excluídas das ilhas oceânicas e costeiras as áreas de domínio da União, dos Municípios e de terceiros. Pergunta-se, então, que áreas estão sob o domínio da União. Evidentemente, apenas os terrenos de marinha e as terras devolutas indispensáveis à defesa das fronteiras, fortificações e construções militares... (art. 20 da Carta Magna), porque as demais terras devolutas já pertencem ao Estado desde 1891.[8]

Além destas considerações, o silêncio das Constituições de 1891, 1934, 1937 e 1946 acerca da titularidade das ilhas marítimas e a evolução histórica da Ilha como sede de governo fizeram sedimentar a idéia de que a Ilha de Santa Catarina pertencia naturalmente ao Estado de Santa Catarina, ao Município de Florianópolis e a terceiros, detentores de títulos de posse e de propriedade. Legítimo seria, então, o critério histórico ou a posse imemorial do Estado sobre a Ilha.

A par disso, o Juiz Federal, Dr. Manoel Lauro Volkmer de Castilho, teve a oportunidade de manifestar-se, na década de 80, nos seguintes termos: "(...) se a União devia respeitar os direitos, patrimônio e ilhas dos Estados em cujo território se incluíssem, porque nada atribuía à União o domínio ou propriedade delas até 1967, deverá após essa data continuar respeitando e fazendo respeitar tais direitos, sob pena de afronta aos princípios fundamentais da Federação e à autonomia dos Estados Federados".[9]

Na mesma linha de entendimento, traz-se a lição do doutrinador Ives Gandra Martins. Conforme a sua tese, a ressalva do art. 26, II, da Constituição de 1988 pode dar a impressão de que, a princípio, a titularidade dos Estados sobre as ilhas seja residual, tendo em vista que o dispositivo se refere às áreas que não estiverem sob o domínio da União, dos Municípios e de terceiros. Ocorre que, conforme o autor, essa impressão não se sustenta, porque o dispositivo também pode ser lido: "pertencem à União as áreas que não se encontram no domínio dos Estados, Municípios e de terceiros", ou "pertencem aos Municípios as áreas que não se encontram no domínio da União, Estados e de terceiros". As áreas também podem pertencer a terceiros.[10] Seguindo-se tal argumentação, não sendo, pois, residual a titularidade do Estado sobre a Ilha, a União precisa comprovar efetivamente, e não apenas alegar, que o terreno, objeto do usucapião, situa-se em terrenos de marinha, em terras devolutas que lhe pertencem ou glebas de sua propriedade, para que possa ser admitido o seu ingresso no feito.

Já a favor do Município e dos particulares cita-se a existência da sesmaria, doada pela Coroa Portuguesa à Municipalidade em 1815,[11] que corresponde às áreas da Ilha dentro da meia légua em quadro. Aí se encontram incluídas as regiões da Baía Norte, Baía Sul, Saco dos Limões, Pantanal, Trindade, Saco Grande, Agronômica e o Centro da Capital. São favoráveis também os julgados do STF que admitem o usucapião de bens públicos, desde que comprovada a posse de 30 anos antes do Código Civil de 1916.[12]

8. Essa tese foi apresentada pela Procuradora do Estado de São Paulo: Helita Barreira Custódio, "Domínio das ilhas oceânicas e costeiras", *RDC* 52/185, São Paulo, abr./jun./90. No referido parecer restou consignada a preocupação do Estado de São Paulo em dar prosseguimento às providências protecionais do Parque Estadual da Ilha do Cardoso, visando à regularização das propriedades imóveis integrantes da Ilha e à efetiva preservação do Parque.

9. "Notas sobre ilhas oceânicas", *Revista Impacto,* Itajaí (198).

10. Ives Gandra Martins, *Comentários à Constituição do Brasil*, 3ª ed., São Paulo, Saraiva, 1993.

11. Brasil, Provisões de 6 de abril de 1816 e de 26 de março de 1822. Termos de medição e demarcação da meia légua em quadro do patrimônio municipal de Florianópolis, Superintendência Municipal de Florianópolis, 14 de março de 1903.

12. Sobre a questão da possibilidade de usucapião de bens públicos na hipótese de consumada

Com a vigência da Constituição de 1988, o STF voltou a se manifestar. Em decisão de 1992, o Estado de São Paulo restou prejudicado, ao ser considerado parte ilegítima para discriminar terras devolutas situadas na Ilha do Cardoso, ilha costeira situada no litoral daquele Estado. No entendimento do Min. Ilmar Galvão, as ilhas costeiras, com a nova Constituição, pertencem expressamente à União.[13]

No TRF da 4ª Região, em Porto Alegre, os recursos da União relativos à argüição de incompetência da Justiça Comum para tratar de usucapião na Ilha são em geral acolhidos e providos, sob o argumento de que, com a nova redação da Constituição Federal, a discussão sobre o domínio das ilhas costeiras somente pode ser decidida pelo juiz federal em sentença de mérito.[14]

Em realidade, o que se constata é que o conflito jurisprudencial existente entre os Tribunais (STF, TRF e TJSC) deflagra, sem dúvida, problemas de ordem processual, ao obstaculizar o processamento normal das ações de usucapião e a regularização das propriedades. Mas, o que é pior, gera efeitos sócio-urbanísticos e ambientais prejudiciais ao desenvolvimento sustentável da Ilha de Santa Catarina.

É notório que a Ilha, por ser dotada de ricos e frágeis ecossistemas naturais, torna-se a cada dia ponto de atração turística. Crescem a concentração humana, a especulação imobiliária, a tentativa de ocupação das terras públicas de valor ambiental por particulares, muitas vezes através da falsificação de documentos e certidões; há também loteamentos de grandes áreas sem a devida regularização imobiliária e a expulsão de possuidores de terras bem-localizadas, geralmente sítios de moradia, onde se praticam atividades de subsistência.

Por tudo isso, faz-se urgente uma revisão das normas constitucionais aqui consideradas, ou a revisão das medidas judiciais, por parte de autoridades federais e estaduais competentes, assegurando-se a solução pacífica da controvérsia existente, no legítimo interesse da coletividade local. É recomendável tentar-se, ainda, na Reforma Constitucional, a exclusão nominal das Ilhas costeiras de São Luiz do Maranhão, Vitória do Espírito Santo e de Florianópolis do rol das ilhas pertencentes à União, em razão de sua caracterização como centros urbanos, Capitais de Estados.

Resolvido o domínio, ficarão os órgãos ambientais federais ou estaduais obrigados a assumir a defesa e a preservação do patrimônio ambiental e cultural que resta da Ilha de Santa Catarina. Da discriminação das terras devolutas, preservando-se efetivamente as áreas fundamentais do meio ambiente, e da regularização dos imóveis particulares, poderá surgir, enfim, uma política fundiária condizente para a Ilha de Santa Catarina.

a posse de 30 anos antes do advento do Código Civil ou do Decreto 22.785/33, v. Ubirajara Dias Falcão, "A Ilha de Santa Catarina: aspectos jurídicos", *Jurisprudência Catarinense,* 42/9-29, Florianópolis, dez./83.

13. Brasil, STF, AOr 317-2, União Federal e Estado de São Paulo, rel. Min. Ilmar Galvão, 20.11.92., *RTJ* 145/370-380, Brasília, ago./93.

14. Brasil, TRF, AI 920420353-6/SC, Ministério Público e Paschoal Lopes e s/m, rel. Juiz Vladimir Freitas, 3.12.92, *RTRF* 12/400-405, Porto Alegre, out./dez. 92.

JURISPRUDÊNCIA ANOTADA

SUPREMO TRIBUNAL FEDERAL

NORMAS GERAIS DE LICITAÇÃO — DOAÇÃO E PERMUTA DE BENS DE ESTADOS E DE MUNICÍPIOS — APLICABILIDADE DE DISPOSIÇÕES DA LEI FEDERAL 8.666/93 AOS ENTES FEDERADOS (Comentários a acórdão do STF na ADInconst 927-3-RS)

FLORIANO AZEVEDO MARQUES NETO

Professor da Faculdade de Direito da PUC/SP
e da Universidade São Judas — Advogado em São Paulo

1. A decisão do Supremo Tribunal Federal. 2. A sempre inconclusiva delimitação do que sejam "normas gerais". 3. A decisão específica: a autonomia dos entes federados em gerir e dispor dos seus bens.

1. *A decisão do Supremo Tribunal Federal*

O STF julgou, em 3.11.93, medida cautelar em ação direta de inconstitucionalidade requerida pelo então Governador do Estado do Rio Grande do Sul contra dispositivos da Lei federal 8.666/93, em especial aqueles que definiam regras para alienação de bens móveis e imóveis.

Insurgiu-se o citado Chefe do Executivo estadual contra diversos dispositivos e expressões contidos no art. 17 da referida lei, em especial aqueles que, no seu entender, oferecem restrições à disposição dos bens afetos aos governos estaduais e municipais. Guerreou, em gênero, contra as palavras "Estados" e "Municípios" contidas no *caput* do art. 1º e no art. 118, e mais especificamente contra a aplicabilidade também para estes entes da Federação das regras estatuídas nas alíneas "b" e "c" do inciso I e nas alíneas "a" e "b" do inciso II, além do § 1º, todos do art. 17 da Lei 8.666/93.

Para melhor compreensão dos dispositivos combatidos, vale citar o artigo em apreço, sublinhando os dispositivos ou expressões cuja aplicabilidade para Estados e Municípios fora questionada:

"Art. 17. A alienação de bens da Administração Pública, subordinada à existência de interesse público devidamente justificado, será precedida de avaliação e obedecerá às seguintes normas:

"I — quando imóveis, dependerá de autorização legislativa para órgãos da Administração direta e entidades autárquicas e fundacionais e, para todos, inclusive as entidades paraestatais, dependerá de avaliação prévia de licitação na modalidade de concorrência, dispensada esta nos seguintes casos:

"a) dação em pagamento;

"b) doação, *permitida exclusivamente para outro órgão ou entidade da Administração Pública, de qualquer esfera de governo*;

"c) *permuta, por outro imóvel que atenda aos requisitos constantes do inciso X do art. 24 desta Lei*;

"d) investidura;

"e) venda a outro órgão ou entidade da Administração Pública, de qualquer esfera de governo;

"f) alienação, concessão de direito real de uso, locação ou permissão de uso de bens imóveis construídos e destinados ou efetivamente utilizados no âmbito de programas habitacionais de interesse social, por órgãos ou entidades da Administração Pública especificamente criados para esse fim;

"II — quando móveis, dependerá de avaliação prévia de licitação, dispensada esta nos seguintes casos:

"a) doação *permitida exclusivamente para fins e usos de interesse social, após avaliação de sua oportunidade e conveniência sócio-econômica, relativamente à escolha de outra forma de alienação*;

"b) permuta, *permitida exclusivamente entre órgãos ou entidades da Administração Pública*;

"c) venda de ações, que poderão ser negociadas em Bolsa, observada a legislação específica;

"d) venda de títulos, na forma de legislação pertinente;

"e) venda de bens produzidos ou comercializados por órgãos ou entidades da Administração Pública, em virtude de suas finalidades;

"f) venda de materiais e equipamentos para outros órgãos ou entidades da Administração Pública, sem utilização previsível por quem deles dispõe.

"§ 1º. *Os imóveis doados com base na alínea 'b' do inciso I deste artigo, cessadas as razões que justificaram a sua doação, reverterão ao patrimônio de pessoa jurídica doadora, vedada a sua alienação pelo beneficiário.*

"§ 2º. A Administração poderá conceder direito real de uso de bens imóveis, dispensada licitação, quando o uso se destina a outro órgão ou entidade da Administração Pública.

"§ 3º. Entende-se por investidura, para os fins desta Lei, a alienação aos proprietários de imóveis lindeiros de área remanescente ou resultante de obra pública, área esta que se tornar inaproveitável isoladamente, por preço nunca inferior ao da avaliação e desde que esse não ultrapasse a 50% (cinqüenta por cento) do valor constante da alínea 'a' do inciso II do art. 23 desta Lei."

Como fundamento jurídico, o Governador requerente argumentou que os citados dispositivos implicam *manifesta extrapolação da competência constitucional da União*, competência, esta, que, no tema, restringir-se-ia ao estabelecimento de normas gerais de licitação. Sustentava, então, que tal competência se deveria limitar ao estabelecimento de disposições dotadas de generalidade, sem detalhamento, meras molduras para preenchimento futuro através das normas locais, e que tal caráter genérico colidiria com as simples vedações trazidas pelos dispositivos questionados.

A esta argumentação agregava a inicial da ação direta de inconstitucionalidade tomando por base o relatório oferecido pelo Min. Relator, elementos fáticos, essenciais inclusive para lastrear o pedido liminar de suspensão dos efeitos dos dispositivos. Ressaltavam dentre estes argumentos o fato de que Governo do Estado requerente estava a promover *programa de interesse público*, havendo inclusive previsão legal e constitucional estadual referente à transferência de áreas urbanas aos moradores de baixa renda, com *um plano social de assentamento urbano* desta população legalmente *instituído e em plena execução*. Sustentava-se, portanto, na inicial, que a aplicabilidade ao Estado do Rio Grande do Sul dos dispositivos inquinados de inconstitucionalidade implicaria a interrupção do dito programa, acarretando, supostamente, grave prejuízo para a coletividade.

Nestes termos resumida a controvérsia constitucional suscitada na cautelar, foi a suspensão liminar dos efeitos dos dispositivos hostilizados apreciada pelo Pleno do STF, que decidiu, não sem uma longa controvérsia:

a) No concernente à *alínea "b" do inciso I do art. 17*, foi *deferida* a cautelar para suspender a eficácia da expressão "permitida exclusivamente para outro órgão ou entidade da Administração Pública, de qualquer esfera de governo". A decisão foi tomada por maioria de votos, restando vencido o então Ministro Paulo Brossard.

b) No que se refere à *alínea "c" do inciso I do art. 17, decidiu deferir a cautelar* e suspender a eficácia do dispositivo, também por maioria de votos, sendo vencidos os Mins. Carlos Velloso (relator), Ilmar Galvão, Sepúlveda Pertence e Néri da Silveira.

c) Quanto à *alínea a do inciso II do art. 17*, foi *indeferida a cautelar* por maioria de votos, vencidos os Mins. Marco Aurélio, Celso Mello, Sydney Sanches e Moreira Alves.

d) No tocante à *alínea b do mesmo inciso II* retrocitado, na única decisão unânime do julgado, entendeu o egrégio STF em *deferir a medida cautelar*, suspendendo a eficácia da expressão "permitida exclusivamente entre órgãos ou entidades da Administração Pública" para os outros entes federados que não a União. E, por fim:

e) No concernente ao *§ 1º do mesmo art. 17*, foi *deferida a cautelar*, suspendendo-se a eficácia deste dispositivo. Mais uma vez, não houve unanimidade, vencido que foi o Min. Relator.

Em breve resumo, este é o teor do acórdão em apreço. Antes de passarmos a comentá-lo, impende chamar a atenção para o porte da controvérsia nele versada. Para tanto, basta verificar que as decisões — exceto uma — foram tomadas sempre por maioria de votos, em alguns casos por maioria bastante estreita.

Por outro lado, não fosse sua evidência, valeria gizar a variação de posicionamentos entre os Srs. Ministros. Isto denota, às escâncaras, que, via de regra, o entendimento acerca do que seja ou não *norma geral* é tão pouco objetivo que parece resvalar a matéria de "foro íntimo", pessoal do intérprete ou julgador.

Blague à parte, cremos que a matéria trazida pelo presente aresto comporta duas ordens de comentários: a primeira, inevitável, referente ao tortuoso tema da delimitação do que sejam as tais normas gerais, tal qual abordadas no v. Acórdão. A segunda, mais objetiva, concernente ao conceito no caso concreto versado no Acórdão, ou seja, a prerrogativa que têm — e devem ter — os entes federados para autonomamente gerir e, eventualmente, dispor dos seus bens. Passamos a enfocar, com a brevidade imposta pelos presentes comentários, um e outro tema.

2. *A sempre inconclusiva delimitação do que sejam "normas gerais"*

1. O ilustre Min. Relator, no início do seu voto, bem lembra a feliz ponderação de Marçal Justen Filho, que afirma ser a formulação do conceito de "normas gerais" uma tarefa tormentosa.[1] Talvez sejamos um pouco menos otimistas que o bri-

1. No mesmo literal sentido vai Carlos Ari Sundfeld: *Licitação e Contrato Administrativo*, Malheiros Editores, p. 29.

lhante administrativista paranaense, pois que nos parece de todo impossível se chegar a uma definição (ou formulação) útil — porquanto minimamente precisa — do conceito em apreço.[2]

Parece-nos que, tratando-se de *normas gerais*, o máximo possível é uma delimitação genérica do conceito, o estabelecimento de um *standard*[3] jurídico que permita, diante de situações concretas, concluir pelo caráter genérico ou específico de uma dada norma inserida na Lei federal de Licitações e Contratos Administrativos.

2. Neste sentido, existem já de há muito na doutrina elementos para tanto.[4] Celso Antônio oferece dois importantes lineamentos neste mister. Assevera que por normas gerais podemos compreender apenas aquelas (i) que estabeleçam princípios, fundamentos, diretrizes, critérios básicos para formulação das leis que deverão suceder, no âmbito das diversas esferas de governo, a lei nacional; e (ii) preceitos passíveis de serem aplicados uniformemente em todo o território nacional, pois referentes a aspectos para os quais se ponha irrelevante a peculiaridade de cada unidade da Federação.[5]

3. O dado básico, essencial, é que, uma vez estabelecida a competência da União para fixar normas gerais de licitação, ficou estabelecida constitucionalmente a prerrogativa dos entes federados em fixar normas específicas na matéria, adequadas às peculiaridades de cada Administração estadual ou municipal. Estamos diante de verdade acaciana.

Porém, as legislações específicas que deveriam ser editadas em cada esfera da Administração não deveriam cuidar de meros detalhamentos ou de simples repetições dos preceitos contidos no diploma federal. Se assim o fosse, não estaríamos diante de *normas específicas*, e sim, tão-somente, frente a *normas regulamentadoras* do estatuto federal.

Da mesma forma, admitido que fosse o caráter amplo das ditas normas gerais, e elas estariam desvestidas do seu obrigatório caráter de generalidade. Até porque a natureza de detalhamento, as minudências dos dispositivos, fazem parecer — por contradição lógica radical — o caráter genérico.

2. Adotamos, aqui, a noção de conceito útil no sentido dado por Karl Larenz: "Se os conceitos procurados hão de ser úteis para o 'sistema interno', não podem ser unicamente conceitos gerais abstratos que serão, com o progressivo grau de abstração, cada vez mais desprovidos de conteúdo. Tem antes que se tratar de conceitos em cujo conteúdo a relação de sentido subjacente a uma regulação, com base no princípio determinante, é expressa na medida em que, mesmo que necessariamente abreviada, continua a ser identificável" (in *Metodologia da Ciência do Direito*, Fundação Calouste Gulbenkian, pp. 586-587). Praticamente no mesmo sentido vêm as considerações de Eros Grau, que assevera: "Os conceitos consubstanciam sumas de idéias que, para se realizarem como conceitos, hão de ser, no mínimo, determinadas" (in *Direito, Conceitos e Normas Jurídicas*, Ed., RT, 1988, p. 72). Ainda sobre os conceitos indeterminados, cf. Karl Engish, *Introdução ao Pensamento Jurídico*, 6ª ed., Fundação Calouste Gulbenkian, pp. 208 e ss. Do ponto de vista prático, que bem se utiliza desta categoria — versando sobre o conceito de poder de polícia, hodiernamente —, é Agustín Gordillo (cf. *Tratado de Derecho Administrativo — Parte General*, t. 2/XII-18, Macchi, 1991). Fora do campo estritamente jurídico, boa abordagem da questão da imprecisão dos conceitos nas ciências sociais é dada por Paul Veyne ("Conceitos em História", in Maria Beatriz Nizza da Silva, *Teoria da História*, Cultrix, pp. 120 e ss.).

3. A esse respeito, cf. K. Larenz, ob. cit., pp. 565 e ss. V. também Ronald Dworkin, *Taking Rights Seriously*, Dukworth, 1987.

4. V. como texto de referência, o excelente trabalho da Alice Gonzales Borges, *Normas Gerais no Estatuto de Licitações e Contratos Administrativos*, Ed. RT, 1991. Tal monografia, ainda que desenvolvida na vigência do Decreto-lei 2.300/86, é de consulta obrigatória para estudo do tema.

5. V. *Curso de Direito Administrativo*, 5ª ed., p. 269. Em outra passagem, colacionada no acórdão em comento, trouxe-nos, pela negativa, marcos também bastante úteis para divisar o que não se pode admitir como normas gerais na matéria. V. transcrição no aresto do artigo "Licitações — Inaplicabilidade da nova regulamentação sobre licitações a Estados e Municípios e inconstitucionalidade radical do Decreto-lei 2.300/86", publicado na *RDP* 83/16-28, em especial à p. 27.

4. O acórdão em comento — talvez por cuidar apenas de decisão em medida cautelar, sem a apreciação do mérito da ADIN — ação direta de inconstitucionalidade — não enfocou, como seria de se esperar, a constitucionalidade dos arts. 1º e 118 da Lei federal 8.666/93. Estes dispositivos, em linha geral, parecem pretender impor a todos os entes integrantes da Federação a totalidade das normas contidas no citado diploma.

Assim, o art. 1º afirma que a lei federal estabelece normas gerais sobre a matéria, como que pretendendo determinar que todo o seu conteúdo seria automaticamente aplicável aos Estados, Municípios e Distrito Federal.

Já, o art. 118 prescreve que os entes federados deverão *adaptar* suas normas ao novo regime, como que afirmando terem as leis estaduais e municipais sobre a matéria caráter meramente regulamentador, sendo hierarquicamente inferiores ao diploma federal.

Como dito, a decisão do Excelso Pretório evitou enfrentar esta questão central, de fundo, preferindo abordar os aspectos constitucionais dos dispositivos especificamente hostilizados, no comentário dos quais nos deteremos mais adiante. Assim, não decidindo por ora a questão, fez permanecer a dúvida quanto à aplicabilidade, ou não, indiscriminada dos dispositivos da Lei 8.666/93 aos outros entes da Federação. Até a decisão de mérito, e se esta também for silente quanto à questão de fundo, certamente veremos multiplicarem-se os questionamentos quanto à constitucionalidade de dispositivos da Lei de Licitações, ora quando eles afetem interesses específicos de Estados e Municípios, ora quando estes decidam por editar suas leis específicas, colidindo, aqui ou acolá, com as normas federais.

5. Parece-nos imperioso, pois, que o STF decida sobre a questão central, qual seja, a inconstitucionalidade dos arts. 1º e 118 da Lei 8.666/93, aos quais deveria dar interpretação conforme, de molde a deixar consignado que a lei federal (a) não contém só normas gerais, possuindo também normas específicas aplicáveis apenas à União e (b) que as leis a serem editadas pelos Estados, Municípios e Distrito Federal serão leis específicas, versantes sobre a concretização e a particularização de todos os princípios e diretrizes — e apenas estes — fixados na lei federal, e não apenas meras regulamentações do amplo e detalhado regime introduzido pelo diploma em tela.[6]

6. Enquanto tal decisão não vem, parece ser correta a esmagadora orientação doutrinária no sentido de que "a norma geral não se define pela vontade do legislador federal, pois, se assim fosse, ser-lhe-ia dado tomar para si competência legislati-

6. Vale, aqui, referir o fato de que a polêmica em torno das normas gerais aqui enfocadas se aproxima da abordagem dada por J. J. Gomes Canotilho acerca das leis de bases existentes no ordenamento constitucional português, ou seja, as leis que estabelecem bases gerais sobre uma determinada matéria, consagradoras dos princípios vetores ou das bases gerais de um regime jurídico, o qual será detalhado por ato normativo pelo Governo (ou pelas Assembléias Legislativas regionais). O célebre constitucionalista consigna, a respeito destas normas: "Sob o ponto de vista material, as leis de bases constituem directivas e limites dos decretos-leis ou decretos-legislativos de desenvolvimento; directivas, porque definem os parâmetros materiais, isto é, os princípios e critérios a que o Governo e Assembléias Legislativas regionais devem sujeitar-se no desenvolvimento das referidas leis; limites, porque o desenvolvimento pelo Governo, pelas Assembléias Legislativas regionais, das leis deve-se manter dentro das normas fixadas pela Assembléia da República, nos termos a seguir especificados" (in *Direito Constitucional*, Almedina, p. 852). Embora reconhecendo que o tema tratado pelo constitucionalista não é absolutamente idêntico ao aqui versado, podemos afirmar que os problemas e as indicações ali consignados são de grande valia para a compreensão da matéria (cf. ob. cit., pp. 849-857). Até porque, como consigna Canotilho, estas tais *normas de base*, "umas vezes, começam a entrar em detalhes, fornecendo não apenas a moldura, mas ocupando espaço do próprio quadro (...)" (p. 850), exemplo coincidente com aquele de que lança mão o Min. Relator na fundamentação do seu voto.

va expressamente reservada aos Estados-Membros pela Constituição Nacional (art. 24, § 3º), o que não se tolera em um Estado federativo. Destarte, o disposto no art. 1º, *caput*, da Lei 8.666/93 não tem, nem pode ter, o efeito judiciário de tornar geral o que não o seja".[7]

E não poderia ser diverso o entendimento. Afinal, no quadro constitucional vigente, já existem os princípios que devem, indesviavelmente, nortear os procedimentos administrativos, inclusive os licitatórios (*v.g.*, os princípios contidos no *caput* do art. 37 e nos seus incisos). Por outro lado, há a restrição da competência da União em legislar apenas sobre as normas gerais, ou seja, os lineamentos básicos da matéria. Portanto, fica fora de dúvida sobrexistir a competência dos entes federados para legislar sobre a matéria no nível do detalhe, o que tratando-se de procedimentos administrativos, compreende campo legislativo bastante amplo.[8]

Neste sentido, calha à perfeição a lição do próprio Min. Relator em trabalho doutrinário publicado anteriormente. São as palavras do Min. Carlos Mário da Silva Velloso: "Na competência legislativa de normas gerais, diretrizes ou princípios, *não poderá a União legislar sobre questões específicas*, sobre particularidades. *Se o fizer, cometerá inconstitucionalidade*".[9] Fica patente que a sutil "auto-atribuição" de competência introduzida pelo art. 1º da Lei 8.666/93 não pode ser admitida, pois vai ao arrepio não só do disposto no art. 22, XXVII (que restringe a competência da União apenas no que tange às normas gerais), como, também, do que concerne ao princípio federativo,[10] consagrado plenamente no texto da Carta de 1988.

Inadmissível, pois, que o texto da Lei 8.666/93 pretenda outorgar ao Poder Legislativo Federal competência que exorbite a definição constitucional, pois isto fere de morte a autonomia dos Estados e Municípios, agredindo o princípio federativo.[11]

7. Carlos Ari Sundfeld, *Licitação e Contrato Administrativo*, p. 31.

8. Para este entendimento, perfeita é a aguda observação de Marçal Justen Filho: "É evidente que a Constituição reservou competência legislativa específica para cada esfera política disciplinar licitação e contratação administrativa. A competência legislativa não é privativa da União. Se toda a competência para disciplinar licitação e contratação administrativa fosse da União, a Constituição Federal de 1988 não teria aludido a 'normas gerais' e teria adotado cláusulas similares às previstas para o direito civil, comercial, penal etc." (in *Comentários à Lei de Licitações e Contratos*, p. 12).

9. In *Temas de Direito Público*, Del Rey, 1994, p. 375 (grifos nossos).

10. A este respeito, bem afirma Maria Garcia: "O que implica, por sua vez, com as ressonâncias do princípio federativo, como exposto, em conjunção com os arts. 1º (a República Federativa do Brasil), 18 (sua organização político-administrativa, compreendendo a União, os Estados, o Distrito Federal e os Municípios), 25 (autonomia dos Estados) e 29 (autonomia municipal). Federação, como se sabe, é forma (organização, estrutura) de Estado que se opõe ao Estado Unitário, caracterizando-se pela autonomia política, poderes de auto-organização de seus membros juridicamente associados para formar o Estado da União, representativo interna e internacionalmente, no mesmo universo formado pelos Estados e Municípios, entes federados" (in *Estudo sobre a Lei de Licitações e Contratos*, Maria Garcia, Floriano Azevedo Marques Neto, Marcia Walquíria Batista dos Santos, Sônia Yuriko Tanaka, Forense Universitária, p. 225).

11. A este respeito, imperativa é a citação de Geraldo Ataliba, que, em texto já clássico entre nós, no qual analisa a questão das normas gerais no direito financeiro, assevera: "O exame sistemático dessas disposições convence imediatamente o intérprete da presença pujante do princípio federal, nítida e rigorosamente delineado, com todos seus ingredientes de autonomia recíproca da União e dos Estados, da participação destes na formação dos órgãos e veículos da expressão da vontade da União etc. (...). Autonomia significa governo dos próprios interesses, mediante autoridade e normas próprias. São autônomos reciprocamente, no Brasil, a União, os Estados e os Municípios. Os três têm seus poderes e faculdades concedidos e disciplinados diretamente na Constituição. Não há qualquer hierarquia entre eles, em contraste com a organização constitucional dos Estados Unitários, onde as províncias e comunas ficam em posição de inferioridade diante do Estado" ("Normas gerais de direito financeiro", in *RDP* 10/59). Embora este trabalho tenha sido escrito na vigência da Constituição de 1967, parece inegável a plena aplicação dos seus ensinos no contexto hodierno.

7. Quando estamos diante da matéria *licitações*, fica bastante sensível a questão da autonomia dos entes federados. Afinal, o procedimento licitatório nada mais é do que um meio exigido legalmente para a Administração alcançar uma finalidade de interesse público (um serviço, uma melhoria, um bem etc.). É, portanto, um instrumento da gestão interna de cada ente federado. O dever de licitar (ou seja, de respeitar procedimentos licitatórios) é imposto pela Constituição. Os princípios a serem respeitados neste intento, também. A forma básica de concretização destes princípios, a moldura a que se refere o Min. Carlos Velloso, viria expressa como normas gerais federais. A partir daí, as regras devem ser estabelecidas — por lei — no âmbito de cada ente integrante da Federação.

Portanto, pretender estabelecer as cláusulas integrantes dos contratos (art. 55), a seqüência das autuações das peças no processo administrativo (art. 38), o momento em que o procedimento será aprovado pela autoridade responsável (art. 43, VI), as regras de arquivamento dos contratos nas repartições públicas (art. 60), o modo de indicação das Comissões permanentes de licitação (art. 51), para ficarmos apenas em alguns exemplos, significa invadir totalmente a esfera de autonomia dos entes federados, quase que reduzindo seus agentes a meros aplicadores da lei federal.

8. Note-se, neste sentido, que a invasão da autonomia dos Estados e Municípios foi mais além. A Lei 8.883/94, que alterou alguns dispositivos da Lei 8.666/93, modificou a redação do art. 121 daquele diploma, fazendo aplicáveis de imediato — até mesmo para os contratos assinados e vigentes anteriormente ao advento da lei federal — dispositivos referentes à duração e aos critérios de alteração dos contratos, além de tornar auto-aplicável a exigência de respeito ao critério cronológico para pagamento das faturas.

Se o respeito à ordem cronológica pode ser visto como uma norma geral de direito financeiro — já existente, aliás, na Lei federal 4.320/64 — e, portanto, aplicável à Administração Pública em todas as esferas,[12] o mesmo não pode se dizer quanto à retroatividade, para os contratos já vigentes, das regras contidas nos arts. 57 e 65 da Lei 8.666/93.

É verdade que o caráter de norma geral das regras de duração e alteração dos contratos envolveria uma longa discussão, descabida, aqui. O que se pode desde logo visualizar é a incompatibilidade entre o caráter de diretrizes básicas que deve perpassar as normas gerais com regras que cuidem de matéria inerente à gestão contratual, como ocorre com as disposições quanto a prazos e hipóteses de alteração dos ajustes.

Contudo, a aplicação imediata — e, pode-se dizer até, retroativa destas regras, parece-nos incontroverso — não pode caracterizar norma geral. Afinal, a interferência concreta nos contratos já assinados e em execução — muita vez alterando seus termos ou interditando providência típica de sua gestão — não se coaduna, jamais, com a própria noção de norma.[13] Como já nos ensinou Hely Lopes Meirelles, "(os Estados-Membros e os Municípios) têm autonomia para imprimir direção própria nos negócios que lhes são próprios".[14]

12. V., a este respeito, nosso "A nova Lei de Licitações e a ordem cronológica no pagamento das faturas", *Boletim de Direito Administrativo* 8, ano X, ed. NDJ.

13.Como bem definiu Manoel de Oliveira Franco Sobrinho: "Através do dualismo União soberana e Estados Autônomos, estabelece-se regime de competências fundadas nos princípios fundamentais, competências que, a rigor e por força da descentralização, impõem normas de capacidade à União, aos Estados-Membros e a todas as entidades menores. Destarte se definem as competências, isto é, as funções do poder federal e federado, no sistema político estruturado de organização administrativa, funções que, nos processos de poder público, são funções de gestão administrativa, de administração" (in *Da Competência Constitucional Administrativa*, Gênesis, p. 138).

14. In *Direito Municipal Brasileiro*, 6ª ed., Malheiros Editores, p. 80.

9. Há uma terceira ordem de fatores (além da competência limitada contida no art. 22, XXVI, e do princípio federal) a concorrer contra a pretensão da União de legislar de forma absoluta sobre o tema.

Tal evidência não decorre apenas de razões jurídicas, mas da absoluta inconveniência de regulamentar de forma centralizada pela União procedimentos a serem aplicáveis a realidades tão díspares como as encontradiças em cidadelas perdidas no meio da Amazônia, no sertão de Goiás ou nos pampas sulinos, com Capitais do porte do Rio de Janeiro ou ainda com o Distrito Federal. É óbvio que a estrutura da Administração Federal é incomparavelmente maior que a da maioria dos Municípios e que, portanto, as regras aplicáveis para uns não o serão — até por absoluta impossibilidade prática — para outros. Damos dois exemplos.

Em muitos Municípios extremamente pequenos é impossível se exigir a observância do § 4º do art. 51 da Lei 8.666/93 pelo simples fato de que inexistem mais do que dois servidores qualificados e legalmente habilitados para integrar a Comissão permanente de licitações, obrigando que esta seja, sempre, integrada pelo mesmo trio.

Em outro caso, o estabelecimento do prazo mínimo de cinco dias úteis (art. 21, § 2º, IV) para os convites não é o mais adequado para, por exemplo, Municípios da Região Amazônica, onde o transporte e as comunicações são lentos e difíceis.

10. Desta feita, parece-nos que a posição adotada pelo STF ainda não enfrentou o problema, deixando permanecer entre nós a dúvida acerca da aplicabilidade ou não do conjunto das normas contidas na Lei 8.666/93.

3. *A decisão específica: a autonomia dos entes federados em gerir e dispor dos seus bens*

11. Já, no que concerne ao estrito teor da decisão ora comentada, decidiu o Excelso Pretório com o grande acerto, apesar de já referida divergência de votos havida.

12. Efetivamente, subverteria completamente o princípio federativo e a autonomia constitucional de Estados e Municípios pretender que a gestão e a alienação dos seus bens ficassem estritamente regradas pela norma federal, que, neste particular, é extremamente detalhada, fixando critérios e ritos específicos.

13. Ninguém olvida que os bens dos Estados, dos Municípios e do Distrito Federal devam ser geridos exclusivamente por estes entes. Como mais uma vez ensina Hely Lopes Meirelles, em escólio para os Municípios mas plenamente aplicável aos Estados, "ao Município incumbe a administração de seus bens, no uso regular da autonomia constitucional que lhe é assegurada para cuidar de tudo o que é de seu interesse local". E mais: "A administração de bens municipais, em sentido restrito, compreende unicamente a sua utilização e conservação segundo a destinação natural ou legal de cada coisa, e, em sentido amplo, abrange também a alienação dos bens que se tornam inservíveis ou inconvenientes ao domínio público, ou ainda a aquisição de novos bens necessários aos serviços locais".[15]

A capacidade jurídica para autonomamente usar, fluir e dispor — dentro da legalidade — dos seus bens é parte constituidora da própria personalidade jurídica das entidades estatais internas. Como afirma Carlos Ari Sundfeld: "As atividades instrumentais, como a arrecadação de tributos, a aplicação das rendas, a aquisição de bens, serão realizadas por cada pessoa constitucional, para prover a seu aparelhamento (...). A privatividade dessa competência é corolário da autonomia adminis-

15. In ob. cit., p. 230. No mesmo sentido, v. Diomar Ackel Filho, *Município e Prática Municipal*, Ed. RT, p. 197.

trativa e financeira, típica das pessoas políticas".[16]

Subtrair — total ou parcialmente — do controle dos governos estaduais e municipais a gestão dos seus bens, submetendo-os aos ditames de lei federal, corresponderia a erradicar, de uma penada, sua autonomia.[17]

14. Neste sentido, não nos parece consentâneo com o entendimento exarado no acórdão a decisão no que tange à alínea "a" do inciso II do art. 17. Neste caso particular, a maioria dos Ministros indeferiu a cautelar. A mais visível fundamentação contida no aresto foi dada pelo Min. Sepúlveda Pertence, que, em resumo, argumentou que a avaliação prévia da inconveniência ou da impropriedade é necessária e que tal dispositivo não seria novel.

Contudo, entendemos mais adequada a posição esposada pelo Min. Marco Aurélio, que, em suma, sustentou que a doação clausulada prevista no dispositivo hostilizado na ação direta de inconstitucionalidade implicaria exorbitância do caráter de norma geral e, conseqüentemente, invasão da autonomia dos entes federados.

Com efeito, a adoção de uma ou outra forma de alienação está no juízo administrativo exclusivo da Administração. O regime legal ao qual estará adstrita a Administração estadual ou municipal para doar seus bens deverá ser editado na respectiva esfera administrativa. Parece irretorquível que a doação assim como a venda ou a permuta dependem de autorização legislativa, genérica ou específica. Porém, a lei que impõe restrições ou critérios para estas alienações é a lei votada pelo Legislativo local. O entendimento dado neste ponto pelo STF vai de encontro com lição há muito professada por Pontes de Miranda: "Não pode (a União) fixar o quanto, *nem edictar regras jurídicas sobre pressupostos de oportunidade*, ou limitações temporais, ou especiais, ou discriminações territoriais, ou contra o princípio de isonomia".[18]

Assim, caracteriza restrição à autonomia dos entes federados impedir a Administração local de doar os bens móveis inservíveis para uma entidade assistencial, obrigando-a a proceder segundo os ditames da lei federal. Até porque, muita vez, principalmente nos pequenos Municípios, a inconveniência de outra forma de alienação é tão patente que a exigência de procedimento formal de avaliação somente viria a estorvar a atuação administrativa.

Destarte, deveria, salvo melhor juízo, o Excelso Pretório ter-se fiado pela lição de Geraldo Ataliba, que, com propriedade, consigna: "Jamais seria admissível norma geral restringindo ou peiando o princípio democrático, ou o federal, ou o da autonomia municipal, ou o da independência e harmonia dos Poderes, ou qualquer dos demais princípios e categorias do sistema. *No caso da mais leve dúvida, o intérprete não pode hesitar: optará por curvar-se a estes, rejeitando a norma geral*".[19]

15. No mais, só resta dizer que a decisão vertente constitui importante marco no desenvolvimento desta questão, não só pela pertinência e o acerto com que foi prolatada, mas também — justiça seja feita — pelo desprendimento do autor da ação direta de inconstitucionalidade em guerrear, junto ao Tribunal Maior, contra a tentativa de se ceifar a autonomia dos entes federados, o que constitui, talvez, o pior defeito da tão festejada Lei 8.666/93.

16. "Sistema constitucional das competências", *RTDP* 1/279.

17. Ressalte-se, uma vez mais: "A Constituição assegura autonomia aos Estados-Membros, caracterizada essa autonomia pela capacidade de auto-organização e autolegislação (CF, art. 25), de autogoverno (CF, arts. 27, 28 e 125) e de auto-administração (CF, art. 25, § 1º)" (Carlos Mário da Silva Velloso, *Temas de Direito Público*, p. 377).

18. In *Comentários à Constituição de 1967*, t. II/77.

19. In "Normas gerais de direito financeiro", *RDP* 10/61.

Ementa*: *Constitucional*. *Licitação*. *Contratação Administrativa*. *Lei n*. *8.666, de 21.6.93

I — Interpretação conforme dada ao art. 17, I, "b" (doação de bem imóvel) e art. 17, II, "b" (permuta de bem móvel), para esclarecer que a vedação tem aplicação no âmbito da União Federal, apenas, idêntico entendimento em relação ao art. 17, I, "c", e § 1º do art. 17. Vencido o Relator, nesta parte.

II — Cautelar deferida, em parte.

AÇÃO DIRETA DE INCONSTITUCIONALIDADE N. 927-3 RIO GRANDE DO SUL — MEDIDA LIMINAR

Requerente: Governador do Estado do Rio Grande do Sul

Requeridos: Presidente da República, Congresso Nacional

ACÓRDÃO

Vistos, relatados e discutidos estes autos, acordam os Ministros do Supremo Tribunal Federal, em Sessão Plenária, na conformidade da ata do julgamento e das notas taquigráficas, deferir, em parte, a medida cautelar, para suspender, até a decisão final da ação, quanto aos Estados, ao Distrito Federal e aos Municípios, a eficácia da expressão "permitida exclusivamente para outro órgão ou entidade da Administração Pública, de qualquer esfera de governo", contida na letra "b" do inciso I do art. 17 da Lei Federal n. 8.666, de 21.6.93, vencido o Ministro Paulo Brossard, que a indeferia, para suspender os efeitos da letra "c" do mesmo inciso, até a decisão final da ação, por maioria de votos, deferir a medida cautelar, vencidos os Ministros Relator, Ilmar Galvão, Sepúlveda Pertence e Néri da Silveira, que a indeferiam; no tocante à letra "a" do inciso II do mesmo artigo, por maioria de votos, indeferir a medida cautelar, vencidos os Ministros Marco Aurélio, Celso de Mello, Sydney Sanches e Moreira Alves, que a deferiam; com relação à letra "b" do mesmo inciso, por unanimidade, deferir a medida cautelar, para suspender, até a decisão final da ação, a eficácia da expressão "permitida exclusivamente entre órgãos ou entidade da Administração Pública", quanto aos Estados, o Distrito Federal e os Municípios, e, finalmente, por maioria de votos, deferir a medida cautelar, para suspender, até a decisão final da ação, a eficácia de todo o § 1º do art. 17, vencido o Ministro Relator, que a indeferia. Votou o Presidente.

Brasília, 3 de novembro de 1993.

Octavio Gallotti (Presidente) — Carlos Velloso (Relator).

RELATÓRIO

O Sr. Ministro Carlos Velloso: O Governador do Estado do Rio Grande do Sul, com base no art. 103, VI, da Constituição Federal, propõe ação direta de inconstitucionalidade do significado e de expressões da Lei n. 8.666 (Lei das Licitações), de 21 de junho de 1993, tais como:

a) das palavras "dos Estados (...) e dos Municípios", do *caput* do art. 1º;

b) das palavras "Estados (...) e Municípios", do parágrafo único do art. 1º;

c) das palavras "Os Estados (...) os Municípios", do art. 118;

d) "do significado que, por força dos mencionados textos, dá por extensivas aos Estados e Municípios as regras do art. 17, I, "b" e "c", II, "a", "b", e § 1º, da mesma Lei 8.666". Nesta parte, requer seja dada interpretação conforme a Constituição.

São as seguintes as expressões impugnadas, grifadas na transcrição dos dispositivos.

"Art. 1º. Essa Lei estabelece normas gerais sobre licitações e contratos administrativos pertinentes a obras, serviços, inclusive de publicidade, compras, alienações e locações no âmbito dos Poderes da União, *dos Estados*, do Distrito Federal *e dos Municípios*."

"Art. 1º. Parágrafo único. Subordinam-se ao regime desta Lei, além dos órgãos da Administração direta, os fundos especiais, as autarquias, as fundações públicas, as empresas públicas, as sociedades de economia mista e demais entidades controladas direta ou indiretamente pela União. *Estados*, Distrito Federal e *Municípios*.

"Art. 118. *Os Estados*, o Distrito Federal, *os Municípios* e as entidades da Administração direta deverão adaptar suas normas sobre licitações e contratos ao disposto nesta Lei."

"Art. 17. A alienação de bens da Administração Pública, subordinada à existência de interesse público devidamente justificado, será precedida de avaliação e obedecerá às seguintes normas:

"I — quando imóveis dependerá de avaliação prévia e de licitação na modalidade de concorrência, dispensada esta nos seguintes casos: (...) b) doação, permitida exclusivamente para outro órgão ou entidade da Administração Pública; c) permuta, por outro imóvel que atenda aos requisitos constantes do inciso X do art. 24 desta Lei; (...)

"II — (...) a) doação permitida exclusivamente para fins e uso de interesse social, após avaliação de sua oportunidade e conveniência sócio-econômica, relativamente à escolha de outra forma de alienação; b) permuta, permitida exclusivamente entre órgãos ou entidades da Administração Pública.

"Art. 17, § 1º. Os imóveis doados com base na alínea "b" do inciso I deste artigo, cessadas as razões que justificaram a sua doação, reverterão ao patrimônio da pessoa jurídica doadora, vedada sua alienação pelo beneficiário."

O autor alega que a norma impugnada contraria diversos artigos da Constituição Federal; e seus argumentos assim podem ser resumidos:

a) a pretexto de regulamentar o inciso XXI do art. 37 da Constituição Federal, pretendeu a Lei 8.666/93 estender aos Estados e Municípios a integralidade do exaustivo regime por ela instituído;

b) a competência da União, nos termos do art. 22, XXVII, da Constituição, é adstrita a legislar sobre "normas gerais de licitação e contratação", não podendo detalhar contratos nem estabelecer vedação à permuta ou à doação de bens, móveis ou imóveis, das entidades locais;

c) o princípio constitucional da Federação, que atualmente inclui os Municípios (CF/88, art. 1º, c/c art. 60, § 4º, I), importa no respeito à autonomia dos Estados-membros e na repartição de competências;

d) o Estado do Rio Grande do Sul está empenhado em programas de destinação de áreas públicas para fins sociais, com apoio na Constituição Estadual, na Lei Complementar Estadual n. 9.752/92 e no Decreto n. 34.668/93, cujo programa se encontra em plena execução.

e) se forem constitucionais os dispositivos impugnados, passariam a ser vedadas doações que não se destinem a "órgão ou entidade da Administração Pública".

Tendo em vista as graves sanções, previstas na Lei 8.666/93, para seu descumprimento; e, por outro lado, em face da implementação de amplo e inadiável programa estadual de assentamento urbano, a fim de obviar a carência habitacional, ficam caracterizados o *fumus boni juris* e o *periculum in mora*, requisitos necessários à concessão da medida liminar ora pleiteada.

É o relatório.

VOTO

O Sr. Ministro Carlos Velloso (Relator): A Constituição vigente, no que concerne à contratação de obras, serviços, compras e alienações, estabeleceu, como regra, a obrigatoriedade da licitação. Quer dizer, a contratação administrativa deve ser antecedida, esta é a regra, da licitação. É o que está inscrito no inciso XXI do art. 37 da Lei Maior:

"XXI — ressalvados os casos especificados na legislação, as obras, serviços, compras e alienações serão contratadas mediante processo de licitação pública que assegure igualdade de condições a todos os concorrentes, com cláusulas que estabeleçam obrigações de pagamento, mantidas as condições efetivas da proposta, nos termos da lei, o qual somente permitirá as exigências de qualificação técnica e econômica indispensáveis à garantia do cumprimento das obrigações."

A mesma Constituição, ao cuidar da competência legislativa a respeito dos institutos da licitação e do contrato administrativo, estabeleceu, no art. 22, XXVII, que compete privativamente à União legislar sobre "normas gerais de licitação e contratação, em todas as modalidades, para a administração pública, direta e indireta, incluídas as fundações instituídas e mantidas pelo Poder Público, nas diversas esferas de governo, e empresas sob seu controle".

A Constituição de 1988, ao inscrever, no inciso XXVII do art. 22, a disposição acima indicada, pôs fim à discussão a respeito de ser possível, ou não, à União legislar a respeito do tema, dado que corrente da doutrina sustentava que "nenhum dispositivo constitucional autorizava a União a impor normas de licitação a sujeitos alheios à sua órbita" (Celso Antônio Bandeira de Mello, *Elementos de Direito Administrativo*, Malheiros, 4ª ed., 1992, p. 177, nota 1). A CF/88, repito, pôs fim à discussão, ao estabelecer a competência da União para expedir normas gerais de licitação e contratação (art. 22, XXVII).

Registre-se, entretanto, que a competência da União é restrita a normas gerais de licitação e contratação. Isto quer dizer que os Estados e os Municípios também têm competência para legislar a respeito do tema: a União expedirá as normas gerais e os Estados e Municípios expedirão as normas específicas. Leciona, a propósito, Marçal Justen Filho: "como dito, apenas as normas 'gerais' são de obrigatória observância para as demais esferas de governo, que ficam liberadas para regular diversamente o restante" (*Comentários à Lei de Licitações e Contratos Administrativos, Ed. AIDE, Rio, 1993, p. 13*).

A formulação do conceito de "normas gerais" é tarefa tormentosa, registra Marçal Justen Filho, ao dizer que "o conceito de 'normas gerais' tem sido objeto das maiores disputas. No campo tributário (mais do que em qualquer outro), a questão foi longamente debatida e objeto de controvérsias judiciárias, sem que resultasse uma posição pacífica na doutrina e na jurisprudência. Inexistindo um conceito normativo preciso para a expressão, ela se presta às mais diversas interpretações" (ob. e loc. cits.). A formulação do conceito de "normas gerais" é tanto mais complexa quando se tem presente o conceito de lei em sentido material — norma geral, abstrata. Ora, se a lei, em sentido material, é norma geral, como seria a lei de "normas gerais" referida na Constituição? Penso que essas "normas gerais" devem apresentar generalidade maior do que apresentam, de regra, as leis. Penso que "norma geral", tal como posta na Constituição, tem o sentido de diretriz, de princípio geral. A norma geral federal, melhor será dizer nacional, seria a moldura do quadro a ser pintado pelos Estados e Municípios no âmbito de suas competências. Com propriedade, registra a professora Alice Gonzalez Borges que as "normas gerais", leis nacionais, "são necessariamente de caráter mais genérico e abstrato do que as normas locais. Constituem normas de leis, direito sobre direito, determinam parâmetros, com maior nível de generalidade e abstração, estabelecidos para que sejam desenvolvidos pela ação normativa subseqüente das ordens federadas", pelo quê "não são normas gerais as que se ocupem de detalhamentos, pormenores, minúcias, de modo que nada deixam à criação própria do legislador a quem se destinam, exaurindo o assunto de que tratam". Depois de considerações outras, no sentido da caracterização de "norma geral", conclui: "são normas gerais as que se contenham no mínimo indispensável ao cumprimento dos preceitos fundamentais, abrindo espaço para que o legislador possa abordar aspectos diferentes, diversificados, sem desrespeito a seus comandos genéricos, básicos" (Alice Gonzalez Borges, "Normas gerais nas licitações e contratos administrativos", *RDP* 96/81.

Cuidando especificamente do tema, em trabalho que escreveu a respeito do DL n. 2.300/86, Celso Antônio Bandeira de Mello esclareceu que "normas que estabelecem particularizadas definições, que minudenciam condições específicas para licitar ou para contratar, que definem valores, prazos e requisitos de publicidade, que arrolam exaustivamente modalidades licitatórias e casos de dispensa, que regulam registros cadastrais, que assinalam com minúcia o *iter* e o regime procedimental, os recursos cabíveis, os prazos de interposição, que arrolam documentos exigíveis de licitantes, que preestabelecem cláusulas obrigatórias de contratos, que dispõem até sobre encargos administrativos da Administração contratante no acompanhamento da execução da avença, que regulam penalidades administrativas, inclusive quanto aos tipos e casos em que cabem, evidentissimamente sobre não serem de direito financeiro, menos ainda serão normas gerais, salvo no sentido de que toda norma — por sê-lo — é geral". E acrescenta o ilustre administrativista: "Se isto fosse norma geral, estaria apagada a distinção constitucional entre norma, simplesmente, e norma geral..." ("Licitações", *RDP* 83/16).

Posta assim a questão, examinemos os dispositivos da Lei 8.666, de 21.6.93, acoimados de inconstitucionais.

Art. 1º e seu parágrafo único.

Sustenta-se que as palavras constantes do art. 1º — "dos Estados (...) e dos Municípios" do *caput* do art. 1º e "Estados (...) e Municípios" do parágrafo único do mesmo artigo seriam inconstitucionais.

Isto, entretanto, não ocorre.

É que, conforme já foi dito, compete à União legislar sobre "normas gerais de licitação e contratação, em todas as modalidades para a Administração Pública, direta e indireta, incluídas as fundações instituídas e mantidas pelo Poder Público, nas diversas esferas de governo, e empresas sob seu controle" (CF, art. 22, XXVII). Inconstitucionais, na citada Lei n. 8.666, de 21.6.93, seriam, em relação aos Estados, Distrito Federal e Municípios, os dispositivos que extrapolassem do conceito de norma geral, seriam constitucionais em relação à União e inconstitucionais em relação aos Estados, Distrito Federal e Municípios. Desta forma, a declaração de inconstitucionalidade deverá ser do tipo de declaração de inconstitucionalidade sem redução de texto, que decorre da interpretação conforme a Constituição (Repr. 1417, Rel. Min. Moreira Alves, *RTJ* 126, p. 48/ADIn n. 581).

Art. 118. ...

No *caput* do art. 118 sustenta-se, igualmente que as palavras: "Os Estados (...) e os Municípios" seriam inconstitucionais. O que se disse em relação ao art. 1º e seu parágrafo único, acima, tem explicação aqui.

Art. 17, I, "b" e "c", II, "a" e "b", § 1º.

Pede-se que seja dada interpretação conforme a Constituição "do significado que, por força dos mencionados textos, dá por extensiva aos Estados e Municípios as regras do art. 17, I, 'b' e 'c', II, 'a', 'b', e § 1º".

Está na inicial:

"(...)

"Com efeito, conforme se pode verificar, na alínea 'b' do inciso I do art. 17 da Lei n. 8.666/93, a *doação de imóvel só é permitida*, *proibindo-se-a*, portanto, fora dessa hipótese, *se e quando* realizada... '*para outro órgão ou entidade da Administração Pública*' (*verbis*, 'permitida *exclusivamente* para outro órgão ou entidade da Administração Pública, de qualquer esfera da governo'). Assim, embora, em determinadas circunstâncias, a entidade local possa ter relevantíssimo interesse (como, no caso, o tem o Estado do Rio Grande do Sul, traduzido inclusive em legislação específica) em doar seus bens a particulares a fim de melhor atingir os fins que lhe são impostos constitucionalmente, ver-se-á absolutamente tolhida de fazê-lo porque *proibida* — frise-se: *inconstitucionalmente* proibida — pela lei *federal* relativa a... 'licitações'.

"E o mesmo se diga em relação (a) a *permuta de imóvel*, que só se *permite* (e, pois, fora daí, se *proíbe*) quando... '*destinado ao serviço público*' (Lei n. 8.666/93, art. 17, I, 'c', comb. c/art. 24, X), (b) *à doação de móveis*, *permitida 'exclusivamente'... 'para fins e uso de interesse social'* (Lei n. 8.666/93, art. 17, II, 'a'), (c) à *permuta de móveis* também *'permitida exclusivamente* entre... *órgãos ou entidades da Administração Pública'* (Lei n. 8.666/93, art. 17, II, 'b'), ou (d) à imposição obrigatória de *condição resolutiva* às doações de imóveis permitidas e da *inalienabilidade* pelos donatários dos bens doados (Lei n. 8.666/93, art. 17, § 1º).

"Parece evidente que há, aí, manifesta extrapolação da competência constitucional da União, a qual, note-se, não tem 'direito de vida e morte' sobre as entidades locais. Não foi isto que quis a Constituição ao instituir a Federação, nem é esta a competência legislativa que lhe deu o inciso XXVII do art. 22 da Carta ao referir '*normas gerais* de licitação e contratação (...) para a Administração Pública'. Legislar sobre normas gerais significa dispor 'com generalidade' (= sem detalhamento), estabelecendo os grandes parâmetros, a 'moldura', dentro dos quais as normas locais, específicas, e com detalhamento, deverão se acomodar, o que, à evidência, supondo a existência de normas não-gerais, específicas, até mesmo briga com a idéia de simplesmente... *vedar*. E foi isto, exatamente isto, o que fizeram os dispositivos mencionados (e muitíssimos outros da mencionada Lei n. 8.666/93, aqui não referidos apenas para centrar a discussão exatamente no ponto — doações de áreas públicas estaduais para programas sociais — que, como se demonstrará, mais atinge o Estado do Rio Grande do Sul). Fizeram-no, no entanto, se e enquanto atingiram os Estados-membros e Municípios... *inconstitucionalmente*" (fls. 8/9).

O Governador do Estado do Rio Grande do Sul sustenta, pois, em síntese, que o disposto na alínea "b" do inciso I do art. 17, que só permite a *doação de imóvel* para outro órgão ou entidade da Administração Pública, de qualquer esfera de governo, é inconstitucional. Também seria inconstitucional a permissão de *doação de móveis* exclusivamente para fins e uso de interesse social (art. 17, II, "a"). No que toca à *permuta de imóvel*, só permitida quando destinado ao serviço público (art. 17, I, "c", combinado com o art. 24, X), e à *permuta de móveis*, permitida exclusivamente entre órgãos ou entidades da Administração Pública (art. 17, II, "b"), também há inconstitucionalidade. E inconstitucionalidade há no § 1º do art. 17, que torna obrigatória condição resolutiva às doações de imóveis e proíbe a alienação pelo beneficiário.

Examinemos a questão.

Art. 17, I, "b" (doação de imóveis) e 17, II, "a" (doação de móveis).

Está no art. 17, I, "b", II, "a":

"Art. 17. A alienação de bens da Administração, subordinada à existência de interesse público devidamente justificado, será precedida de avaliação e obedecerá às seguintes normas:

I — quando móveis, dependerá de autorização legislativa para órgãos da Administração direta e entidades autárquicas e fundacionais, e, para todos, inclusive as entidades paraestatais, dependerá de avaliação prévia e de licitação na modalidade de concorrência, dispensada esta nos seguintes casos:

"a) ...

"b) doação, permitida exclusivamente para outro órgão ou entidade da Administração Pública, de qualquer esfera de governo;

"c) ...

"d) ...

"II — quando móveis, dependerá de avaliação prévia e de licitação, dispensada esta nos seguintes casos:

"a) doação, permitida exclusivamente para fins e uso de interesse social, após avaliação de sua oportunidade e conveniência sócio-econômica, relativamente à escolha de outra forma de alienação;".

O *caput* do art. 17 veicula, sem dúvida, norma geral, ao subordinar a alienação de bens públicos ao interesse público devidamente justificado e ao exigir a avaliação. O inciso I do mesmo artigo contém, também, norma geral, ao estabelecer que a alienação de imóveis públicos dependerá de autorização legislativa, de avaliação prévia e de licitação na modalidade de concorrência, dispensada esta nos casos que enumera nas alíneas "a" até "d". Não veicularia norma geral, na alínea "b" que cuida da doação de imóvel, se estabelecesse que a doação somente seria permitida para outro órgão ou entidade da Administração Pública. No ponto, a lei trataria mal a autonomia estadual e a autonomia municipal, se interpretada no sentido de proibir a doação a não ser para outro órgão ou entidade da Administração Pública. Uma tal interpretação constituiria vedação aos Estados e Municípios de disporem de seus bens, a impedir, por exemplo, a realização de programas de interesse público, tal como ocorre, no caso, conforme noticiado na inicial:

"(...)

"5. O Estado do Rio Grande do Sul muito se tem preocupado, *inclusive a nível constitucional*, com a destinação de áreas públicas estaduais para fins sociais.

"Assim, com efeito, se dispôs no Ato das Disposições Constitucionais Transitórias de 1989, art. 27, *verbis*:

'Art. 27. Lei a ser editada em cento e oitenta dias da promulgação da Constituição disporá sobre a transferência de áreas urbanas pertencentes ao Estado aos moradores de baixa renda que as tenham ocupado, sem oposição judicial, por prazo igual ou superior a cinco anos.

'Parágrafo único. A lei a que se refere este artigo regulamentará a destinação das áreas urbanas ociosas pertencentes à Administração direta e indireta, preferencialmente para utilização em programas habitacionais para famílias de baixa renda que sejam proprietárias de imóvel' (doc. n. 1).

"E, regulamentando o mencionado dispositivo, foi editada a Lei Complementar n. 9.752, de 10 de novembro de 1992, cujo art. 1º está assim redigido, *verbis*.

'Art. 1º. Fica o Poder Executivo autorizado a doar áreas urbanas do domínio do Estado, ocupadas por moradores de baixa renda, mediante o preenchimento dos seguintes requisitos: I — utilização da área, para residência própria por prazo igual ou superior a cinco (05) anos, sem oposição judicial, à data da promulgação da Constituição do Estado; II — declaração de não ser o ocupante proprietário de qualquer imóvel urbano ou rural no respectivo Município; III — comprovação de baixa renda pelos ocupantes' (doc. n. 2).

"Por sua vez, implementando concretamente o programa Constitucional mencionado, exarou-se o Decreto 34.668 de 24 de fevereiro de 1993 (doc. n. 3), que se encontra ... *em plena execução*!

Parece evidente que, se constitucionais fossem (e não são!) os impugnados dispositivos da Lei 8.666/93, as normas constitucionais e infraconstitucionais estaduais transcritas estariam simplesmente derrogadas e, com elas, todo o plano social de assentamento urbano aí instituído e, repita-se, ... *em plena execução*. E isto pelo simples, elementar e óbvio motivo de que... passaram a ser vedadas doações a outrem que não 'órgão ou entidade da Administração Pública'!" (fls. 9/11).

Empresto, pois, interpretação conforme à Constituição ao citado dispositivo — art. 17, I, "b": a expressão — "permitida exclusivamente para outro órgão ou entidade da Administração Pública, de qualquer esfera de governo" — somente tem aplicação no âmbito do governo central, vale dizer, no âmbito da União Federal.

No que concerne à doação de bens móveis, não vejo excesso na norma inscrita no art., 17, II, "a", quando sujeita esse tipo de alienação "para fins e uso de interesse social, após avaliação de sua oportunidade e conveniência sócio-econômica, relativamente à escolha de outra forma de alienação".

Art. 17, I, "c" (permuta de bens imóveis) e art. 17, II, "b" (permuta de bens móveis).

Está no art. 17, I, "c", II, "b":

"Art. 17. (...)

"I — (...)

"c) permuta, por outro imóvel que atenda aos requisitos constantes do inciso X do art. 24 desta Lei;

"(...)

"II — (...)

"(...)

"b) permuta, permitida exclusivamente entre órgãos ou entidades da Administração Pública;".

No que toca à permuta de bens imóveis — art. 17, I, "c" — não vejo ocorrer o problema posto na inicial. O que ali está disposto, ao que penso, é que será dispensada a licitação, tratando-se de permuta de imóvel, quando ocorrer ela por outro imóvel que atenda aos requisitos do inciso X do art. 24, vale dizer, quando se tratar de "imóvel destinado ao serviço público, cujas necessidades de instalação e localização condicionem a sua escolha, desde que o preço seja compatível com o valor de mercado segundo avaliação prévia". Fora daí, parece-me razoável a exigência da licitação.

Referentemente à permuta de bem móvel — art. 17, II, "b" — que a lei estabelece que será "permitida exclusivamente entre órgãos ou entidades da Administração Pública", parece-me que o legislador federal se excedeu. O que se disse relativamente à doação de bens imóveis — art. 17, I, "b" — tem aplicação aqui. A interpretação conforme, no ponto, é esta: a norma mencionada — "permitida exclusivamente entre órgãos ou entidades da Administração Pública", inscrita no art. 17, II, "b" — somente tem aplicação no âmbito federal.

§ 1º do art. 17.

O § 1º do art. 17 estabelece:

"Art. 17. (...)

"(...)

"§ 1º. Os imóveis doados com base na alínea "b" do inciso I deste artigo, cessadas as razões que justificaram a sua doação, reverterão ao patrimônio da pessoa jurídica doadora, vedada a sua alienação pelo beneficiário."

A norma inscrita no citado § 1º do art. 17 parece-me geral, não me parece ofensiva às autonomias estadual e municipal. Ela é salutar, dado que esse tipo de alienação há de estar sujeito ao interesse público devidamente justificado. No momento em que este deixar de existir, é razoável que o imóvel doado reverta ao patrimônio da pessoa jurídica doadora. Parece-me razoável, também, a proibição de alienação do imóvel recebido em doação.

Do exposto, defiro, em parte, a cautelar para, emprestando interpretação conforme ao art. 17, I, "b" (doação de bem imóvel), estabelecer que a disposição ali posta — "permitida exclusivamente para outro órgão ou entidade da Administração Pública, de qualquer esfera de governo" — somente tem aplicação no âmbito do governo central, vale dizer, no âmbito da União Federal. Também no que toca à permuta de bem móvel, art. 17, II, "b" — "permitida exclusivamente entre órgãos ou entidades da Administração Pública" — empresto interpretação conforme, para esclarecer que somente tem aplicação no âmbito da União Federal.

VOTO
(s/art. 17, I, "b")

O Senhor Ministro Paulo Brossard: Senhor Presidente, parece que a orientação do Tribunal é a do Relator; confesso que tenho dúvidas; preferia não conceder a cautelar, para examinar com mais profundidade a matéria.

VOTO
(Medida Liminar)
(s/art. 17, II, "a")

O Senhor Ministro Marco Aurélio: Senhor Presidente, peço vênia ao nobre Relator para conceder a liminar também no tocante a esse dispositivo. Entendo que doação clausulada, jungida a determinado objeto, não está compreendida na norma do art. 22 da Constituição Federal quanto à possibilidade de a União legislar sobre normas gerais a respeito de licitação e contratações.

VOTO
(s/art. 17, II, "a")
(Medida Liminar)

O Senhor Ministro Sepúlveda Pertence: Senhor Presidente, peço vênia para acompanhar o eminente Relator.

É evidente, e aqui já se frisou, que doação, seja qual for o seu objeto, é conceito que, por si mesmo, exclui a idéia de licitação. Não obstante, no âmbito das normas gerais sobre licitação, estão as regras gerais da sua obrigatoriedade e da sua dispensa.

Ora, o que vejo neste dispositivo é que, para que haja doação e a conseqüente dispensa da licitação necessária à outras formas de alienação, é necessário fazer-se a avaliação prévia da inconveniência ou impropriedade das outras formas de alienação, que levariam o caso para o âmbito da regra geral de exigência de licitação.

À primeira vista, não vejo a inconstitucionalidade nem a conveniência da suspensão: esse é o regime tradicional, nada inova.

Por isso, acompanho o eminente Relator.

VOTO
(s/art. 17, II, "a")

O Senhor Ministro Sydney Sanches: Sr. Presidente, com a devida vênia, acompanho os Ministros Marco Aurélio e Celso de Mello, pois entendo que a União, em matéria de doação, só tem competência para tratar da que ela própria possa fazer e não das que pretendam fazer os Estados, o Distrito Federal e os Municípios.

VOTO
(s/art. 17, II, "a")

O Senhor Ministro Néri da Silveira: Sr. Presidente. Nos limites da cautelar, vou-me permitir acompanhar o voto do Sr. Ministro-Relator. Só se suspende a norma, quando realmente são relevantes os fundamentos do pedido e há o *periculum in mora* caracterizado ou inconveniência de essa norma continuar em vigor, até decisão final. Penso que, realmente, tal como está a redação, não cabe entender que Estado e Município possam fazer doação sem que se tenham presentes os pressupostos que são definidos no dispositivo. A redação é que leva a essa compreensão e, em realidade, o eminente Ministro-Relator explicou claramente, afastando, desde logo, para essa hipótese, a licitação.

VOTO
(s/art. 17, II, "a")

O Senhor Ministro Octavio Gallotti (Presidente): Acompanho o voto do eminente Relator, indeferindo a medida cautelar quanto à letra "a", inciso II, do art. 17.

VOTO
(Medida Liminar)
(s/art. 17, I, "c")

O Senhor Ministro Marco Aurélio: Senhor Presidente, pelas razões já expostas, defiro a liminar com a limitação, no tocante aos Estados, Municípios e Distrito Federal.

VOTO
(s/art. 17, § 1º)

O Senhor Ministro Paulo Brossard: Sr. Presidente, há íntima relação entre o parágrafo primeiro e a alínea "b" do inciso I do mesmo artigo 17, a que ele faz expressa referência.

Portanto, defiro a cautelar quanto ao parágrafo primeiro.

VOTO
(s/art. 17, § 1º)

O Senhor Ministro Sydney Sanches: Sr. Presidente, exatamente porque suspendi a letra "b", quanto às expressões "permitida exclusivamente para outro órgão ou entidade da administração pública", e porque o parágrafo primeiro se refere exatamente a esse dispositivo, entendo que deva suspender, também, o parágrafo primeiro.

VOTO
(s/art. 17, § 1º)

O Senhor Ministro Néri da Silveira: Sr. Presidente. Pelo fundamento enunciado pelo ilustre Ministro Sydney Sanches, em razão da decisão anterior quanto ao dispositivo que é referido no próprio parágrafo primeiro, acompanho o voto do Min. Ilmar Galvão.

VOTO
(s/art. 17, § 1º)

O Sr. Ministro Moreira Alves: Sr. Presidente, com a devida vênia do eminente Relator, defiro nos mesmos termos em que deferi com relação ao art. 17, inciso I, alínea "b", por via de conseqüência.

Extrato de Ata

Ação Direta de Inconstitucionalidade n. 927-3 — (medida liminar).

Origem: Distrito Federal

Relator: Min. Carlos Velloso

Reqte.: Governador do Estado do Rio Grande do Sul

ADVs.: Gabriel Pauli Fadel e outro

Reqdos.: Presidente da República e Congresso Nacional.

Decisão:

O Tribunal deferiu, em parte, a medida cautelar, para suspender, até a decisão final da ação, quanto aos Estados, ao Distrito Federal e aos Municípios, a eficácia da expressão "permitida exclusivamente para outro órgão ou entidade da Administração Pública, de qualquer esfera de governo", contida na letra "b" do inciso I do art. 17 da Lei Federal n. 8.666, de 21.6.93, vencido o Ministro Paulo Brossard, que a indeferia; para suspender os efeitos da letra "c" do mesmo inciso, até a decisão final da ação, o Tribunal, por maioria de votos, deferiu a medida cautelar, vencidos os Ministros Relator, Ilmar Galvão, Sepúlveda Pertence e Néri da Silveira, que a indeferiam; no tocante à letra "a" do inciso II do mesmo artigo, o Tribunal, por maioria de votos, indeferiu a medida cautelar, vencidos os Ministros Marco Aurélio, Celso de

Mello, Sydney Sanches e Moreira Alves, que a deferiam; com relação à letra "b" do mesmo inciso, o Tribunal, por unanimidade, deferiu a medida cautelar, para suspender, até a decisão final da ação, a eficácia da expressão "permitida exclusivamente entre órgãos ou entidades da Administração Pública", quanto aos Estados, o Distrito Federal e os Municípios; e, finalmente, o Tribunal, por maioria de votos, deferiu a medida cautelar, para suspender, até a decisão final da ação, a eficácia de todo o § 1º do art. 17, vencido o Ministro-Relator, que a indeferia. Votou o Presidente. Plenário, 3.11.93.

Presidência do Senhor Ministro Octavio Gallotti. Presentes à sessão os Senhores Ministros Moreira Alves, Néri da Silveira, Sydney Sanches, Paulo Brossard, Sepúlveda Pertence, Celso de Mello, Carlos Velloso, Marco Aurélio e Ilmar Galvão. Ausente, justificadamente, o Senhor Ministro Francisco Rezek.

Vice-Procurador-Geral da República, Dr. Moacir Antonio Machado da Silva.

SUPERIOR TRIBUNAL JUSTIÇA

ANULAÇÃO DA LICITAÇÃO PELA AUTORIDADE SUPERIOR (Comentários ao acórdão 89.10932-4 do STJ no RMS 103-0-SC)

BENEDICTO PEREIRA PORTO NETO
Professor da Faculdade de Direito da PUC/SP — Advogado em São Paulo

Duas empresas participaram de licitação pública promovida pelo Estado de Santa Catarina para alienação de área de terras com benfeitorias e equipamentos. Segundo o relatório do acórdão, o Sr. Secretário de Estado "desclassificou" a empresa vencedora do certame sob o fundamento de que ela não atendera a uma das exigências da fase habilitatória, posto que devedora do fisco gaúcho.

O Sr. Secretário, na verdade, exerceu a competência prevista nos arts. 43, VI, e 49 da Lei de Regência das Licitações. Depois da classificação das propostas pela Comissão de Licitação, a autoridade competente deve verificar se a licitação foi conduzida de acordo com a lei, as normas regulamentares e com o edital de convocação. Trata-se de ato de controle da legalidade das decisões da Comissão de Licitação. Verificada a desconformidade do procedimento licitatório com aquelas normas, a autoridade competente deve invalidá-lo. A decisão com fundamento nessa competência não tem por objeto a desclassificação de propostas, mas a invalidação do certame ou de parte dele. Na hipótese de invalidação parcial, o procedimento retorna à Comissão, para refazimento dos atos anulados.

Daí não desfrutar o impetrante do *writ*, no caso examinado pelo STJ, do direito de não ser preterido numa eventual contratação. É que o próprio procedimento licitatório foi invalidado, com todos os atos que o compõem.

O fundamento da decisão, contudo, pode conduzir a alguns equívocos.

O acórdão apresenta a seguinte questão a ser enfrentada: "O que resta saber é se a Administração está obrigada a firmar o contrato de adjudicação com o impetrante, tendo em vista que o primeiro colocado foi desclassificado".

Como se viu, o acórdão recorrido e a própria decisão do STJ referem-se impropriamente a desclassificação de licitante, quando, em rigor, se trata de ato do Secretário que invalidou o procedimento licitatório por vício da decisão da Comissão na fase habilitatória da licitação.

Examinada a questão proposta, qual seja, no caso de desclassificação de proposta — quando ela é afastada do certame por desconformidade com a lei, com as normas regulamentares ou com o edital —, é forçoso reconhecer que as vantagens nela consignadas não devem ser levadas em conta pela Comissão para seleção das propostas (art. 48 da Lei 8.666). Deve ser classificada em 1º lugar e se sagrará vencedora do certame a melhor proposta (segundo os critérios estipulados) *em conformidade com o edital*.

Proposta desclassificada não é cotejada com as demais. Ela não pode, em conseqüência, ocupar o 1º lugar na disputa, nem outro qualquer.

Não se "desclassifica um *vencedor* do procedimento licitatório", como enuncia a ementa do acórdão. Se a proposta está em desconformidade com as normas aplicáveis, seu proponente não é o vencedor da disputa. Devem ser classificadas, ou seja, colocadas em ordem de vantagens, apenas as propostas sem vícios.

Diz a ementa da decisão analisada, ainda, que "a licitação é o procedimento administrativo que tem por escopo seleção da proposta que melhor atenda aos interesses da Administração".

A assertiva deve ser apreendida na sua exata dimensão.

No Estado de Direito, a lei fixa não apenas os fins que a Administração Pública deve perseguir, mas também os meios de que ela dispõe para alcançá-los.

A licitação pública, de fato, tem por objetivo garantir que a Administração venha a contratar pelas melhores condições, com observância do princípio da igualdade (art. 3º da Lei 8.666). Ela dispõe, todavia, de um único caminho para implementar esses interesses, qual seja, a seleção de proposta através do procedimento previsto na Lei 8.666. Prescreve o art. 4º da referida lei que todos quantos participem de licitação têm direito público subjetivo à fiel observância do procedimento nos termos fixados naquele diploma legal. A rigorosa observância do pertinente procedimento é a única forma de implementar o interesse público.

Não me parece a melhor postura sustentar que, "quanto ao vencido, como é o caso da impetrante, a Administração somente firmará contrato consigo, se assim o desejar. Não há direito líquido e certo a lhe proteger".

Em nenhuma hipótese a Administração poderá celebrar contrato com licitante vencido, salvo quando o primeiro classificado se recusar a assinar o contrato e desde que sejam observadas as condições da proposta vencedora (art. 64, § 2º, da Lei 8.666). Quando, porém, a proposta com as melhores condições (de acordo com o critério fixado no edital) seja desclassificada, por descompasso com as normas aplicáveis, será vencedora da licitação a proposta *válida* mais vantajosa. E o proponente classificado em 1º lugar nessas condições terá direito público à adjudicação do objeto licitado e de não ser preterido na eventual contratação.

Assim, conquanto a decisão cuide de ato do Sr. Secretário da Fazenda de Santa Catarina que invalidou o procedimento licitatório por vício na decisão da Comissão de Licitação, e não de desclassificação de proposta, é preciso fazer os esclarecimentos ora apresentados para que não se suponha que uma proposta desclassificada possa ser cotejada com as demais, afetar os direitos dos demais licitantes e produzir efeitos na seleção do particular a ser contratado.

São Paulo, 31 de agosto de 1995.

Ementa*: *Administrativo. Licitação. Revogação. Desclassificação.

— A licitação é procedimento administrativo que tem por escopo seleção da proposta que melhor atenda aos interesses da Administração.

— Desclassificado o vencedor do procedimento licitatório, não está a Administração obrigada a firmar contrato de adjudicação com o segundo colocado.

ACÓRDÃO

Vistos, relatados e discutidos estes autos, acordam os Ministros da Segunda Turma do Superior Tribunal de Justiça, na conformidade dos votos e das notas taquigráficas a seguir, por unanimidade, conhecer do recurso mas negar-lhe provimento. Participaram do julgamento os Srs. Mins. Antônio de Pádua Ribeiro, José de Jesus e Peçanha Martins. Impedido o Sr. Ministro Hélio Mosimann.

Brasília, 5 de outubro de 1994.

Ministro Peçanha Martins (Presidente) — Ministro Américo Luz (Relator).

RELATÓRIO

O Sr. Ministro Américo Luz: Adoto o do acórdão, que assim resume a espécie, *verbis* (fls. 86/7):

"Comércio e Transportes de Carnes DJI Ltda. impetrou, perante a Vara da Fazenda desta Capital, mandado de segurança contra ato do Exmo. Sr. Secretário da Fazenda do Estado de Santa Catarina, sob a seguinte justificativa:

"a) Que em decorrência do Sr. Coordenador da Administração Patrimonial do Estado ter dado ciência de que se achava aberta, naquele órgão, concorrência para alienação de área de terras, com benfeitorias, equipamentos e utensílios, situada às margens da BR-116 — km 360, no Município de Lages, o impetrante habilitou-se na citada concorrência, tendo, posteriormente, sido desclassificadas todas as propostas.

"b) Nova concorrência foi aberta e a impetrante foi classificada em 2º lugar, porém, ante as irregularidades constatadas com a firma vencedora, foi esta desclassificada e o mesmo ocorreu com a impetrante, isto porque o órgão incumbido de dar parecer nessa licitação entendeu que a A. não preenchia os requisitos de capacidade econômica e financeira previstos no Edital.

"c) Que a impetrante, inconformada com essa decisão, interpôs recurso junto ao Sr. Governador do Estado, pois, no seu entender, está apta a assumir os encargos decorrentes da alienação citada.

"d) Que antes do recurso ter sido julgado, novo edital de concorrência foi aberto, não respeitando direito líquido e certo da autora.

"A final, foi requerida a suspensão ou o cancelamento da última concorrência citada.

"A liminar pleiteada não foi atendida.

"Notificada a autoridade apontada como coatora, esta prestou informações dizendo que, ao ser promovida a licitação, duas empresas apresentaram propostas, ou seja, Cunha, Borba & Cia. Ltda., e a demandante, tendo a primeira sido julgada vencedora, e a outra, conseqüentemente, em 2º lugar; que, no entretanto, em razão da empresa melhor classificada não preencher os requisitos indispensáveis, posto que devedora do fisco gaúcho, uma nova licitação foi promovida, não estando o impetrado obrigado a eleger a empresa julgada perdedora e, além do mais, optou-se, no interesse público, pela publicação de novo Edital, haja vista que o primeiro, ao deixar de definir critérios objetivos para a avaliação da capacidade "econômico-financeira", daria, como deu, margem para julgamentos controvertidos."

Denegada a segurança, interpôs a autora recurso extraordinário, convocado em ordinário pela Excelsa Corte, face à instalação deste Tribunal.

Em seu pronunciamento, opinou o Ministério Público Federal pelo não provimento do recurso.

É o relatório.

VOTO

O Sr. Ministro Américo Luz (Relator): Adoto como razão de decidir a fundamentação do v. aresto hostilizado, que ora transcrevo, *verbis* (fls. 88/90):

"Duas firmas se inscreveram à concorrência pública, destinada à alienação de área de terras com benfeitorias, equipamentos e utensílios, às margens da BR 116 — km 360, Município de Lages. Foram elas a de nome Cunha, Borba & Cia. Ltda. e a impetrante, tendo a primeira sido julgada vencedora, ficando a requerente, conseqüentemente, em 2º lugar.

"Ocorreu, no entanto, que o Sr. Secretário da Fazenda, ao decidir sobre o julgamento da comissão, anulou o procedimento, em razão da empresa vencedora não preencher os requisitos indispensáveis à adjudicação, posto que devedora ao fisco gaúcho, em decorrência de procedimentos comerciais em desacordo com a legislação tributária daquele Estado, e também foi desclassificada a 2ª colocada, ou seja, a ora impetrante, por não preencher os requisitos de capacidade econômico-financeira (fls. 33).

"Novo edital de concorrência para alienação da área descrita na inicial e bem como as benfeitorias ali existentes foi publicado na imprensa e o requerente, inconformado, impetrou então o presente mandado segurança, argüindo que recorreu administrativamente da decisão que anulou a concorrência e esse recurso até hoje não foi julgado e, apesar disso, está se processando novo ato licitatório.

"Inicialmente é de se mencionar que o impetrante não trouxe aos autos prova de que o recurso administrativo interposto tem efeito suspensivo.

"Conforme preleciona Hely Lopes Meireles, "os efeitos dos recursos administrativos são, em regra, o devolutivo, e, por exceção, o suspensivo. Assim, quando a lei ou o regulamento silencia a respeito, presume-se o só efeito devolutivo, isto é, sem suspensão da operatividade do ato recorrido" (in *Licitação e Contrato Administrativo,* 4ª ed., atualizada, Ed. RT, São Paulo, 1979, p. 183).

"Conseqüentemente não há prova alguma de ilegalidade, ao dar a Administração somente o efeito devolutivo ao recurso administrativo interposto.

"O autor não foi o vencedor na concorrência, pois, entre os dois interessados, obteve o 2º lugar.

"O que resta saber é se a Administração está obrigada a firmar o contrato de adjudicação com o impetrante, tendo em vista que o primeiro colocado foi desclassificado.

"A esse respeito, esclarece o eminente Hely Lopes Meirelles em sua obra *Licitação e Contrato Administrativo*, 4ª ed. atualizada:

"O despacho homologatório, sendo de efeito externo, como é, deve ser obrigatoriamente publicado na imprensa oficial, e, se possível, com a respectiva convocação do adjudicatário para firmar o contrato nas condições e prazos estabelecidos. Com este ato encerra-se o procedimento da licitação, passando-se ao contrato com o vencedor, e, na sua recusa ou impedimento, com o segundo classificado, e assim por diante, se a Administração o desejar."

"Verifica-se, assim, que quanto ao vencido, como é o caso do impetrante, a Administração somente firmará contrato consigo, se assim o desejar. Não há direito líquido e certo a lhe proteger.

"A jurisprudência, em alguns casos, tem confundido revogação com anulação.

"Revogação é a invalidação da licitação por interesse público, embora regular o seu procedimento.

"Anulação é a invalidação da licitação ou do julgamento por motivo de ilegalidade.

"Conforme consta nas informações de fls. 55, a autoridade apontada como coatora revogou todo o procedimento, por interesse público, e, além do mais, não estava obrigada a firmar contrato com a parte que não se classificou em primeiro lugar."

Acrescente-se que não compete ao Judiciário dizer na conveniência do ato administrativo, mas tão-somente de sua legalidade, e, no caso *sub judice*, nada há que demonstre estar dito ato eivado de ilegalidade, vez que fica a critério da Administração adjudicar ou não o objeto licitado ao segundo colocado no processo licitatório.

Assim, por não vislumbrar malferimento a direito líquido e certo, nego provimento ao recurso.

Extrato da Minuta

RMS n. 103-0 — SC — (89.0010932-4)
Relator: O Sr. Min. Américo Luz
Recte.: Com. e Transportes de Carnes DJI Ltda.
Advogado: Carlos Abraão Maschio
T. Origem: Tribunal de Justiça do Estado de Santa Catarina
Impdo.: Secretário da Fazenda do Estado de Santa Catarina
Recdo.: Estado de Santa Catarina
Advogado: Osny Bittencourt Batista

Decisão:

A Turma, por unanimidade, conheceu do recurso mas negou-lhe provimento, nos termos do voto do Sr. Ministro Relator (em 5.10.94 — 2ª Turma).

Participaram do julgamento os Srs. Ministros Antônio de Pádua Ribeiro, José de Jesus e Peçanha Martins.

Impedido o Sr. Ministro Hélio Mosimann.

Presidiu o julgamento o Sr. Min. Peçanha Martins.

SUPERIOR TRIBUNAL DE JUSTIÇA

NECESSIDADE DE MOTIVAÇÃO DA LIMINAR EM JUÍZO (Comentários sobre o acórdão do STJ no Recurso Ordinário 5.318-0-BA)

A. J. Ferreira Custódio
Advogado — Procurador do Estado de São Paulo

1. De acordo com a emenda do julgado, versou este sobre a interpretação do art. 195, § 3º, da Constituição Federal, que veda à pessoa jurídica em débito com o sistema de seguridade social contratar com o Poder Público ou dele receber benefícios ou incentivos fiscais ou creditícios.

2. Esse tema, na verdade, não se apresenta polêmico, dada a clareza do preceito constitucional. A leitura do acórdão, entretanto, revela a existência de outras questões, que ensejaram a decisão e não externadas na ementa.

3. A Universidade Federal da Bahia, para celebrar convênio de natureza financeira, postulou do INSS a obtenção de documento comprobatório de inexistência de débito. Não o conseguindo, ajuizou medida cautelar para tal finalidade logrando concessão de liminar. O INSS agravou dessa decisão e impetrou mandado de segurança, que foi negado pelo Tribunal Regional. Recorreu ordinariamente do aresto regional, obtendo provimento perante a E. 1ª Turma do STJ.

4. O ponto fundamental da quizilia está na legalidade ou abusividade do ato judicial impugnado no *writ* e na probabilidade de dano irreparável dele emergente. Ao ver do aresto, na própria inicial da medida cautelar a Universidade admitira a existência de débito para com a Previdência Social, alguns ajuizados, outros não. A emissão de documento, pelo INSS, de inexistência de mora ou inadimplência poderia causar-lhe danos irreparáveis, segundo o julgado, que reconheceu ser satisfativa a liminar concedida na cautelar e inocorrentes os pressupostos específicos (*fumus boni iuris* e *periculum in mora*).

5. O efeito satisfativo das liminares, seja no processo cautelar, seja na ação mandamental, tem despertado a atenção dos juristas. Celso Agrícola Barbi ("Aspectos do processo cautelar", *RF* 330/31) cuida do tema, entendendo "que há abuso na utilização dessas Medidas, que passaram a substituir o julgamento da ação principal, no seu resultado prático, porque, uma vez concedidas, algumas delas produzem efeitos irreversíveis, com danos verdadeiramente irreparáveis e direitos dos réus." Não merece contradita, em tese, a constatação do ilustre processualista. Não obstante, deve-se reconhecer, outrossim, que a simples negação da liminar pode, em muitos casos, tornar igualmente irreversível o direito do autor, se este houver de aguardar pela decisão final da ação principal. Em razão do volume grandioso de demandas que assoberba o Judiciário, o julgamento das causas, não raro, exige o decurso de muitos meses ou anos, podendo dessa inevitável demora resultar a ineficácia da decisão.

6. O efeito satisfativo, em si, não constitui mal condenável, que urja seja extirpado. Em muitas situações revela-se a única fórmula viável de assegurar o indivíduo contra arbitrariedades, principalmente de autoridades pouco afeitas ao exercício do poder. Exemplo inconteste foi o escorchante bloqueio de recursos financeiros da grande maioria da população, marca registrada de um dos governos recentes, que apenas pode ser superado pela ação vigorosa do Poder Judiciário através de medidas de tal natureza. Outros tantos desmandos, decorrentes de leis nitidamente inconstitucionais *(v.g.* Lei 7.689/88, art. 8º), somente foram remediados por idêntica solução judiciária. De qualquer forma, cabe ao prudente bom senso do magistrado, avaliando as circunstâncias de cada situação posta a sua deliberação, dosar o grau de satisfação de eventual medida que haja de conceder, utilizando-se, para tanto, da contra-cautela que assegure a reparação de possíveis ou prováveis prejuízos.

7. Tema de grande relevância, do qual se ocupou o aresto, mas não retratado por sua ementa, refere-se à fundamentação do despacho concessivo da liminar, trazendo à consideração o cânone do art. 93, inciso IX, da Constituição Federal. Salienta o acórdão que o Juiz singular, "sem fazer qualquer demonstração da existência de prescrição ou de decadência" cita súmulas do TFR, como se elas bastassem a sua demonstração. Criticando esse procedimento, por entender "indispensável a demonstração da ocorrência delas com o exame das questões concernentes a cada uma das dívidas", o aresto sustenta a inexistência de fundamentação do despacho concessivo da liminar, porquanto "não podia o MM. julgador monocrático, em liminar satisfativa e com sumário despacho, decidir estar prescrita e atingida pela decadência parte da dívida, sem fazer qualquer demonstração nesse sentido".

8. Esse ponto, que a nosso ver, constituiu-se em argumento decisivo do julgado, traz à tona questão das mais importantes para o correto equacionamento das medidas liminares. Nem sempre os juízes fundamentam os despachos concessivos ou denegatórios, muitos se utilizando de fórmula quase sacramental. Ora as concedem, ora as negam, em sintéticos despachos que têm por satisfeitos ou não adimplidos os pressupostos legais, esquivando-se, ainda que sucintamente, de externarem as razões de seu convencimento. Outros, em rápidas pinceladas, aludem a um ou outro aspecto fático/jurídico da causa; poucos, infelizmente, fundamentam adequadamente as decisões concessivas ou denegatórias. Não se pretende sejam escritas laudas e mais laudas para ampará-las, mas a fundamentação se impõe, até mesmo por motivos lógicos. Sem ela, resta dificultada, se não impossibilitada, a impugnação do *decisum* pela parte prejudicada, e conseqüentemente, sua apreciação pelo tribunal *ad quem.* A ausência de fundamentação ou sua imprecisão, inadequação ou impertinência subtraem, induvidosamente, aos órgãos judiciários hierarquicamente superiores o controle qualitativo, dificultando, inclusive, o desempenho de suas atribuições.

9. A exigência de fundamentação das decisões judiciais não necessitaria de norma expressa, pois constitui-se em requisito lógico essencial a qualquer ato decisório. Não obstante, preocupado com o tema, o legislador processual tornou-a expressa, como indica a parte final do art. 131 e o art. 165, do Código de Processo Civil. Ainda agora, nas inovações introduzidas pela Lei 8.952, de 13.12.94, que, ao dar nova redação ao art. 273 do Código de Processo Civil, autoriza o juiz a "antecipar, total ou parcialmente, os efeitos da tutela pretendida ao pedido inicial", impõe-lhe o dever de indicar, "de modo claro e preciso, as razões de seu convencimento". Depreende-se, pois, do inteiro teor do acórdão que não apenas em razão do estatuído pelo art. 195, § 3º, da Constituição Federal, veio a ser provido o recurso interposto pelo INSS. Outras militaram, decisivamente, para a solução alcançada.

10. No que tange, exclusivamente, ao art. 195, § 3º, da Constituição, deve-se, desde logo, ressaltar a impropriedade de sua redação quando alude a "pessoa jurídica". Melhor seria referir-se a contribuinte, ou sujeito passivo, mesmo porque, se entre os contribuintes estão os empregadores e os trabalhadores (art. 195, I e II), alguns deles não são pessoas jurídicas.

11. Parece não ter sido objeto de debate a submissão da Universidade ao estatuído pelo dispositivo constitucional em tela. Ou, melhor, o aresto teve essa sujeição por premissa indiscutível. A primeira impressão que a leitura do art. 195, § 3º, da Constituição, oferece é a de que o constituinte visualizou duas realidades estanques contrapostas: a pessoa jurídica devedora, de um lado, e o Poder Público, de outro. Olvidou-se, certamente, que o Poder Público, pelas pessoas jurídicas de direito público interno, seja da Administração direta, seja da indireta, é o maior ou um dos maiores empregadores do País. Daí a questão: se a Administração, por um de seus braços de atuação (*v.g.*, uma autarquia), deseja contratar com outro órgão ou entidade igualmente integrante do Poder Público, aplica-se a norma constitucional em causa?

12. Parece-nos que sim. A seguridade Social, que é constitucionalmente organizada sob forma sistemática, compreende "um conjunto integrado de ações de iniciativa dos Poderes Públicos e da sociedade" (art. 194). Tem esse sistema por objetivos a "universalidade da cobertura e do atendimento", a "eqüidade na forma de participação no custeio" e a "diversidade da base de financiamento" (art. 194, I, V e VI). Deve ser "financiada por toda a sociedade, de forma direta e indireta" e por contribuições sociais "dos empregadores, incidente sobre a folha de salários, o faturamento e o lucro" (art. 195, *caput* e inciso I). O Poder Público, qualquer que seja sua forma de organização ou atuação, é sujeito de deveres e poderes em relação ao sistema de Seguridade Social e, entre aqueles, assume relevância o de financiá-la, inclusive por intermédio de contribuições sociais, pois é empregador.

13. Em razão destas sumárias considerações, somos de opinião que bem agiu o acórdão em ter por pressuposto a submissão da Universidade à norma constitucional em tela. À vista, outrossim, das peculiaridades da hipótese, especialmente em relação à motivação, ou sua inexistência, da decisão guerreada, concluímos que o provimento dado ao recurso se impunha como solução jurídica inafastável.

São Paulo, 1 de setembro de 1995.

EMENTA: MANDADO DE SEGURANÇA — PESSOA JURÍDICA — DÉBITO — CONTRATO COM O PODER PÚBLICO.

A pessoa jurídica em débito para com a Previdência Social não pode contratar com o Poder Público nem dele receber benefício.

Recurso provido para conceder a segurança.

Recurso em Mandado de Segurança n. 5.318-0-BA (95.0001124-7)

Relator: Ministro Garcia Vieira

Recorrente: Instituto Nacional do Seguro Social-INSS

T. Origem: Tribunal Regional Federal da 1ª Região

Impetrado: Juízo Federal da 1ª Vara da Seção Judiciária do Estado da Bahia

Recorrida: Universidade Federal da Bahia-UFBA

Advogados: Drs. Lígia Maria S. Azevedo Nogueira

Pedro Gomes Moura

(*DJU*: 8.5.95)

ACÓRDÃO

Vistos, relatados e discutidos estes autos: acordam os Exmos. Srs. Ministros da Primeira Turma do Superior Tribunal de Justiça, na conformidade dos votos e das notas taquigráficas a seguir, por unanimidade, dar provimento ao recurso. Participaram do julgamento os Exmos. Srs. Ministros Humberto Gomes de Barros, Milton Luiz Pereira e César Asfor Rocha.

Ausente, justificadamente, o Exmo. Sr. Ministro Demócrito Reinaldo.

Brasília, 29 de março de 1.995 — (data do julgamento)

Humberto Gomes de Barros (Presidente) — Garcia Vieira (Relator).

RELATÓRIO

O Sr. Ministro Garcia Vieira: — O Instituto Nacional do Seguro Social — INSS (fls. 127-131), fundado na Constituição Federal, artigo 105, inciso II, letra "b", interpõe recurso ordinário, aduzindo haver a Universidade Federal da Bahia movido ação cautelar visando obter o fornecimento de CND para celebração de convênio de natureza financeira, na implantação de projetos universitários.

Obtida a liminar, o recorrente agravou e interpôs mandado de segurança para obter efeito suspensivo ao agravo. O mandado foi negado pelo venerando acórdão, que reconheceu que a UFBA é devedora da contribuição, contrariando o artigo 195, parágrafo 3º da Constituição e o artigo 47, inciso I, da Lei n. 8.212/91.

Pede provimento.

Contra-razões às fls. 133-137.

A douta Subprocuradoria-Geral da República oficiou às fls. 141/143, opinando pelo improvimento.

É o relatório.

VOTO

O Sr. Ministro Garcia Vieira (Relator): — Sr. Presidente: — Estabelece o artigo 195, parágrafo 3º, da Constituição Federal que:

> "A pessoa jurídica em débito com o sistema da seguridade social, como estabelecido em lei, não poderá contratar com o Poder Público nem dele receber benefícios ou incentivos fiscais ou creditícios".

Por sua vez, a Lei n. 8.212, de 24 de julho de 1.991, artigo 47, item I, letra "a", determina que é exigido documento comprobatório de inexistência de débito relativo às contribuições sociais, fornecido pelos órgãos competentes da empresa, na contratação com o Poder Público e no recebimento de benefícios ou incentivo fiscal ou creditício concedido por ele.

Como se vê, a pessoa jurídica em débito para com a Previdência Social, não poderá contratar com o Poder Público nem dele receber benefícios, porque, para isso, teria de apresentar documento comprobatório de inexistência de débito relativo às contribuições sociais.

Ora, a Universidade Federal da Bahia, em medida cautelar por ela requerida contra o INSS (docs. de fls. 14/23), embora confirmando, na própria inicial, estar em débito para com a Previdência Social, obteve liminar para compelir o impetrante a fornecer à Universidade da Bahia documento comprobatório da inexistência de mora ou inadimplência (docs. de fls. 13/13v.). Ora, esta decisão poderá causar danos irreparáveis ao impetrante, porque obriga o instituto a fornecer à Universidade um documento comprobatório de inexistência de mora ou inadimplência quando, na realidade, está comprovado e confirmado pela própria Universidade a existência de débito dela para com a Previdência, de valor astronômico, constante de dívidas ainda não ajuizadas, dívidas já ajuizadas e dívidas já objeto de execução, conforme comprovam os documentos de fls. 31/32, 35/69 e confirmadas na própria inicial da medida cautelar (fls. 14/23). Entendo que o MM. Juiz singular não podia, sem causar grave lesão à Previdência, deferir a liminar, que, no caso, é satisfativa, porque não estavam caracterizados e comprovados os requisitos da aparência do bom direito e do perigo na demora. Não demonstrou Sua Excelência existir o *fumus boni iuris*. Os parágrafos 2º e 3º da IN n. 02/93 e as Súmulas do TFR ns. 107 e 108 não dão sustentação ao respeitável despacho impugnado. Referida IN veda a celebração de instrumentos, por ela regidos, com qualquer interessado que esteja em situações de mora ou inadimplência presente qualquer órgão da Administração Pública Federal ou entidades autárquicas especialmente o INSS e o FGTS (parágrafo 2º). É verdade que para os efeitos do parágrafo anterior não será considerada em situação de inadimplência a instituição que sob nova administração, comprovar não ser o atual administrador o responsável pelos atos inquinados de irregularidade e que tenha tomado todas as providências no sentido de ressarcir o erário (parágrafo 3º). Acontece que a recorrida não comprovou não ser o seu atual administrador o responsável pela vultosa dívida da Universidade para com o recorrente, ou, de parte dela. Também não fez nenhuma prova de que tenha tomado todas as providências no sentido de ressarcir o erário. Ao contrário, a Universidade da Bahia está tomando todas as providências para não pagar a dívida ou, pelo menos, postergar seu pagamento.

O MM. Juiz singular, autoridade coatora, no despacho impugnado, sem fazer qualquer demonstração da existência de prescrição ou de decadência da dívida objeto desta ação ou de parte dela, cita as Súmulas ns. 107 e 108 do TFR, como se estas questões já pudessem ser consideradas como verdadeiros postulados. É claro que não se prova decadência e prescrição apenas citando decreto e súmulas. É indispensável a demonstração da ocorrência delas com o exame das questões concernentes a cada uma das dívidas. Se o despacho concessivo da liminar não encontra apoio na legislação e nas súmulas por ele invocadas, na realidade, ressente ele de fundamentação e contraria o mandamento constitucional de que todas as decisões judiciais serão fundamentadas (Constituição Federal, artigo 93, inciso IX). É claro que não podia o MM. julgador monocrático, em liminar satisfativa e com sumário despacho, decidir estar prescrita e atingida pela decadência parte da dívida, sem fazer qualquer demonstração nesse sentido, e ainda por cima concluir não haver mora nem inadimplência e forçar o impetrante a fornecer um documento de conteúdo falso.

Dou provimento ao recurso para reformar a decisão hostilizada e conceder a segurança.

Certidão de Julgamento

1ª Turma

N. Registro: 95/0001124-7 — RMS 00005318-0/BA

Pauta: 29.3.95 — Julgado: 29.3.95

Relator: Exmo. Sr. Min. Garcia Vieira

Presidente da Sessão: Exmo. Sr. Min. Humberto Gomes de Barros

Subprocurador-Geral da República: Exma. Sra. Dra. Edylcéa Tavares Nogueira de Paula

Secretário (a): Maria Auxiliadora Ramalho da Rocha Soato.

Autuação

Recte.: Instituto Nacional do Seguro Social — INSS

Advogado: Lígia Maria S. Azevedo Nogueira.

T. Origem: Tribunal Regional Federal da 1ª Região

Impdo: Juízo Federal da 1ª Vara da Seção Judiciária do Estado da Bahia

Recdo.: Universidade Federal da Bahia: UFBA

Advogado: Pedro Gomes Moura.

Certidão

Certifico que a Egrégia 1ª Turma ao apreciar o processo em epígrafe, em sessão realizada nesta data, proferiu a seguinte decisão:

A Turma, por unanimidade, deu provimento ao recurso.

Participaram do julgamento os Exmos. Srs. Mins. Humberto Gomes de Barros, Mílton Luiz Pereira e César Asfor Rocha. Ausente, justificadamente, o Exmo. Sr. Min. Demócrito Reinaldo.

O referido é verdade. Dou fé.

Brasília, 29 de março de 1995.

JURISPRUDÊNCIA

SUPREMO TRIBUNAL FEDERAL

***EMENTA*: *AÇÃO DIRETA DE INCONSTITUCIONALIDADE — EXECUÇÃO CONTRA A FAZENDA — REGIME DOS PRECATÓRIOS — DISCIPLINA REGIMENTAL — DISTINÇÃO DE CASOS EM FACE AO VALOR*.**

Ao primeiro exame, não se coaduna com a uniformização de tratamento encerrada no artigo *100 da Carta da República preceito em que se cogita da satisfação preferencial de créditos, estranhos à espécie alimentar, considerado um certo teto. Liminar concedida para suspender a eficácia de expressões contidas no Regimento Interno do Tribunal de Justiça do Estado de São Paulo, preservados os dispositivos no que direcionam à liquidação dos créditos de natureza alimentar de uma só vez, com a complementação de possível diferença notada entre o valor devido e o depósito realizado.*

Ação Direta de Inconstitucionalidade n. 1.098-1-São Paulo
Tribunal Pleno
Relator: Min. Marco Aurélio
Requerente: Governador do Estado de São Paulo
Requerido: Tribunal de Justiça do Estado de São Paulo

ACÓRDÃO

Vistos, relatados e discutidos estes autos: acordam os Ministros do Supremo Tribunal Federal, em sessão plenária, na conformidade da ata do julgamento e das notas taquigráficas, por unanimidade de votos, em deferir o pedido de medida liminar para suspender, até a decisão final da ação, a eficácia da expressão "de natureza não alimentar inferiores a trinta e seis mil Unidades Fiscais do Estado de São Paulo e os", contida no parágrafo único do artigo 334 do Regimento Interno do Tribunal de Justiça do Estado de São Paulo. E, por maioria de votos, em deferir o pedido de medida liminar para suspender, até a decisão final da ação, a eficácia de expressão "de valor inferior a trinta e seis mil Unidades Fiscais do Estado de São Paulo e os", contida no parágrafo único do artigo 333 da mesma norma impugnada, vencido o Ministro Paulo Brossard, que indeferia a medida liminar. Em seguida, por unanimidade de votos, em indeferir o pedido de liminar para suspender a aplicação dos preceitos dos incisos I, III e IV do artigo 336; dos incisos I, VI e X do artigo 337, bem como do artigo 339, todos do Regimento Interno. Quanto ao inciso III do artigo 337, o Tribunal também indeferiu o pedido de medida liminar de suspensão, com a interpretação de que as inexatidões materiais e as retificações por erro de cálculo, a que se referem o dispositivo, são aquelas originariamente decorrentes da atualização, vencidos, em parte, os Ministros Relator, Carlos Velloso, Sepúlveda

Pertence e Paulo Brossard, que também indeferiram a medida liminar, mas não adotavam tal entendimento. E, com relação ao inciso VII do mesmo artigo (337), o Tribunal também indeferiu o pedido de medida liminar de suspensão, dando-lhe interpretação conforme a Constituição, segundo a qual a requisição, a título de complementação de depósitos insuficientes, a ser feita no prazo de noventa dias, somente deve referir-se a diferenças resultantes de erros materiais ou aritméticos ou de inexatidões dos cálculos dos precatórios, não podendo, porém, dizer respeito ao critério adotado para a elaboração do cálculo ou a índices de atualização diversos dos que foram utilizados em primeira instância, vencido o Ministro Ilmar Galvão, que deferia o pedido.

Brasília, 14 de dezembro de 1994

OCTÁVIO GALLOTTI (Presidente) — MARCO AURÉLIO (Relator)

RELATÓRIO

O Senhor Ministro Marco Aurélio: Esta ação direta de inconstitucionalidade é ajuizada visando a fulminar os parágrafos únicos dos artigos 333 e 334, os incisos I, III e IV do artigo 336, os incisos I, III, IV, VII e X do artigo 337 e o artigo 339 do Regimento Interno do Tribunal de Justiça do Estado de São Paulo, no que versam sobre procedimentos referentes à satisfação dos débitos da Fazenda Pública e autarquias do Estado de São Paulo. Aponta-se a transgressão aos artigos 2º, 22, 100, *caput* e § 1º, 165, § 8º, e 167, inciso II, da Constituição Federal. Consoante o sustentado, a complementação dos valores dos precatórios, a ser feita no prazo de noventa dias, discrepa dos aspectos organizacionais ditados pelo orçamento, havendo a Corte de Justiça paulista adentrado campo no qual inexistente a competência para legislar. Alude-se à circunstância de os dispositivos atacados encerrarem a transferência do Juízo da execução para o Presidente da Corte quanto a atos a ele inerentes, sendo certo ainda que este Tribunal, apreciando a ação direta de inconstitucionalidade n. 446-9, suspendeu a vigência do § 4º do artigo 57 da Constituição do Estado de São Paulo, que versa sobre o mesmo tema. Sob o ângulo do *periculum in mora* articula-se com o fato de estarem pendentes, já encaminhados, dois mil ofícios visando à complementação dos valores de precatórios, alcançando a quantia de R$ 986.032.076,00, avizinhando-se a remessa de outros setecentos e quarenta ofícios. Os recursos interpostos para o reexame da matéria não têm, segundo o asseverado, efeito suspensivo — agravo regimental, recurso especial e recurso extraordinário. Daí o pleito de liminar no sentido da suspensão dos dispositivos citados, cujo teor analisarei a seguir.

À folha 223, anverso e verso, tem-se despacho da lavra do Ministro Carlos Velloso, no exercício da Presidência, instando o Setor competente desta Corte a esclarecer sobre as ações diretas de inconstitucionalidade pendentes que cuidam do tema — ações diretas de inconstitucionalidade ns. 187-6, 446-8, 565-1. Aos autos vieram as informações de folhas 224 a 230. À folhas 231, o Ministro Celso de Mello, também no exercício da Presidência, despachou determinando fossem solicitadas informações ao Tribunal de Justiça do Estado de São Paulo. Cerca de seis dias após, já iniciado o segundo semestre do ano judiciário de 1994, o requerente peticionou ressaltando a urgência da apreciação do pedido de concessão de medida liminar. Na mesma data procedeu à juntada aos autos de quatrocentos e seis ofícios remetidos pelo Tribunal de Justiça do Estado de São Paulo à Procuradoria-Geral do Estado para pagamento de diferenças, a título de complementação, em noventa dias.

Estes autos vieram-me conclusos em 4 de agosto de 1994, tendo em vista despachos lançados no rosto das citadas petições. Liberei-os para exame do pedido de concessão de liminar em 13 imediato (folhas 682), quando determinei fosse expedido, de imediato, ofício em cumprimento à determinação no sentido de serem solicitadas informações.

É o relatório.

VOTO

O Senhor Ministro Marco Aurélio (Relator): O pedido formulado nesta ação há de ser analisado considerados os limites próprios à liminar pleiteada. Examino, um a um, dos dispositivos atacados:

a) parágrafo único do artigo 333 do Regimento Interno do Tribunal de Justiça do Estado de São Paulo:

> "Parágrafo único — Terão ordem cronológica autônoma de apresentação e pagamento os precatórios referentes aos créditos de valor inferior 36.000 unidades fiscais do Estado de São Paulo e os de natureza alimentar de qualquer valor".

Quanto aos créditos de natureza alimentar, a ordem própria está em harmonia com a interpretação conferida por esta Corte ao artigo 100 da Constituição Federal. Em um dos primeiros processos versando sobre a matéria ação direta de inconstitucionalidade n. 47-2, em que funcionei como Relator —, a maioria concluiu que a primeira parte do artigo 100 não implica, em si, o afastamento do regime de precatórios na satisfação de créditos de natureza alimentícia, mas, tão-somente, a imposição de ordem própria de satisfação. Na ocasião, fiquei vencido, porquanto conferia ao vocábulo "exceção" o sentido vernacular técnico que possui. Resta o exame da distinção contida no preceito considerado o valor dos precatórios que visem à satisfação dos créditos normais. À primeira vista, distancia-se ela do tratamento uniforme que o artigo 100 da Carta da República objetivou conferir à satisfação dos débitos da Fazenda. Em síntese, não contempla a Carta a distinção estabelecida, valendo notar a cláusula final do *caput* do artigo, no que proíbe a designação de casos ou de pessoas nas dotações orçamentárias e nos créditos adicionais, tendo em vista a observação de preferência. Daí o meu voto deferindo a liminar para suspender a eficácia do parágrafo único do artigo 333 do Regimento Interno do Tribunal de Justiça de São Paulo, no que impõe a distinção em face ao valor dos precatórios. Assim, suspendo a eficácia da seguinte expressão: "de valor inferior a 36.000 unidades fiscais do Estado de São Paulo e os". Portanto, permanece em plena vigência o preceito no que encerra que:

> "Terão ordem cronológica autônoma de apresentação e pagamento os precatórios referentes aos créditos de natureza alimentar de qualquer valor".

b) Parágrafo único do artigo 334 do citado Regimento:

> "Parágrafo único. O pagamento dos créditos de natureza não alimentar inferiores a 36.000 Unidades Fiscais do Estado de São Paulo e os de natureza alimentar serão feitos de uma só vez, devidamente atualizados até a data do efetivo pagamento".

Repito aqui o que tive oportunidade de consignar quanto aos créditos comuns relativamente ao exame do parágrafo único do artigo 333. No tocante aos créditos de natureza alimentar, na esteira do que decidido por esta Corte no exame da ação n. 446-9, aliás, por unanimidade, relatada pelo Ministro Paulo Brossard, indefiro a liminar pleiteada. É que não se coaduna com a própria natureza do débito a satisfação em módicas prestações. No particular, transcrevo o que tenho consignado em decisões monocráticas:

"A confirmar esta óptica, registro que, em caso ainda disciplinado pelo artigo 117 da Constituição Federal de 1969, deslocado da Segunda Turma para o Plenário por provocação do Ministro Carlos Velloso, esta Corte, embora não acolhendo o pedido de indexação do precatório, ligado a crédito comum, sinalizou, em 10 de outubro de 1990, quando fiquei vencido na companhia honrosa do proponente da apreciação pelo Colegiado Maior e dos Ministros Sepúlveda Pertence e Sydney Sanches, com a possibilidade de exame do tema, visando à salutar evolução, quando se defrontasse com hipótese que envolvesse a Carta de 1988. As ressalvas fizeram-se nos votos do Ministros Celso de Mello, Paulo Brossard, Célio Borja e Octávio Gallotti. Assim, ainda que tenham formado na corrente majoritária juntamente com os Ministros Aldir Passarinho (Relator), Moreira Alves e Néri da Silveira, deixaram entrever a disposição de evoluir, caminhando no sentido de afastar do cenário jurídico a casta revelada na condição de devedora privilegiada que passou a ser a Fazenda (Recurso extraordinário n. 119.237).

"Pois bem, ao analisar os pedidos de concessão de medida acauteladora nas ações diretas de inconstitucionalidade ns. 446 e 565, relatadas pelos Ministros Paulo Brossard e Néri da Silveira, respectivamente, o Plenário, ausente justificadamente, o Ministro Carlos Velloso, indeferiu-a, a uma só voz, quanto à suspensão de eficácia de preceito da Carta de São Paulo e de Assento do Tribunal de Justiça local, no que prevêem a satisfação do crédito alimentar de uma só vez, ou seja, atualizado. Por maioria, suspendeu dispositivo que, em relação aos créditos comuns, fixava idêntico modo de satisfação, estabelecendo um teto, isto é, os créditos até trinta e seis mil unidades do Estado de São Paulo seriam pagos com correção, o mesmo não ocorrendo com os que suplantassem este valor. As discussões levadas a efeito deixaram antever que a concessão da liminar resultou da impossibilidade de, diante da Carta da República, ter-se a discriminação, ou seja, o afastamento da indexação no tocante aos créditos superiores àquele valor. O voto por mim proferido e os dos Ministros Ilmar Galvão, Celso de Mello, Paulo Brossard e Sepúlveda Pertence foram explícitos quanto a este enfoque, sendo que os votos dos Ministros Néri da Silveira, Moreira Alves, Octávio Gallotti e Sydney Sanches, trouxeram, implícita, a motivação. O Ministro Paulo Brossard, muito embora sustentando, com a veemência e perspicácia costumeiras, a necessidade de se colocar um fim à atual situação, concluindo-se pela obrigatoriedade constitucional de o Estado liquidar de vez os seus débitos, pronunciou-se pelo indeferimento da liminar no que tange a este dispositivo, assentando que o fazia para dar um primeiro passo, isto é, numa estratégia de Colegiado, visando a alcançar a solução final. O julgamento ocorreu em 24 de junho de 1994 e marca, sem dúvida alguma, um novo entendimento, mais consentâneo com o Estado Democrático de Direito, do Supremo Tribunal Federal. Por isso mesmo, é hora de a própria Fazenda adotar, em relação aos respectivos pagamentos, a mesma postura que assume na cobrança dos créditos fiscais."

Portanto, defiro a liminar para suspender a eficácia do parágrafo único do artigo 334 em comento, no que encerra, relativamente aos créditos comuns, a diferença na satisfação considerado o respectivo valor. Assim, afasto do cenário jurídico a seguinte expressão: "de natureza não alimentar inferiores a 36.000 unidades fiscais do Estado de São Paulo e os". Faço-o com esta extensão porque não posso atuar como legislador positivo e isto ocorreria caso apenas suspendesse o preceito a partir do vocábulo "inferiores". No caso, relativamente aos créditos comuns, ter-se-á a observação da Carta, e o objetivo desta, que é o real pagamento dos débitos pela Fazenda.

c) Artigo 336, incisos I, III e IV:

"Artigo 336. ....

I — cada precatório e respectivos documentos serão autuados e examinados pelo Departamento que informará ao Presidente do Tribunal sobre eventual irregularidade do procedimento a respeito de erros materiais;

II — ....

III — encerrado a 1º de julho o período anual destinado à proposta orçamentária, serão calculados, pelo Departamento, os valores em cruzeiros, atualizados, de acordo com o índice vigente de correção monetária, para que se comunique a cada entidade o débito geral apurado;

IV — os depósitos em pagamento serão feitos nos autos da ação, sob a direta responsabilidade das entidades devedoras, cabendo ao juízo da execução encaminhar de imediato uma das vias dos comprovantes ao Departamento de Contabilidade".

O que previsto neste dispositivo harmoniza-se com a regra insculpida no artigo 730 do Código de Processo Civil. Ambas as normas têm como escopo justamente viabilizar a prática de ato pelo Presidente da Corte na execução contra a Fazenda Pública. O inciso I do referido artigo de nossa Lei Instrumental Comum preceitua que o juiz requisitará o pagamento por intermédio do Presidente do Tribunal competente. O ato deste não deve ganhar automaticidade que venha a resultar na veiculação de erros materiais. Daí a previsão regimental sobre a tramitação do processo sem que isto importe, ao menos ao primeiro exame, em usurpação da competência ao Juízo. Friso, por oportuno, que esta Corte, julgando a representação n. 1.332, manteve a eficácia do artigo 3º do Ato n. 3 do Tribunal, cujo preceito era semelhante ao dispositivo atacado, exceto quanto ao detentor de obrigação de remeter as guias — Revista Trimestral de Jurisprudência n. 121/36. Indefiro a liminar.

d) Artigo 337 incisos I, III, IV, VII e X.

"Artigo 337. ....

I — Expedir instruções necessárias à regular tramitação dos precatórios;

II — (*omissis*);

III — ordenar, de ofício ou a requerimento da parte, a correção de inexatidões materiais ou a retificação de erros de cálculo;

IV — (*omissis*);

V — (*omissis*);

VI — resolver todas as questões relativas ao cumprimento dos precatórios, inclusive a sua extinção;

VII — requisitar das entidades devedoras a complementação de depósitos insuficientes, no prazo de 90 dias, determinando vista aos interessados no caso de desobediência;

VIII — (*omissis*);

IX — (*omissis*);

X — solicitar, se necessários, os autos originais".

O que consignado quanto ao artigo anterior serve ao presente. Não se tem nos dispositivos atacados o extravasamento de campo próprio à disciplina regimental. Vale registrar que o item VII, ao cogitar da complementação de depósitos, tem o sentido de harmonizar estes últimos com o que se contém nos próprios precatórios. Indefiro a liminar.

e) Artigo 339.

"Artigo 339 — Das decisões finais do Presidente caberá, no prazo de cinco dias, contados da publicação, agravo regimental para o Órgão Especial".

Trata-se de dispositivo que tem apoio na regra segundo a qual todo e qualquer ato oriundo de Órgão investido do ofício judicante que implique prejuízo para uma das partes há de ficar sob o crivo de órgão revisor. Indefiro a liminar.

Alfim, o deferimento da liminar fica restrito às seguintes expressões dos parágrafos únicos dos arts. 333 e 334 do Regimento Interno do Tribunal de Justiça do Estado de São Paulo:

a) Parágrafo único do artigo 333 — "de valor inferior a 36.000 unidades fiscais do Estado de São Paulo e os";

b) Parágrafo único do artigo 334 — "de natureza não alimentar inferior a

36.000 unidades fiscais do Estado de São Paulo e os".

É o meu voto.

VOTO
(art. 33)

O Senhor Ministro Paulo Brossard: Senhor Presidente, peço vênia para divergir do eminente Relator e negar a cautelar.

VOTO
(Medida liminar)

Proposta (art. 337, III)

O Senhor Ministro Moreira Alves: — Sr. Presidente, proponho uma interpretação conforme, para que fique bem caracterizado que o problema, aqui, é de erro da atualização.

VOTO
(sobre art. 336, IV)

O Senhor Ministro Marco Aurélio (Relator): Senhor Presidente, como vimos, o inciso tem o teor da norma apreciada por esta Corte quando do julgamento da representação n. 1.333-SP. A decisão unânime a respeito afasta, de início, a possibilidade de cogitarmos da relevância jurídica que, no caso, seria contrária à concessão da liminar.

Por isso, indefiro a liminar.

VOTO
(art. 336, IV)

O Senhor Ministro Ilmar Galvão: Senhor Presidente, peço vênia ao eminente Relator para deferir a liminar.

Observo, de início, que o precedente invocado, do Supremo Tribunal Federal, ocorreu sob o regime da Carta pretérita, sendo inadequado ao deslinde da controvérsia sob a Constituição de 1988 que, de modo minucioso, disciplina o pagamento das condenações judiciais da Fazenda Pública, no § 2º do artigo 100.

Aliás, o termo *precatório*, que aparece no *caput* do artigo 100 da CF de 1988, significa precisamente a carta que é expedida ao presidente do respectivo Tribunal, pelos juízes que executam sentença condenatória da Fazenda Pública a certo pagamento, a fim de que inclua o crédito exeqüendo na ordem cronológica das requisições, e, no momento oportuno, efetue o pagamento devido.

Não haveria falar-se em precatório expedido ao Presidente do Tribunal se o pagamento devesse ser feito pela entidade devedora, mediante depósito da respectiva quantia perante o Juízo da ação.

Não posso, portanto, entender, Senhor Presidente, diante da clara norma do § 2º do artigo 100, como possa o Tribunal disciplinar o pagamento de precatórios de forma completamente diversa.

Peço vênia, portanto, ao eminente Relator para reconhecer plausibilidade na tese da inconstitucionalidade.

A relevância está em que, se o Presidente do Tribunal centraliza os pagamentos, ele está em condições de controlar a rigorosa observância da ordem cronológica dos pagamentos. Se, no entanto, delega a atribuição de pagar às entidades devedoras, o controle ficará inviável. A ordem cronológica de apresentação dos precatórios, não se esqueça, constitui a garantia que tem o credor de não ser preterido no recebimento de seu crédito. Veja-se que a Constituição não se limita a assegurar a observância da ordem. Proíbe a designação de casos ou de pessoas nas dotações orçamentárias e nos créditos adicionais abertos para fazerem face aos pagamentos devidos pela Fazenda em virtude de sentença judiciária, o que não deixa espaço para qualquer margem de discrição de parte das entidades públicas devedoras.

Com essas considerações, com a devida vênia, defiro a cautelar.

VOTO
(s/ art. 336, inciso IV)
(Medida liminar)

O Senhor Ministro Sepúlveda Pertence: Senhor Presidente, não encontro resposta à objeção feita pelo Ministro Ilmar Galvão de que, com isso, a ordem cronológica é incontrolável.

Nesse ponto, defiro a cautelar.

Extrato de Ata

Ação Direta de Inconstitucionalidade n. 1.098-1 (medida liminar)

Origem: São Paulo

Relator: Ministro Marco Aurélio

Reqte: Governador do Estado de São Paulo

Adv.. Dirceu José Vieira Chrysostomo

Reqdo.: Tribunal de Justiça do Estado de São Paulo

Decisão:

Por votação unânime, o Tribunal deferiu o pedido de medida liminar para suspender, até a decisão final da ação, a eficácia da expressão "de natureza não alimentar inferiores a trinta e seis mil Unidades Fiscais do Estado de São Paulo e os", contida no parágrafo único do artigo 334 do Regimento Interno do Tribunal de Justiça do Estado de São Paulo. Votou o Presidente. Ainda, por maioria de votos, o Tribunal também deferiu o pedido de medida liminar para suspender, até a decisão final da ação, a eficácia da expressão de valor inferior a trinta e seis mil Unidades Fiscais do Estado de São Paulo e os", contida no parágrafo único do artigo 333 da mesma norma impugnada, vencido o Ministro Paulo Brossard, que indeferia a medida liminar. Votou o Presidente. E, por unanimidade de votos, o Tribunal indeferiu o pedido de medida liminar de suspensão dos incisos I e III do artigo 336 e dos incisos I e VI do artigo 337. Votou o Presidente. Quanto ao inciso III do artigo 337, o Tribunal indeferiu o pedido de medida liminar de suspensão, com a interpretação de que as inexatidões materiais e as retificações por erro de cálculo, a que se referem o dispositivo, são aquelas originariamente decorrentes da atualização, vencidos, em parte, os Ministros Relator, Carlos Velloso, Sepúlveda Pertence e Paulo Brossard, que também indeferiam a medida liminar, mas não adotavam a interpretação. Votou o Presidente. Em seguida, o julgamento foi adiado pelo pedido de vista do Ministro Paulo Brossard, depois dos votos dos Ministros Relator, Carlos Velloso e Celso de Mello, indeferindo o pedido de medida liminar de suspensão do inciso IV do artigo 336, e dos votos dos Ministros Ilmar Galvão e Sepúlveda Pertence, deferindo-a. Plenário, 25.8.94

Presidência do Senhor Ministro Octavio Gallotti. Presentes à sessão os Senhores Ministros Moreira Alves, Sydney Sanches, Paulo Brossard, Sepúlveda Pertence, Celso de Mello, Carlos Velloso, Marco Aurélio e Ilmar Galvão. Ausentes, justificadamente, os Senhores Ministros Néri da Silveira e Francisco Rezek.

Vice-Procurador-Geral da República — Dr. Moacir Antonio Machado da Silva.

VOTO (Vista)

O Senhor Ministro Paulo Brossard: Esta ação direta objetiva, como relata o Ministro Marco Aurélio, a declaração de inconstitucionalidade dos parágrafos únicos dos artigos 333 e 334, os incisos I, III e IV do artigo 336, os incisos I, III, VI, VII e X do artigo 337 e do artigo 339, todos do Regimento Interno do Tribunal de Justiça do Estado de São Paulo. Alega, além da violação aos arts. 100, *caput* e seu parágrafo único, 165, parágrafo 8º, 167, inciso II, e ao princípio da divisão de Poderes, todos da Constituição, que o Tribunal de Justiça, ao regulamentar nesses dispositivos o procedimento do pagamento dos precatórios judiciais, adentrou campo para o qual não tinha competência para legislar (artigo 22 da CF) e que os pagamentos complementares dos precatórios, no prazo de noventa dias, discrepa dos aspectos organizacionais ditados pelo orçamento. Alegam sob ângulo do *periculum in mora* que, além de já existirem pendentes dois mil ofícios visando à complementação dos valores para pagamento dos precatórios, outros setecentos e quarenta devem estar sendo remetidos.

2. Na sessão anterior, este E. Plenário: *suspendeu*, por unanimidade, até decisão final, a eficácia das expressões "de valor inferior a trinta e seis mil Unidades Fiscais do Estado de São Paulo e os", do parágrafo único do artigo 333, e, por maioria, das expressões "de natureza alimentar inferiores a trinta e seis mil Unidades Fiscais do Estado de São Paulo e os", do parágrafo único do artigo 334, ambos do Regimento, que, em decorrência, passaram a ter a seguinte redação:

> art. 333 —
>
> Parágrafo único — Terão ordem cronológica autônoma de apresentação e pagamento os precatórios referentes aos créditos de natureza alimentar de qualquer valor.
>
> art. 334 —
>
> Parágrafo único — O pagamento dos créditos de natureza alimentar será feito de uma só vez, devidamente atualizados até a data do efetivo pagamento.

indeferiu, por unanimidade, o pedido de medida liminar de suspensão dos incisos I e III do artigo 336 e dos incisos I e IV do artigo 337.

indeferiu, por maioria, o pedido de liminar em relação ao inciso III do artigo 337, dando-lhe interpretação de que "as inexatidões materiais e as retificações por erro de cálculo, a que se refere o dispositivo, são aqueles originariamente decorrentes da atualização", vencidos os Ministros Relator, Carlos Velloso, Sepúlveda Pertence e Paulo Brossard, que simplesmente indeferiam a liminar, sem adotar a interpretação.

Quando do exame do inciso IV do artigo 336, após os votos dos Ministros Relator, Carlos Velloso e Celso de Mello, indeferindo a liminar, e dos Ministros Ilmar Galvão e Sepúlveda Pertence, deferindo-a, pedi vista dos autos para que, com melhores esclarecimentos, pudesse decidir.

Recebi valiosas informações do Tribunal de Justiça e da Procuradoria-Geral do Estado de São Paulo, que assim resumem o procedimento dos precatórios perante o Tribunal de Justiça:

1. Os ofícios requisitórios, instruídos com as peças necessárias, são recebidos pelo Tribunal de Justiça e protocolados na ordem cronológica de apresentação e, após autuados em duas vias, são reunidos em duas ordens distintas de apresentação: I — créditos de natureza alimentar e II — créditos de natureza não alimentar.

2. O Tribunal de Justiça examina cada um dos procedimentos dos precatórios verificando a sua regularidade formal (falta de peças necessárias) e a existência de erro material (desde erros aritméticos até inclusão de parcela indevida e omissão das devidas);

— sobre a eventual irregularidade é dado prazo (5dias) para manifestação das partes, após intimação pelo *Diário da Justiça*; se não houver impugnação, a retificação do cálculo é homologada; se houver impugnação, o Presidente do Tribunal decide, acolhendo-as ou rejeitando-as, fundamentalmente;

— da decisão do Presidente cabe agravo regimental, sem efeito suspensivo, para o órgão Especial.

OBSERVAÇÕES: a) se o precatório for devolvido, para a correção de erros, fatalmente perderá o seu lugar na ordem cronológica;

b) se a questão foi discutida e decidida pelo juiz, dela não se cogita no Tribunal.

3. Após verificada a sua regularidade, são encaminhadas as primeiras vias dos precatórios às entidades devedoras.

4. Processa-se, nas segundas vias, a atualização até 1º de julho de todos os débitos pelo Departamento de Contabilidade do Tribunal. Os débitos de cada uma das entidades são relacionados, separadamente, em forma de mapas, obedecendo-se às duas ordens cronológicas permitidas (débitos de natureza alimentar e não alimentar), e a elas são encaminhados, até 30 de setembro, para inclusão no orçamento do ano seguinte e pagamento até o final do exercício.

5. Inserido no orçamento e efetuado o pagamento, no ano seguinte, nos autos da ação, o juiz remete uma das vias da *guia de depósito* ao Tribunal, que é juntada ao processo de execução do precatório;

— se o depósito for insuficiente (o que ocorre normalmente, pois os depósitos são feitos simplesmente pelo valor atualizado a 1º de julho do ano anterior), apura-se, de ofício ou a requerimento da parte, o saldo devedor.

6. Sobre as contas do saldo devedor atualizado, o Presidente faculta a manifestação das partes, no prazo de dez dias e, em decisão fundamentada, rejeita ou acolhe as impugnações. Desta decisão cabe agravo regimental, sem efeito supensivo, para o Órgão Especial.

7. Após, o Presidente do Tribunal requisita o pagamento dos saldos no prazo de noventa dias.

8. Feito o pagamento integral do débito, o juiz da ação julga extinta a execução ou homologa possível transação, comunicando o fato ao Presidente do Tribunal, que julga extinto o precatório.

9. No início de cada exercício financeiro, até o 15º dia útil de janeiro, o Presidente do Tribunal manda publicar a relação das entidades inadimplentes em relação ao exercício financeiro findo, para as providências constitucionais (intervenção ou seqüestro) que possam interessar aos exeqüentes.

10. Para verificação do exato cumprimento dos precatórios e da ordem cronológica, o Presidente do Tribunal recebe as notas de empenho de verbas e cópias das leis orçamentárias, confrontando-as com os mapas orçamentários e guias de depósito.

As liminares concedidas na presente ação direta, até o presente momento, atenderam ao que já ficou assentado por este E. Plenário quando do julgamento da ADIn 446, onde:

— se negou a concessão da liminar em relação ao § 3º do artigo 57, da Constituição do Estado de São Paulo, que estabelece que "os créditos de natureza *alimentícia* serão pagos de uma só vez, devidamente atualizados até a data do efetivo pagamento", e

— a concedeu para suspender a eficácia do § 4º do mesmo artigo, que dispõe que os de natureza *não alimentícia* desde que não superiores a trinta e seis mil Unidades Fiscais do Estado de São Paulo, serão pagos do mesmo modo — atualizados até a data do efetivo pagamento.

A discussão que me preocupou especialmente foi a que surgiu, neste E. Plenário, em torno da suspensão cautelar da eficácia dos incisos I e IV do artigo 336 e do inciso VII do artigo 337 do Regimento do Tribunal de Justiça de São Paulo, que têm, recordo aos Senhores Ministros, a seguinte redação:

> art. 336 —
>
> I — cada precatório e respectivos documentos serão autuados e examinados pelo Departamento que informará ao Presidente do Tribunal sobre eventual irregularidade do procedimento a respeito de erros materiais;
>
> IV — Os depósitos em pagamento serão feitos nos autos da ação, sob a direta responsabilidade das entidades devedoras, cabendo ao juízo da execução encaminhar

de imediato uma das vias dos comprovantes ao Departamento de Contabilidade;

art. 337 —

VII — requisitar das entidades devedoras a complementação de depósitos insuficientes, no prazo de noventa dias, determinado vista aos interessados no caso de desobediência;

O Ministro Relator, Marco Aurélio, entende que as referidas disposições harmonizam-se com as normas do artigo 730 do Código de Processo Civil — que diz que o juiz requisitará o pagamento por intermédio do presidente do tribunal competente — e que o procedimento adotado pelo Tribunal não implica em usurpação de competência do Juízo. Neste sentido, esclarece que esta Corte, quando do julgamento da Representação n. 1.332, manteve a eficácia do artigo 3º do mesmo Tribunal, cuja disposição era semelhante ao dispositivo, ora atacado.

O Ministro Ilmar Galvão, com base no artigo 100, § 2º, da Constituição, que dispõe que:

"As dotações e os créditos abertos serão consignados ao Poder Judiciário, recolhendo-se as importâncias respectivas à repartição competente, cabendo ao Presidente do Tribunal que proferir a sentença exeqüenda determinar o pagamento, segundo as possibilidades do depósito, a autorizar... para o caso de preterimento do seu direito de precedência, o seqüestro da quantia necessária à satisfação do débito."

entende que o precatório deveria ser expedido, não ao Presidente do Tribunal, mas às entidades devedoras, e que as verbas no orçamento deveriam ser consignadas ao Poder Judiciário, isto é, ao Tribunal, que, pelo seu Presidente, efetuaria o pagamento de acordo com a força da verba consignada.

Senhor Presidente.

Preliminarmente, quero ressaltar que o procedimento, adotado pelo Tribunal de Justiça de São Paulo, para o pagamento dos precatórios, tem mais de vinte anos; adotado pelo Ato n. 3, de 7.8.74, mantido pelo Assento Regimental n. 195, de 21.6.91, foi incorporado pelo atual Regimento Interno de 1992. É um procedimento suficientemente experimentado, que, inclusive, foi, por diversas vezes, submetido à consideração desta Corte. A questão específica, sobre a qual estamos decidindo, "consignação da dotação orçamentária destinada ao pagamento de precatórios", já foi objeto, como esclareceu o Ministro Relator, de argüição de inconstitucionalidade na Representação n. 1.332, *DJU* 27.2.87, cuja ementa é suficiente para refletir o que ficou assentado:

"Representação de Inconstitucionalidade. Artigo 189, inciso V, do Regimento Interno do Tribunal de Justiça de São Paulo. Consignação da dotação orçamentária destinada ao pagamento de precatórios. Artigo 117, §§ 1º e 2º, da Constituição Federal.

"A Constituição não determina que a dotação destinada ao pagamento de precatórios, seja transferida para o Poder Judiciário. A norma do artigo 117 preserva a atribuição da Fazenda Pública de pagar as suas dívidas à conta dos créditos respectivos. A dotação destinada ao pagamento de débitos resultantes de sentenças judiciais é consignada ao Poder Judiciário, que dela requisitará as parcelas necessárias à satisfação dos precatórios, na ordem da respectiva apresentação. Não há que cogitar de depósito da dotação orçamentária nos Tribunais, pois tanto importaria pesado encargo administrativo, além de contrariar a norma Constitucional."

Não se pode alegar que a atual Constituição tenha introduzido modificações que contrariem esse procedimento, porque o § 2º do seu artigo 100 é idêntico ao § 2º do artigo 117, da Carta de 1969.

Quando a norma constitucional diz que "as dotações orçamentárias e os créditos abertos serão consignados ao Poder Judiciário", não quer dizer que elas constarão do Orçamento do Poder Judiciário, mas tão-somente que ficarão à sua disposição. As dotações orçamentárias destinadas ao pagamento dos débitos decorrentes dos precatórios *constarão dos respectivos orçamentos de cada uma das entidades devedoras*. É o que dispõe o § 1º do artigo 100 da Constituição: "É obrigatória a inclusão, *no orçamento das entidades de direito público*, de verbas necessárias ao pagamento de seus débitos constantes de precatórios judiciais".

Esta sistemática orçamentária nem poderia ser diferente, já que as *entidades públicas municipais* não haveriam como consignar verbas no orçamento do Tribunal de Justiça.

Ademais, cada uma das entidades devedoras deve continuar responsável pelo pagamento dos seus precatórios e sujeita, em caso de inobservância da ordem cronológica, ao seqüestro de quantia necessária à satisfação do débito. Apenas, o controle desse pagamento é que fica a cargo do Tribunal, com a finalidade exclusiva de autorizar, naquela hipótese específica, o referido seqüestro. Se não fosse assim, como poderia o Presidente do Tribunal autorizar o seqüestro da quantia necessária à satisfação do débito, se ele próprio seria o responsável pelo pagamento?

O fato das dotações orçamentárias ficarem consignadas no orçamento das entidades de direito público, à disposição do Tribunal, não desloca para ele a competência para o seu pagamento, por duas razões insuperáveis: a) somente as entidades devedoras podem empenhar os recursos constantes de seus orçamentos, necessários ao pagamento do precatório; b) a obrigação de efetuar o pagamento "até o final do exercício" é das referidas entidades e não do Tribunal que proferir a decisão exeqüenda, a ele compete apenas controlar esses pagamentos.

Acrescente-se, ainda, que somente elas, entidades de direito público, é que podem, durante o exercício, efetuar o controle dos recursos *financeiros* disponíveis para o pagamento dos requisitórios. Não basta haver os recursos orçamentários para o pagamento dos precatórios, é necessário haver também *recurso financeiro*.

Finalmente, o parágrafo 2º, do artigo 100, da Constituição deferiu o controle do pagamento dos precatórios judiciais ao Presidente do Tribunal. Assim os precatórios devem ser a ele encaminhados para que se estabeleça, de forma centralizada, uma ordem cronológica de entrada, para que possa cumprir a determinação constitucional, na hipótese de preterimento de direito de precedência. Isto seria impossível de se observar, se os precatórios fossem encaminhados diretamente às entidades dc direito público devedoras.

Se a Constituição Federal deferiu ao Presidente do Tribunal, que proferiu a decisão exeqüenda, o controle do pagamento dos precatórios judiciais, deve o Regimento Interno do Tribunal estabelecer as normas procedimentais para o seu processamento e pagamento. Assim dispondo, não estará legislando sobre processo civil, mas tão-somente dispondo no seu regimento interno sobre matéria de sua competência.

Por essas razões, neste ponto, mantenho a orientação da Corte adotada no julgamento da citada Representação n. 1.332, da qual foi Relator o Ministro Carlos Madeira.

Mais delicada, parece-me, a questão referente à impugnação do inciso VII, do artigo 337, que permite requisitar das entidades devedoras, no prazo de 90 dias, a complementação dos depósitos insuficiente.

Diferentes são as situações dos créditos de natureza alimentar e de natureza não alimentar.

Quanto aos *créditos de natureza alimentar*, tendo em vista o decidido no pedido liminar da ADIn 446-8, que não suspendeu a vigência do § 3º, do artigo 57 da

Constituição do Estado de São Paulo, não haveria a necessidade desse ofício pedindo a complementação de depósito, já que a referida norma constitucional dispõe que eles "serão pagos de uma só vez, devidamente atualizados até a data de efetivo pagamento".

Diversa é a situação dos *créditos de natureza não alimentar*, para os quais não se pode exigir a complementação dos depósitos, no prazo de 90 dias, tendo em vista que na ação direta de inconstitucionalidade supra mencionada, suspendeu-se a eficácia do § 4º, do artigo 57, da Constituição paulista, que determinava também para os créditos dessa natureza a mesma forma de pagamento.

Assim, é de entender-se que o inciso VII do artigo 337, do Regimento Interno, quer referir-se, apenas, aos créditos de natureza alimentar. Embora, pela norma constitucional estadual inscrita no § 3º, do artigo 57, cuja eficácia foi mantida, a obrigação das entidades de direito público estadual seja de efetuar o pagamento dos precatórios atualizado até a data do efetivo depósito.

Finalmente, em relação ao artigo 339 do Regimento, acompanho o Ministro Relator. Trata-se de norma que estabelece meios adequados às partes para impugnar as decisões que impliquem em prejuízo ao direito das partes, proferidas na execução por quantia certa contra a Fazenda Pública.

Não vendo a plausibilidade do bom direito para suspender a eficácia das normas regimentais que regulamentam os procedimentos dos precatórios perante o Tribunal de Justiça, tendo em vista o disposto nos arts. 730 do Código de Processo Civil e 100 da Constituição Federal, nego o pedido liminar pleiteado, acompanhando o Relator.

Extrato de ata

Ação Direta de Inconstitucionalidade n. 1.098-1 (medida liminar)

Origem: São Paulo

Relator: Ministro Marco Aurélio

Reqte.: Governador do Estado de São Paulo

Adv.: Dirceu José Vieira Chrysostomo

Reqdo.: Tribunal de Justiça do Estado de São Paulo

Decisão:

Por votação unânime, o Tribunal deferiu o pedido de medida liminar para suspender, até a decisão final da ação, a eficácia da expressão "de natureza não alimentar inferiores a trinta e seis mil Unidades Fiscais do Estado de São Paulo e os", contida no parágrafo único do artigo 334 do Regimento Interno do Tribunal de Justiça do Estado de São Paulo. Votou o Presidente. Ainda, por maioria de votos, o Tribunal também deferiu o pedido de medida liminar para suspender, até a decisão final da ação, a eficácia da expressão "de valor inferior a trinta e seis mil Unidades Fiscais do Estado de São Paulo e os", contida no parágrafo único do artigo 333 da mesma norma impugnada, vencido o Ministro Paulo Brossard, que indeferia a medida liminar. Votou o Presidente. E, por unanimidade de votos, o tribunal indeferiu o pedido de medida liminar de suspensão dos incisos I e III do artigo 336 e dos incisos I e VI do artigo 337. Votou o Presidente. Quanto ao inciso III do artigo 337, o Tribunal indeferiu o pedido de medida liminar de suspensão, com a interpretação de que as inexatidões materiais e as retificações por erro de cálculo, a que se refere o dispositivo, são aquelas originariamente decorrentes da atualização, vencidos, em parte, os Ministros Relator, Carlos Velloso, Sepúlveda Pertence e Paulo Brossard, que também indeferiam a medida liminar, mas não adotavam a interpretação. Votou o Presidente. Em seguida, o julgamento foi adiado pelo pedido de vista do Ministro Paulo Brossard, depois dos votos dos Ministros Relator, Carlos Velloso e Celso de Mello, indeferindo o pedido de medida liminar de suspensão do inciso IV do artigo 336, e dos votos dos Ministros Ilmar Galvão e Sepúlveda Pertence, deferindo-a. Ausentes, justificadamente, os Ministros Néri da Silveira e Francisco Resek. Vice-Procurador-Geral da República Dr. Moacir Antonio Machado da Silva. Plenário, 25.8.94.

Decisão:

Prosseguindo-se no julgamento com relação ao inciso IV do artigo 336, o Ministro Néri da Silveira pediu vista dos autos, depois dos votos dos Ministros Relator, Carlos Velloso, Celso de Mello e Paulo Brossard, indeferindo o pedido de medida liminar, e dos votos dos Ministros Ilmar Galvão e Sepúlveda Pertence, deferindo-a. Ausente, ocasionalmente, o Ministro Sepúlveda Pertence. Plenário, 20.10.94.

Presidência do Senhor Ministro Octavio Gallotti. Presentes à sessão os Senhores Ministros Moreira Alves, Néri da Silveira, Sydney Sanches, Paulo Brossard, Sepúlveda Pertence, Celso de Mello, Carlos Velloso, Marco Aurélio, Ilmar Galvão e Francisco Rezek.

Vice-Procurador-Geral da República Dr. Moacir Antônio Machado da Silva.

VOTO (Vista)

O Senhor Ministro Néri da Silveira: — Estão em julgamento as Ações Diretas de Inconstitucionalidade n. 565-1/600, de que sou relator, e 1098-1, relator o ilustre Ministro Marco Aurélio.

Na ADIN n. 565-1/600 impugnam-se expressões em destaque do Assento Regimental n. 195 do TJSP (*DOE* de 21.6.1991) constantes dos seguintes dispositivos:

Art. 1º. ....

Parágrafo único. Terão ordem cronológica autônoma de apresentação e pagamento os precatórios referentes "aos créditos de valor inferior a trinta e seis mil Unidades Fiscais de São Paulo" e os de natureza alimentar de qualquer valor.

Art. 2º. ....

Parágrafo único. O pagamento dos créditos de natureza alimentar "e não alimentar inferiores a 36.000 Unidades Fiscais do Estado de São Paulo" será feito de uma só vez, devidamente atualizados até a data do efetivo pagamento.

Art. 4º. ....

IV — os depósitos em pagamento serão feitos nos autos da ação, sob a direta responsabilidade das entidades devedoras, cabendo ao Juiz da execução encaminhar de imediato uma das vias dos comprovantes ao Departamento de Contabilidade.

Art. 5º. ....

IV — mandar processar, a partir de 2 de julho, a atualização dos valores dos precatórios apresentados até o dia anterior, c a apuração dos débitos parcialmente satisfeitos no precedente exercício financeiro, "obedecido o disposto no artigo 605 do Código de Processo Civil";

VII — "requisitar das entidades devedoras a complementação de depósitos insuficientes, no prazo de noventa dias, determinando vista aos interessados, no caso de desobediência";

VIII "mandar publicar, no *Diário da Justiça*, até o décimo quinto dia útil do mês de janeiro, para ciência dos interessados, a relação dos precatórios não satisfeitos no exercício financeiro a que alude o artigo 2º."

"Na ADIN n. 1098-1-SP, argüi-se a inconstitucionalidade dos seguintes dispositivos do Regimento Interno do Tribunal de Justiça de São Paulo:

"Art. 333.

Parágrafo único. Terão ordem cronológica autônoma de apresentação e pagamento os precatórios referentes aos créditos de valor inferior a trinta e seis mil Unidades Fiscais do Estado de São Paulo e os de natureza alimentar de qualquer valor."

"Art. 334.

Parágrafo único. O pagamento dos créditos de natureza alimentar inferiores a trinta e seis mil Unidades Fiscais do Estado de São Paulo e os de natureza alimentar será feito de uma só vez, devidamente atualizados até a data do efetivo pagamento."

"Art. 336.

I — cada precatório e respectivos documentos serão autuados e examinados pelo Departamento, que informará ao Presidente do Tribunal sobre eventuais irregularidades de procedimento ou a respeito de erros materiais;

II — *omissis*;

III — encerrado a primeiro de julho o período anual destinado à proposta orçamentária, serão calculados, pelo Departamento, os valores em cruzeiros, atualizados de acordo com o índice vigente de correção monetária, para que se comunique a cada entidade o débito geral apurado;

IV — os depósitos em pagamento serão feitos nos autos da ação, sob a direta responsabilidade das entidades devedoras, cabendo ao Juízo da Execução encaminhar de imediato uma das vias dos comprovantes ao Departamento de Contabilidade."

"Art. 337. Compete ao Presidente do Tribunal de Justiça:

....

III — ordenar, de ofício ou a requerimento das partes, a correção de inexatidões materiais ou a retificação de erros de cálculos;

....

VI — resolver todas as questões relativas ao cumprimento dos precatórios, inclusive a sua extinção;

VII — requisitar das entidades devedoras a complementação de depósitos insuficientes, no prazo de noventa dias, determinando vista aos interessados, no caso de desobediência;

....

X — solicitar, se necessário, os autos originais."

"Art. 339. Das decisões finais do Presidente caberá, no prazo de cinco dias, contados da publicação, agravo regimental para o Órgão Especial."

"No que concerne à ADIN n. 565, em sessão plenária de 24.6.1994, deferiu-se a liminar para suspender, até o julgamento final da ação, as expressões "créditos de valor inferior a trinta e seis mil Unidades Fiscais do Estado de São Paulo e os", constantes do parágrafo único do artigo 1º, e as expressões "e não alimentar inferiores a trinta e seis mil Unidades Fiscais do Estado de São Paulo", insertas no parágrafo único do artigo 2º, ambos do Assento Regimental n. 195, de 21.6.1991, do Tribunal de Justiça do Estado de São Paulo, vencido o Sr. Ministro Paulo Brossard.

Quanto à ADIN n. 1098-1, na sessão plenária de 25.8.1994, decidiu-se: "por votação unânime, o Tribunal deferiu o pedido de medida liminar para suspender, até a decisão final da ação, a eficácia da expressão 'de natureza não alimentar inferiores a trinta e seis mil Unidades Fiscais do Estado de São Paulo e os', contida no parágrafo único do artigo 334 do Regimento Interno do Tribunal de Justiça do Estado de São Paulo. Ainda, por maioria de votos, o Tribunal também deferiu o pedido de medida liminar para suspender, até a decisão final da ação, a eficácia da expressão 'de valor inferior a trinta e seis mil Unidades Fiscais do Estado de São Paulo e os', contida no parágrafo único do artigo 333 da mesma norma impugnada, vencido o Ministro Paulo Brossard, que indeferia a medida liminar. E, por unanimidade de votos, o Tribunal indeferiu o pedido de medida liminar de suspensão dos incisos I e III do art. 336 e dos incisos I e IV do art. 337. Quanto ao inciso III do art. 337, o Tribunal indeferiu o pedido de medida liminar de suspensão, com a interpretação de que as inexatidões materiais e as retificações por erro de cálculo, a que se referem o dispositivo, são aquelas originariamente decorrentes da atualização, vencidos, em parte, os Ministros Relator, Carlos Velloso, Sepúlveda Pertence e Paulo Brossard, que também indeferiam a medida liminar, mas não adotavam a interpretação. Em seguida, o julgamento foi adiado pelo pedido de vista do Ministro Paulo Brossard, depois dos votos dos Ministros Relator, Carlos Velloso e Celso de Mello, indeferindo o pedido da medida liminar de suspensão do inciso IV do artigo 336, e dos votos dos Ministros Ilmar Galvão e Sepúlveda Pertence, deferindo-a".

Em sessão de 20.10.1994, o julgamento foi adiado, por pedido de vista que formulei, após o voto-vista do Sr. Ministro Paulo Brossard, registrando-se, quanto ao inciso IV do artigo 336 do Regimento Interno do Tribunal de Justiça de São Paulo, a seguinte situação: os Srs. Ministros Marco Aurélio (Relator), Carlos Velloso, Celso de Mello e Paulo Brossard indeferiam a liminar, e os Srs. Ministros Ilmar Galvão e Sepúlveda Pertence deferiam a cautelar para suspender, até o julgamento final, a eficácia do referido inciso IV do artigo 336 do impugnado Regimento Interno, que assim dispõe:

"Art. 336. Os precatórios serão recebidos pelo Protocolo do Departamento de Contabilidade do Tribunal e processados do seguinte modo:

....

IV — os depósitos em pagamento serão feitos nos autos da ação, sob a direta responsabilidade das entidades devedoras, cabendo ao juiz da execução encaminhar de imediato uma das vias dos comprovantes ao Departamento de Contabilidade."

A esse dispositivo corresponde a redação do inciso IV do artigo 4º do Ato Regimental n. 195/1991, a que se refere a ADIn n. 565.

Relativamente a essa norma, e ao inciso IV do artigo 4º do Assento Regimental n. 565, meu voto acompanha o dos Srs. Ministros Relator, Carlos Velloso, Celso de Mello e Paulo Brossard, para indeferir a cautelar. As informações do ilustre Presidente da Corte paulista bem esclarecem o sentido dessa regra regimental e, a meu ver, nos limites do juízo cautelar, nada justifica a suspensão de sua vigência. Está a fls. 25/28 dos autos da ADIN n. 565-1-SP, *verbis*:

"O inciso IV do artigo 4º do Assento Regimental n. 195/91 não se afasta da redação que a Resolução n. 6, de 26 de junho de 1985, conferiu ao inciso V do artigo 189 do Regimento Interno deste Tribunal. Observe-se que, ao julgar a Representação n. 1332-SP, para aferir a compatibilidade do inciso V do artigo 189 com a regra do parágrafo 2º do artigo 117 da Emenda Constitucional n. 1/69, já solucionara esse Pretório Excelso a questão. E, na esteira do voto condutor do ilustre Ministro Carlos Madeira, deixou assente que:

"O inciso V do artigo regula o pagamento, pela entidade devedora: os depósitos serão feitos nos autos, pelas entidades, que encaminharão uma das vias dos comprovantes ao Departamento de Contabilidade do Tribunal, para controle. Tanto significa que as devedoras depositarão no Juízo, onde se processa a desapropriação, o valor de cada débito, e comunicarão ao departamento próprio do Tribunal o pagamento, para efeito de contabilização.

"A Constituição não determina que a dotação destinada ao pagamento de precatórios seja transferida para o Poder Judiciário. A norma preserva a atribuição da Fazenda de pagar suas dívidas, à conta dos créditos respectivos. A dotação orçamentária destinada ao pagamento de débitos resultantes de sentenças judiciais, é consignada, isto é, posta à ordem do Poder Judiciário, que dela requisitará as parcelas necessárias à satisfação dos precatórios, na ordem da respectiva apresentação. O § 2º do artigo 117 da Carta, ao regular o recolhimento das dotações orçamentárias e créditos abertos às repartições competentes, quer significar o depósito desses recursos nas repartições fazendárias com atribuição de atender às requisições dos Tribunais. Não há que cogitar, pois, de depósito da dotação orçamentária, diretamente no Poder Judiciário. Cabe aos Presidentes de Tribunais utilizá-la, determinando os pagamentos, a serem feitos pela Fazenda.

Duas observações feitas pelo ilustre Presidente do Tribunal de Justiça do Estado de São Paulo completam as considerações deste voto.

Eis a primeira:

"Se fosse verdadeira a interpretação preconizada pelo representante, a segunda parte do texto constitucional (§ 2º do artigo 117, CF) perderia totalmente o sentido. Afinal, como poderia o Presidente do Tribunal realizar o pagamento e, ele mesmo, autorizar o seqüestro para atender aos eventuais credores preteridos".

A segunda traz à baila o problema administrativo que envolveria a gestão direta, pelos tribunais, da dotação orçamentária destinada do pagamento de dívidas da Fazenda Pública. Acentua o informante:

"Não é demais deixar anotada a verdadeira impossibilidade de se levar a cabo a tarefa que o representante quer atribuir ao Presidente do Tribunal. Neste Estado, apenas neste exercício financeiro, seria ele responsável por efetuar o pagamento devido por nada menos de 142 Prefeituras do interior, 23 autarquias, além da Prefeitura da Capital e da Fazenda do Estado, num total aproximadamente de 7.000 processos (doc. anexo), — administrando — verbas que, só no âmbito estadual, girariam em torno de 8 bilhões de cruzados.

É impossível ao Tribunal semelhante tarefa, por não dispor de repartições, nem modos ou meios de exercê-la' (*RTJ* 121/36).

3 — Persistem os inconvenientes que não permitem ao Tribunal de Justiça assumir o encargo de efetuar pagamentos de débitos de 342 Prefeituras de Interior, 52 autarquias, além da prefeitura da Capital e da Fazenda Estadual. No presente exercício são quase nove mil processos, não dispondo a Corte de infra-estrutura adequada, assim como não elaborou método operacional para essa atribuição."

Também no que respeita aos incisos IV e VIII do art. 5º do Assento Regimental n. 195/1991, impugnados na ADIN n. 565-1, indefiro a cautelar.

No inciso IV do art. 5º, o Assento Regimental n. 195 colima definir o procedimento destinado a apurar o débito ainda existente, a partir de 2 de julho de cada exercício, à vista do que tenha sido pago.

Por igual, não encontro razões para suspender a vigência do inciso VIII do art. 5º do mesmo Assento Regimental n. 195/1991, onde se prevê que será publicada no *Diário da Justiça*, até o décimo quinto dia útil do mês de janeiro, para ciência dos interessados, a relação dos precatórios não satisfeitos no exercício financeiro a que alude o art. 2º.

Cuida-se, também aqui, de regra regimental destinada a dar-se mera publicidade de quanto à situação de precatórios cujos pagamentos ainda não foram satisfeitos no exercício findo.

Resta, pois, a examinar o inciso VII do artigo 5º do Assento Regimental n. 195/1991 (ADIN n. 565), a que corresponde o inciso VII do artigo 337 do Regimento Interno do Tribunal de Justiça de São Paulo (ADIN n. 1098-1), com esta redação:

"Art. 337.

....

VII — requisitar das entidades devedoras a complementação de depósitos insuficientes, no prazo de noventa dias, determinando vista aos interessados, no caso de desobediência."

Em seu voto, o ilustre Ministro Paulo Brossard, acerca desse dispositivo, anotou:

"Mais delicada, parece-me, a questão referente à impugnação do inciso VII do artigo 337, que permite requisitar das entidades devedoras, no prazo de 90 dias, a complementação dos depósitos insuficientes.

Diferentes são as situações dos créditos de natureza alimentar.

Quanto aos "créditos de natureza alimentar", tendo em vista o decidido no pedido liminar da ADIn n. 446-8, que não suspendeu a vigência do § 3º do artigo 57 da Constituição do Estado de São Paulo, não haveria a necessidade desse ofício pedindo a complementação de depósito, já que a referida norma constitucional dispõe que eles serão pagos de uma só vez, devidamente atualizados até a data de efetivo pagamento.

"Diversa é a situação dos "créditos de natureza não alimentar", para os quais não se pode exigir a complementação dos depósitos, no prazo de 90 dias, tendo em vista que na ADIn supramencionada suspendeu-se a eficácia do § 4º do artigo 57 da Constituição paulista, que determinava também para os créditos dessa natureza a mesma forma de pagamento.

Assim, é de entender-se que o inciso VII do artigo 337 do Regimento Interno quer referir-se, apenas, aos créditos de natureza alimentar. Embora, pela norma constitucional estadual inscrita no § 3º, do artigo 57, cuja eficácia foi mantida, a obrigação das entidades de direito público estadual seja de efetuar o pagamento dos precatórios atualizado até a data do efetivo depósito."

Homologado por sentença cálculo de liquidação, no juízo de origem, com o trânsito em julgado, é extraído o precatório a que se refere o artigo 100, com remessa ao tribunal "que proferir a decisão exeqüenda". Se é certo que, no processamento do precatório, no âmbito do Tribunal de Justiça, legítimas se fazem correções concernentes a erros materiais de cálculo, não entendo, entretanto, possível se procedam novos cálculos, com adoção eventualmente de outros índices, em substituição aos que foram levados em conta no cálculo homologado em primeiro grau, com trânsito em julgado. Disciplinando, de outra parte, os pagamentos devidos pela Fazenda Pública, em virtude de sentença judiciária, estipula o § 1º do artigo 100 da Lei Maior: "É obrigatória a inclusão, no orçamento das entidades de direito público, de verba necessária ao pagamento de seus débitos constantes de precatórios judiciários, apresentados até 1º de julho, data em que terão atualizados seus valores, fazendo-se o pagamento até o final do exercício seguinte". Reza, à sua vez, o art. 167, II, da Lei Maior que são vedadas "a realização de despesas ou a assunção de obrigações diretas que excedam os créditos orçamentários ou adicionais". Ora, é bem de ver que não se coaduna com essas regras maiores estipulação local ou regimental no sentido de as entidades públicas devedoras serem compelidas a complementar depósitos feitos segundo o valor constante do precatório — que se extrai com base em cálculo, devidamente homologado, em primeiro grau, — no prazo de noventa dias, em razão de outro cálculo do débito procedido na Secretaria da Corte, onde se executa o precatório, e depois do pagamento deste, determinando-se vista aos interessados, do caso de desobediência. Se os valores dos precatórios apresentados ao Presidente do Tribunal que proferir a decisão exeqüenda são atualizados até 1º de julho — e à vista do valor desses precatórios, assim atualizados, se faz a obrigatória inclusão, no orçamento das entidades de direito público, de verba necessária ao pagamento desses débitos assim conhecidos, no exercício seguinte, — não é admissível, em face do sistema constitucional regulado no artigo 100 e parágrafos da Constituição, fazer-se requisição, ao longo do exercício, com prazo de noventa dias, para que as entidades devedoras completem depósitos tidos como insuficientes, em razão de correção de cálculos feita em unidade administrativa da Corte competente, afirmando-se, em decorrência, que o pagamento efetuado do precatório respectivo foi incompleto.

De acordo com o § 2º do artigo 100 da Constituição, ao Presidente do Tribunal caberá determinar o pagamento, à vista das dotações orçamentárias e dos créditos abertos, consignados ao Poder Judiciário, de acordo com as possibilidades do depósito. Seqüestro de quantia necessária à satisfação do débito prevê-se, no artigo 100, § 2º, da Constituição, possa suceder, na espécie, "a requerimento do credor e exclusivamente para o caso de preterimento de seu direito de precedência".

Ora, no dispositivo regimental susotranscrito, cuida-se de requisição de valores para suplementação de depósitos feitos, mas considerados insuficientes. Não se cogita, aí, de mero erro material no precatório, senão que de insuficiência de seu montante. Certo, o precatório há de ser pago, por sua expressão nominal, ou atualizado à data do pagamento. Se houve cálculo errado, porque tinha de ser outro o índice de atualização, exato é que não autorizam o artigo 100 e seus parágrafos, da Constituição, procedimento administrativo da natureza do que se contempla na regra impugnada, de tal sorte que, em unidade administrativa do próprio Tribunal, se refaçam cálculos, corretivos do precatório pago, determinando-se, a seguir, satisfação, em 90 dias, da diferença verificada, sob ameaça de seqüestro de valores. Releva observar que esse dispositivo impugnado concerne, também, os precatórios destinados aos pagamentos de débitos decorrentes de decisões judiciais contra as Fazendas Municipais. Na consideração desse ponto, mister se faz ter presente, desde logo, que os valores dos precatórios a serem pagos se apuram, no juízo da execução, onde há espaço a contraditório, sendo o valor respectivo objeto de sentença homologatória. A possibilidade de mera correção de erro material do valor neles expresso, ao ensejo de sua tramitação no Tribunal, não autoriza, entretanto, caiba adotar cálculos novos complementares dos valores expressos nos precatórios e exigidos, após seu pagamento, a título de complementação do "*quantum*" efetivamente devido. Se o valor do precatório pago estava calculado com incorreção, ou até ilegalmente, a discussão originária dessa matéria não pode ser, em âmbito administrativo, no Tribunal. Se o que foi pago, mediante o precatório, não correspondia à realidade do débito, não se há de resolver tal questão, de ofício, administrativamente. Às partes caberá requerer na instância adequada, na forma de direito. É certo que incumbe ao Tribunal acompanhar o ritmo dos pagamentos dos precatórios, para que não se dê o preterimento, na expressão do § 2º do artigo 100 da Lei Maior, do direito de precedência, e, se isso ocorrer, a requerimento do credor, caberá o seqüestro de quantia necessária à satisfação do débito. A Constituição não autoriza, entretanto, se possa introduzir, regimentalmente, no Tribunal, outro procedimento que imponha às entidades devedoras obrigação de efetuar pagamentos fora do sistema de precatórios, ou à guisa de complementação do valor destes, que teriam sido pagos em montante insuficiente. A surpresa que decorre às entidades devedoras em ordem a que paguem, acerca de determinado precatório, valor outro, em 90 dias, sob ameaça de seqüestro do quantitativo indicado, consoante se pode extrair da norma do artigo 5º, VII, do Assento Regimental n. 195/91, ou do artigo 337, VII, do Regimento Interno do Tribunal de Justiça de São Paulo, que lhe corresponde, não se compatibiliza com o sistema definido no artigo 100 e seus parágrafos da Constituição.

Certo está, entretanto, que o dispositivo somente poderá prosseguir incidindo desde que a ele se dê interpretação que o compatibilize com as normas maiores apontadas, em limites segundo os quais à Presidência do Tribunal legítimo será ordenar, de ofício, ou a requerimento das partes, a correção de inexatidões materiais ou a retificação de erros de cálculo, assim como já se contempla no inciso III do artigo 337 do Regimento Interno do TJSP, ou resolver as questões relativas ao cumprimento dos precatórios, inclusive a sua extinção, como está no inciso VI do mesmo artigo 337, o que se há de entender, sempre, em conformidade com os termos da liquidação homologada, por sentença transita em julgado. Com efeito, não se confere ao Presidente do Tribunal, enquanto exerce atividade materialmente administrativa, exceder aos limites da reparação de erros ou inexatidões materiais ou de retificações de erros de cálculo.

Dessa maneira, admito não suspender a vigência do inciso VII do artigo 337 do Regimento Interno do TJSP, ora em exame, até o julgamento final da ação, desde que se lhe confira esta interpretação:

"Art. 337. Compete ao Presidente do Tribunal de Justiça:

....

VI — requisitar das entidades devedoras a complementação de depósitos insuficientes, no prazo de noventa dias, entendidos como depósitos insuficientes aqueles efetuados pelas entidades devedoras em montante inferior ao consignado no precatório ou em decorrência de erro ou inexatidão material quanto ao cálculo respectivo, não podendo, entretanto, ser considerado erro reparável, a esse efeito, a adoção de certo critério de elaboração do cálculo homologado por sentença, do qual a administração do Tribunal discorde."

Em síntese, indefiro a liminar, quanto ao inciso VII do artigo 337 do Regimento Interno, dando, entretanto, a esta norma interpretação conforme o artigo 100 e parágrafos da Constituição, segundo a qual a requisição, a título de complementação de depósitos insuficientes, a efetuar-se no prazo de noventa dias, deve ser referente a erros materiais, aritméticos, ou inexatidões dos cálculos, não podendo, entretanto, dizer respeito ao critério adotado para a elaboração do cálculo, ou a índices de atualização diversos dos que foram utilizados em primeira instância, nos cálculos para extração do precatório judiciário.

Quanto ao artigo 339 do RITJSP, indefiro a liminar, porque cuida, apenas, de mecanismo de controle de ato do Presidente pelo Plenário, ou órgão que exerça suas funções.

Nesse sentido, não há relevância jurídica a justificar a suspensão do dispositivo.

Por último, indefiro a cautelar, no que respeita ao inciso X do artigo 337 do Regimento Interno do Tribunal de Justiça do Estado de São Paulo, ao prever a competência do Presidente para requisitar autos, quando necessário, desde instância originária. A providência, de natureza administrativa, limita-se aos fins de verificação de eventuais dúvidas quanto ao que consta do precatório.

VOTO

Retificação (s/ inciso IV do art. 336)
(Medida Liminar)

O Senhor Ministro Sepúlveda Pertence: Senhor Presidente, retifico o meu voto, acompanhando o eminente Ministro-Relator e indeferindo a medida liminar.

VOTO

Retificação (s/ inciso IV do art. 336)

O Senhor Ministro Ilmar Galvão: Senhor Presidente, retifico o meu voto para, acompanhando o eminente Ministro-Relator, indeferir a medida liminar.

VOTO

(Adiamento)

O Senhor Ministro Néri da Silveira: — Sr. Presidente, o Tribunal debatia a questão relativa ao inciso VII do artigo 337 do Regimento Interno do Tribunal de Justiça de São Paulo. Verifico que, por motivo de força maior, os Srs. Ministros Sydney Sanches, Carlos Velloso e Ilmar Galvão não retornaram ao Plenário, após suspensa a sessão.

Portanto, considerada a importância da matéria, penso que seria de indicar adiamento para a próxima sessão, em ordem a que se possa continuar discutindo a "quaestio juris". Embora já tenha proferido meu voto, creio que não seria de prosseguir no julgamento com o "quorum" reduzido. Seria, destarte, de proclamar a decisão, quanto aos dispositivos já apreciados, faltando, apenas, o inciso acima aludido para julgar-se na próxima quarta-feira.

Extrato de Ata

Ação Direta de Inconstitucionalidade n. 1.098-1 (medida liminar)
Origem: São Paulo
Relator: Ministro Marco Aurélio
Reqte.: Governador do Estado de São Paulo

Adv.: Dirceu José Vieira Chrysostomo
Reqdo.: Tribunal de Justiça do Estado de São Paulo

Decisão:

Por votação unânime, o Tribunal deferiu o pedido de medida liminar para suspender, até a decisão final da ação, a eficácia da expressão "de natureza não alimentar inferiores a trinta e seis mil Unidades Fiscais do Estado de São Paulo e os", contida no parágrafo único do artigo 334 do Regimento Interno do Tribunal de Justiça do Estado de São Paulo. Votou o Presidente. Ainda, por maioria de votos, o Tribunal também deferiu o pedido de medida liminar para suspender, até a decisão final da ação, a eficácia da expressão "de valor inferior a trinta e seis mil Unidades Fiscais do Estado de São Paulo e os", contida no parágrafo único do artigo 333 da mesma norma impugnada, vencido o Ministro Paulo Brossard, que indeferia a medida liminar. Votou o Presidente. E, por unanimidade de votos, o Tribunal indeferiu o pedido de medida liminar de suspensão dos incisos I e III do artigo 336 e dos incisos I, III e IV do artigo 337. Votou o Presidente. Quanto ao inciso III do artigo 337, o Tribunal indeferiu o pedido de medida liminar de suspensão, com a interpretação de que as inexatidões materiais e as retificações por erro de cálculo, a que se referem o dispositivo, são aquelas originariamente decorrentes da atualização, vencidos, em parte, os Ministros Relator, Carlos Velloso, Sepúlveda Pertence e Paulo Brossard, que também indeferiam a medida liminar, mas não adotavam a interpretação. Votou o Presidente. Em seguida, o julgamento foi adiado pelo pedido de vista do Ministro Paulo Brossard, depois dos votos dos Ministros Relator, Carlos Velloso e Celso de Mello, indeferindo o pedido de medida liminar de suspensão do inciso IV do artigo 336, e dos votos dos Ministros Ilmar Galvão e Sepúlveda Pertence, deferindo-a. Ausentes, justificadamente, os Ministros Néri da Silveira e Francisco Rezek. Vice-Procurador-Geral da República, Dr. Moacir Antonio Machado da Silva. Plenário, 25.8.94.

Decisão:

Prosseguindo-se no julgamento com relação ao inciso IV do artigo 336, o Ministro Néri da Silveira pediu vista dos autos, depois dos votos dos Ministros Relator, Carlos Velloso, Celso de Mello e Paulo Brossard, indeferindo o pedido de medida liminar, e dos votos dos Ministros Ilmar Galvão e Sepúlveda Pertence, deferindo-a. Ausente, ocasionalmente, o Ministro Sepúlveda Pertence. Vice-Procurador-Geral da República o Dr. Moacir Antonio Machado da Silva. Plenário, 20.10.94.

Decisão:

Prosseguindo-se no julgamento, foi ele adiado por indicação do Ministro Néri da Silveira, depois de haver o Tribunal indeferido, por unanimidade de votos, o pedido de medida liminar de suspensão do inciso IV do artigo 336 do Regimento Interno do Tribunal de Justiça do Estado de São Paulo. Retificaram os seus votos anteriormente proferidos os Ministros Sepúlveda Pertence e Ilmar Galvão. Votou o Presidente. Plenário, 24.11.94.

Presidência do Senhor Ministro Octavio Gallotti. Presentes à sessão os Senhores Ministros Moreira Alves, Néri da Silveira, Sydney Sanches, Sepúlveda Pertence, Celso de Mello, Carlos Velloso, Marco Aurélio, Ilmar Galvão e Francisco Rezek.

Procurador-Geral da República, Dr. Aristides Junqueira Alvarenga.

VOTO
(Medida Liminar)
(Retificação)
(Art. 4º, IV do AR n. 195 e Art. 4º, IV do RI)

O Senhor Ministro Ilmar Galvão: Senhor Presidente, diz a Constituição:

"Artigo 100. ....

§ 1º. É obrigatória a inclusão no orçamento das entidades de direito público... (lê) ... até o final do exercício seguinte.

§ 2º. As dotações orçamentárias ... (lê) ... o seqüestro da quantia necessária à satisfação do débito."

O que se colhe dessas regras é que cabe à pessoa de direito público incluir as verbas no orçamento e consigná-las ao Poder Judiciário, recolhendo as respectivas importâncias à repartição competente, à disposição do Presidente do Tribunal, ao Presidente do Tribunal, de sua vez, cabe determinar o pagamento, em ordem cronológica, à conta dos ditos créditos até o final do exercício seguinte.

Essas duas obrigações são bem claras no artigo 100 da Constituição Federal.

O que o Tribunal de São Paulo está fazendo? Está dizendo, no artigo 4º, IV, do Assento Regimental n. 195:

"IV — Os depósitos em pagamento serão feitos nos autos da ação, sob a direta responsabilidade das entidades devedoras ... (lê) ... ao Departamento de Contabilidade."

Senhor Presidente, neste ponto gostaria de retificar o meu voto, pois considero esse dispositivo inconstitucional.

Defiro a liminar quanto ao inciso IV do artigo 4º do Assento Regimental n. 195, que é objeto da presente ação.

VOTO
(Medida Liminar)
(Art. 5º, VII, do AR n. 195 e Art. 337, VII do RI)

O Senhor Ministro Ilmar Galvão: Senhor Presidente, diz o inciso VII do § 5º do Assento Regimental n. 195 do Tribunal de Justiça do Estado de São Paulo:

"VII — Requisitar das entidades devedoras a complementação de depósitos insuficientes, no prazo de noventa dias, determinando vista aos interessados, no caso de desobediência."

Essa norma nada tem a ver com o artigo 100 da Constituição Federal, nem no *caput*, nem nos §§ 1º e 2º. Em nenhum momento a Constituição diz que se esse depósito for insuficiente, o presidente requisitará a complementação.

Defiro a liminar.

Extrato de Ata

Ação Direta de Inconstitucionalidade N. 1.098-1 — (medida liminar)
Origem: São Paulo
Relator: Ministro Marco Aurélio
Reqte.: Governador do Estado de São Paulo
Adv.: Dirceu José Vieira Chrysostomo
Reqdo.: Tribunal de Justiça do Estado de São Paulo

Decisão:

Por votação unânime, o Tribunal deferiu o pedido de medida liminar para suspender, até a decisão final da ação, a eficácia da expressão "de natureza não alimentar inferiores a trinta e seis mil Unidades Fiscais do Estado de São Paulo e os", contida no parágrafo único do artigo 334 do Regimento Interno do Tribunal de Justiça do Estado de São Paulo. Votou o Presidente. Ainda, por maioria de votos, o Tribunal também deferiu o pedido de medida liminar para suspender, até a decisão final da ação, a eficácia da expressão "de valor inferior a trinta e seis mil Unidades Fiscais do Estado de São Paulo e os", contida no parágrafo único do artigo 333 da mesma norma impugnada, vencido o Ministro Paulo Brossard, que indeferia a medida liminar. Votou o Presidente. E, por unanimidade de votos o Tribunal indeferiu o pedido de medida liminar de suspensão dos incisos I e III do artigo 336 e dos incisos I e IV do artigo 337. Votou o Presidente. Quanto ao inciso III do artigo 337, o Tribunal indeferiu o pedido de medida liminar de suspensão, com a interpretação de que as inexatidões materiais e as retificações por erro de cálculo, a que se referem o dispositivo, são aquelas originariamente decorrentes da atualização, vencidos, em parte, os Ministros Relator, Carlos Velloso, Sepúlveda Pertence e Paulo Brossard, que também indeferiam a medida liminar, mas não adotavam a interpretação. Votou o Presidente. Em seguida, o julgamento foi adiado pelo pedido de vista do Ministro Paulo Brossard, depois dos votos dos Ministros Relator, Carlos Velloso e Celso de Mello, indeferindo o pedido de medida liminar de suspensão do inciso IV do artigo 336, e dos votos dos Ministros Ilmar Galvão e Sepúlveda Pertence, deferindo-a. Ausentes, justificadamente, os Ministros Néri da Silveira e Francisco Rezek. Vice-Procurador-Geral da República o Dr. Moacir Antonio Machado da Silva. Plenário, 25.8.94.

Decisão:

Prosseguindo-se no julgamento com relação ao inciso IV do artigo 336, o Ministro Néri da Silveira pediu vista dos autos, depois dos votos dos Ministros Relator, Carlos Velloso, Celso de Mello e Paulo Brossard. Indeferindo o pedido de medida liminar, e dos votos dos Ministros Ilmar Galvão e Sepúlveda Pertence, deferindo-a. Ausente, ocasionalmente, o Ministro Sepúlveda Pertence. Vice-Procurador-Geral da República o Dr. Moacir Antonio Machado da Silva. Plenário. 20.10.94.

Decisão:

Prosseguindo-se no julgamento, foi ele adiado por indicação do Ministro Néri da Silveira, depois de haver o Tribunal indeferido, por unanimidade de votos, o pedido de medida liminar de suspensão do inciso IV do artigo 336 do Regimento Interno do Tribunal de Justiça do Estado de São Paulo. Votou o Presidente. Retificaram os seus votos anteriormente proferidos os Ministros Sepúlveda Pertence e Ilmar Galvão. Procurador-Geral da República, Dr. Aristides Junqueira. Plenário. 24.11.94.

Decisão:

Prosseguindo-se no julgamento, o Tribunal por votação unânime, indeferiu o pedido de medida liminar de suspensão do inciso X do artigo 337, bem como o artigo 339, ambos do Regimento Interno do Tribunal de Justiça do Estado de São Paulo. Votou o Presidente. E, por maioria de votos, o Tribunal indeferiu o pedido de medida liminar de suspensão do inciso VII do artigo 337 do mesmo Regimento Interno, dando-lhe, entretanto, interpretação conforme a Constituição, segundo a qual a requisição, a título de complementação de depósitos insuficientes, a ser feita no prazo de noventa dias, somente deve referir-se a diferenças resultantes de erros materiais ou aritméticos ou de inexatidões dos cálculos dos precatórios, não podendo, porém, dizer respeito ao critério adotado para a elaboração do cálculo ou a índices de atualização diversos dos que foram utilizados em primeira instância, vencido o Ministro Ilmar Galvão, que deferia o pedido de medida liminar para suspender, até a decisão final da ação, a eficácia do inciso VII do artigo 337 do Regimento Interno do Tribunal de Justiça do Estado de São Paulo. Votou o Presidente. O Ministro Ilmar Galvão retificou seu voto proferido anteriormente, para deferir a medida liminar de suspensão quanto ao inciso IV do artigo 336 do mesmo Regimento Interno. Plenário. 14.12.94.

Presidência do Senhor Ministro Octavio Gallotti. Presentes à sessão os Senhores Ministros Moreira Alves, Néri da Silveira, Sydney Sanches, Sepúlveda Pertence, Celso de Mello, Carlos Velloso, Marco Aurélio, Ilmar Galvão e Francisco Rezek.

Procurador-Geral da República, Dr. Aristides Junqueira Alvarenga.

JURISPRUDÊNCIA

SUPREMO TRIBUNAL FEDERAL

EMENTA: EMBARGOS DECLARATÓRIOS — OMISSÃO E CONTRADIÇÃO:

Os provimentos judiciais, como atos de inteligência, devem mostrar-se completos, expungidas as dúvidas nefastas ao entendimento que lhes é próprio. Por isso mesmo, o órgão investido do ofício judicante deve receber os embargos declaratórios como oportunidade ótima para possível elucidação quanto ao alcance do que decidido.

AÇÃO DIRETA DE INCONSTITUCIONALIDADE — LIMINAR — INFORMAÇÕES:

Os pedidos de concessão de liminar são apreciados, na maioria das vezes, independentemente da vinda, aos autos, das informações. Iniciado e terminado o julgamento sem que estas tenham sido juntadas, não há de se cogitar de vício a ser corrigido na via dos declaratórios.

PRECATÓRIO — CÁLCULOS — ESTADO DE SÃO PAULO:

Na ação direta de inconstitucionalidade n. 1.098-1, reconheceu-se caber ao setor competente do Tribunal os cálculos objetivando a atualização do valor devido em moeda corrente considerado o fator de indexação previsto na sentença de liquidação ou o que, por força de lei, o substituiu.

Embargos de Declaração em Ação Direta de Inconstitucionalidade — n. 1.098-4-São Paulo

Tribunal Pleno
Relator: Min. Marco Aurélio
Embargante: Tribunal de Justiça do Estado de São Paulo
Embargado: Governador do Estado de São Paulo
(*DJU*: 29.9.95)

ACÓRDÃO

Vistos, relatados e discutidos estes autos, acordam os Ministros do Supremo Tribunal Federal, em sessão plenária, na conformidade da ata do julgamento e das notas taquigráficas, por unanimidade de votos, em receber parcialmente os embargos de declaração, nos termos do voto do Relator.

Brasília, 25 de maio de 1995.

SEPÚLVEDA PERTENCE — (Presidente) — MARCO AURÉLIO — (Relator).

RELATÓRIO

O Senhor Ministro Marco Aurélio: O Tribunal de Justiça do Estado de São Paulo, Autor do ato impugnado mediante esta ação direta de inconstitucionalidade, opõe embargos declaratórios objetivando afastar alegadas omissão e contradição exsurgidas quando da prolação do aresto ora embargado. Eis os temas evocados:

a) *INFORMAÇÕES* — esta Corte deixara de se pronunciar quanto às informações prestadas, em que argüida a preliminar de extemporaneidade da ação direta, considerados a época do ato impugnado e o fato de o inciso IV do artigo 336 do atual Regimento Interno daquele Tribunal repetir norma anterior que restou atacada na representação n. 1.332-SP e na ação direta de inconstitucionalidade n. 565-1. Aponta-se que tais informações foram anexadas ao processo antes do início do julgamento, sendo certo que não supre a omissão a circunstância de o Ministro Néri da Silveira a elas haver se referido.

b) *DA OMISSÃO E DA CONTRADIÇÃO* — a Corte não suspendera a eficácia do preceito do inciso III do artigo 336 da Norma Interna do Tribunal-embargante, no que dispõe que, "encerrado a primeiro de julho o período anual destinado à proposta orçamentária, serão calculados, pelo Departamento, os valores em cruzeiros, atualizados de acordo com o índice vigente de correção monetária, para que se comunique a cada entidade o débito geral apurado". Argumenta-se que, com a manutenção do preceito, admitiu-se, em conseqüência, atualização pelo índice de indexação em vigor. Havendo esta Corte conferido às normas regimentais interpretação no sentido de que a competência do Presidente do Tribunal está restrita às inexatidões materiais e às retificações por erro de cálculo em face à atualização previamente fixada, há de esclarecer-se o alcance do dispositivo, ou seja, se a atividade alcança a observância de índice que legalmente esteja em vigor à época, substituindo o pretérito.

Recebi estes autos em 8 de maio de 1995 e os liberei, para apreciação dos declaratórios, no dia 15 imediato (folhas 2.172).

É o relatório.

VOTO

O Senhor Ministro Marco Aurélio (Relator): Admito os presentes embargos declaratórios, opostos pelo Tribunal de Justiça do Estado de São Paulo, que, na ação direta de inconstitucionalidade figurou como Requerido. Por outro lado, restaram atendidos os requisitos da oportunidade e representação processual. O acórdão embargado teve notícia veiculada no *Diário* de 28 de abril de 1995 — sexta-feira, ocorrendo a manisfestação do inconformismo em 8 de maio seguinte. Considere que a primeira data recaiu numa sexta-feira e a segunda, a alusiva à interposição, numa segunda-feira. As folhas 2169 e 2170 constam, respectivamente, o instrumento de mandato e a certidão reveladora de haver sido o Desembargador José Alberto Weiss de Andrade eleito Presidente da Corte, isto em 27 de abril de 1994. Conheço dos declaratórios.

DAS INFORMAÇÕES.

O Ministro Celso de Mello despachou, no exercício da Presidência desta Corte, visando à requisição das informações (folha 231). No segundo semestre de 1994, os autos foram-me distribuídos, oportunidade na qual consignei a ausência de cumprimento de determinação no sentido de que viesse aos autos cópia do Regimento Interno atacado. Mesmo assim, coloquei os autos em Mesa para apreciação do pedido de concessão de liminar, independentemente da vinda aos autos das informações (folha 683). Constata-se, destarte, a observância do critério que normalmente norteia o exame dos pedidos de concessão de liminar por este Colegiado. Em momento algum, na qualidade de Relator, condicionei o crivo à vinda aos autos das informações. É certo que, havendo despachado em 15 de agosto de 1994, antes do julgamento, ou seja, em 9 de janeiro, vieram as informações. Todavia, tal peça não me foi submetida, ocorrendo a juntada com a automacidade admitida por esta Corte. Daí não haver sido feita alusão ao que nela se contém. De qualquer forma, não se pode dizer da existência de omissão, no particular, uma vez que anteriormente despachara determinando a remessa do processo ao Pleno, para apreciação do pedido de concessão de liminar independentemente da juntada. Por oportuno, vale registrar que o julgamento alusivo à liminar teve início na sessão de 25 de agosto de 1994 e término em 14 de dezembro de 1994, datando as informações de 21 do referido mês de agosto, com entrada no Protocolo em 24 seguinte, véspera do início do julgamento e juntada aos autos apenas em 9 de janeiro imediato, quando já se encerra a apreciação. De ver, assim, que o julgamento foi concluído antes mesmo da juntada, nos autos, das informações. Causa alguma perplexidade o descompasso de datas. Confira-se com o teor das peças de folhas 1.014, 1.015 e 2.018. Pelas razões supra, rejeito, nesse ponto, os embargos declaratórios.

DA CONTRADIÇÃO.

A rigor, sob tal prisma, requer-se a explicitação do alcance do que decidido. Conforme depreende-se do aresto de folhas 2.159 e 2.160, lastreado nos votos então proferidos e que lhe antecedem, este Tribunal houve por bem suspender a eficácia do artigo 334 do Regimento Interno do Embargante, no que distingue, para efeito de satisfação, o valor do precatório. Em passo seguinte, o Colegiado indeferiu a liminar no tocante aos incisos I, III e IV do artigo 336, I, VI e X do artigo 337, bem como o artigo 339. Na oportunidade do julgamento fiquei vencido, na companhia honrosa dos Ministros Carlos Velloso, Sepúlveda Pertence e Paulo Brossard, no que simplesmente indeferia a medida liminar. No que interessa à elucidação destes declaratórios, manteve-se o preceito do inciso III do artigo 336, segundo o qual, "encerrado em primeiro de julho o período anual à proposta orçamentária, serão calculados, pelo Departamento, os valores em cruzeiro atualizados, de acordo com o índice vigente de correção monetária, para que se comunique a cada entidade o débito geral apurado". A perplexidade do Tribunal-embargante decorre da circunstância de, relativamente ao inciso III do artigo 337, haver esta Corte conferido interpretação no sentido de que as inexatidões materiais e as retificações por erro de cálculos nele referidos dizem respeito àquelas originariamente decorrentes da atualização. Exsurge uma aparente contradição. É que a norma mantida — inciso III do artigo 336 — dispõe sobre a feitura, pelo Departamento próprio, dos cálculos concernentes aos valores em cruzeiros, atualizados de acordo com índice de correção monetária, enquanto à regra do inciso III do artigo 337 foi conferida interpretação jungindo os referidos cálculos ao que estabelecido originariamente, ou seja, pelo Juízo da execução. No particular, provejo os embargos declaratórios. Faço-o para explicitar que, uma vez ocorrendo, na tramitação do precatório, a substituição legal de índice, os cálculos a serem feitos pelo Departamento competente levarão em conta as novas normas. Assim pronunciome, tendo em conta a organicidade e a dinâmica do Direito e o fato de não se harmonizar, com a ordem jurídica em vigor, interpretação que conduza ao congelamento, em face de haver sido afastado e substituído por lei o índice inicialmente previsto pelo Juízo, quer de forma explícita, quer implícita. Verificada a substituição em virtude de lei cabe ao Tribunal, objetivando fazer cumprir o próprio precatório, observá-la.

Neste sentido é o meu voto.

VOTO

O Senhor Ministro Néri da Silveira: Senhor Presidente. Entendo que o acórdão é claro no sentido de só admitir, com base no inciso VII do art. 337, do Regimento Interno do Tribunal de Justiça de São Paulo, que no âmbito do Tribunal se façam aquelas modificações decorrentes de erros materiais. Foi isso que decidimos: "ou em exatidões de cálculo, não podendo, entretanto, essas modificações dizerem respeito ao critério adotado para a elaboração do cálculo ou a índices de atualização diversos dos que foram utilizados em primeira instância, nos cálculos que serviram de base à extração do precatório judiciário, homologados por sentença trânsita em julgado".

Vê-se que, nessa decisão, não está a questão posta, mas que teria pertinência, na medida em que esse esclarecimento vai contribuir para a solução desta matéria, no âmbito do Tribunal, quanto à execução desses precatórios. O Tribunal, nos embargos declaratórios, indaga: se entre a expedição do precatório e 1º de julho, por força de uma lei, for mudado o índice utilizado para o cálculo em primeiro grau, pode, com base no inciso VII aludido, ser adotado o segundo índice. Parece-me que o eminente Ministro-Relator respondeu que pode, porque, se a lei alterou o índice de cálculo, nada impede que se corrija imediatamente esse cálculo, com base no novo índice que resulta de lei. O que não é, entretanto, possível é a opção entre índices, isto é, o Tribunal, quando recebe o precatório, afirmar que o índice utilizado em primeiro grau não era o correto, aplicando, então, a seguir, outro índice. Decidiu-se que esse erro não pode dizer respeito a equívocos, a índices mal aplicados. Se o índice novo decorre de uma disposição de lei posterior à expedição de precatório, penso que, por uma questão de economia processual — portanto para que se possa, desde logo, executar o precatório —, há de se admitir que, no âmbito do próprio Tribunal, se aplique essa lei nova, acertando o cálculo do precatório.

Acompanho o Ministro-Relator, recebendo parcialmente, os embargos.

VOTO

O Senhor Ministro Moreira Alves: Sr. Presidente, pragmaticamente, tendo em vista que o nosso sistema de precatório está ficando praticamente impossível de ser respeitado, a fim de que haja o efetivo pagamento dos débitos do Estado, também acompanho o emitente Ministro-Relator, provendo parcialmente os embargos.

Extrato de Ata

Emb. Decl. na Ação Direta de Inconstitucionalidade N. 1.098-4

Origem: São Paulo

Relator: Min. Marco Aurélio

Embte: Tribunal de Justiça do Estado de São Paulo

Advs: Manuel Alceu Affonso Ferreira e Outros

Embdo: Governador do Estado de São Paulo

Adv: Dirceu José Vieira Chrysostomo

Decisão:

Por votação unânime, o Tribunal recebeu parcialmente os embargos de declaração, nos termos do voto do Relator. Votou o Presidente. Plenário, 25.5.95

Presidência do Senhor Ministro Sepúlveda Pertence. Presentes à sessão os Senhores Ministros Moreira Alves, Néri da Silveira, Octávio Gallotti, Celso de Mello, Carlos Velloso, Marco Aurélio, Ilmar Galvão, Francisco Rezek e Maurício Corrêa. Ausente, justificadamente, o Sr. Min. Sydney Sanches.

Vice-Procurador-Geral da República, Dr. Moacir Antonio Machado da Silva.

JURISPRUDÊNCIA

SUPREMO TRIBUNAL FEDERAL

EMENTA: EXECUÇÃO CONTRA A FAZENDA PÚBLICA — PRECATÓRIOS POR CRÉDITOS DE NATUREZA ALIMENTÍCIA — PAGAMENTO ÚNICO E ATUALIZADO CONFORME A CONSTITUIÇÃO DO ESTADO: SUA CONSTITUCIONALIDADE.

Não contraria os arts. 100 e 165, § 8º, da Constituição da República, o artigo 57, § 3º, da Constituição do Estado de São Paulo, segundo o qual "os créditos de natureza alimentícia"— cujos precatórios observarão ordem cronológica própria — "serão pagos de uma só vez, devidamente atualizados até a data do efetivo pagamento".

Recurso Extraordinário n. 189.942-5 — São Paulo

Tribunal Pleno

Recorrente: Estado de São Paulo

Recorridos: Maiza Luiz e Outros

ACÓRDÃO

Vistos, relatados e discutidos estes autos: acordam os Ministros do Supremo Tribunal Federal, em sessão plenária, na conformidade da ata do julgamento e das notas taquigráficas, por unanimidade de votos, em conhecer do recurso, mas negar-lhe provimento.

Brasília, 1º de junho de 1995.

SEPÚLVEDA PERTENCE — (Presidente e Relator).

RELATÓRIO

O Senhor Ministro Sepúlveda Pertence: Neguei seguimento ao agravo contra o indeferimento do RE com a seguinte decisão (f. 150):

"Insurge-se o agravante no RE contra acórdão que, a seu ver, determinou fosse efetuado o pagamento do débito exeqüendo de uma só vez, corrigindo-se monetariamente o montante devido até a data do depósito: sustenta o Estado a violação dos artigos 100, § 1º, e 165, § 8º, da Constituição, argumentando que a dívida, mesmo sendo de caráter alimentar, deve ser corrigida somente até 1º de julho do exercício anterior ao de seu pagamento.

2. Na parte que interessa, assentou o acórdão recorrido (f. 79):

> Quanto à natureza alimentar do crédito dos autores, mostra-se indiscutível, mormente em face do ditame constitucional, como já visto no corpo deste julgado. Importante ter presente que, na execução, se observará o Regimento Interno do Tribunal de Justiça, arts. 333 e seguintes, que se amoldam aos arts. 100 da Constituição Federal e 57, da Estadual. Basta ver que o parágrafo único do aludido art. 333 prevê ordem cronológica, autônoma, para os pagamentos dos precatórios referentes aos créditos de natureza alimentar. Essa disposição, inclusive, afasta a invocação dos arts. 165 e seguintes da Constituição da República, especificamente em seu parágrafo 8º.
>
> Com a observação acima, prevalece a r. sentença, desprovidos os recursos, inclusive o oficial, que se tem por interposto.

3. Tem razão o agravante ao afirmar que a matéria suscitada no RE não é estra-

nha à controvérsia, como por equívoco supôs o ilustre prolator do despacho agravado (cf.: sentença, f. 45, 53; apelação, f. 54, 59 e ss.; acórdão recorrido, f. 68, 71, 79).

4. Não obstante, o RE é inviável.

5. No ponto em que impugnado, insiste o Estado na inconstitucionalidade do artigo 57, § 3º, da Constituição local, a teor do qual "os créditos de natureza alimentícia (...) serão pagos de uma só vez, devidamente atualizados até a data do efetivo pagamento".

6. Ora, ao concluir, em 24.6.94, o julgamento do pedido de medida cautelar na ADIn n. 446, Brossard, o Plenário do Supremo Tribunal a indeferiu com relação àquele preceito da Constituição do Estado de São Paulo, no ponto, sem divergência, por entender despida da plausibilidade jurídica a argüição contra o mesmo endereçada (*DJU* 1.7.94).

Nego seguimento ao agravo."

2. Em agravo regimental, depois de observar que a constitucionalidade das normas regimentais aplicadas pelo acórdão recorrido está sendo justamente questionada nas ADIns ns. 1.098 e 565, o Estado de São Paulo argumenta, em preliminar, que o fato de a medida cautelar na ADIN n. 446 haver sido rejeitada por falta de plausibilidade jurídica da argüição não implica a necessária constitucionalidade do artigo 57, § 3º, da Constituição estadual. Por outro lado, como o precedente referido no despacho agravado ainda não foi publicado, sua invocação se traduziria em modalidade de cerceamento de defesa, pois, não tendo acesso aos termos do julgado, o agravante vê-se obrigado "a argumentar às cegas, até mesmo 'sem plausibilidade jurídica', com razões que facilmente se distanciarão do que naquela decisão se colocou como fundamental".

3. No mérito, sustentou o agravante, *verbis* (fls. 158):

"... que a norma inserta no parág. 3º, do art. 57, da Constituição Paulista, não poderia (...) dispor quanto à forma do pagamento dos requisitórios, sem conformar-se à realidade que a própria Constituição Federal houve por bem levar em conta, não só com o disposto no parág. 1º do artigo 100, como também no parág. 8º, do artigo 165 e incisos V e VII do artigo 167. E, de fato, quando a Constituição quis atualizar créditos na data do pagamento, fê-lo expressamente (*v. g.*, artigo 33 do ADCT)".

4. Dei provimento ao agravo regimental para julgamento do RE nos autos do agravo de instrumento, nos termos do artigo 28, § 3º, da L. 8.038/90.

É o relatório.

VOTO

O Senhor Ministro Sepúlveda Pertence (Relator): Ao dar provimento ao agravo, tive em conta que, efetivamente, o indeferimento da suspensão cautelar da norma objeto de ação direta de inconstitucionalidade não inibe, na via do controle difuso, a declaração incidente da ilegitimidade constitucional do mesmo preceito.

2. No caso, entretanto, não tenho dúvida em converter em juízo definitivo de constitucionalidade do artigo 57, § 3º, da Constituição do Estado de São Paulo, a afirmação unânime pelo plenário do Tribunal, embora proferida em juízo provisório de delibação, na referida ADIn 446, em 24.6.94, da carência de plausibilidade da argüição de sua invalidez.

3. Na primeira assentada daquele julgamento liminar, em 16.9.92, a questão fora assim enfrentada pelo voto condutor do em. Ministro Paulo Brossard:

"O disposto no parágrafo 3º, do artigo 57, da Constituição paulista, além de arrolar os créditos de natureza alimentícia, determina que eles devem ser pagos 'de uma só vez' e atualizados até a data do efetivo pagamento. Esse dispositivo não se choca, pelo menos claramente, com as normas da Constituição Federal que obrigam: a inclusão desses créditos, apresentados até 1º de julho, na lei orçamentária do ano subseqüente; a sua atualização nessa data; e o seu pagamento até o final do exercício seguinte (artigo 100, § 1º, artigo 165, § 8º, e artigo 167, inc. II, da CF).

A norma federal não me parece ofendida pelo parágrafo 3º, do artigo 57, da Constituição Paulista, que, ao contrário, a complementa, ao determinar que tais créditos, observadas as imposições constitucionais, sejam satisfeitos de uma só vez e atualizados à data do efetivo pagamento.

A impugnada norma da Constituição Paulista — além de observar as disposições da Constituição Federal, que determina atualização obrigatória em 1º de julho dos requisitórios judiciais até então apresentados, para que se chegue à previsão orçamentária e, em conseqüência, venha ela a constar do orçamento seguinte —, tem alcance mais amplo, quando determina sua atualização daquela data à efetiva liquidação do débito, com o objetivo, óbvio, de evitar o problema que enfrenta o Judiciário daquele grande Estado, com as infindáveis atualizações dos requisitórios e, em conseqüência, com a inevitável morosidade na efetiva satisfação da prestação jurisdicional.

Não creio que a excepcionalidade dada pelo artigo 100 da Constituição Federal aos créditos de natureza alimentícia seja tão-somente, como afirma a autoridade proponente, de compor uma ordem cronológica distinta dos créditos de natureza diversa, de modo que sejam priorizados em relação a esses. Priorizado em que, se pelo princípio da especificação das dotações esses créditos devem ser atendidos em itens orçamentários diversos e a eles devem ser destinados recursos específicos pela lei orçamentária.

O artigo 100 da Constituição Federal e seus parágrafos estabelecem garantias mínimas para os créditos judiciais em geral, sejam eles de que natureza forem; porém, ao excepcionar os de natureza alimentar, além de assegurar essas proteções mínimas, facultou ao legislador ordinário, tendo em vista a peculiaridade de cada uma das Fazendas Públicas, estabelecer disciplina apropriada a atingir os fins do preceito federal.

Parece-me que este não inibe os Estados de darem tratamento diferenciado do estabelecido para os créditos de natureza não alimentar. Ao contrário, parece que está a sugerir essa diferenciação. Não fora assim, e em que consistiria a exceção?

A questão que, ainda, se coloca aqui é se o constituinte estadual, sem desrespeitar os princípios do § 1º, do artigo 100, da Constituição Federal, poderia dar o tratamento privilegiado, que deu no § 3º, do artigo 57, da Carta Paulista, determinando que, — uma vez atualizado o requisitório em 1º de julho e incluído no orçamento do ano seguinte — fosse ele pago, até o final do exercício seguinte, "de uma só vez" e "devidamente atualizado" à data desse pagamento.

Levando em consideração a autonomia dos Estados (artigo 25, CF) e que, em matéria de orçamento, têm eles competência concorrente com a União para sobre ela legislar (artigo 24, inciso II, da CF) — estando vinculados, tão somente, às normas gerais que a União estabelecer (§ 1º, art. 24, CF) —, entendo, neste exame preliminar, que o parágrafo 3º do artigo 57, da Constituição Paulista, não afrontou as normas constitucionais apontadas na inicial.

Para indeferir a cautelar em relação ao § 3º do artigo 57 da Constituição Paulista, ainda levo em conta que é útil sejam feitas experiências a respeito de um expediente que tanto embaraça a administração, como atormenta os credores do Estado.

É interessante que um Estado, especialmente um grande Estado, com poderosa organização administrativa, busque e ponha em prática outras fórmulas a respeito. Se a experiência for má, servirá para o país inteiro; se os resultados foram bons, todos se beneficiarão com a inovação. A consideração não é jurídica, mas o problema em questão não é apenas jurídico.

Em síntese, não vejo conflito inarredável entre a Constituição de São Paulo, artigo 57, § 3º, e a Federal, artigo 100, e considero de bom augúrio a experimentação de outras técnicas, respeitados, obviamente, os requisitos postos no texto maior. Indefiro a cautelar quanto ao questionado § 3º".

4. A decisão, contudo, foi então adiada para solicitar informações ao Tribunal de Justiça de São Paulo, prestadas as quais, em 24.6.94, o Sr. Ministro Paulo Brossard acrescentou novas considerações ao voto inicial, e aduziu:

"Voltando especificamente às disposições argüidas de inconstitucionalidade na presente ação, vimos que primeiramente se impugna a *forma de pagamento* dos precatórios judiciais, estabelecida pelos parágrafos 3º e 4º do artigo 57 da Constituição do Estado e pelo artigo 12 das suas Disposições Transitórias; isto é, "serão pagos de uma só vez, devidamente atualizados até a data do efetivo pagamento" ou "do efetivo depósito".

O artigo 100 da Constituição Federal, que se diz afrontado, estabelece, em relação aos precatórios judiciais, apenas uma regra de natureza orçamentária de observância indeclinável pelas entidades de direito público; diz, "é obrigatória a inclusão, nos seus orçamentos de verba necessária ao pagamento dos requisitórios apresentados até 1º de julho" — e exige não só que, nessa data, sejam "atualizados seus valores", mas, ainda, que o seu pagamento se faça "até o final do exercício seguinte". Nada diz em relação à forma que deve ser efetuado esse pagamento.

Nesse ponto, as normas impugnadas não contrariam a referida disposição constitucional, ao contrário, com ela se harmonizam, quanto no *caput* expressamente prevê, para tal fim, a abertura de crédito adicional, que visa atualizar tanto as despesas não computadas, como as *insuficientemente* dotadas (art. 40, Lei n. 4.320/64).

"Ao contrário da Carta Constitucional anterior, que fora do crédito respectivo só permitia os pagamentos dos precatórios por meio de créditos *extraorçamentários* (artigo 117), a Constituição de 88 prevê, para o pagamento dos precatórios, além das dotações específicas consignadas no orçamento para tal fim, a abertura de créditos adicionais que têm, entre outras, a finalidade de atualizar as dotações orçamentárias destinadas ao pagamento dos precatórios.

Sistematicamente as leis orçamentárias prevêem, de forma expressa, a atualização das dotações orçamentárias e desta regra não destoa a Lei 8.509, de 28 de dezembro de 1993, que orça a Receita e fixa a Despesa do Estado de São Paulo para o exercício de 1994, artigo 7º.

Também não se pode falar que o pagamento atualizado dos valores dos precatórios implica em insuficiência de recursos para atender os demais, pois os precatórios judiciais estão consignados no orçamento pelos seus valores individualizados, atualizados a 1º de julho, e a complementação do pagamento dos precatórios se faz por meio de créditos adicionais também individualizados, que suplementam as dotações orçamentárias destinadas aos seus pagamentos, os quais são providenciados pelas próprias entidades de direito público-devedoras.

Acrescente-se, ainda, que as dotações orçamentárias para os créditos de natureza alimentar e para os créditos de natureza não alimentar são consignadas em itens orçamentários distintos.

O Tribunal de Justiça do Estado de São Paulo esclarece em suas informações que assim vem procedendo: verificada a insuficiência de depósito, determina às entidades de direito público para, no prazo de noventa dias, a contar da data do recebimento da requisição providencie a complementação do pagamento insuficiente (fls. 135). Isto é, providencie crédito adicional para tal fim.

Se a Constituição Federal não faz qualquer restrição ou menção quanto à forma de pagamento dos precatórios, nada impede que a Constituição Estadual venha estabelecê-la, exigindo que "seja feito de uma só vez e devidamente atualizado à data do efetivo pagamento". Se não bastasse a autonomia de que gozam os Estados federados (artigo 25), têm eles competência constitucional concorrente com a União para legislar sobre matéria orçamentária (artigo 24, II), apenas ficando, nessa matéria, vinculado às normas gerais que a União venha a estabelecer (artigo 24, § 1º)".

5. Nesse ponto, valeu repisar, o voto do Ministro Brossard foi acompanhado pela unanimidade do Plenário.

6. Dos argumentos expendidos pelo Ministro Brossard, impressiona-me decisivamente o da competência concorrente do Estado-membro para legislar sobre orçamento (CF, artigo 24, II), a qual — à falta de disposição geral em contrário do direito federal, constitucional ou ordinário — possibilita-lhe adotar o sistema questionado de atualização do valor dos precatórios até a data do efetivo pagamento.

7. Desse modo, conheço do RE pela letra "c", mas lhe nego provimento: é o meu voto.

JURISPRUDÊNCIA

SUPREMO TRIBUNAL FEDERAL

Agravo de Instrumento n. 163.605-0-São Paulo
Relator: Ministro Celso de Mello
Agte: Município de São Paulo
Adva: Marisa R. Freitas de Souza
Agdos: Manoel Adan Ogando e Cônjuge
Adv: Fernando Antonio Neves Baptista

Despacho:

A decisão que constituiu objeto do recurso extraordinário interposto pelo ora agravante foi proferida em procedimento materialmente administrativo.

Não se pode perder de perspectiva que a atividade desenvolvida pelo Presidente do Tribunal no processamento dos precatórios decorre do exercício de função eminentemente administrativa.

É por isso que se enfatizou, em julgamento realizado pelo Supremo Tribunal Federal, que "... a atribuição do Presidente do Tribunal, *ao processar o precatório*, não é sequer jurisdicional. É atividade puramente administrativa", pois, consoante foi então ressaltado: "A atividade jurisdicional *termina* com a expedição do precatório..." (*RTJ* 71/572, 575 — grifei).

Posteriormente, esse mesmo entendimento sobre o tema ora em análise veio a ser reiterado no voto proferido pelo saudoso Ministro RODRIGUES ALCKMIN, que expendeu lúcido magistério a propósito da matéria em questão, *verbis*:

> "*A função do Presidente do Tribunal é, no caso, meramente administrativa*. Ele não é Juiz da execução. Juiz da execução é o Juiz que expede o precatório. Pelo nosso sistema, é o Presidente do Tribunal, a cuja disposição estão as verbas, quem expede a ordem de pagamento. Encerra-se a execução com a expedição do precatório. Esta é a função executória.
>
> ....
>
> Não pode, assim, haver conflito de atribuições, porque *compete ao Juiz da execução expedir o precatório. Essa função é jurisdicional*, de execução. *Compete ao Presidente do Tribunal determinar o pagamento*: *função administrativa* de outro órgão. E ninguém quer invadir a atribuição de outro, para praticar-lhe a função.
>
> Acontece que o *Presidente do Tribunal*, ao examinar formalmente o precatório, foi além da marca; passou a examinar o mérito do precatório. Terá cometido, *como autoridade administrativa*, uma demasia, que não se corrige através de conflito de jurisdição, nem de atribuição, que não há."
>
> (*RTJ* 80/691, Rel. Ministro CORDEIRO GUERRA — grifei)

Vê-se, desse modo, que o Presidente do Tribunal, em desempenhar as suas atribuições no processamento dos precatórios, atua como autoridade administrativa, não exercendo, em conseqüência, nesse estrito contexto procedimental, qualquer parcela de poder jurisdicional (PINTO FERREIRA, *"Comentários à Constituição Brasileira"*, vol. 4/67-68, 1992, Saraiva).

Assentada, pois, essa premissa — que se sustenta no reconhecimento da natureza materialmente administrativa que caracteriza tanto o procedimento quanto a atividade neste desenvolvida pelo Presidente do Tribunal *em tema de precatório* —, torna-se forçoso concluir que as decisões por ele proferidas com fundamento nessa competência monocrática, ainda que mantidas por órgãos colegiados do Poder Judiciário, em sede de agravo regimental — como no caso —, apresentam-se *desvestidas* de conteúdo jurisdicional, circunstância esta que descaracteriza, *por completo*, um dos pressupostos essenciais de admissibilidade do recurso extraordinário: *a existência de uma causa*.

Cumpre ter presente, *bem por isso*, a jurisprudência do Supremo Tribunal Federal que, versando o tema da interponibilidade do apelo extremo na estrita perspectiva dos atos de natureza jurisdicional proferidos no âmbito de uma causa, adverte:

> "São impugnáveis na via recursal extraordinária *apenas* as decisões finais proferidas no âmbito de procedimento judicial que se ajuste ao conceito de *causa* (CF, artigo 102, III). A existência de uma *causa* — que atua como inafastável pressuposto de índole constitucional inerente ao recurso extraordinário — constitui requisito formal de admissibilidade do próprio apelo extremo.
>
> A locução constitucional *"causa"* designa, na abrangência de seu sentido conceitual, todo e qualquer procedimento em cujo âmbito o Poder Judiciário, desempenhando sua função institucional típica, pratica atos de conteúdo estritamente jurisdicional. *Doutrina* e *jurisprudência*."
>
> (RE 164.458-DF. (AgRg), Rel. Min. CELSO DE MELLO, Pleno, *DJU* de 2.6.95).

Foi com o propósito de assegurar o primado do ordenamento constitucional que se delineou o perfil do recurso extraordinário, vocacionado a atuar, *nos procedimentos de índole jurisdicional*, como instrumento de impugnação excepcional de atos decisórios *finais*, sempre que estes, proferidos em única ou em última instância, incidirem em qualquer das hipóteses taxativas definidas no artigo 102, inciso III, da Lei Básica.

A ativação da competência recursal extraordinária do Supremo Tribunal Federal está sujeita, portanto, à rígida observância pela parte recorrente, dos diversos pressupostos que condicionam a utilização da via excepcional do apelo extremo.

Dentre os pressupostos de recorribilidade, um há que, por específico, impõe que a decisão impugnada tenha emergido de uma *causa*, vale dizer, de um procedimento de índole jurisdicional.

Isso significa que *não basta*, para efeito da adequada utilização da via recursal extraordinária, que exista controvérsia constitucional. É *também* preciso que esse tema de direito constitucional positivo tenha sido decidido no âmbito de uma *causa*. Essa locução constitucional — *"causa"* — encerra um conteúdo específico e possui um sentido conceitual próprio.

Não é, pois, *qualquer* ato decisório do Poder Judiciário que se expõe, *na via do recurso extraordinário*, ao controle jurisdicional do Supremo Tribunal Federal. Acham-se excluídos da esfera de abrangência do apelo extremo todos os pronunciamentos que, embora formalmente oriundos do Poder Judiciário (*critério subjetivo-orgânico*), não se ajustem à noção de ato jurisdicional (*critério material*).

A expressão *causa* designa, na realidade, qualquer procedimento em que o Poder Judiciário, desempenhando a sua função institucional típica, resolve ou previne controvérsias mediante atos estatais providos de *final enforcing power*. É-lhe ínsita — enquanto estrutura formal em cujo âmbito se dirimem, *com carga de definitividade*, os conflitos suscitados — a presença de um ato decisório *proferido em sede jurisdicional.*

Daí, o magistério de JOSÉ AFONSO DA SILVA (*Do Recurso Extraordinário no Direito Processual Brasileiro*, p. 292/293, 1963, RT, nota de rodapé n. 572) que apoiado nas lições de MATOS PEIXOTO

(*Recurso Extraordinário*), pág. 212, item n. 25, 1935, Freitas Bastos) e de CASTRO NUNES (*"Teoria e Prática do Poder Judiciário"*, p. 334, item n. 6, 1943, Forense), adverte que o objeto de impugnação na via do apelo extremo será, *sempre e exclusivamente*, a decisão que resolver, *de modo definitivo*, a situação de litigiosidade constitucional suscitada.

Os atos decisórios do Poder Judiciário, *que venham a ser proferidos em sede meramente administrativa*, não encerram, por isso mesmo, conteúdo jurisdicional, deixando de veicular, *em conseqüência*, a nota da definitividade que se reclama aos pronunciamentos suscetíveis de impugnação na via recursal extraordinária.

Sendo assim, ainda que judiciária a autoridade de que emanou o pronunciamento impugnado, não terá pertinência o recurso extraordinário se a decisão houver sido proferida em sede estritamente administrativa, como ocorre, *por exemplo*, com os atos judiciais praticados no *procedimento de dúvida* (*RTJ* 50/196 — *RTJ* 66/514 — *RTJ* 90/676 — *RTJ* 90/913 — *RTJ* 97/1.250 — *RTJ* 109/1.161), ou no procedimento de justificação instaurado perante a Justiça Militar (*RTJ* 94/1.188 — *RTJ* 102/440 — *RTJ* 127/669), ou, *ainda*, no procedimento iniciado com a expedição dos *precatórios*, conforme recentemente destacou o em. Min. Sepúlveda Pertence, Relator, no julgamento do Ag. 155.718-SP (*DJU* de 14.6.95), *verbis*:

"O Presidente do Tribunal de Justiça do Estado de São Paulo, exercendo a competência prevista no artigo 100, § 2º, CF, apurou diferenças entre o valor devido e o depositado pelo agravante em cumprimento a diversos ofícios requisitórios, e determinou que a complementação fosse efetuada em 90 dias. Julgando agravo regimental interposto pelo Município, o Tribunal, *a quo*, em sua composição plenária, manteve a determinação do Presidente (f. 15/27).

2. Insurge-se o RE contra essa decisão, alegando ofensa aos arts. 5º, II, XXIV, 100, 165, II, §§ 5º e 9º, 166, 167, I, III, V, VI e IX, da Constituição.

3. O extraordinário é inviável. Ao contrário do que afirma o acórdão recorrido, *tem caráter administrativo*, e não jurisdicional, *a competência do Presidente do Tribunal para determinar o pagamento das importâncias devidas pelas Fazendas públicas*. Por conseguinte, *a decisão proferida pelo Plenário*, ainda que se pudesse reputá-la nula — uma vez que os atos praticados pelo Presidente com base na competência exclusiva do artigo 100, § 2º, não se submetem à revisão, mediante recurso, por qualquer outro órgão do Tribunal — continua *a ser meramente administrativa, não ensejando, portanto, o cabimento do RE.*

Pelo exposto, nego seguimento ao agravo." (grifei).

Tendo presentes as razões expostas, e considerando a absoluta *inadmissibilidade* do recurso extraordinário no caso específico destes autos, nego provimento ao agravo de instrumento interposto pelo Município de São Paulo.

Publique-se.

Brasília, 1º de agosto de 1995

Ministro CELSO DE MELLO (Relator).

SUPREMO TRIBUNAL FEDERAL

EMENTA: CONSTITUCIONAL, PRECATÓRIO — CRÉDITO DE NATUREZA ALIMENTAR — VALOR REAL.

I — O crédito de natureza alimentar deve ser satisfeito pelo seu valor real. A sua satisfação pelo seu valor nominal transforma-o, se ocorrente o fenômeno da inflação, em pensão vitalícia.

II — Agravo não provido.

Agravo Regimental em Recurso Extraordinário N. 177.932-3-São Paulo
2ª Turma
Agravante: Estado de São Paulo
Agravados: Cláudio Magnani, Adélcia Paschoal, Adelma Elias da Silva Pereira, Alba Mainine Pescinelli, Annete Assad Ayub, Antônia Apparecida Gimenes, Célia Delazari Padilha, Cerly Maria Rocha Lopes Delazari, Claudete Gomes Carneiro do Amaral, Cláudio Cordaro, Conceição de Moraes, Corina Furlan Roveratti, Dirce Apparecida Paixão, Dirce Porto Bicalho Ayub, Edina da Silva Gomes, Edna Manfio Cardarelli, Edna Maria Rodrigues Fonseca, Elenice Nilza Alves Barbosa, Elide Helena Furlan, Elisabeth Tonon, Ivani de Paula Braga, Ivani Terezinha Scalla Vulcani, Izete Garcia Travain, Jandira Carinho Ortense, José Maria Delazari, Júlia Vicente Conduta, Júlio de Souza Barros Sobrinho, Luiza Condi Garcia, Luzia Aparecida Nobre da Costa, Maria Alice Gonçalves Magnani, Maria Apparecida G. de Barbovitch, Maria Áurea Pires de Campos Lima, Maria Cecília Bigarelli Ayub, Maria do Rosário Forchetti Matheus, Maria Elete Ramos Ganja, Maria José Delazari Silveira, Maria Massaferro Cazu, Maria Vera Thiede, Mário Apparecido Sant'Anna, Romilda Furlan Hebling, Rosa Furlan Cardoso, Rosângela Porto Barros, Sandra Aparecida Carvalho, Shirley Rios do Amaral, Suely Longo, Sylvia Martins Garbino Benazio, Vera Lúcia Soares Ferreira David, Wilma Clarice Morlin, Yara Maria Napoleone S. Barbosa e Zulmira do Carmo F.A.R. de Camargo.
(*DJU*: 30.6.95)

ACÓRDÃO

Vistos, relatados e discutidos estes autos, acordam os Ministros do Supremo Tribunal Federal, em 2ª Turma, na conformidade da ata do julgamento e das notas taquigráficas, por decisão unânime, negar provimento ao agravo regimental.

Brasília, 31 de outubro de 1994.

NÉRI DA SILVEIRA (Presidente) — CARLOS VELLOSO (Relator).

RELATÓRIO

O Senhor Ministro Carlos Velloso: — Trata-se de agravo regimental interposto pelo Estado de São Paulo contra decisão que negou seguimento ao seu recurso extraordinário, no qual sustenta, em síntese:

a) "fundamentalmente, é a Constituição Federal que norteia todo o comportamento do ente público. E essa Constituição, mesmo que tenha adotado princípios liberais, como acentuado no r. despacho ora agravado, não poderia desconhecer as *diferenças* existentes entre pessoas jurídicas de direito público — sujeitas a normas rígidas insertas na Constituição e no Código Tributário Nacional — e pessoas jurídicas e físicas de direito privado";

b) o poder público não deixa de indexar os seus débitos, só que dentro de regras estritas e limitações orçamentárias; a agilização da máquina estatal deverá ser precedida de reforma da legislação e de período de adaptação, sob pena de se levar o Estado a situações de permanente desequilíbrio;

c) também "não pretende o Estado a manutenção de privilégio, mas, tão-somente, aguarda ele, de há muito, a aprovação de normas pelo Poder competente — o *Legislativo* — que lhe possibilitem atender ao pagamento de seus débitos sem desnecessários sacrifícios, nem descumprimento dos inúmeros encargos que lhe são próprios";

d) permitir-se a indisciplina para pagamento de débitos vultosos ou desvincular-se da obediência aos princípios orçamentários um determinado pagamento, sem o necessário controle legislativo, são procedimentos que deveriam merecer censura e repulsa dos Julgadores, "ainda que se admita, para argumentar, a 'igualdade' entre devedor público e privado vislumbrada no r. despacho do insigne Ministro Carlos Velloso";

e) "convém observar que encontram-se *sub judicie* várias Ações Diretas de Inconstitucionalidade do artigo 57, parágrafo 3º, da Constituição do Estado de São Paulo, bem como contra Provimentos do Egrégio Tribunal de Justiça de São Paulo. São elas: as ADIns ns. 47, 187, 446, 565 e 1098.

Requer o agravante, tendo em vista as razões acima, seja provido este agravo, a fim de que volte a ser apreciada a questão posta no extraordinário, ou que seja sobrestado o julgamento até que a matéria aqui discutida seja definitivamente decidida pelo Plenário desta Suprema Corte.

É o relatório.

VOTO

O Senhor Ministro Carlos Velloso (Relator): — A decisão agravada, por mim proferida, tem o seguinte teor:

"O acórdão recorrido, em ação ordinária ajuizada por servidores estaduais contra a Fazenda Pública do Estado de São Paulo, objetivando o pagamento dos "gatilhos salariais", julgada procedente, entendeu que, em se tratando de crédito alimentar, ao qual se atribui tratamento especial, conforme o artigo 100, *caput*, da Constituição, deve o precatório estar sujeito aos moldes do artigo 57, parágrafo 3º, da Constituição do Estado de São Paulo, devendo, no caso, ser observado o Assento Regimental n. 195, de 1991, inserido no Regimento Interno do Tribunal de Justiça, em seus arts. 333 e seguintes.

Daí o RE interposto com fundamento no artigo 102, III, *a*, da Constituição, sustentando-se ter ocorrido ofensa aos arts. 100, § 1º, e 165, § 8º, da mesma Carta, na parte que obrigou o recorrente ao pagamento, de uma só vez, por valor atualizado até a data da liquidação efetiva, o débito que tem para com os autores da ação. Alega, ainda, que, consoante os demais créditos, os de natureza alimentícia também deveriam sofrer atualização até 1º de julho de cada ano, e serem pagos até o final do exercício seguinte, antes, porém, dos demais créditos.

Admitido o RE, subiram os autos.

Isto posto, decido.

Apreciando recurso igual a este — RE 178.008-SP — o eminente Ministro Marco

Aurélio negou-lhe seguimento, dado que o recorrente pretende, em última análise, satisfazer o crédito de natureza alimentar "em módicas prestações sucessivas, tendo como interregno máximo o espaço compreendido entre 1º de julho e o término do exercício seguinte", por isso que o Estado de São Paulo insurge-se "contra a decisão da Corte de origem que implicou a observância do regime dos precatórios e, ao mesmo tempo, a quitação do débito na sua totalidade, ou seja, considerado o valor real". A pretensão estatal, na verdade, não se ajusta ao que está inscrito no artigo 100, § 1º, da Constituição, que não quer, bem registrou o Ministro Marco Aurélio, 'a transformação de um crédito de natureza alimentícia em pensão vitalícia, sobrecarregando-se, inutilmente, o Judiciário'. Sob o pálio da Constituição pretérita, sustentei, nesta Casa, que os precatórios podiam e deviam ser indexados, sem que isto constituísse ofensa à Lei Maior (RE 119.237-SP, julgamento de 10.10.1990, acórdão ainda não publicado). É que os orçamentos contêm projeções, certo que a Fazenda Pública indexa, de há muito, as suas receitas, os seus créditos, tanto as receitas derivadas quanto as originárias. Todas as nossas dívidas fiscais são indexadas. Ora, acentuei no voto que então proferi, se temos presentes os princípios liberais que — e a Constituição pretérita consagrava — e a Constituição vigente consagra com vigor acentuado — se temos presente o princípio da igualdade, que é inerente ao regime democrático e à forma republicana de governo, obrigando tanto o legislador quanto o juiz a tratar igualmente as pessoas e as partes, não posso admitir que se possa interpretar, dizia eu, o artigo 117 da Constituição pretérita em detrimento do credor da Fazenda Pública, quando esse mesmo credor, posto na condição de devedor, tem a sua dívida indexada.

Se era assim, ao que penso, sob a Constituição de 1967, com razão maior o será sob o pálio da Constituição vigente, que, mais liberal do que a Constituição pretérita, não quer, evidentemente, como bem registrou o Ministro Marco Aurélio, na decisão proferida no citado RE 178.008-SP, o pagamento de um crédito de natureza alimentar pelo seu valor nominal, "recebendo o credor, quando do cumprimento do precatório, diante de uma inflação que ultrapassa a casa das três dezenas, cerca de três a cinco por cento do que devido. A conclusão é teratológica e discrepa do próprio objetivo do crédito, bem como da interpretação sistemática das regras do corpo permanente da Carta e do teor do artigo 33 do Ato das Disposições Constitucionais Transitórias."

Não há falar, na verdade, no caso, em ofensa ao artigo 100, § 1º, da Constituição. Ao contrário, a decisão do Tribunal de Justiça de São Paulo deu-lhe boa aplicação.

Do exposto, nego seguimento ao recurso, consignando, tal como fez o Ministro Marco Aurélio, "que se aguarda do Estado postura exemplar e não a busca de verdadeiro privilégio."

Mantenho a decisão agravada.

Esta Turma, em inúmeros julgados, rejeitou a pretensão do agravante de não satisfazer o crédito de natureza alimentar pelo seu valor real. Rejeitou, portanto, a alegação do agravante no sentido de que a satisfação do crédito pelo seu real valor implicaria transgressão aos arts. 100, § 1º, e 167, II, da Constituição Federal.

Menciono, *inter plures*, o RE n. 175.976 (AgRg)-SP; Relator o Sr. Ministro Marco Aurélio, cujo acórdão porta a seguinte ementa:

"PRECATÓRIO — CRÉDITO DE NATUREZA ALIMENTAR.

Descabe pretender satisfazer o crédito pelo valor nominal, transformando-o em verdadeira pensão vitalícia".

No seu voto, o eminente Ministro Marco Aurélio esclareceu:

"Pois bem, ao analisar os pedidos de concessão de medida acauteladora nas ações diretas de inconstitucionalidade ns. 446 e 565, relatadas pelos Ministros Paulo Brossard e Néri da Silveira, respectivamente, o Plenário, ausente, justificadamente, o Ministro Carlos Velloso, indeferiu-a, a uma só voz, quanto à suspensão de eficácia de preceito da Carta de São Paulo e de Assento do Tribunal de Justiça local, no que prevêem a satisfação do crédito alimentar de uma só vez, ou seja, atualizado. Por maioria, suspendeu dispositivo que, em relação aos créditos comuns, fixava idêntico modo de satisfação, estabelecendo um teto, isto é, os créditos até trinta e seis mil unidades do Estado de São Paulo seriam pagos com correção, o mesmo não ocorrendo com os que suplantassem este valor. As discussões levadas a efeito deixaram antever que a concessão da liminar resultou da impossibilidade de, diante da Carta da República, ter-se a discriminação, ou seja, o afastamento da indexação no tocante aos créditos superiores àquele valor. O voto por mim proferido e os dos Ministros Ilmar Galvão, Celso de Mello, Paulo Brossard e Sepúlveda Pertence foram explícitos quanto a este enfoque, sendo que os votos dos Ministros Néri da Silveira, Moreira Alves, Octavio Gallotti e Sydney Sanches trouxeram, implícita, a motivação. O Ministro Paulo Brossard, muito embora sustentando, com a veemência e a perspicácia costumeiras, a necessidade de se colocar um fim à atual situação, concluindo-se pela obrigatoriedade constitucional de o Estado liquidar de vez os seus débitos, pronunciou-se pelo indeferimento da liminar no que tange a este dispositivo, assentando que o fazia para dar um primeiro passo, isto é, numa estratégia de Colegiado, visando a alcançar a solução final. O julgamento ocorreu em 24 de junho de 1994 e marca, sem dúvida alguma, um novo entendimento, mais consentâneo com o estado democrático de direito, do Supremo Tribunal Federal. Por isso mesmo, é hora de a própria Fazenda adotar, em relação aos respectivos pagamentos, a mesma postura que assume na cobrança dos créditos fiscais".

De todo o exposto, nego provimento ao agravo.

Extrato de Ata

Agravo Regimental no Recurso Extraordinário N. 177.932-3

Origem: São Paulo

Relator: Ministro Carlos Velloso

Agte.: Estado de São Paulo

Adv.: Mauro Guimarães

Agdos.: Cláudio Magnani e outros

Adv.: Antônio Roberto Sandoval Filho

Decisão:

Por unanimidade, a Turma negou provimento ao agravo regimental. 2ª Turma, 31.10.94.

Presidência do Senhor Ministro Néri da Silveira. Presentes à sessão os Senhores Ministros Carlos Velloso e Marco Aurélio. Ausente, justificadamente, o Senhor Ministro Francisco Rezek.

Subprocurador-Geral da República o Dr. Antonio Fernando Barros e Silva de Souza.

Impressão e acabamento
Gráfica e Editora FCA
Tel. (011) 419-0200

REVISTA
TRIMESTRAL DE
DIREITO PÚBLICO

DOUTRINA: A NECESSÁRIA REFORMULAÇÃO DO SISTEMA ELEITORAL BRASILEIRO — **Fábio Konder Comparato** • PLANEJAMENTO, DIREITO TRIBUTÁRIO E SEGURANÇA JURÍDICA — **Lucia Valle Figueiredo** • DESAPROPRIAÇÃO: O ARTIGO 7º DO DECRETO-LEI 3.365/41 E A INVIOLABILIDADE DO DOMICÍLIO — **Sérgio Monte Alegre** • A NULIDADE DA LEI INCONSTITUCIONAL E SEUS EFEITOS — CONSIDERAÇÕES SOBRE A DECISÃO DO STF PROFERIDA NO RE 122.202 — **Gilmar Ferreira Mendes** • A TERCEIRIZAÇÃO COMO INSTRUMENTO DE FLEXIBILIZAÇÃO DO MERCADO DE TRABALHO — **Joselita Cardoso Leão** • *PARECERES*: PARTICIPAÇÃO DA ORDEM DOS ADVOGADOS DO BRASIL EM TODAS AS FASES DO CONCURSO DE ACESSO À MAGISTRATURA — **Paulo Bonavides** • CONSÓRCIO PARA GERAÇÃO DE ENERGIA ELÉTRICA — **Eros Roberto Grau** • LEGITIMIDADE DA REALIZAÇÃO DE CONCESSÃO DE SERVIÇOS PÚBLICOS PRECEDIDA OU NÃO DE OBRAS EM VIRTUDE DE ATO DO GOVERNADOR DO ESTADO — **Arnoldo Wald** • CONTRIBUIÇÕES PARA O PASEP — **Geraldo Ataliba** • ACUMULAÇÃO DE APOSENTADORIA COM VENCIMENTOS — **Celso Antônio Bandeira de Mello** • COMPETÊNCIA PARA A FIXAÇÃO DO VALOR DAS ANUIDADES — PROFISSÕES REGULAMENTADAS — **Adílson Abreu Dallari** • CONCURSO PÚBLICO — COMPETÊNCIA DO MINISTÉRIO PÚBLICO PARA DEFENDER DIREITOS INDIVIDUAIS HOMOGÊNEOS — INCONSTITUCIONALIDADE DE REQUISITOS ESTABELECIDOS PELO EDITAL SEM PREVISÃO LEGAL — **Valmir Pontes Filho** • *ESTUDOS E COMENTÁRIOS*: CRIAÇÃO DE ESTADOS-MEMBROS NA CONSTITUIÇÃO FEDERAL — **Régis de Oliveira** • A PRIVATIZAÇÃO DAS EMPRESAS ESTATAIS, À LUZ DA CONSTITUIÇÃO — **Carlos Ayres Britto** • A ORDEM ECONÔMICA NA CONSTITUIÇÃO — **Miguel Reale Júnior** e **David Teixeira de Azevedo** • NOTA BREVE SOBRE O EFEITO VINCULANTE — **Sérgio Sérvulo da Cunha** • *CONFERÊNCIAS E DEBATES*: CONSTITUCIONALIZAÇÃO SIMBÓLICA E DESCONSTITUCIONALIZAÇÃO FÁTICA: MUDANÇA SIMBÓLICA DA CONSTITUIÇÃO E PERMANÊNCIA DAS ESTRUTURAS REAIS DE PODER — **Marcelo Neves** • ASPECTOS SOBRE USUCAPIÃO NA ILHA DE SANTA CATARINA — **Ana Cláudia Allet Aguiar** • *JURISPRUDÊNCIA ANOTADA*: NORMAS GERAIS DE LICITAÇÃO — DOAÇÃO E PERMUTA DE BENS DE ESTADOS E DE MUNICÍPIOS — APLICABILIDADE DE DISPOSIÇÕES DA LEI FEDERAL 8.666/93 AOS ENTES FEDERADOS (COMENTÁRIOS A ACÓRDÃO DO STF NA ADIn 927-3-RS) — **Floriano Azevedo Marques Neto** • ANULAÇÃO DA LICITAÇÃO PELA AUTORIDADE SUPERIOR (COMENTÁRIOS AO ACÓRDÃO 89.10932-4 DO STJ NO RMS 103-0-SC) — **Benedicto Pereira Porto Neto** • NECESSIDADE DE MOTIVAÇÃO DA LIMINAR EM JUÍZO (COMENTÁRIOS SOBRE O RECURSO ORDINÁRIO 5.318-0-BA) — **A. J. Ferreira Custódio** • *JURISPRUDÊNCIA*

MALHEIROS
EDITORES

REVISTA TRIMESTRAL DE DIREITO PÚBLICO

11/ 1995

M